印刷庁編

昭和年間法令全書

昭和二十八年—31

告示(続)

このページは空白とする。

◉**農林省告示第六百二十五号**（官報号外六九）

農林物資規格法（昭和二十五年法律第百七十五号）第十七条第二項の規定に基き、昭和二十八年九月一日次の通り登録格付機関を登録したから、同条第五項の規定により告示する。

昭和二十八年九月一日

農林大臣　保利　茂

一　登録番号　第六号

二　登録格付機関の名称及び住所　社団法人日本合板検査会　東京都中央区銀座西八丁目八番地

三　登録格付機関が行う農林物資の種類　合板（航空機用を除く。）及び単板

◉**農林省告示第六百二十六号**（官報号外六九）

競馬法施行令（昭和二十三年政令第二百四十二号）第十三条の五の規定により地方競馬の騎手免許証の様式を次のように定める。

昭和二十八年九月一日

農林大臣　保利　茂

様式

（**表　面**）

地方競馬騎手免許証

何々都道府県
（何々組合）

（折　目）

10 cm

14 cm

（**裏　面**）

本籍地
現住所

氏名

年　月　日生

免許した競走の種類	免許番号	免許年月日	競馬法施行令第十三条の六の規定により騎乗を限定された競馬場
			㊞

右は、競馬法施行令による地方競馬の騎手であることを証明する。

年　月　日

何々都道府県
（何々組合）　㊞

（折　目）

写　真

㊞

履　歴

（注）

1　大きさは、縦10cm、横14cmとする。

2　免許した競走の種類ごとに、免許者の印を押す。

◉**農林省告示第六百二十七号**

国の負担金及び補助金交付規則（昭和二十四年農林省令第四十一号）に基き、林業施設補助金交付規程（昭和二十五年農林省告示第百六十二号）の一部を次のように改正し、昭和二十八年度分の補助金から適用する。

昭和二十八年九月二日

農林大臣　保利　茂

別表中㈣の項の補助の割合の欄中「二分の一以内」を「五分の三以内」に改める。

◉**農林省告示第六百二十八号**

狩猟法施行規則（昭和二十五年農林省令第百八号）第三十一条第一項の規定により、左の通り猟区における狩猟の停止を認可したので、同条第二項の規定により告示する。

昭和二十八年九月四日

農林大臣　保利　茂

猟区の名称	狩猟を停止する期間
埼玉県川口市猟区	昭和二十八年十一月一日から昭和二十九年二月二十八日まで
同県南埼玉郡蒲生村猟区	同
同県同郡川柳村猟区	同
同県同郡大相模村猟区	同
同県同郡八幡八条潮止三ヶ村連合猟区	同

◉**農林省告示第六百二十九号**

埼玉県北葛飾郡東和村猟区について、猟区の存続期間の更新を認可したので、狩猟法施行規則（昭和二十五年農林省令第百八号）第三十九条の規定により告示する。

昭和二十八年九月四日

農林大臣　保利　茂

一　猟区の名称　埼玉県北葛飾郡東和村猟区
二　事務所の位置　埼玉県北葛飾郡東和村役場内
三　猟区の区域　埼玉県北葛飾郡東和村一円
四　猟区の存続期間　昭和二十八年十月十三日から昭和三十八年十月十二日まで
五　承認料　一人一日三百円
六　狩猟に関する制限
㈠　狩猟日は、狩猟法施行規則第二条に規定する狩猟期間中の日曜日及び国民の祝日とする。但し、雨雪のため狩猟不可能の場合は、狩猟日を変更することがある。
㈡　入猟者の員数は一日十五人以内とする。
㈢　捕獲することのできる鳥獣の種類及び数量は、キジについては一人一日につき二羽とする。但し、メスキジを捕獲してはならない。
㈣　使用できる銃器は、十二番以下の小口径の銃器とし、予備銃を携帯してはならない。
㈤　随伴できる従者は狩猟者一人につき一人とする。
㈥　猟犬の使用は、狩猟者一人につき一頭とする。
㈦　東和村大字戸ヶ崎字上堤外の一部、下堤外の一部、大字市助字中島及堤外池の区域においては、狩猟者若しくはその従者の立入又は鳥獣を駆逐させることができない。

◉**農林省告示第六百三十号**

群馬県山田郡梅田村猟区について、猟区の存続期間の更新を認可したので、狩猟法施行規則（昭和二十五年農林省令第百八号）第三十九条の規定により告示する。

昭和二十八年九月四日

農林大臣　保利　茂

一　猟区の名称　群馬県山田郡梅田村猟区
二　事務所の位置　群馬県山田郡梅田村役場
三　猟区の区域　群馬県山田郡梅田村一円但し、大字上久方字久方、大字高沢字高畑、入山、大字二渡字残馬、大字山地字根本沢国有地を除く。
四　猟区の存続期間　昭和二十八年十月十九日から昭和三十八年十月十八日まで
五　承認料　一人一日五百円
六　狩猟に関する制限
㈠　狩猟日は、狩猟法施行規則第二条に規定する狩猟期間中の日曜日、国民の祝日及び十一月一日、二月末日とする。但し、やむをえない事情のあるときは狩猟日を変更することがある。
㈡　入猟者の員数は一日十人以内とする。
㈢　捕獲することのできる鳥獣の種類及び数量は一人一日につき雄キジ及びヤマドリ合計して三羽、ノウサギ十羽、その他の狩猟獣類各三頭とし、メスキジを捕獲してはならない。
㈣　使用できる銃器は、十二番以下の小口径銃とし、予備銃を携帯してはならない。
㈤　猟犬の使用は狩猟者一人につき一頭とする。
㈥　随伴できる従者は、狩猟者一人につき一人とする。
㈦　山田郡梅田村大字高沢字湯山、大字山地字高竹の区域においては、狩猟者、その従者等の立入又は狩猟鳥獣の捕獲を禁止する。

◉**農林省告示第六百三十一号**

狩猟法（大正七年法律第三十二号）第九条の規定に基き、次のように禁猟区を設置する。

昭和二十八年九月四日

農林大臣　保利　茂

一　名称　鹿野山禁猟区
二　禁猟区域　千葉県君津郡秋元村鹿野山字砂押、裏門、白鳥、東天峪、六本野、金吾、樅ノ木、天神堀、高蓮台、鹿野山、台畑、箕輪尻、不動野、大横手、一本松、春日山、閼伽井町一円
三　禁猟期間　昭和二十八年九月五日から昭和三十八年九月四日まで

◉**農林省告示第六百三十二号**

家畜衛生講習会規程（昭和二十五年農林省告示第百三十九号）第三条第一項の規定に基き総合講習会及び特殊講習会を次のように開催するから同条第三項の規定により告示する。

昭和二十八年九月四日

農林大臣　保利　茂

その一

一　講習会の名称　家畜衛生総合講習会

内容省略（官報参照）

◉**農林省告示第六百三十三号**

農業災害補償法（昭和二十二年法律第百八十五号）第百六条の規定により昭和二十九年産の麦に適用する反当共済金額の範囲を次のように定める。

昭和二十八年九月八日　　農林大臣　保利　茂

昭和二十九年産の麦に適用する反当共済金額の範囲

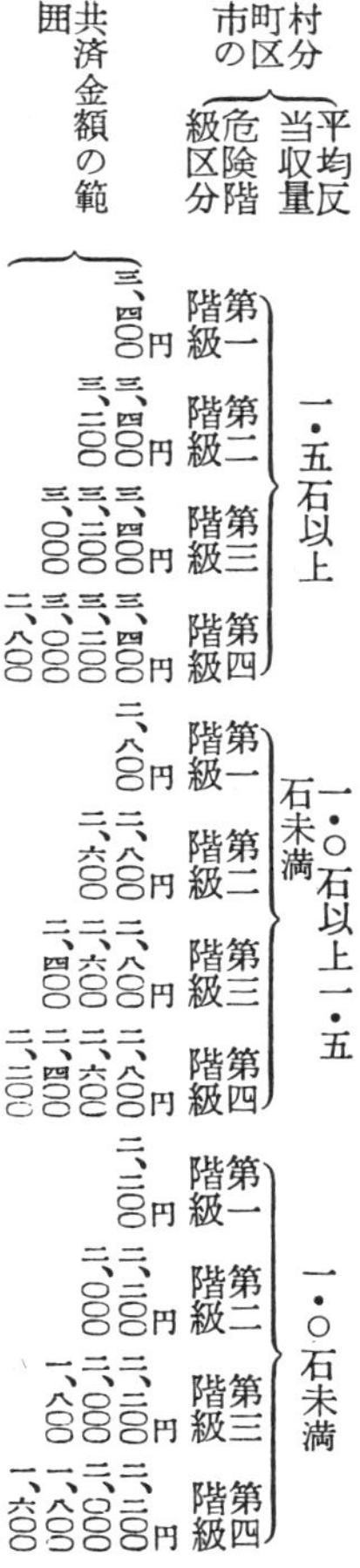

市町村の区分 平均反当収量	一・五石以上				一・〇石以上一・五石未満				一・〇石未満			
危険階級区分	第一階級	第二階級	第三階級	第四階級	第一階級	第二階級	第三階級	第四階級	第一階級	第二階級	第三階級	第四階級
共済金額の範囲	三、四〇〇円	三、四〇〇円 三、二〇〇	三、四〇〇円 三、二〇〇 三、〇〇〇	三、四〇〇円 三、二〇〇 三、〇〇〇 二、八〇〇	二、八〇〇円	二、八〇〇円 二、六〇〇	二、八〇〇円 二、六〇〇 二、四〇〇	二、八〇〇円 二、六〇〇 二、四〇〇 二、二〇〇	二、二〇〇円	二、二〇〇円 二、〇〇〇	二、二〇〇円 二、〇〇〇 一、八〇〇	二、二〇〇円 二、〇〇〇 一、八〇〇 一、六〇〇

附　平均反当収量及び危険階級区分とは、農林大臣の指示に従い、都道府県知事が市町村別に定める平均反当収量及び危険階級区分をいう。

◉**農林省告示第六百三十四号**

狩猟法（大正七年法律第三十二号）第九条の規定に基き、次のように禁猟区を設置する。

昭和二十八年九月八日　　農林大臣　保利　茂

一　名称　日影山禁猟区

二　禁猟区域　福島県田村郡飯豊村大字浮金字日影一九四番地、一九五番地、同村大字浮金字柳沢一七二番地、同村大字小戸神字宮ノ前四四五の一番地並びに郡山営林署三春経営区七六林及びこれらに囲まれた区域一円

三　禁猟期間　昭和二十八年九月十日から昭和三十八年九月九日まで

一　名称　五枚沢禁猟区

二　禁猟区域　福島県双葉郡川内村大字下川内字五枚沢二五番地の一の一、二四番地の一、同村大字下川内字萩一番地、二番地の一の一、一〇番地、一三番地の一、二三番地、六七番地の一、六七番地の二、六七番地の三、六八番地の一及び萩沼の区域

三　禁猟期間　昭和二十八年九月十日から昭和三十八年九月九日まで

◉**農林省告示第六百三十五号**

農薬取締法（昭和二十三年法律第八十二号）第二条の規定により昭和二十八年八月一日付をもつて左記農薬を登録し登録票を交付した。

昭和二十八年九月八日　　農林大臣　保利　茂

登録番号

自一七二五至一七四三

農薬の種類及び名称等省略（官報参照）

◉農林省告示第六百三十六号

蚕糸業法施行規則（昭和二十年農林省令第三十一号）に基き、昭和二十一年農林省告示第百三十七号（蚕糸業法施行規則ニ依ル様式ニ関スル件）の一部を次のように改正し、昭和二十八年九月一日から適用する。

昭和二十八年九月十日

農林大臣　保利　茂

本則（別記を除く。）を次のように改める。

蚕糸業法施行規則（以下規則ト称ス）第二十条ノ様式　別記第一号
規則第二十二条ノ様式　〃第二号
規則第二十四条第一項ノ様式
　蚕種製造業者ノ製造シタル蚕種
　　原原蚕種検査合格証印　〃第三号
　　原蚕種検査合格証印　〃第四号
　　普通蚕種検査合格証印　〃第五号
　都道府県ノ製造シタル蚕種
　　原原蚕種印　〃第六号
　　原蚕種印　〃第七号
規則第二十四条第三項ノ様式（規則第五十条第三項ニ於テ準用スル場合ヲ含ム）
　封緘証印　〃第八号
　封緘証紙　〃第九号
規則第四十四条ノ様式
　学術研究用蚕種印　〃第十号
規則第四十五条ノ報告様式　〃第十一号
規則第五十条第一項ノ様式
　輸入蚕種検査合格証印　〃第十二号
規則第五十条第二項ノ様式
　輸入原原蚕種検査合格証印　〃第十三号
　輸入原蚕種検査合格証印　〃第十四号
　輸入普通蚕種検査合格証印　〃第十五号
規則第五十一条第一項ノ様式　〃第十六号

別記中第六号を削り、第九号を第六号とし、第八号を第九号とし、第七号を第八号とし、第十号を第七号とし、第九号の次に次の一号を加える。

第十号

昭和　年
学術研究用蚕種
都道府県蚕業試験場

縦横　二・五糎
肉色　朱

備考　学校其ノ他ノモノニシテ適用除外ヲ受ケタル者ノ押捺スルモノニ在リテハ「都道府県蚕業試験場」トアル箇所ニ之ヲ押捺スル者ノ名称ヲ表ハスコト

別記中第十一号及び第十二号を次のように改める。

第十一号

一　蚕児飼育及蚕種製造成績

蚕児飼育時期	掃立数量	収繭量	蚕種製造数量	備考
	蛾（瓦）	貫	蛾（瓦）	

二　蚕児委託飼育成績

委託ノ目的	品種名	蚕種ヲ製造シタル者ノ氏名又ハ名称	蚕種製造場所	飼育時期	飼育場所（都道府県名）	飼育卵量

第十二号

昭和　年輸入蠶種検査合格證
輸入蠶種
都道府縣

外円
長径　二・五糎
短径　二糎
肉色　朱

備考　蚕糸業法施行令第一条ノ八但書ニ掲グル者ノ押捺スルモノニ在リテハ「都道府県」トアル箇所ニ当該検査者ノ氏名又ハ名称ヲ表ハシ肉色ハ青ヲ用フルコト

別記中第十三号を削り、第十四号の備考を次のように改め、同号を第十三号とする。

備考　第十二号備考ハ本号様式ニ之ヲ準用ス

別記第十五号の備考中「第十四号」を「第十二号」に改め、同号を第十四号とし、第十六号の備考中「第十四号」を「第十二号」に改め、同号を第十五号とし、第十七号を第十六号とする。

◉農林省告示第六百三十七号

政府に売り渡すべき米穀に関する政令(昭和二十八年政令第二百六十七号)第十条の農林大臣の定める生産者保有米穀及び種子用米穀を次のように定める。

昭和二十八年九月十日

農林大臣　保利　茂

一　生産者保有米穀は、飯用保有米穀及び種子用保有米穀で農林大臣が別に定めるところに従い算出する数量に相当するものとする。

二　種子用米穀は、主要農作物種子法(昭和二十七年法律第百三十一号)第三条第一項の規定による指定種子生産ほ場及び都道府県が経営し、又は経営を委託しているほ場において生産される米穀とする。

◉農林省告示第六百三十八号

国の負担金及び補助金交付規則(昭和二十四年農林省令第四十一号)に基き、漁業用無線施設費補助金交付規程(昭和二十四年農林省告示第二百三十四号)の一部を次のように改正し、昭和二十八年度分の補助金から適用する。

昭和二十八年九月十日

農林大臣　保利　茂

第二条を次のように改める。

第二条　前条に規定する経費及び補助率は、左に掲げる通りとする。

一　漁業用超短波無線陸上局の新設に要する経費

当該経費の三分の一以内

二　漁業用短波無線陸上局の新設に要する経費

当該経費の二分の一以内

第三条第一項第一号中「(別記第一号様式)」及び同項第二号中「(別記第二号様式)」を削り、同項第三号を削る。

第五条を次のように改める

第五条　第三条の事業計画書及び収支予算書並びに規則第七条の規定により提出すべき事業成績書及び収支決算書の様式は、農林大臣が別に定める。

2　農林大臣は、前項の書類の外、必要と認める書類の提出を求めることがある。

別記の様式を削る。

◉農林省告示第六百三十九号

国の負担金及び補助金交付規則(昭和二十四年農林省令第四十一号)に基き、地方臨時種畜検査補助金交付規程を次のように定め、昭和二十八年度分の補助金から適用する。

昭和二十八年九月十一日

農林大臣　保利　茂

地方臨時種畜検査補助金交付規程

第一条　農林大臣は、地方財政法(昭和二十三年法律第百九号)第十六条の規定に基いて、家畜改良増殖法(昭和二十五年法律第二百九号)の施行に伴う地方臨時種畜検査に要する経費に対し、この規程により補助金を都道府県に交付する。

第二条　前条の経費に対する補助率は、二分の一以内とする。

第三条　国の負担金及び補助金交付規則(以下「規則」という。)第三条の規定に基き、補助金の交付を申請しようとするときは、申請書に左に掲げる書類を添え、これを正副四部農林大臣に提出しなければならない。

一　事業計画書

二　収支予算書

第四条　都道府県が前条に掲げる書類の記載事項に重要な変更を加えようとするときは、あらかじめ農林大臣に届け出なければならない。

2　農林大臣は、前項の規定による届出があつた場合において必要と認めるときは、届出事項について変更を指示することがある。

第五条　第三条の事業計画書及び収支予算書並びに規則第七条の規定により提出すべき事業成績書及び収支決算書の様式は、農林大臣が別に定める。

2　農林大臣は、前項の書類の外、必要と認める書類の提出を求めることがある。

◉農林省告示第六百四十号

狩猟法(大正七年法律第三十二号)第九条の規定に基き、次のように禁猟区を設置する。

昭和二十八年九月十一日

農林大臣　保利　茂

一　名称　和歌浦禁猟区

二　禁猟区域　和歌山市和歌浦町片男波の東南先端を基点とし、同所から海岸線にそつて西北方に進み塩釜社に至り、同所から市電線路にそつて和歌浦口停留所に至り、同所から線路にそつて新和歌浦停留所に至り、同所から章魚頭姿山、石切場及び雑賀崎一七二九番地を結び同所から海岸線にそつて番所の鼻に至り同所から大島の西端、双子島の西端及び浪早崎を経て、片男波の基点を結ぶ線内の区域一円

三　禁猟期間　昭和二十八年九月十五日から昭和三十八年九月十四日まで

一　名称　友ヶ島禁猟区

二　禁猟区域　和歌山県海草郡加太町地先の地ノ島及び沖ノ島を含む友ヶ島一円

三　禁猟期間　昭和二十八年九月十五日から昭和三十八年九月十四日まで

◉農林省告示第六百四十一号

国の負担金及び補助金交付規則(昭和二十四年農林省令第四十一号)に基き、土地改良事業補助金交付規程(昭和二十五年農林省告示第六号)の一部を次のように改正し、昭和二十八年度分の補助金から適用する。

昭和二十八年九月十二日

農林大臣　保利　茂

第三条第一項第二号中「事業」の下に「又は関係面積五町歩以上の農地に対して同条第八号の事業」を加え、同項第三号中「第一号から第七号まで」を「第一号から第八号まで」に改め、同条第三項の表を次のように改める。

種別	都府県 第三条第一項第一号の補助	都府県 第三条第一項第二号の補助	都府県 第三条第一項第三号の補助	北海道 第三条第一項第一号の補助	北海道 第三条第一項第二号の補助	北海道 第三条第一項第三号の補助
かんがい排水	大規模 小規模 五割	四割		五割五分	普通 四割五分 特殊 五割五分	
機械揚水		五割以内				
区画整理	三割	三割			四割五分	
暗渠排水		三割			四割五分	
客土（軌道 馬そり道）		三割		六割 —	四割五分 —	
農道		急傾斜指定地区 三割 その他 二割乃至五割			四割五分 —	
索道		三割			—	
畑地かんがい	四割	四割		四割	四割	
調査監督及び指導督励			五割以内			五割以内

備考　急傾斜地帯農業振興臨時措置法第三条第一項の規定に基く指定地区については左による。
傾斜度一五度から二〇度未満の地区　三割
傾斜度二〇度から三〇度未満の地区　四割
傾斜度三〇度以上の地区　五割

◉農林省告示第六百四十二号

国の負担金及び補助金交付規則（昭和二十四年農林省令第四十一号）に基き、開拓地営農指導施設補助金交付規程（昭和二十四年農林省告示第百六十二号）の一部を次のように改正し、昭和二十八年度分の補助金から適用する。

昭和二十八年九月十四日　農林大臣　保利　茂

第二条第一項第一号中「開拓地営農指導員の設置」を「開拓地営農指導員の設置及びその指導」に改め、同項中第五号を第六号とし、第四号を第五号とし、第三号の次に次の一号を加える。

四　後進開拓地区経営診断並びにその振興計画の樹立及び指導に要する都道府県の経費　当該経費の二分の一以内

◉農林省告示第六百四十三号

農産物価格安定法施行規則（昭和二十八年省令第四十号）第一条第一項の規定に基き、昭和二十八年産なたねの政府買入期間を次のように定めたから同条第二項の規定により告示する。

昭和二十八年九月十四日　農林大臣　保利　茂

昭和二十八年十月一日から昭和二十九年三月三十一日までの期間

◉農林省告示第六百四十四号

肥料取締法（昭和二十五年法律第百二十七号）第十四条第二項の規定により左の肥料の登録は失効したので、同法第十六条第一項の規定により告示する。

昭和二十八年九月十四日　農林大臣　保利　茂

登録番号	肥料の名称	保証成分量(%)		輸入業者の氏名又は名称及び住所
輸第六〇号	四七硫酸加里	水溶性加里	四七・〇	東京都千代田区丸ノ内一の二の一　互洋貿易株式会社　代表取締役社長　橋本忠司
輸第六一号	四八硫酸加里	水溶性加里	四八・〇	〃
輸第六二号	四九硫酸加里	水溶性加里	四九・〇	〃
輸第六三号	五〇硫酸加里	水溶性加里	五〇・〇	〃
輸第七五号	一五・五智利硝石	硝酸性窒素	一五・五	〃
輸第七六号	一五・七智利硝石	硝酸性窒素	一五・七	〃
輸第七七号	一六・〇智利硝石	硝酸性窒素	一六・〇	〃

輸第一三〇号	五八塩化加里	水溶性加里	五八・〇	〃
輸第一三一号	五九塩化加里	水溶性加里	五九・〇	〃
輸第一三二号	六〇塩化加里	水溶性加里	六〇・〇	〃
輸第一四〇号	四八・五硫酸加里	水溶性加里	四八・五	〃
輸第一四一号	四九・五硫酸加里	水溶性加里	四九・五	〃
輸第二五〇号	五八・五塩化加里	水溶性加里	五八・五	〃
輸第二五一号	五九・五塩化加里	水溶性加里	五九・五	〃
輸第二四八号	五七塩化加里	水溶性加里	五七・〇	〃
輸第二四九号	五七・五塩化加里	水溶性加里	五七・五	〃
輸第三九七号	五〇塩化加里	水溶性加里	五〇・〇	〃
輸第三九八号	五〇・五塩化加里	水溶性加里	五〇・五	〃
輸第三九九号	五一塩化加里	水溶性加里	五一・〇	〃
輸第四〇〇号	五一・五塩化加里	水溶性加里	五一・五	〃
輸第四〇一号	五二塩化加里	水溶性加里	五二・〇	〃

◉農林省告示第六百四十五号

肥料取締法(昭和二十五年法律第百二十七号)第十四条第二項の規定により左の肥料の登録は失効したので、同法第十六条第一項の規定により告示する。

昭和二十八年九月十四日　農林大臣　保利　茂

登録番号	肥料の名称	保証成分量(%)		生産業者の氏名又は名称及び住所
生第二四〇四号	丸一印完全配合肥料一号	窒素全量	八・五	愛知県東春日井郡篠岡村下末一二二三の二　水野一郎
		内アンモニア性窒素	七・五	
		燐酸全量	七・〇	
		内可溶性燐酸	六・五	
		内水溶性燐酸	五・〇	
		加里全量	三・〇	
		内水溶性加里	三・〇	
生第三五〇三号	丸一印完全配合肥料二号	窒素全量	六・〇	〃
		内アンモニア性窒素	五・五	
		燐酸全量	九・〇	
		内可溶性燐酸	八・五	
		内水溶性燐酸	六・五	
		加里全量	三・〇	
		内水溶性加里	三・〇	
生第三五〇四号	丸一印完全配合肥料三号	窒素全量	八・〇	〃
		内アンモニア性窒素	六・五	
		燐酸全量	五・五	
		内可溶性燐酸	四・五	
		内水溶性燐酸	三・五	
		加里全量	五・〇	
		内水溶性加里	五・〇	

◉農林省告示第六百四十六号

肥料取締法(昭和二十五年法律第百二十七号)第十四条第二項の規定により左の肥料の登録は失効したので、同法第十六条第一項の規定により告示する。

昭和二十八年九月十四日　農林大臣　保利　茂

登録番号	肥料の名称	保証成分量(%)		生産業者の氏名又は名称及び住所
生第三三七号	天狗尿素化成肥料利休号	窒素全量	一三・〇	大阪市北区堂島北町二〇　神島化学工業株式会社　取締役社長　宮原　清
		内アンモニア性窒素	一一・五	
		可溶性燐酸	一〇・〇	
		内水溶性燐酸	七・〇	
		水溶性加里	三・〇	

◉農林省告示第六百四十七号

漁港法（昭和二十五年法律第百三十七号）第五条第二項及び第五項の規定により昭和二十六年七月二十八日農林省告示第二百七十号(漁港の指定)の一部を次のように改正する。

昭和二十八年九月十五日　農林大臣　保利　茂

三重県の部漁港の名称の欄中「和具」を「和具(和具)」に改める。

◉農林省告示第六百四十八号

漁港法（昭和二十五年法律第百三十七号）第五条第二項及び第五項の規定に基き、昭和二十六年十月十七日農林省告示第三百六十九号(漁港の指定)の一部を次のように改正する。

昭和二十八年九月十五日　農林大臣　保利　茂

山口県の部漁港の名称の欄中「下関北浦」を「安岡」に改める。

◉農林省告示第六百四十九号

漁港法（昭和二十五年法律第百三十七号）第五条第二項及び第五項の規定に基き、昭和二十六年七月十日農林省告示第二百五十五号(漁港の指定)の一部を次のように改正する。

昭和二十八年九月十五日　農林大臣　保利　茂

福島県の部漁港の名称の欄中「九面」を「勿来」に改める。

◉農林省告示第六百五十号

漁港法（昭和二十五年法律第百三十七号）第五条第二項及び第五項の規定に基き、昭和二十七年十月六日農林省告示第四百九十二号(漁港の指定)の一部を次のように改正する。

昭和二十八年九月十五日　農林大臣　保利　茂

長崎県の部、漁港の名称の欄中「笛吹」を「小値賀」に改める。

◉農林省告示第六百五十一号

肥料取締法(昭和二十五年法律第百二十七号)第七条の規定により、昭和二十八年八月二十日付をもつて左の肥料を登録し、登録証を交付した。

昭和二十八年九月十五日　　　　農林大臣　保利　茂

登録番号

自輸第四八二号至輸第四八六号

肥料の名称等省略(官報参照)

◉農林省告示第六百五十二号

肥料取締法(昭和二十五年法律第百二十七号)第十二条の規定により、昭和二十八年八月二十五日付をもつて左の肥料の登録の有効期間を更新し、登録証を交付した。

昭和二十八年九月十五日　　　　農林大臣　保利　茂

有効期限が昭和三十一年八月三十一日となつたもの

登録番号

自生第三七四号至生第三七六号、生第三七八号、自生第三八〇号至生第四〇一号

肥料の名称等省略(官報参照)

◉農林省告示第六百五十三号

家畜伝染病予防法(昭和二十六年法律第百六十六号)第五十五条の規定に基き、家畜防疫官の服制を次の通り定める。

昭和二十八年九月十五日　　　　農林大臣　保利　茂

家畜防疫官服制

名称		摘要
帽	地質	濃紺のラシャ
	製式	円形とし、黒革製前ひさし及び黒革製あごひもをつける。あごひもの両端は、帽の両側において金色のボタン各一箇でとめる。夏は、白色のおおいをつける。降雨又は降雪の日には濃紺(夏期にあつては、かつ色又は白色)の防水布又はビニール製のおおいをつけることができる。 形状図の通り。
	前章	モール製金色の桐を置き、これを同色のモール製かんらんでだき合わせる。地は、濃紺のラシャとする。 形状寸法図の通り。
	周章	黒色斜子縁とし、帽の周囲にこれをつける。 形状図の通り。

冬服	上衣	地質	濃紺のラシャ又はサージ
		製式	背広型折りえり式。胸部は、二重とし、金ボタン各三箇を二行につける。ポケットは、左上部に一箇、左右下部に各一箇とし、下部のポケットにはふたをつける。形状図の通り。
		えり章	表面中央に白色のかもめを置き、これに紺色の Quarantine の文字を配し、その左斜上方に金色の Animal の文字、右斜下方に金色の Service の文字を配し、裏面中央に「動検第　号」と番号を刻した七宝製とする。形状図の通り。
	ズボン	地質	上衣に同じ。
		製式	長ズボンとし、左右に各一箇、左側後方に一箇のポケットをつけ、後方のポケットにはふたをつけ、黒色のボタン一箇でとめる。形状図の通り。
夏服	上衣	地質	濃紺のサージ
		製式	冬服の上衣に同じ。
		えり章	冬服上衣のえり章に同じ。
	ズボン	地質	白色の布又はサージ
		製式	冬服のズボンに同じ。
外とう		地質	濃紺のラシャ又はサージ
		製式	背広型折えり式。胸部は、二重とし、金色のボタン各三箇を二行につける。ポケットは、左右下部に各一箇とし、ふたをつける。胴にバンドをつける。後面は、帯ひもをつけ、すそを裂き、黒色のボタン二箇をつける。そり部にずきんどめの黒色ボタン五箇をつけ、ずきんには鼻おおい一箇及び黒色のボタン三箇をつける。形状図の通り。
		えり章	冬服上衣のえり章に同じ。
雨衣		地質	濃紺サージの防水布
		製式	折えり式。胸部に黒色の隠しボタン五箇を一行につける。ポケットは、左右に各一箇を縦につける。胴にバンドをつける。後面は、すそを裂き、黒色ボタン二箇をつける。そり部にずきんどめの黒色ボタン五箇をつけ、ずきんには、鼻おおい一箇及び黒色ボタン三箇をつける。形状図の通り。（但し、ずきんは、外とうのずきんに同じ。）
		えり章	冬服上衣のえり章に同じ。

備考

1　カラー及びワイシャツは白色とし、ネクタイは黒色とする。

2　家畜防疫官は、当分の間、この別表に規定する服制と異なる被服を用いることができる。

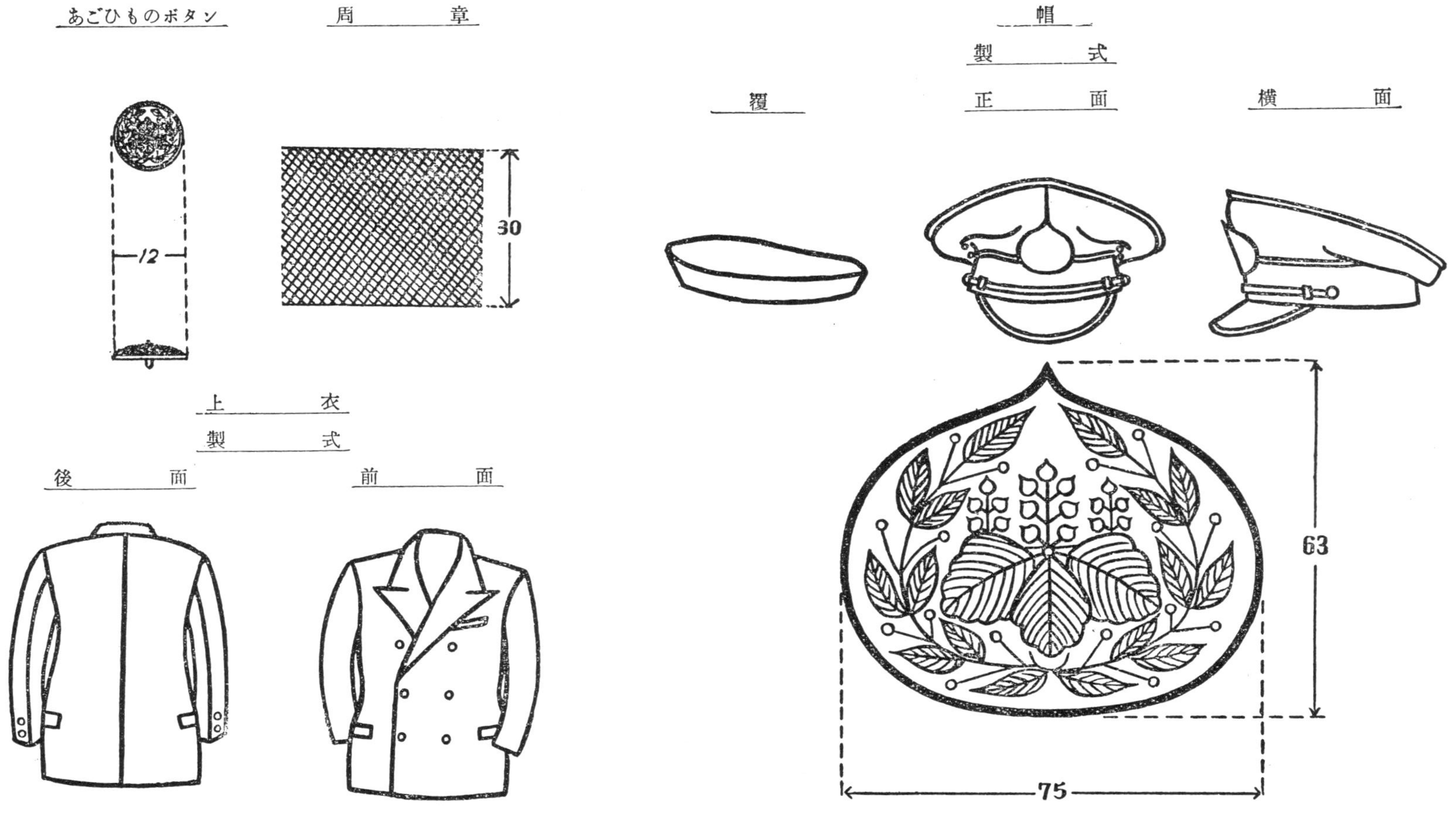
あごひものボタン
12
周章
30
帽製式
覆
正面
横面
63
75
上衣製式
後面
前面

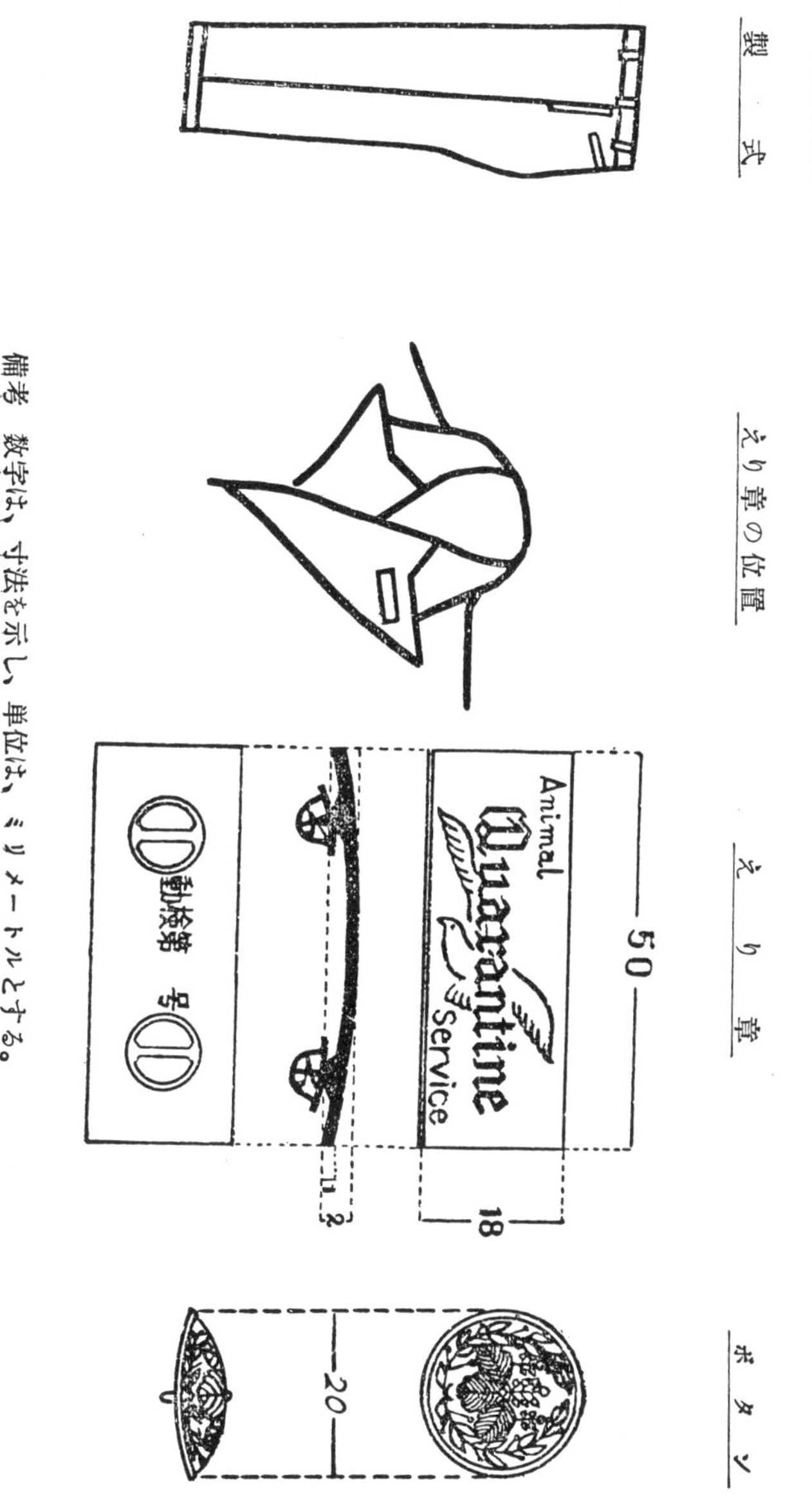

備考　数字は、寸法を示し、単位は、ミリメートルとする。

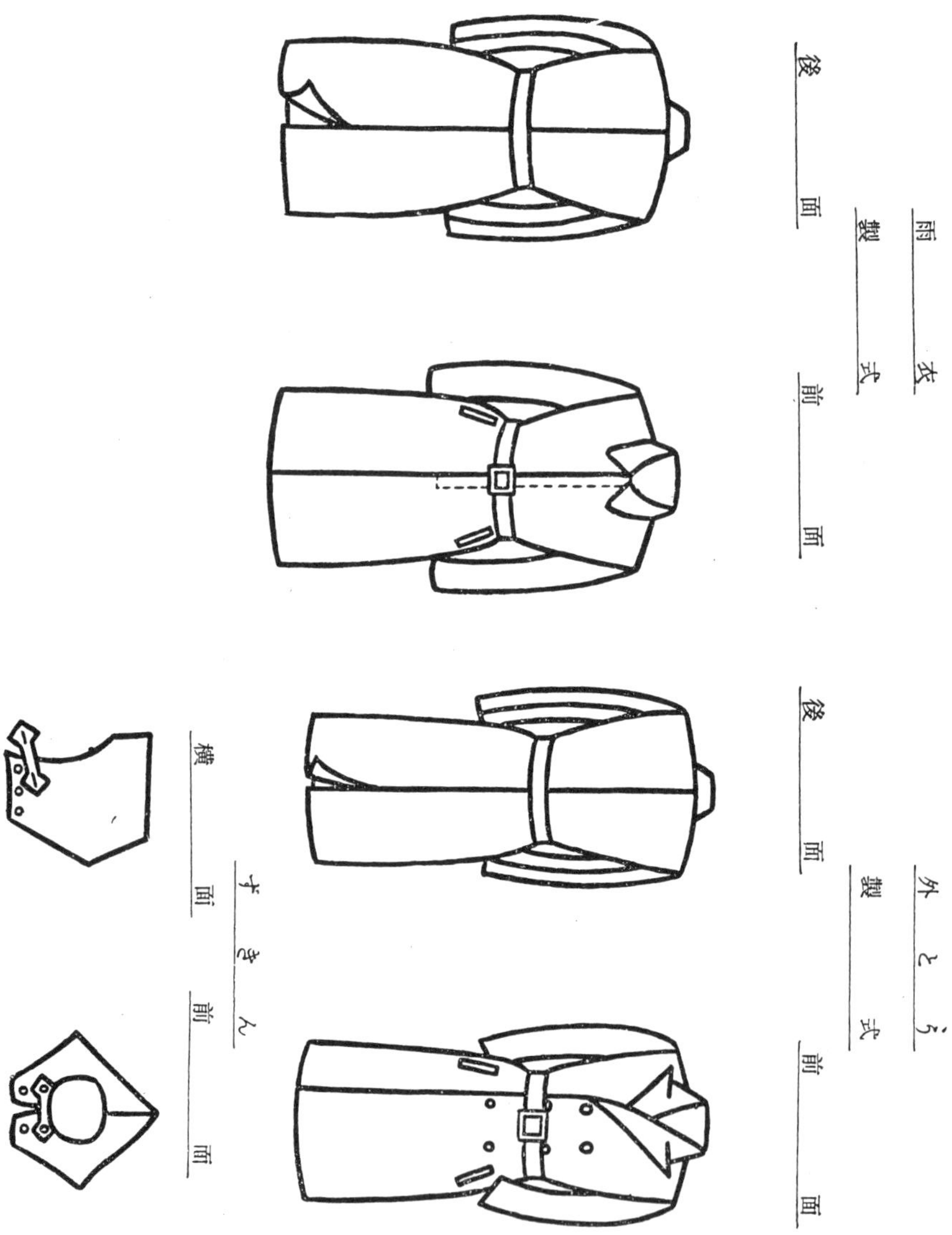
雨　衣
製　式
前　面
後　面
外　と　う
製　式
前　面
後　面
ず　き　ん
前　面
横　面

◉農林省告示第六百五十四号

農業災害補償法臨時特例法（昭和二十七年法律第百九十四号）第二条第一項の規定及び農業災害補償法臨時特例法施行令（昭和二十七年政令第百九十一号）に基き、水稲につき、同法により農作物共済を行うべき農業共済組合を次の通り追加して指定する。

昭和二十八年九月十七日

農林大臣　保利　茂

所属農業共済組合連合会支部	指定組合
千葉県農業共済組合連合会東葛飾支部	浦安町農業共済組合
香川県農業共済組合連合会木田支部	庵治村農業共済組合
〃	牟礼村農業共済組合
〃香川支部	高松市古高松農業共済組合

◉農林省告示第六百五十五号

国の負担金及び補助金交付規則（昭和二十四年農林省令第四十一号）に基き、土地改良関係調査費補助金交付規程（昭和二十七年農林省告示第二百十六号）の一部を次のように改正し、昭和二十八年度分の補助金から適用する。

昭和二十八年九月十七日

農林大臣　保利　茂

第二条中第一号を削り、第二号を第一号とし、第五号を第二号とし、第三号を第四号を次のように改め、第四号を削る。

三　農村土地整備計画の樹立に要する都道府県の経費

当該経費の二分の一以内

第三条第三号を削る。

第五条第二項を次のように改める。

2　農林大臣は、前項の書類の外、必要と認める書類の提出を求めることがある。

第六条を削る。

◉農林省告示第六百五十六号

農産物検査法（昭和二十六年法律第百四十号）第六条第一項の規定に基き、農産物規格規程（昭和二十六年農林省告示第百三十三号）の一部を次のように改正し、昭和二十八年十月十八日から施行する。

昭和二十八年九月十八日

農林大臣　保利　茂

第一の一もみの㈠規格の附の三の(1)の種子水稲もちもみの部中「千葉県、神奈川県及び奈良県」を「千葉県及び奈良県」に改める。

第一の一もみの㈠規格の附の三の(2)の種子水稲うるちもみの部中「宮城県」の下に「、秋田県」を、「竹田早生、農林二二号」の下に「、愛国」を加え、種子水稲もちもみの部中「岩手県で生産された無芒種」を「岩手県で生産された無芒種 宮城県、茨城県及び石川県で生産されたもの」に、種子陸稲うるちもみの部中「東京都、青森県、茨城県、栃木県、神奈川県、三重県、京都府、佐賀県、熊本県、山梨県、長野県、岐阜県、静岡県及び宮崎県で生産されたもの 愛知県、」を「岩手県で生産された無芒種 宮城県、福島県及び石川県で生産されたもの」に、「岩手県で生産されたもの」を「岩手県で生産された有芒種」に改める。

第一の一もみの㈠規格の附の四の(2)中「神奈川県、兵庫県」を「兵庫県」に改める。

◉農林省告示第六百五十七号

肥料取締法（昭和二十五年法律第百二十七号）第十四条第二項の規定により左の肥料の登録は失効したので、同法第十六条第一項の規定により告示する。

昭和二十八年九月十八日

農林大臣　保利　茂

登録番号	肥料の名称等省略(官報参照)
自生第二七四六号至生第二七四八号、生第二三四〇号	

◉農林省告示第六百五十八号

鹿児島県及び宮崎県の区域の一部を地区とし、宮崎県都城市に事務所を有する蓑原土地改良区から理事の氏名及び住所につき、次の通り届出があつたから、土地改良法（昭和二十四年法律第百九十五号）第十八条第十項及び第百二十四条の規定により告示する。

昭和二十八年九月十九日

農林大臣　保利　茂

氏名	住所
上田　博	鹿児島県囎唹郡財部町大字下財部二二〇四番地
松下　恵吾	〃　二〇三四番地
石原　敬禧	〃　大字南俣二三二七番地
愛甲　清春	〃　大字下財部一四九五ノ七番地
瀬戸口一美	〃　一三四一番地
井上　良正	〃　大字南俣一一二五七番地
池田　実信	〃　末吉町大字深川一六二七番地
川窪　濃	〃　二三〇八番地
末原　義秀	宮崎県都城市牟田町二七五一番地
河野覚之助	〃　大字五十町二二一二番地
松原　義夫	〃　大字横市二九七四番地
外村　直孝	〃　四〇七〇番地
永山　正男	〃　七四二八番地
乙守　秀雄	〃　大字五十町一八五六番地
前畑才之進	〃　一九〇七番地
猿沢　安美	〃　大字横市一九八三番地

◉農林省告示第六百五十九号

肥料取締法（昭和二十五年法律第百二十七号）第十二条の規定により、昭和二十八年九月五日付をもつて左の肥

料の登録の有効期間を更新し、登録証を交付した。

昭和二十八年九月二十二日

農林大臣　保利　茂

有効期限が昭和三十一年九月八日となつたもの

登録番号

自生第四一一号至生第四二一号、自生第四三二号至生第四四〇号、自生第四四五号至生第四五六号、生第四六〇号、自生第四六二号自生第四九〇号、自生第五〇一号至生第五一八号

肥料の名称等省略(官報参照)

◉**農林省告示第六百六十号**

肥料取締法（昭和二十五年法律第百二十七号）第十二条の規定により、昭和二十八年九月五日付をもつて左の肥料の登録の有効期間を更新し、登録証を交付した。

昭和二十八年九月二十二日

農林大臣　保利　茂

有効期限が昭和三十一年九月八日となつたもの

登録番号

自輸第四〇号、至輸第四四号

肥料の名称省略(官報参照)

◉**農林省告示第六百六十一号**

肥料取締法（昭和二十五年法律第百二十七号）第十三条第一項の規定による登録証の書替交付の申請に対し、昭和二十八年八月十三日付で次のように登録証を書替交付したので告示する。

昭和二十八年九月二十二日

農林大臣　保利　茂

生第一三二〇号、生第一三一九号、生第七六六号、第一三一八号、生第一三一七号、生第一六九〇号、生第一六九一号、生第二〇三一号から生第二〇三四号まで、生第二五九七号から生第二五九九号まで、生第二五八七号から生第二五九一号まで、生第二七〇三号、生第二五九二号から生第二五九六号まで及び生第三三一九号から生第三三二八号までの氏名又は名称及び住所の欄中代表者の氏名「会長　森川武門」を「会長　浜岡一郎」に改める。

◉**農林省告示第六百六十二号**

肥料取締法（昭和二十五年法律第百二十七号）第十三条第四項の規定による登録証の書替交付の申請に対し、昭和二十八年八月十三日付で次のように登録証を書替交付したので告示する。

昭和二十八年九月二十二日

農林大臣　保利　茂

生第二五二六号から生第二五二八号までの肥料の名称の欄中「やまと配合肥料一号」を「たから配合肥料一号」に、「やまと配合肥料二号」を「たから配合肥料二号」に、「やまと配合肥料三号」を「たから配合肥料三号」に、生第三六二〇号の肥料の名称の欄中「やまと配合肥料特製三号」を「たから配合肥料特製三号」に改める。

◉**農林省告示第六百六十三号**

肥料取締法（昭和二十五年法律第百二十七号）第十三条第四項の規定による登録証の書替交付の申請に対し、昭和二十八年八月二十日付で次のように登録証を書替交付したので告示する。

昭和二十八年九月二十二日

農林大臣　保利　茂

生第二六五八号の肥料の名称の欄中「東圧尿素化成一号」を「東圧尿素化成五号」に改める。

◉**農林省告示第六百六十四号**

千葉県及び茨城県の区域の一部を地区とし、千葉県印旛郡佐倉町に事務所を有する印旛沼土地改良区から理事の氏名及び住所につき次の通り届出があつたから、土地改良法(昭和二十四年法律第百九十五号）第十八条第十項及び第百二十四条の規定により公告する。

昭和二十八年九月二十二日

農林大臣　保利　茂

氏名	住所
田中和三郎	千葉県印旛郡根郷村大字太田一五〇八番地
鈴木　紋一	〃佐倉町大字下根二三〇番地
宮崎　官一	〃安食町大字安食二三〇九番地
吉植　庄亮	〃本埜村大字下井三四番地
中台昭之助	〃臼井町大字臼井八二番地
長沢甚太郎	〃根郷村大字六崎七八三番地
深山　浪蔵	〃旭村大字馬渡六六五番地
石渡用之助	〃和田村大字高崎五〇九番地
香取　四郎	〃永治村大字谷田五三五番地
稲村　一	〃木下町大字平岡一〇九一番地
森田豊太郎	〃宗像村大字吉田一五九一番地
鈴木　幸雄	〃船穂村大字松崎一八四二番地
山崎　四郎	〃阿蘇村大字保品一〇二九番地

岡田　徳治　〃酒々井町大字酒々井一〇五三番地
高橋　正　〃千代田町大字物井四九五番地
三門新五郎　〃志津村大字青菅二七二番地
岩田　儀一　〃布鎌村大字押付三一番地
浮島宏之助　〃安食町大字須賀一九一番地
兼坂　祐　〃臼井町大字角来七四番地
篠田　定吉　〃宗像村大字岩戸二二四五番地
石橋源四郎　〃白井村大字神々廻六五番地
綿貫　進　〃六合村大字吉高五三五番地
高橋源太郎　〃白井村大字神々廻二三五番地
勝田友三郎　〃安食町大字安食五番地
米井　昌訓　〃千葉郡豊村大字小室一五一番地
黒沢　武　〃睦村大字平戸一〇一六番地
飯山菊五郎　〃大和田町大字萱田七三三番地
山口　浜吉　茨城県稲敷郡生板村大字生板鍋子新田一番地

◉農林省告示第六百六十五号

肥料取締法（昭和二十五年法律第百二十七号）第七条の規定により、昭和二十八年八月二十日付をもつて左の肥料を登録し、登録証を交付した。

昭和二十八年九月二十四日　農林大臣　保利　茂

登録番号
自生第三八七一号至生第三九二二号
肥料の名称等省略（官報参照）

◉農林省告示第六百六十六号

狩猟法（大正七年法律第三十二号）第九条の規定に基き、次のように禁猟区を設置する。

昭和二十八年九月二十四日　農林大臣　保利　茂

一　名称　小田地区禁猟区
二　禁猟区域　香川県大川郡のうち志度湾海岸線（最大高潮時）上志度町と鴨庄村との境界点を基点として、同境界にそつて国道十一号線に至り、同所から同国道にそつて鴨庄村及び鴨部村を経て、津田町の津田川に達し、同所から津田川にそつて津田湾に至る線から北に位置する地域一円
三　禁猟期間　昭和二十八年九月二十五日から昭和三十一年九月二十四日まで

◉農林省告示第六百六十七号

昭和二十八年四月及び五月における凍霜害の被害農家に対する資金の融通に関する特別措置法（昭和二十八年法律第六十九号）並びに国の負担金及び補助金交付規則（昭和二十四年農林省令第四十一号）に基き、農作物凍霜害営農資金利子補給費及び損失補償費補助金交付規程を次のように定める。

昭和二十八年九月二十六日　農林大臣　保利　茂

農作物凍霜害営農資金利子補給費及び損失補償費補助金交付規程

第一条　昭和二十八年四月及び五月における凍霜害の被害農家に対する資金の融通に関する特別措置法（以下「法」という。）第三条の規定による補助金の交付については、法並びに国の負担金及び補助金交付規則（以下「規則」という。）に定めるものの外、この規程の定めるところによる。

第二条　規則第三条の規定に基き補助金の交付を申請しようとする場合には、申請書（別記様式第一号）に左に掲げる書類を添え、正副四部を提出しなければならない。
一　事業計画書（別記様式第二号）
二　収支予算書（別記様式第三号）
三　市町村に補助金を交付する場合にあつては都道府県の補助金交付規程
四　その他農林大臣が必要と認める書類

第三条　都道府県は、前条の書類に記載した事項に重要な変更を加えようとするときは、あらかじめ農林大臣に届け出なければならない。
2　農林大臣は、前項の届出があつた場合において、必要があると認めるときは、その届出に係る事項につき変更を命ずることがある。

第四条　規則第七条により提出すべき事業成績書及び収支決算書の様式は、それぞれ別記様式第二号及び様式第三号による。
2　農林大臣は、事業成績書及び収支決算書の外、必要と認める書類の提出を求めることがある。

附　則

この規程は、昭和二十八年度分の補助金から適用する。

別記

様式第1号

昭和　年度農作物凍霜害営農資金利子補給費（及び損失補償費）補助金交付申請書

都府県知事

昭和　年　月　日

農林大臣　殿

下記の通り農作物凍霜害営農資金利子補給費（又は損失補償費）を同補助金交付規程により交付されたく申請します。

記

1　利子補給費　円也
2　損失補償費　円也
計　円也

様式第2号

事業計画書(又は事業成績書)

1 融資機関別融資計画(又は実績)

融資機関名	融資総額(又は実行額)		合計
	一般営農資金	開拓営農資金	
	円	円	円

2 利子補給計画(又は実績)

(1) 実行利率及び利子補給率

区分	単位農協貸出利率	連合会貸出利率	市町村利子補給率	都府県利子補給率
一般営農資金				
開拓営農資金				

(2)　都府県及び市町村の利子補給計画(又は実績)

イ　一般営農資金

融資機関名	(A) 期首融資残額	(B) 期末融資残額	(C) 年間積数	(D) 年2分5厘で計算した額	(E) 市町村利子補給額	(F) 都府県利子補給額	(G) (E)と(F)の計の½の額	(H) 国庫補助金(D)又は(G)のいずれか低い額
	円	円	円	円	円	円	円	円

ロ　開拓営農資金

融資機関名	(A) 期首融資残額	(B) 期末融資残額	(C) 年間積数	(D) 年3分で計算した額	(E) 市町村利子補給額	(F) 都府県利子補給額	(G) (E)と(F)の計の½の額	(H) 国庫補助金(D)又は(G)のいずれか低い額
	円	円	円	円	円	円	円	円

(3) 都府県及び市町村の損失補償計画(又は実績)

融資機関名	損失補償の対象となつた融資総額 (A)	損失補償限度額 (B)	損失発生額 (C)	市町村損失補償額 (D)	都府県損失補償額 (E)	(D)と(E)の計の½の額 (F)	国庫補助金 (B)又は(F)の½のいずれか低い額 (G)
	円	円	円	円	円	円	円

(4) 市町村に対する都府県の補助計画(又は実績)

補助割合 ｛利子補給費に係る補助　　分　　厘
　　　　　 損失補償費に係る補助融資総額の　　%

市町村名	利子補給補助額	損失補償補助額
	円	円

様式第3号

収　支　予　算　書(又は収支決算書)

1　収入の部

区　分	本年度予算額（又は本年度決算額）	前年度予算額（又は本年度予算額）	対比増減		備　考
			増	減	
国庫補助金	円	円			
県（都府）費					
計					

2　支出の部

区　分	本年度予算額（又は本年度決算額）	前年度予算額（又は本年度予算額）	対比増減		備　考
			増	減	
利子補給額 一般営農資金利子補給金 開拓営農資金利子補給金	円	円			
損失補償額 一般営農資金損失補償金 開拓営農資金損失補償金					
計					

◉農林省告示第六百六十八号

農地法（昭和二十七年法律第二百二十九号）第六十二条第二項の規定に基いて土地配分計画を作成したから、同条第三項の規定に基き次の通り告示する。

昭和二十八年九月二十六日　農林大臣　保利　茂

地区名	所在地	入植者 売渡予定口数	入植者 売渡予定面積	増反者 売渡予定口数	増反者 売渡予定面積	入植者の送出県	入植者の送出口数
保落第二E1	北海道標津郡中標津町	一	一四町・〇			岐阜県	一
萩野E1	北海道川上郡弟子屈町	五	七一・八			山形県	五
ヌラ平	青森県東津軽郡荒川村	一六	一〇四・〇			東京都	一六
鳥の沢	青森県下北郡大畑町	一一	四九・四			宮城県	四
駒ヶ岳	岩手県胆沢郡金ヶ崎町	一三	五九・一			宮城県	一三
西富士	静岡県富士郡上井出村	一〇	五二・四四			長野県	一〇
曾利野	滋賀県甲賀郡山田村	七	一一・四			埼玉県	七
保見	愛知県西加茂郡保見村	二	三・四			長野県	二
伊保原	同	四	四・六			長野県	四
大鹿山2	愛知県西加茂郡三好村	五	七・〇			長野県	五
上品野1	愛知県東春井郡品野町	一二	二四・五			長野県	一二
沖の平1	愛知県北設楽郡段嶺村	四	一三・三			長野県	四
扇子山1	愛知県額田郡山中村	一	一・八			長野県	一
山之村	岐阜県吉城郡阿曾布村	一一	二六・五			長野県	一一
爪生野	愛媛県宇摩郡別子山村	一一	四八・五			香川県	一〇
東合	山口県阿武郡高俣村	二	四・四			山梨県	二
上福	大分県下毛郡耶馬溪村	一〇	三三・六	一	〇・三	長野県	一〇
鹿熊2	大分県下毛郡下郷村	一〇	二六・〇			長野県	一〇

◉農林省告示第六百六十九号

昭和二十八年台風第二号による被害農家及び被害漁家に対する資金の融通に関する特別措置法（昭和二十八年法律第百八十七号）第七条の規定に基き、農業共済基金が貸付を行うことができる農業共済組合連合会を次のように指定する。

昭和二十八年九月三十日　農林大臣　保利　茂

福岡県農業共済組合連合会

◉農林省告示第六百七十号

農薬取締法（昭和二十三年法律第八十二号）第二条の規定により昭和二十八年八月三日付をもって左記農薬を再登録し、登録票を交付した。

昭和二十八年九月三十日　農林大臣　保利　茂

登録番号

三二四、三二五、五五六、九三二、九三五、九三六、九三八、九三九、九四一、九四三、九四四、九四五、九四七、九四八、九五〇、九五一、九五三、九五四、九五六、九六〇、九五九、九六一

農薬の種類及び名称等省略（官報参照）

◉農林省告示第六百七十一号

北海道美唄市美唄所在の大富地区及び北海道空知郡北村字赤川所在の美唄達布地区について、農地法施行令（昭和二十七年政令第四百四十五号）第四条本文但書の規定に基き、同条第三号の土性の基準を次の通り定める。

昭和二十八年九月三十日　農林大臣　保利　茂

地区名	土性の基準	上記の基準を受ける土地
大富地区	砂壌土、壌土、埴壌土、埴土、粘土、泥炭を八〇%以上含む砂土、高位泥炭土、中位泥炭土又は低位泥炭土であること。	北海道美唄市上美唄[illegible]

美唄達布地区　同右

六、三九三九、三九一九、三九二一、三九三三、三九二二ノ一、三九二二ノ二、三九二三、三九二四、三九二五、三九二六、三九二七、三九三〇、三九三一、三九三四、三九三五、三九三八、三九四四、三九四五、三九四六、三三七〇ノ一、三三七〇ノ四、三三七〇ノ三、三九一七、三九一八

北海道空知郡北村字赤川七三九ノ一、七三九ノ二、五三九ノ八、五三九ノ七、五四一ノ四、四九四ノ三、五四一ノ五

四九四ノ一、五四三ノ一、五四三ノ二、五四四ノ一、五四四ノ三、五四一ノ一、五四二ノ一、五三九ノ一一

北海道空知郡北村字赤川沼五四二ノ五、五四二ノ六、五四二ノ四、五四二ノ三

北海道空知郡北村字美唄達布七四七ノ二

◉農林省告示第六百七十二号

食糧管理法施行令(昭和二十二年政令第三百三十号)第四条第二項の規定に基き、昭和二十二年農林省告示第百九十六号(食糧管理法の施行に関する件)の一部を改正し、昭和二十八年十月一日から施行する。

昭和二十八年九月三十日

農林大臣　保利　茂

五の㈤を次のように改める。

㈤　外食券

(イ)　外食券(甲)

表

裏

注意

一、全国どこででも、食糧管理法及び同法施行規則に基き登録を受けた米飯提供業者の店ぼで、本券の各片と引換に精米一三〇瓦を原料として調理した米飯の食事ができ、又駅構内立売業者及び列車内販売業者から、本券の各片と引換に精米一三〇瓦を原料として調理した米飯を買うことができます。なお、本券の交付を受けこれを使用しなかつた場合、有効期間内であれば、新外食券と引換えることができ、又本券の交付を受けた市区町村長に消費世帯用、及び生産世帯用主要食糧購入通帳を提出の上本券を返還すれば、相当数量の米の配給が受けられます。但し、旅行者用、船員用及び漁船乗組員用主要食糧購入通帳により本券の交付を受けた場合は、いづれの市区町村長に返還しても本券相当数量の米の配給が受けられます。なお、転入者は、転入地市区町村長に前記の手続をすれば、転入の際に限り、返還した本券相当数量の米の配給が受けられます。

二、各片の裏面に本券を交付した市区町村名のなつ印の無いものは無効です。

三、本券を失つた場合には再交付致しません。

四、本券を、他人に譲り渡したり、他人から譲り受けた場合は処罰されます。

五、本券は、表記の有効期間の記載にかかわらず米飯提供業者、駅構内立売業者及び列車内販売業者が当該業務のために使用する場合は昭和二十九年二月十五日まで、小売販売業者甲が使用する場合は同年二月二十八日まで有効とします。

(甲)

(ロ) 外食券(乙)

表

有効期間
自 昭和28年10月1日
至 昭和29年1月31日

昭和29年1月31日迄有効 外食券 乙 130瓦 農林省
昭和29年1月31日迄有効 外食券 乙 130瓦 農林省
昭和29年1月31日迄有効 外食券 乙 130瓦 農林省
昭和29年1月31日迄有効 外食券 乙 130瓦 農林省
昭和29年1月31日迄有効 外食券 乙 130瓦 農林省
昭和29年1月31日迄有効 外食券 乙 130瓦 農林省
昭和29年1月31日迄有効 外食券 乙 130瓦 農林省
昭和29年1月31日迄有効 外食券 乙 130瓦 農林省
昭和29年1月31日迄有効 外食券 乙 130瓦 農林省
昭和29年1月31日迄有効 外食券 乙 130瓦 農林省

裏

注意

一、全国どこででも、食糧管理法及び同法施行規則に基き登録を受けた米飯提供業者の店舗で、本券の各片と引換に精米一三〇瓦を原料として調理した米飯の食事ができ、又駅構内立売業者及び列車内販売業者から、本券の各片と引換に精米一三〇瓦を原料として調理した米飯を買うことができます。なお、本券の交付を受けこれを使用しなかつた場合、有効期間内であれば、新外食券と引換えることができ、又本券の交付を受けた市区町村長に返還すれば、市区町村長の交付する主要食糧特別購入切符乙により、本券の交付を受けるため保有米を売渡した小売販売業者甲から相当数量の米を購入することができます。
二、各片の裏面に本券を交付した市区町村名のなつ印の無いものは無効です。
三、本券を、失つた場合には再交付致しません。
四、本券を、他人に譲り渡したり、他人から譲り受けた場合は処罰されます。
五、本券は、表記の有効期間の記載にかかわらず米飯提供業者、駅構内立売業者及び列車内販売業者が当該業務のために使用する場合は昭和二十九年二月十五日まで、小売販売業者甲が使用する場合は同年二月二十八日まで有効とします。

(乙)

附則

改正前の五の(ロ)の様式による外食券は、その記載するところに従い生活上消費者にあつては昭和二十八年十月三十一日まで、米飲提供業者、駅構内立売業者及び列車内販売業者が当該業務のために使用する場合は、同年十一月十五日まで、小売販売業者甲が当該業務のため使用する場合は同年十一月三十日まで有効とする。

◉**農林省告示第六百七十三号**

狩猟法(大正七年法律第三十二号)第九条の規定に基き、次のように禁猟区を設置する。

昭和二十八年九月三十日

農林大臣　保利　茂

一　名称　鹿久居島禁猟区
二　禁猟区域　岡山県和気郡福河村所在字鹿久居島国有林一〇五林班い小班、一〇六林班から一一林班まで及び一一二林班ろ小班
三　禁猟期間　昭和二十八年十月一日から昭和三十八年九月三十日まで

◉農林省告示第六百七十四号

漁港法（昭和二十五年法律第百三十七号）第二十五条の規定に基き、四ヶ浦漁港外十港の漁港管理者を次のように指定したので同条第五項の規定により告示する。

昭和二十八年十月一日

農林大臣　保利　茂

漁港の名称	種類	所在地	管理者
四ヶ浦	四	福井県丹生郡四ヶ浦町	福井県
茱崎	二	同越廼村大字茱崎	同
高浜	二	同大飯郡高浜町	同
鷹巣	二	同坂井郡鷹巣村	同
葛西	二	東京都江戸川区堀江町	東京都
網代	三	鳥取県岩美郡網代村	鳥取県
倉橋	二	広島県安芸郡倉橋町	広島県
大分	二	大分市京泊	大分県
松浦	二	大分県南海部郡西中浦村大字沖松浦	同
長洲	二	同宇佐郡長洲町字浜	同
竹田津	二	同東国東郡竹田津町	同

◉農林省告示第六百七十五号

漁港法施行令（昭和二十五年政令第二百三十九号）第五条第一項第五号に規定する農林大臣の指定するものを次のように定めたので告示する。

昭和二十八年十月一日

農林大臣　保利　茂

都道府県名	漁港の名称	種別	所在地
福井県	茱崎	二	福井県丹生郡越廼村大字茱崎
〃	高浜	二	同大飯郡高浜町
〃	鷹巣	二	同坂井郡鷹巣村
東京都	葛西	二	東京都江戸川区堀江町
広島県	倉橋	二	広島県安芸郡倉橋町
大分県	大分	二	大分市京泊
〃	松浦	二	大分県南海部郡西中浦村大字沖松浦
〃	長洲	二	同宇佐郡長洲町字浜
〃	竹田津	二	同東国東郡竹田津町

◉農林省告示第六百七十六号

昭和二十二年農林省告示第三十号（林業試験場の位置並びに支場及びその分場の位置及び名称に関する件）の一部を次のように改正する。

昭和二十八年十月一日

農林大臣　保利　茂

名称の欄中「林業試験場札幌支場」を「林業試験場北海道支場」に改める。

◉農林省告示第六百七十七号

家畜衛生講習会規程（昭和二十五年農林省告示第百三十九号）第三条第一項の規定に基き総合講習会及び特殊講習会を次のように開催するから、同条第三項の規定により告示する。

昭和二十八年十月二日

農林大臣　保利　茂

その一

一　講習会の名称　家畜衛生総合講習会

内容省略（官報参照）

その二

一　講習会の名称　家畜の寄生虫病に関する講習会

内容省略（官報参照）

◉農林省告示第六百七十八号

肥料取締法（昭和二十五年法律第百二十七号）第七条の規定により、昭和二十八年九月一日附をもつて左の肥料を登録し、登録証を交付した。

昭和二十八年十月二日

農林大臣　保利　茂

登録番号

自生第三九二三号至生第四〇〇三号

肥料の名称等省略（官報参照）

◉農林省告示第六百七十九号

肥料取締法（昭和二十五年法律第百二十七号）第十四条第二号の規定により左の肥料の登録は失効したので、同法第十六条第一項の規定により告示する。

昭和二十八年十月三日

農林大臣　保利　茂

登録番号

自生第一二二六号至生第二五七八号

肥料の名称等省略（官報参照）

◉**農林省告示第六百八十号**

食糧管理法(昭和十七年法律第四十号)第三条第二項の規定に基き、昭和二十八年産米穀の政府買入価格を次のように定める。

昭和二十八年十月五日

農林大臣　保利　茂

種類	量目	等級	価格
玄米	正味六〇キログラムにつき	一等	三、三七五円
		二等	三、三四〇
		三等	三、二八〇
		四等	三、二二〇
		五等	三、〇七〇
精米	正味六〇キログラムにつき	一等	三、五〇〇
		二等	三、四〇〇
もみ	正味三七・五キログラムにつき	一等	一、五八〇
		二等	一、五三五

一　この表の価格は、農産物検査法（昭和二十六年法律第百四十四号）による検査を受けた米穀の価格である。

二　この表の価格は、裸の米穀の価格であつて容器入りの米穀の価格は、この表の価格に左の表の上欄の区分に従い、それぞれ同表の相当下欄にかかげる金額を加えた額とする。但し、内俵の横縄三箇所以上各二廻りの二重俵入りの米穀については、左の表の二重俵の金額に八円を加えた額とする。

区分			金額
俵（横縄五箇所各二廻り、縦縄一筋以上四方掛け又は二筋二方掛け以上）	新俵	二重俵	九〇〇円
		複式俵	七〇〇
		一重俵	四五〇
	故俵	二重俵	五〇〇
		複式俵	四〇〇
		一重俵	三〇〇
かます（縦縄三箇所各二廻り、横縄二筋以上一箇所掛け以上又は縦縄二箇所各二廻り横縄二筋二箇所掛け以上）	新かます		七五
	故かます		五〇

三　もち米で左の表の上欄の産地の区分に従い、同表の下欄の期日（農林大臣が特に必要と認め五日間の範囲内で期日を延長した場合は、その期日）までに政府に売り渡されたものの価格は、それぞれこの表の価格に、玄米については正味六〇キログラムにつき四五〇円を、精米については正味六〇キログラムにつき四八〇円を、もみについては正味三七・五キログラムにつき二二〇円を加えた額とする。

産地	期日
北海道、青森県、岩手県、宮城県、秋田県、山形県、福島県、新潟県、富山県、石川県、福井県	昭和二十八年十二月十日
右にかかげた道県以外の都府県	昭和二十八年十二月二十日

四　農産物検査法施行規則(昭和二十六年農林省令第三十二号)第十四条の規定により醸造用証印の押なつを受けた玄米(以下「酒米」という。)で昭和二十八年十二月三十一日までに政府に売り渡されたものの価格は、この表の価格に、左の表の上欄の区分に従い、それぞれ同表の相当下欄にかかげる金額を加えた額とする。

区分			金額（正味六〇キログラムにつき）
品種	産地		
雄町	岡山県	赤磐郡、和気郡、御津郡御津町のうち大字芳谷、国ヶ原、川高、伊田、矢知、平岡、新庄及び矢原	八六〇円
		上道郡、御津郡（前記の地域を除く。）	八〇〇
		児島郡、邑久郡	七四〇
		前記六郡以外の地域	六〇〇
	大阪府	高槻市、茨木市、三島郡	八〇〇
		豊能郡	六七〇
		前記二市二郡以外の地域	六〇〇
	兵庫県	美嚢郡、加東郡、加西郡、有馬郡、多可郡、西脇市、神戸市	六〇〇
		川辺郡、印南郡、飾磨郡、神崎郡、揖保郡、赤穂郡、佐用郡、宍粟郡、氷上郡、多紀郡、津名郡、三原郡、洲本市、滝野市、赤穂市	五五〇
		前記十七郡五市以外の地域	五〇〇
	広島県		五五〇
	島根県	仁田郡、飯石郡	五五〇
		前記二郡以外の地域	五〇〇
	前記一府四県以外の府県		五〇〇

品種	地域	
高嶺錦	長野県	二〇〇
日の出選	岡山県	二〇〇
旭	群馬県	二〇〇
日の出	滋賀県	二〇〇
旭一号	大阪府、和歌山県	二〇〇
亀の尾、北陸十二号、酒の華、京の華、信交一九〇号	各府県	二〇〇
農穣穂、天神穂、改良一の宮、沢田二号、白菊、菊水、伊勢錦、大山、渡船	各府県	四〇〇
強力	鳥取県	四三〇
明徳	岡山県	四三〇
雄亀	岡山県	四三〇
都祝	京都府	五〇〇
弁慶	兵庫県 美嚢郡、加東郡、加西郡、有馬郡、多可郡、西脇市、神戸市	五五〇
	兵庫県 川辺郡、印南郡、飾磨郡、神崎郡、揖保郡、赤穂郡、佐用郡、宍粟郡、氷上郡、多紀郡、津名郡、三原郡、洲本市、滝野市、赤穂市	五〇〇
	兵庫県 前記十七郡五市以外の地域	四三〇
	兵庫県以外の府県	四〇〇
野条穂	兵庫県 美嚢郡、加東郡、加西郡、有馬郡、多可郡、西脇市、神戸市	四八〇
	兵庫県 川辺郡、印南郡、飾磨郡、神崎郡、揖保郡、赤穂郡、佐用郡、宍粟郡、氷上郡、多紀郡、津名郡、三原郡、洲本市、滝野市、赤穂市	四三〇
	兵庫県 前記十七郡五市以外の地域	四〇〇
	兵庫県以外の府県	四〇〇
穀良都	岡山県	四八〇
	兵庫県 美嚢郡、加東郡、加西郡、有馬郡、多可郡、西脇市、神戸市	四八〇
	兵庫県 川辺郡、印南郡、飾磨郡、神崎郡、揖保郡、赤穂郡、佐用郡、宍粟郡、氷上郡、多紀郡、津名郡、三原郡、洲本市、滝野市、赤穂市	四三〇
	兵庫県 前記十七郡五市以外の地域	四〇〇
	岡山県、兵庫県以外の府県	四〇〇
八反流	島根県	四三〇
八反	広島県、岡山県	四八〇
	広島県、岡山県以外の府県	四〇〇
竹田早生	岡山県	四八〇
山田錦	兵庫県 美嚢郡、加東郡、加西郡、有馬郡、多可郡、西脇市、神戸市	八〇〇
	兵庫県 川辺郡、印南郡、飾磨郡、神崎郡、揖保郡、赤穂郡、佐用郡、宍粟郡、氷上郡、多紀郡、津名郡、三原郡、洲本市、滝野市、赤穂市	六七〇
	兵庫県 前記十七郡五市以外の地域	五五〇
	兵庫県以外の府県	四三〇

旭四号	京都府	二〇〇
新旭	京都府	二〇〇

五　左の表の上欄の期間内に政府に売り渡された玄米及びもみの価格は、この表の価格にそれぞれ左の表の相当下欄にかかげる早期供出奨励金を加えた額とする。

期間	金額 玄米（正味六〇キログラムにつき）	金額 もみ（正味三七・五キログラムにつき）
第一期（昭和二十八年十月五日まで）	五二〇円	二五〇円
第二期（昭和二十八年十月六日から同月二十日まで）	三六〇	一七五
第三期（昭和二十八年十月二十一日から同年十一月十日まで）	二六〇	一二五
第四期（昭和二十八年十一月十一日から同月三十日まで）	一六〇	七五

六　政府に売り渡すべき米穀に関する政令（昭和二十八年政令第二百六十七号。以下「令」という。）第二条第一項の規定により指示された市町村（特別区のある地にあつては特別区、地方自治法（昭和二十二年法律第六十七号）第百五十五条第二項の市にあつては区、全部事務組合又は役場事務組合のある地にあつては組合とする。以下同じ。）の政府買入数量（令第五条第三項において準用する第二条第一項の規定若しくは令第六条の規定により指示された市町村の政府買入数量又は令第四条第二項（第五条第三項、第六条第三項及び第七条第四項において準用する場合を含む。）の規定による決定、令第七条第一項の規定による指示若しくは令第九条第二項の規定による決定の結果変更された市町村の政府買入数量がある場合にはその最終の指示又は変更の後の市町村の政府買入数量。以下「市町村別政府買入数量」という。）に、当該市町村の住所を有する米穀の生産者の政府に売り渡した米穀の数量の合計が達した場合において、当該市町村に住所を有する米穀の生産者が令第三条第一項の規定により指示された政府買入数量（令第五条第三項若しくは令第六条第三項において準用する第三条第一項の規定により指示された政府買入数量又は令第四条第二項（第五条第三項、第六条第三項及び第七条第四項において準用する場合を含む。）の規定による決定、令第七条第一項の規定による指示若しくは令第九条第二項の規定による決定により変更された政府買入数量がある場合にはその最終の指示又は変更の後の政府買入数量。以下「生産者別政府買入数量」という。）の範囲内の数量のものを政府に売り渡したときは、その売渡に係る当該数量の米穀の価格は、この表の価格に玄米正味六〇キログラムにつき三二〇円の、精米正味六〇キログラムにつき三四〇円の、もみ三七・五キログラムにつき一五三円六〇銭の供出完遂奨励金をそれぞれ加えた額とする。農林大臣が都道府県別に定める時期において、市町村別政府買入数量に当該市町村に住所を有する米穀の生産者の政府に売り渡した米穀の数量の合計が達していない場合において、当該市町村に住所を有する米穀の生産者が生産者別政府買入数量に相当する数量のものを政府に売り渡した場合その他農林大臣が別に定める場合には、当該生産者が生産者別買入数量の範囲内で政府に売り渡した米穀の価格についても、また同様とする。

七　米穀の生産者がその生産に係る米穀で生産者別政府買入数量をこえる数量のものを政府に売り渡した場合又は生産者別政府買入数量を定められなかつた米穀の生産者がその生産に係る米穀を政府に売り渡した場合において、当該売渡に係る米穀の価格は、この表の価格に玄米正味六〇キログラムにつき一、〇八〇円の、精米正味六〇キログラムにつき一、一四七円五〇銭の、もみ正味三七・五キログラムにつき五一八円四〇銭の超過供出奨励金をそれぞれ加えた額とする。

八　この表の価格は、米穀の生産者が政府倉庫又は政府指定倉庫において政府に売り渡す場合の価格である。

米穀の生産者が農林大臣の指示に従い、その特に指定した倉庫（以下「特別指定倉庫」という。）において政府に売り渡す場合の価格は、この表の玄米及び精米の価格に正味六〇キログラムにつき左にかかげる金額を加えた額とする。

(イ)　生産者がその住所の属する同一市町村の区域内にある特別指定倉庫において売り渡す場合

九円

(ロ) 生産者がその住所の属する市町村以外の市町村の区域内にある特別指定倉庫において売り渡す場合は、県内里程表により市町村間の距離に応じ

(一) 四キロメートル未満の場合 九円

(二) 四キロメートル以上八キロメートル未満の場合 一八円

(三) 八キロメートル以上十二キロメートル未満の場合 三〇円

(四) 十二キロメートル以上十六キロメートル未満の場合 四二円

(五) 十六キロメートル以上の場合 四八円

(ハ) 特別の事情がある場合には(イ)及び(ロ)の額にかえて正味六〇キログラムにつき一キロメートル毎に三円を加えた額とする。

政府が食糧管理法施行令第五条第一項の指定業者(以下「指定業者」という。)を通じて生産者に前項の加算額を支払う場合において、指定業者が農林大臣の指示に従い又はその承認を受けて政府から交付を受けた同項の規定による加算額の合計額を当該生産者に配分して交付したときは、その交付額を同項の加算額とする。

九 この表にかかげる量目以外の量目の米穀の価格は、この表の額を基礎とし、内容量の正比例によつて算出した額とする。この場合において計算の最終において生じた一円未満の端数は四捨五入する。

十 規格外の米穀、品いたみの米穀等の価格は、この表の価格を基準として現品の状況に応じ農林大臣が別に定める額とする。

◉農林省告示第六百八十一号

米穀の政府買入価格の特例に関する法律(昭和二十七年法律第百三十六号)第二条の規定に基き政府買入価格と仮価格との差額とともに政府の支払う金額は次の通りである。

昭和二十八年十月五日

農林大臣 保利 茂

種類	量目	等級	買入期日 第一期	第二期	第三期	第四期
うるち玄米	正味六〇キログラムにつき	一等	七・〇〇円	五・二五円	三・五〇円	一・七五円
		二等	六・五〇	五・〇〇	三・二五	一・七五
		三等	五・五〇	四・二五	二・七五	一・五〇
		四等	四・五〇	三・五〇	二・二五	一・二五
		五等	四・五〇	三・五〇	二・二五	一・二五
もち玄米	正味六〇キログラムにつき	一等	一四・二五	一〇・七五	七・二五	三・七五
		二等	一三・七五	一〇・二五	七・〇〇	三・五〇
		三等	一二・七五	九・五〇	六・五〇	三・二五
		四等	一一・七五	九・〇〇	六・〇〇	三・〇〇
		五等	一一・七五	九・〇〇	六・〇〇	三・〇〇
うるち精米	正味六〇キログラムにつき	一等	六・〇〇	四・五〇	三・〇〇	一・五〇
		二等	四・五〇	三・二五	二・二五	一・二五
もち精米	正味六〇キログラムにつき	一等	一三・七五	一〇・二五	七・〇〇	三・五〇
		二等	一二・〇〇	九・〇〇	六・〇〇	三・〇〇
うるちもみ	正味三七・五キログラムにつき	一等	三・〇〇	二・二五	一・五〇	・七五
		二等	二・二五	一・七五	一・二五	・七五
もちもみ	正味三七・五キログラムにつき	一等	六・五〇	五・〇〇	三・二五	一・七五
		二等	五・七五	四・五〇	三・〇〇	一・五〇

備考

一、この表の買入期日中、第一期とは昭和二十八年八月一日から八月十五日まで、第二期とは昭和二十八年八月十六日から八月三十一日まで、第三期とは昭和二十八年九月一日から九月十五日まで、第四期とは昭和二十八年九月十六日から十月四日までの期間をいう。

二、この表にかかげた量目以外の米穀について支払う金額は、この表の金額を基準として重量の正比例により算出する。この場合において二五銭未満の端数は二五銭に、二六銭以上五〇銭未満の端数は五〇銭に、五一銭以上七五銭未満の端数は七五銭に、七六銭以上一円未満の端数は一円に切り上げた額とする。

◉農林省告示第六百八十二号

漁業法（昭和二十四年法律第二百六十七号）第十一条第一項及び第百三十六条の規定に基き区画漁業の免許の内容となる事項、申請期間及び地元地区を次のように定めたので告示する。

昭和二十八年十月五日

農林大臣　保利　茂

(1) 漁業権の種類　区画漁業
(2) 漁業権の番号　農区第三十二号
(3) 漁場の位置及び区域
漁場の位置　福岡県及び佐賀県の地先（有明海）
点の位置
基点甲　筑後川川口導流堤突端標柱
基点丁　甲より二〇一度四一分三、三三〇米の処
イ　丁より一二四度四〇分八六米の処
ロ　丁より二〇四度〇四分二〇秒　四九七米の処
ハ　丁より二二二度二五分四〇秒　四五六米の処
ニ　丁より三〇七度五四分二〇秒　二四米の処
漁場区域　イ、ロ、ハ、ニ、イを結んだ線によつて囲まれた区域
(4) 漁業の種類、漁獲物の種類及び漁業の時期

漁業の種類	漁獲物の種類	漁業の時期
第一種のりひび建養殖業	のり	十一月一日から四月十五日まで

(5) 存続期間　免許の日から昭和二十九年四月三十日まで
(6) 申請期間　公示の日から十二日間
附記
地元地区
佐賀県　佐賀郡大詫間村、新北村

---

(1) 漁業権の種類　区画漁業
(2) 漁業権の番号　農区第三十三号
(3) 漁場の位置及び区域
漁場の位置　福岡県及び佐賀県の地先（有明海）
点の位置
基点甲　筑後川川口導流堤突端標柱
基点丙　甲より一九三度四四分二、九四二米の処
イ　丙より二四五度四〇分二六七米の処
ロ　丙より五三度四二分　一九〇米の処
ハ　丙より八八度三〇分　四一〇米の処
ニ　丙より一七七度〇六分二〇八米の処
漁場区域　イ、ロ、ハ、ニ、イを結んだ線によつて囲まれた区域
(4) 漁業の種類、漁獲物の種類及び漁業の時期

漁業の種類	漁獲物の種類	漁業の時期
第一種のりひび建養殖業	のり	十一月一日から四月十五日まで

(5) 存続期間　免許の日から昭和二十九年四月三十日まで
(6) 申請期間　公示の日から十二日間
附記
地元地区
福岡県　三潴郡青木村、三又村、大川町、大野島村、川口村、昭代村
山門郡大和町
三池郡高田村
柳川市
大牟田市

---

(1) 漁業権の種類　区画漁業
(2) 漁業権の番号　農区第三十四号
(3) 漁場の位置及び区域
漁場の位置　福岡県及び佐賀県の地先（有明海）
点の位置
基点甲　筑後川川口導流堤突端標柱
基点丁　甲より二〇一度四一分三、三三〇米の処
イ　丁より七三度三二分　三七二米の処
ロ　丁より八六度四四分　五四五米の処
ハ　丁より一二六度〇二分六四八米の処
ニ　丁より一三八度五一分三四一米の処
漁場区域　イ、ロ、ハ、ニ、イを結んだ線によつて囲まれた区域
(4) 漁業の種類、漁獲物の種類及び漁業の時期

漁業の種類	漁獲物の種類	漁業の時期
第一種のりひび建養殖業	のり	十一月一日から四月十五日まで

(5) 存続期間　免許の日から昭和二十九年四月三十日まで
(6) 申請期間　公示の日から十二日間
附記
地元地区
福岡県　三潴郡青木村、三又村、大川町、大野島村、川口村、昭代村
山門郡大和町
三池郡高田村
柳川市
大牟田市

---

(1) 漁業権の種類　区画漁業
(2) 漁業権の番号　農区第三十五号
(3) 漁場の位置及び区域
漁場の位置　福岡県及び佐賀県の地先（有明海）
点の位置
基点甲　筑後川川口導流堤突端標柱
基点丁　甲より二〇一度四一分三、三三〇米の処
イ　丁より一六八度五八分五八四米の処
ロ　丁より一四五度二九分八九二米の処
ハ　丁より一四八度一二分九五四米の処
ニ　丁より一七二度一七分六五〇米の処
漁場区域　イ、ロ、ハ、ニ、イを結んだ線によつて囲まれた区域
(4) 漁業の種類、漁獲物の種類及び漁業の時期

漁業の種類	漁獲物の種類	漁業の時期
第一種のりひび建養殖業	のり	十一月一日から四月十五日まで

(5) 存続期間　免許の日から昭和二十九年四月三十日まで
(6) 申請期間　公示の日から十二日間

附記

地元地区

福岡県　三潴郡青木村、三又村、大川町、大野島村、川口村、昭代村
山門郡大和町
三池郡高田村
柳川市
大牟田市

(1) 漁業権の種類　区画漁業
(2) 漁業権の番号　農区第三十六号
(3) 漁場の位置及び区域
漁場の位置　福岡県及び佐賀県の地先（有明海）

点の位置

基点甲　筑後川川口導流堤突端標柱
基点丁　甲より二〇一度四一分三、三三〇米の処
イ　丁より九五度五〇分六、三五米の処
ロ　丁より九八度〇六分一、〇〇〇米の処
ハ　丁より一四三度三二分一、二五〇米の処
ニ　丁より一五二度三〇分一、〇七八米の処

漁場区域　イ、ロ、ハ、ニ、イを結んだ線によつて囲まれた区域

(4) 漁業の種類、漁獲物の種類及び漁業の時期

漁業の種類	漁獲物の種類	漁業の時期
第一種 のりひび建養殖業	のり	十一月一日から四月十五日まで

(5) 存続期間　免許の日から昭和二十九年四月三十日まで
(6) 申請期間　公示の日から十二日間

附記

地元地区

福岡県　三潴郡青木村、三又村、大川町、大野島村、川口村、昭代村
山門郡大和町
三池郡高田村
柳川市
大牟田市

(1) 漁業権の種類　区画漁業
(2) 漁業権の番号　農区第三十七号
(3) 漁場の位置及び区域
漁場の位置　福岡県及び佐賀県の地先（有明海）

点の位置

基点甲　筑後川川口導流堤突端標柱
基点丙　甲より一九三度四四分二、九四二米の処
イ　丙より八〇度四九分八一三米の処
ロ　丙より八二度三〇分八六六米の処
ハ　丙より九四度三六分八一七米の処
ニ　丙より九四度〇〇分七六〇米の処

漁場区域　イ、ロ、ハ、ニ、イを結んだ線によつて囲まれた区域

(4) 漁業の種類、漁獲物の種類及び漁業の時期

漁業の種類	漁獲物の種類	漁業の時期
第一種 のりひび建養殖業	のり	十一月一日から四月十五日まで

(5) 存続期間　免許の日から昭和二十九年四月三十日まで
(6) 申請期間　公示の日から十二日間

附記

地元地区

福岡県　三潴郡青木村、三又村、大川町、大野島村、川口村、昭代村
山門郡大和町
三池郡高田村
柳川市
大牟田市

(1) 漁業権の種類　区画漁業
(2) 漁業権の番号　農区第三十八号
(3) 漁場の位置及び区域
漁場の位置　福岡県及び佐賀県の地先（有明海）

点の位置

基点甲　筑後川川口導流堤突端標柱
基点丙　甲より一九三度四四分二、九四二米の処
イ　丙より一一三度〇五分八二〇米の処
ロ　丙より一一二度〇五分九七二米の処
ハ　丙より一三〇度一〇分一、〇四八米の処
ニ　丙より一三六度〇〇分一、〇四〇米の処
ホ　丙より一三六度三〇分九六〇米の処、

漁場区域　イ、ロ、ハ、ニ、ホ、イを結んだ線によつて囲まれた区域

(4) 漁業の種類、漁獲物の種類及び漁業の時期

漁業の種類	漁獲物の種類	漁業の時期
第一種 のりひび建養殖業	のり	十一月一日から四月十五日まで

(5) 存続期間　免許の日から昭和二十九年四月三十日まで
(6) 申請期間　公示の日から十二日間

附記

地元地区

福岡県　三潴郡青木村、三又村、大川町、大野島村、川口村、昭代村
山門郡大和町
三池郡高田村
柳川市
大牟田市

(1) 漁業権の種類　区画漁業
(2) 漁業権の番号　農区第三十九号
(3) 漁場の位置及び区域
漁場の位置　福岡県及び佐賀県の地先（有明海）

点の位置

基点甲　筑後川川口導流堤突端標柱
基点丙　甲より一九三度四四分二、九四二米の処
イ　丙より一四一度一五分一、二六〇米の処
ロ　丙より一三四度一五分一、六〇〇米の処
ハ　丙より一五六度〇〇分二、一九〇米の処
ニ　丙より一五八度三〇分二、一〇〇米の処
ホ　丙より一五七度二〇分一、九四八米の処
ヘ　丙より一六一度三〇分二、〇四〇米の処

ト　丙より一六六度〇〇分
一、九三二米の処
チ　丙より一五九度二〇分
一、七〇〇米の処
漁場区域　イ、ロ、ハ、ニ、ホ、ヘ、ト、チ、イを結んだ線によつて囲まれた区域

(4) 漁業の種類、漁獲物の種類及び漁業の時期

漁業の種類	漁獲物の種類	漁業の時期
第一種 のりひび建養殖業	のり	十一月一日から四月十五日まで

(5) 存続期間　免許の日から昭和二十九年四月三十日まで

(6) 申請期間　公示の日から十二日間

附記

地元地区

福岡県　三潴郡青木村、三又村、大川町、大野島村、川口村、昭代村
山門郡大和町
三池郡高田村
柳川市
大牟田市

◉農林省告示第六百八十三号

食糧管理法(昭和十七年法律第四十号)第三条第二項の規定に基き、昭和二十八年十月五日農林省告示第六百八十号(昭和二十八年産米穀の政府買入価格の件)の一部を次のように改正する。

昭和二十八年十月六日　農林大臣　保利　茂

五の表中

「第一期(昭和二十八年十月五日まで)
第二期(昭和二十八年十月六日から同月二十日まで)
第三期(昭和二十八年十月二十一日から同年十一月十日まで)
第四期(昭和二十八年十一月十一日から同月三十日まで)」を

「第一期(昭和二十八年十月十五日まで)
第二期(昭和二十八年十月十六日から同月三十日まで)
第三期(昭和二十八年十月三十一日から同年十一月二十日まで)
第四期(昭和二十八年十一月二十一日から同年十二月十日まで)」に改める。

◉農林省告示第六百八十四号

農薬取締法(昭和二十三年法律第八十二号)第二条の規定により昭和二十八年九月一日付をもつて左記農薬を登録し、登録票を交付した。

昭和二十八年十月七日　農林大臣　保利　茂

登録番号

自一七四四号至第一七五八号、第一一二三号

農薬の種類及び名称等省略(官報参照)

◉農林省告示第六百八十五号

開拓用機械貸付規則(昭和二十三年農林省令第三十五号)第六条の規定に基き、昭和二十七年十月十七日農林省告示第五百十四号(開拓用機械貸付料)の一部を次のように改正する。

昭和二十八年十月八日　農林大臣　保利　茂

運搬機械の部中ダンプトラックG・M・C・二・五トン積の項の次に、次の二項を加える。

〃　四〃(四×二)　〃　〃　七、〇〇〇
〃　四〃(六×六)　〃　〃　三、五〇〇

雑機械の部中「発動機　三馬力　五〃」を「発動機　二―三馬力　五―六〃」に、「一〇〇ミリメートル　一五〇〃」を「七五―一〇〇ミリメートル　一二五―一五〇〃」に改める。

◉農林省告示第六百八十六号

東京都大島岡田村猟区期間更新の件は、昭和二十八年八月三十一日次の通り認可した。

昭和二十八年十月八日　農林大臣　保利　茂

一　猟区の名称　東京都大島岡田村猟区
二　事務所の位置　東京都大島岡田村役場
三　猟区の区域　同岡田村一円
四　猟区の存続期間　昭和二十八年十一月二十一日から昭和三十八年十一月二十日まで
五　入猟承認料　一人一日五百円

◉農林省告示第六百八十七号

狩猟法(大正七年法律第三十二号)第九条の規定に基き、次のように禁猟区を設置する。

昭和二十八年十月八日　農林大臣　保利　茂

一　名称　城山禁猟区
二　禁猟区域　茨城県西茨城郡笠間町所在城山国有林及びこれに囲まれた区域一円
三　禁猟期間　昭和二十八年十月十日から昭和三十三年十月九日まで

◉農林省告示第六百八十八号

狩猟法(大正七年法律第三十二号)第九条の規定に基き、次のように禁猟区を設置する。

昭和二十八年十月八日　農林大臣　保利　茂

一　名称　英彦山禁猟区
二　禁猟区域　福岡県田川郡彦山村大字英彦山、同村大字上落合字深倉、同郡津野村大字上津野字山口奥一〇七二ノ一、字焼尾一〇七二ノ二、字長伍林一五〇〇及び七ツ石二一一一ノ一並びに大分県下毛郡槻木村字平鶴一円
三　禁猟期間　昭和二十八年十月十日から昭和三十八年十月九日まで

◉農林省告示第六百八十九号

狩猟法(大正七年法律第三十二号)第十四条第一項の規定に基き、猟区の狩猟停止を次のように認可した。

昭和二十八年十月八日　農林大臣　保利　茂

一　猟区の名称　神奈川県中郡成瀬村猟区
二　狩猟停止期間　昭和二十八年九月一日から昭和三十一年十月三十一日まで

◉農林省告示第六百九十号

輸出品検査所依頼検査規程を次のように定める。

昭和二十八年十月八日　農林大臣　保利　茂

輸出品検査所依頼検査規程

第一条　輸出品検査所(以下「検査所」という。)が依頼を受けて行う輸出農林畜水産物の品質及び包装条件又は原産地の検査に関しては、この規程の定めるところによる。

第二条　品質及び包装条件の検査は、別表第一の品目につき、原産地の検査は、別表第二の品目につき行う。

第三条　品質及び包装条件の検査を依頼しようとする者は、一件ごとに、別記様式第一号の検査依頼書を検査所長（検査所の支所及び出張所の長を含む。以下同じ。）に提出しなければならない。

第四条　原産地の検査を依頼しようとする者は、一件ごとに、別記様式第二号の原産地検査依頼書を検査所長に提出しなければならない。

第五条　品質及び包装条件の検査を依頼しようとする者は、別表第三に定める手数料を、原産地の検査を依頼しようとする者は、一梱につき五円の手数料を納付しなければならない。

2　前項の手数料の納付は、収入印紙を検査依頼書にはり付けて行うものとする。

第六条　検査所長は、検査を行つたときは、検査を受けた農林畜水産物に検査証印又は等級証印を押なつし、封印を施す等検査済であることを識別することのできる方法を講ずるとともに、依頼者に検査証明書を交付しなければならない。

第七条　検査所長は、検査の必要がないと認めるとき又は検査を行うことができないときは、依頼に応じないことができる。

附　則

この規程は、昭和二十八年十一月一日から施行する。

別表第一

果物　そさい　つけ物　乾しいたけ　乾とうがらし　ゆり根　チューリップ　ばつかんさなだ　はつか脳　はつか油　除虫菊乾花　アンゴラと毛　乾製水産物　寒天　粗肝臓油　魚粉及び魚粕　かん詰、びん詰及びつぼ詰　グルタミン酸ソーダ　れん乳及び粉乳　しよう油　木ろう　インチ製材　ボビン材

別表第二

乾たけのこ　たけのこ　大豆　小豆　緑豆　こんにやく粉　しようが　くるみ　ぎんなん及びその加工品　らつきよう漬　乾しいたけ　しいたけ調整品　かえん　野草えん　円座　角マット　ばつかんさなだ　はつた脳　乾あわび　するめ　丸干いわし　いりこ　さめひれ　乾貝柱　こんぶ　乾かき　たけのこかん詰　れんこんかん詰　こんにやくかん詰　焼まつたけかん詰　小鯛みりん焼かん詰　あわびかん詰　しよう油　きなこ　冷凍うずら　割り竹　米粉

別表第三

品目	単位	手数料
果物	一梱につき	一・五〇円
そさい	〃	一・五〇
つけ物	〃	四・〇〇
乾しいたけ	〃	三〇・〇〇
乾とうがらし	〃	二〇・〇〇
ゆり根	一箱につき	八・〇〇
チューリップ	〃	二〇・〇〇
ばつかんさなだ	一梱につき	三〇・〇〇
はつか脳	〃	二三〇・〇〇
はつか油	〃	一一〇・〇〇
除虫菊乾花	〃	九〇・〇〇
アンゴラと毛	〃	一〇〇・〇〇
乾製水産物	〃	一〇・〇〇
寒天	〃	三〇・〇〇
粗肝臓油	高単位のもの　一ドラムにつき	三五〇・〇〇
	低単位のもの　一ドラムにつき	三〇・〇〇
魚粉及び魚粕	一袋につき	三・〇〇
かん詰、びん詰及びつぼ詰	一箱につき	五・〇〇
グルタミン酸ソーダ	一〇〇ポンドにつき	五〇・〇〇
れん乳及び粉乳	一箱につき	一〇・〇〇
しよう油	一梱につき	三・〇〇
木ろう	〃	五〇・〇〇
インチ製材	一石につき	二五・〇〇
ボビン材	〃	二五・〇〇

別記

様式第一号

はり付けてある収入印紙の額　円	収入印紙（消印をしないこと。）

検　査　依　頼　書

昭和　　年　　月　　日

農林省輸出品検査所（支所又は出張所）長殿

依頼者　氏名　　　　　㊞

住所

下記の検査を依頼します。

記

1　品名

2　数量

3　所在場所

4　依頼する検査の内容

参考事項

1）　検査を依頼しようとする理由

2）　受検希望月日

3）　生産者の氏名又は名称及び住所

4）　生産年月日

5）　仕向先、積出予定日

様式第二号

収入印紙（消印をしないこと。）	はり付けてある収入印紙の額　円

原産地検査依頼書

昭和　年　月　日

農林省輸出品検査所（支所又は出張所）長殿

依頼者　氏名　㊞

住所

下記商品またはその原材料が中共又は北鮮の原産でなく＿＿＿＿＿の原産であることを検査証明されたく、依頼します。

記

品名及び数量

◉農林省告示第六百九十一号

漁業法（昭和二十四年法律第二百六十七号）第八十四条第二項の規定に基き、昭和二十五年農林省告示第百二十九号（海区の指定）の一部を次のように改正する。

昭和二十八年十月八日　農林大臣　保利　茂

児島の部及び浅口、小田の部をそれぞれ次のように改める。

児島	同児島郡小串村大字小串米崎東端から倉敷市連島沖高梁川干拓南突端（俗線天狗鼻）に至る地先海面
浅口小田	同倉敷市連島沖高梁川干拓南突端（俗称天狗鼻）から岡山県と広島県との境に至る地先海面

◉農林省告示第六百九十二号

農産種苗法（昭和二十二年法律第百十五号）第九条第二項の規定により、次の通り種苗の名称を登録する。

昭和二十八年十月九日　農林大臣　保利　茂

一　登録番号　第六十七号
二　種類名　かんらん
三　登録品種名　彦根夏播（ひこねなつまき）かんらん
四　登録者住所氏名　山口県下関市大字彦島三六四三番地の一　彦島夏播かんらん採種組合　代表者　植田省已
五　登録期間　五箇年
六　登録年月日　昭和二十八年十月九日

一　登録番号　第六十八号
二　種類名　いちご
三　登録品種名　紅香（こうこう）
四　登録者住所氏名　千葉県印旛郡成田町不動岡一八一九番地　石原幸一
五　登録期間　五箇年
六　登録年月日　昭和二十八年十月九日

一　登録番号　第六十九号
二　種類名　フリージヤ
三　登録品種名　紅輝（こうき）
四　登録者住所氏名　東京都八丈島三根村　浅沼次作
五　登録期間　七箇年
六　登録年月日　昭和二十八年十月九日

◉農林省告示第六百九十三号

宮崎県東臼杵郡北方村所在の上鹿川第三地区及び同県東諸県郡八代村所在の八代地区について、農地法施行令（昭和二十七年政令第四百四十五号）第四条本文但書の規定に基き、同条第二号の傾斜度の基準を次の通り定める。

昭和二十八年十月九日　農林大臣　保利　茂

地区名	傾斜度の基準	上記の基準を受ける土地
上鹿川第三	二十五度以下であること	宮崎県東臼杵郡北方村字池の元九八六番地の一
八代南俣	二十五度以下であること	宮崎県東諸県郡八代村大字八代南俣字楠木迫四〇三四番地の一、天神下四三八四番地、池の平四四五八番地の一

◉農林省告示第六百九十四号

昭和二十五年農林省告示第三百三十四号で公示した十和田禁猟区は、昭和二十八年十月十日限り廃止する。

昭和二十八年十月九日　農林大臣　保利　茂

◉農林省告示第六百九十五号

狩猟法（大正七年法律第三十二号）第八条ノ二第一項の規定に基き、次のように鳥獣保護区を設定する。

昭和二十八年十月九日　農林大臣　保利　茂

一　名称　十和田鳥獣保護区
二　区域　青森県上北郡十和田村所在十和田山標高一、〇五三・八メートル三角点、その北方の標高五二二・二メートル三角点、その北方の標高五五九・三メートル三角点、その北方標高の四八五・七メートル三角点、その西北方の標高六六〇・〇メートル三角点及びその北方の標高一、〇二二・六メートル三角点を順次に結ぶ線、標高一、〇二二・六メートル三角点から西方に進んで標高一、五八四・六メートル三角点に至り、更に同点から南方に進み標高一、三六〇・二メートル三角点を経て標高一、四一六・三メートル三角点に至る上北郡と東津軽郡との境界線、標高一、四一六・三メートル三角点からその南方標高一、〇一一・〇メートル三角点から標高八七九・九メートル三角点を経て標高九九七・二メートル三角点に至る分水れい標高九九七・二メートル三角点から標高八八四・九メートル三角点を経て発荷峠に至る七滝村と小坂町及び大湯町との境界線、発荷峠から標高七八五・五メートル三角点を経て標高七三五・三メートル三角点に至る道路、標高七三五・三メートル三角点から標高七三六メートル地点に至る青森県と秋田県との境界線並びに標高七三六メートル地点と標高一、〇五三・八メートル三角点とを結ぶ線により囲まれた一円の区域
三　存続期間　昭和二十八年十月十日から昭和四十八年十月九日まで

◉農林省告示第六百九十六号

農業災害補償法（昭和二十二年法律第百八十五号）第百七条第二項及び第四項の規定に基き、昭和二十八年農林省告示第三百九十六号（昭和二十八年産から昭和三十二年産までの麦に適用する基準共済掛金率等を定める件）の全部を次のように改正する。

昭和二十八年十月九日

農林大臣　保利　茂

北海道

通常共済掛金標準率	異常共済掛金標準率	超異常共済掛金標準率	通常標準被害率	異常標準被害率
三•三三〇%	三•三三六%	二•七九二%	三•七七五%	一一•〇〇〇%

危険階級区分	1 甲	1 乙	1 丙	2 甲	2 乙	2 丙	3 甲	3 乙	3 丙	4 甲	4 乙	4 丙
基準共済掛金率	一三•二七七%	一二•六五三	一二•〇八九	一一•五一八	一一•〇三三	一〇•五四二	一〇•〇五一	九•五六六	九•〇七五	八•五九〇	八•〇八六	六•六三九
負担区分　農業共済組合の組合員の負担する部分	四•八四六%	四•六一八	四•四一二	四•二〇四	四•〇二七	三•八四七	三•六六八	三•四九一	三•三一二	三•一三五	二•九五一	二•四二三
負担区分　国庫の負担する部分	八•四三一%	八•〇三五	七•六七七	七•三一四	七•〇〇六	六•六九五	六•三八三	六•〇七五	五•七六三	五•四五五	五•一三五	四•二一六

青森県

通常共済掛金標準率	異常共済掛金標準率	超異常共済掛金標準率	通常標準被害率	異常標準被害率
三•〇八六%	一•九八二%	〇•五三六%	三•七七五%	一一•〇〇〇%

危険階級区分	1 甲	1 乙	1 丙	2 甲	2 乙	2 丙	3 甲	3 乙	3 丙	4 甲	4 乙	4 丙
基準共済掛金率	—	—	七•七四九%	六•八四〇	六•四九三	六•二五八	五•九八七	五•八二三	五•六九六	五•二九三	四•七六七	三•九八六
負担区分　農業共済組合の組合員の負担する部分	—	—	三•七一一%	三•二七六	三•一一〇	二•九九七	二•八六七	二•七八九	二•七二八	二•五三五	二•二八三	一•九〇九
負担区分　国庫の負担する部分	—	—	四•〇三八%	三•五六四	三•三八三	三•二六一	三•一二〇	三•〇三四	二•九六八	二•七五八	二•四八四	二•〇七七

岩手県

通常共済掛金標準率	異常共済掛金標準率	超異常共済掛金標準率	通常標準被害率	異常標準被害率
三•八八八%	三•〇三六%	〇•六四五%	三•七七五%	一一•〇〇〇%

危険階級区分	1 甲	1 乙	1 丙	2 甲	2 乙	2 丙	3 甲	3 乙	3 丙	4 甲	4 乙	4 丙
基準共済掛金率	一四•四七五%	一一•二四九	九•六七八	九•三〇五	八•六〇二	八•〇二三	七•五二七	六•七〇〇	六•〇三八	五•九一四	五•二一一	四•一三六
負担区分　農業共済組合の組合員の負担する部分	六•八四六%	五•三二〇	四•五七七	四•四〇一	四•〇六八	三•七九四	三•五六〇	三•一六九	二•八五六	二•七九七	二•四六四	一•九五六
負担区分　国庫の負担する部分	七•六二九%	五•九二九	五•一〇一	四•九〇四	四•五三四	四•二二九	三•九六七	三•五三一	三•一八二	三•一一七	二•七四七	二•一八〇

宮城県

三・一五一%	三・九九六%	二・七二八%	三・七七五%	一一・〇〇〇%

1 甲	1 乙	1 丙	2 甲	2 乙	2 丙	3 甲	3 乙	3 丙	4 甲	4 乙	4 丙
一九・九九四%	一五・六〇九	一三・九四二	一三・〇〇三	一二・〇六三	一一・三〇三	一一・〇〇三	一〇・二四四	九・四六四	八・九八四	七・九二四	六・六六五
七・五一七%	五・八六八	五・二四二	四・八八九	四・五三五	四・二五〇	四・一三七	三・八五一	三・五五八	三・三七七	二・九七九	二・五〇五
一二・四七七%	九・七四一	八・七〇〇	八・一一四	七・五二八	七・〇五三	六・八六六	六・三九三	五・九〇六	五・六〇七	四・九四五	四・一六〇

山形県

二・八四四%	二・二〇九%	〇・九四〇%	三・七七五%	一一・〇〇〇%

1 甲	1 乙	1 丙	2 甲	2 乙	2 丙	3 甲	3 乙	3 丙	4 甲	4 乙	4 丙
一〇・八九三%	一〇・二三九	九・五八六	八・九三三	八・二四二	七・五八九	九・九三五	六・二八二	五・六二八	四・九三八	四・二八四	三・六三一
四・八五八%	四・五六六	四・二七五	三・九八三	三・六七六	三・三八四	三・〇九三	二・八〇一	二・五一〇	二・二〇二	一・九一〇	一・六一九
六・〇三五%	五・六七三	五・三一一	四・九四九	四・五六六	四・二〇五	三・八四二	三・四八一	三・一一八	二・七三六	二・三七四	二・〇一二

福島県

二・九六九%	二・七二七%	一・八九三%	三・七七五%	一一・〇〇〇%

1 甲	1 乙	1 丙	2 甲	2 乙	2 丙	3 甲	3 乙	3 丙	4 甲	4 乙	4 丙
一九・〇三〇%	一三・三三一	一一・三七六	一〇・二三四	九・五一五	八・八八一	八・二八九	七・七三九	七・一四七	六・五五五	五・七九四	四・二二九
七・五一六%	五・二六一	四・四九三	四・〇四二	三・七五八	三・五〇七	三・二七四	三・〇五六	二・八二三	二・五八九	二・二八八	一・六七〇
一一・五一四%	八・〇六〇	六・八八三	六・一九二	五・七五七	五・三七四	五・〇一五	四・六八三	四・三二四	三・九六六	三・五〇六	二・五五九

茨城県

1 甲	1 乙	1 丙
—	六・九二三%	—
—	二・九九七%	—
—	三・九二五%	—

	二・二七一%	一・七三八%	〇・九五五%	二・八三四%	八・〇〇〇%
栃木県	二・三五三%	一・八〇〇%	一・三九〇%	二・八三四%	八・〇〇〇%
群馬県	二・五七八%	一・六七三%	一・〇二五%	二・八三四%	八・〇〇〇%
埼玉県	二・二九九%	〇・六一三%	〇・〇八〇%	二・八三四%	八・〇〇〇%
千葉県	二・二五八%	二・一二三%	一・七一六%	二・八三四%	八・〇〇〇%

	2	甲	—	—	—
		乙	六・〇〇九	二・六〇一	三・四〇八
		丙	—	—	—
	3	甲	五・三一六	二・三〇二	三・〇一四
		乙	四・四五八	一・九三〇	二・五二八
		丙	—	—	—
	4	甲	三・七一〇	一・六〇六	二・一〇四
		乙	二・七六九	一・一九八	一・五七一
		丙	—	—	—
栃木県	1	甲	八・三四四%	三・三四五%	四・九九九%
		乙	七・九六四	三・一九三	四・七七一
		丙	七・五八四	三・〇四一	四・五四三
	2	甲	七・二〇五	二・八八九	四・三一六
		乙	六・八二五	二・七三六	四・〇八九
		丙	六・四四五	二・五八四	三・八六一
	3	甲	六・〇七〇	二・四三四	三・六三六
		乙	五・六九〇	二・二八一	三・四〇九
		丙	五・三一一	二・一二九	三・一八二
	4	甲	四・九三一	一・九七七	二・九五四
		乙	四・五五一	一・八二五	二・七二六
		丙	四・一七二	一・六七二	二・五〇〇
群馬県	1	甲	七・九九一%	三・四四四%	四・五四七%
		乙	七・六三三	三・二八九	四・三四三
		丙	七・二七二	三・一三四	四・一三八
	2	甲	六・九一三	二・九七九	三・九三四
		乙	六・五五三	二・八二四	三・七二九
		丙	六・一九三	二・六六九	三・五二四
	3	甲	五・八三四	二・五一四	三・三二〇
		乙	五・四七四	二・三五九	三・一一五
		丙	五・一一五	二・二〇四	二・九一一
	4	甲	四・七五五	二・〇四九	二・七〇六
		乙	四・三九五	一・八九四	二・五〇一
		丙	三・九九六	一・七三三	二・二七四
埼玉県	1		五・五三一%	二・九五三%	二・五六八%
	2		四・二二九	二・二六二	一・九六七
	3		三・〇一〇	一・六一〇	一・四〇〇
	4		二・二〇九	一・一八一	一・〇二八
千葉県	1	甲	—	—	—
		乙	八・六〇二%	三・二九四%	五・三〇八%
		丙	八・〇五一	三・〇八三	四・九六八
	2	甲	七・八七九	三・〇一七	四・八六二
		乙	七・七四一	二・九六四	四・七七七
		丙	七・〇八八	二・七一四	四・三七四
	3	甲	六・七四四	二・五八二	四・一六二
		乙	六・三六五	二・四三七	三・九二八
		丙	六・〇二一	二・三〇六	三・七一五

都道府県	等級	区分					
（前頁より続く）	4	甲	五・五七四	二・一三四	三・四四〇		
		乙	四・九二〇	一・八八四	三・〇三六		
		丙	三・四四一	一・三一七	二・一二四		
東京都			二・〇七四%	一・四四二%	二・一六三%	二・八三四%	八・〇〇〇%
	1	甲	一三・七七五%	四・六一四%	九・一六一%		
		乙	九・九六二	三・三三七	六・六二五		
		丙	七・九二三	二・六五四	五・二六九		
	2	甲	七・八四六	二・六二八	五・二一八		
		乙	七・七六九	二・六〇二	五・一六七		
		丙	七・三三九	二・四五八	四・八八一		
	3	甲	六・九七六	二・三三六	四・六四〇		
		乙	五・九八一	二・〇〇三	三・九七八		
		丙	五・二七九	一・七六八	三・五一一		
	4	甲	五・〇九四	一・七〇六	三・三八八		
		乙	四・三三一	一・四五〇	二・八八一		
		丙	二・七五五	〇・九二三	一・八三三		
神奈川県			二・〇三六%	一・四七八%	〇・九六八%	二・八三四%	八・〇〇〇%
	1	甲	八・一九一%	三・四八一%	四・七一〇%		
		乙	七・三〇六	三・一〇五	四・二〇一		
		丙	六・六八四	二・八四〇	三・八四四		
	2	甲	六・一九二	二・六三一	三・五六一		
		乙	五・五七〇	二・三六七	三・二〇三		
		丙	五・〇七八	二・一五八	二・九二〇		
	3	甲	四・七八三	二・〇三三	二・七五一		
		乙	四・四八八	一・九〇七	二・五八一		
		丙	四・二五九	一・八一〇	二・四四九		
	4	甲	四・〇九五	一・七四〇	二・三五五		
		乙	三・八〇〇	一・六一五	二・一八五		
		丙	三・二七六	一・三九二	一・八八四		
新潟県			二・五二五%	二・一三一%	二・三三〇%	二・九五八%	八・〇〇〇%
	1	甲	—	—	—		
		乙	—	—	—		
		丙	一六・三六四%	五・七九二%	一〇・五七二%		
	2	甲	一三・五一七	四・七八四	八・七三三		
		乙	九・六二三	三・四〇六	六・二一六		
		丙	八・五〇九	三・〇一二	五・四九七		
	3	甲	七・七二四	二・七三四	四・九九〇		
		乙	六・六四四	二・三五一	四・二九三		
		丙	五・六二九	一・九九二	三・六三七		
	4	甲	四・八四四	一・七一四	三・一三〇		
		乙	三・七三一	一・三二〇	二・四一一		
		丙	三・二七三	一・一五八	二・一一五		
富山県	1	甲	一二・九八一%	三・五九五%	九・三八六%		
		乙	一一・二五七	三・一一八	八・一三九		
		丙	一〇・六四五	二・九四八	七・六九七		

二•五七一%	
一•三二七%	
三•六五四%	
二•九五八%	
八•〇〇〇%	

2	甲	一〇•二七一	二•八四五	七•四二六
	乙	九•四八七	二•六二七	六•八六〇
	丙	八•九一六	二•四六九	六•四四七
3	甲	八•四六四	二•三四四	六•一二〇
	乙	七•六七五	二•一二五	五•五五〇
	丙	七•一一九	一•九七一	五•一四八
4	甲	六•九一一	一•九一四	四•九九七
	乙	六•三八七	一•七六九	四•六一八
	丙	五•一九三	一•四三八	三•七五五

石川県

二•二三三%	
一•一三一%	
〇•一五九%	
二•九五八%	
八•〇〇〇%	

1	甲	六•四九七%	三•三七一%	三•一二六%
	乙	五•八六九	三•〇四五	二•八二四
	丙	五•四三六	二•八二一	二•六一五
2	甲	五•一三三	二•六六三	二•四七〇
	乙	四•七六四	二•四七二	二•二九二
	丙	四•四四〇	二•三〇四	二•一三六
3	甲	四•一一五	二•一三五	一•九八〇
	乙	三•七二五	一•九三三	一•七九二
	丙	三•三一三	一•七一九	一•五九四
4	甲	二•九八九	一•五五一	一•四三八
	乙	二•五五五	一•三二六	一•二二九
	丙	二•一六六	一•一二三	一•〇四三

福井県

二•五八一%	
一•五二〇%	
一•三九八%	
二•九五八%	
八•〇〇〇%	

1	甲	—	—	—
	乙	—	—	—
	丙	七•〇〇四%	二•七九四%	四•二一〇%
2	甲	—	—	—
	乙	六•三〇四	二•五一五	三•七八九
	丙	六•〇七〇	二•四二三	三•六四八
3	甲	五•八三七	二•三二八	三•五〇九
	乙	五•六〇三	二•二三五	三•三六八
	丙	五•三七〇	二•一四二	三•二二八
4	甲	五•一三六	二•〇四九	三•〇八七
	乙	四•九〇三	一•九五六	二•九四七
	丙	四•六六九	一•八六三	二•八〇六

山梨県

二•二四五%	
一•七三四%	
一•一三八%	
二•九五八%	
八•〇〇〇%	

1	甲	一〇•一五五%	四•二三四%	五•九二一%
	乙	八•四九七	三•五四三	四•九五四
	丙	七•七八六	三•二四六	四•五四〇
2	甲	七•三八〇	三•〇七七	四•三〇三
	乙	六•八三八	二•八五一	三•九八七
	丙	六•二九六	二•六二五	三•六七一
3	甲	五•七五五	二•三九九	三•三五六
	乙	五•三四八	二•二三〇	三•一一八
	丙	四•七七三	一•九九〇	二•七八三
4	甲	四•三三三	一•八〇六	二•五二七
	乙	三•八二五	一•五九五	二•二三〇
	丙	三•三八五	一•四一一	一•九七四

長野県

二•三五八% 一•九〇四% 一•四四四% 二•九五八% 八•〇〇〇%

1甲	1乙	1丙	2甲	2乙	2丙	3甲	3乙	3丙	4甲	4乙	4丙
一〇•一一四%	九•〇一八	八•三四四	七•九二三	七•三三三	六•九一一	六•六五八	六•〇六九	五•四七九	五•〇五七	四•二一四	三•三七一
四•〇三五%	三•五九八	三•三二九	三•一六一	二•九二五	二•七五七	二•六五六	二•四二一	二•一八五	二•〇一七	一•六八一	一•三四五
六•〇七九%	五•四二〇	五•〇一五	四•七六二	四•四〇八	四•一五四	四•〇〇二	三•六四八	三•二九四	三•〇四〇	二•五三三	二•〇二六

岐阜県

二•一六八% 一•四一四% 〇•〇〇〇% 二•九五八% 八•〇〇〇%

1甲	1乙	1丙	2甲	2乙	2丙	3甲	3乙	3丙	4甲	4乙	4丙
八•一五六%	七•五八五	六•六〇〇	五•七二八	五•二七六	四•六二八	四•一六四	三•八六六	三•五二四	三•二九五	二•八一〇	二•三三〇
四•四一二%	四•一〇三	三•五七〇	三•〇九八	二•八五四	二•五〇三	二•二五二	二•〇九一	一•九〇六	一•七八二	一•五二〇	一•二六〇
三•七四四%	三•四八二	三•〇三〇	二•六三〇	二•四二三	二•一二五	一•九一二	一•七七五	一•六一八	一•五一三	一•二九〇	一•〇七〇

静岡県

二•〇九六% 一•一七六% 二•六二〇% 二•五四六% 六•〇〇〇%

1	2	3	4
八•九七五%	七•〇二一	六•〇四三	四•九八六
二•七一〇%	二•一二〇	一•八二五	一•五〇五
六•二六五%	四•九〇一	四•二一八	三•四八一

愛知県

一•七二四% 〇•六一八% 〇•三九九% 三•五四六% 六•〇〇〇%

1甲	1乙	1丙	2甲	2乙	2丙	3甲	3乙	3丙	4甲	4乙	4丙
四•三七六%	三•六一〇	三•三〇四	三•二一六	三•〇八五	二•九九八	二•八八八	二•七三五	二•六六九	二•五八二	二•五一六	二•一八八
二•一〇〇%	一•七三三	一•五八五	一•五四三	一•四八〇	一•四三八	一•三八六	一•三一二	一•二八一	一•二三九	一•二〇七	一•〇五〇
二•二七六%	一•八七八	一•七一九	一•六七三	一•六〇五	一•五六〇	一•五〇二	一•四二三	一•三八八	一•三四三	一•三〇九	一•一三八

三重県

一.九七九%	〇.七五三%	〇.三〇〇%	二.五四六%	六.〇〇〇%

1 甲	四.八一八%	二.四〇四%	二.四一四%
1 乙	四.〇九六	二.〇四三	二.〇五三
1 丙	三.八五五	一.九二三	一.九三三
2 甲	三.七三四	一.八六三	一.八七一
2 乙	三.四六九	一.七三一	一.七三八
2 丙	三.三〇一	一.六四六	一.六五五
3 甲	三.二二八	一.六一〇	一.六一八
3 乙	三.〇六〇	一.五二六	一.五三四
3 丙	二.九一五	一.四五四	一.四六一
4 甲	二.八六七	一.四三〇	一.四三七
4 乙	二.七二三	一.三五八	一.三六四
4 丙	二.四〇九	一.二〇二	一.二〇七

滋賀県

一.五七七%	〇.四一五%	〇.〇〇〇%	二.六〇九%	八.〇〇〇%

1 甲	三.五六二%	二.〇四〇%	一.五三三%
1 乙	二.六〇〇	一.四八九	一.一一一
1 丙	—	—	—
2 甲	二.二四四	一.二八五	〇.九五九
2 乙	二.一三七	一.二二四	〇.九一三
2 丙	—	—	—
3 甲	二.〇四八	一.一七三	〇.八七五
3 乙	一.九七七	一.一三三	〇.八四五
3 丙	—	—	—
4 甲	一.八八八	一.〇八一	〇.八〇七
4 乙	一.七八一	一.〇二〇	〇.七六一
4 丙	—	—	—

京都府

一.八七六%	〇.七七八%	〇.三三九%	二.六〇九%	八.〇〇〇%

1 甲	六.五八九%	三.二四一%	三.三四八%
1 乙	—	—	—
1 丙	五.三六六	二.六三九	二.七二七
2 甲	四.五五一	二.二三八	二.三一三
2 乙	—	—	—
2 丙	三.八八一	一.九〇九	一.九七二
3 甲	三.二五七	一.六〇二	一.六五五
3 乙	—	—	—
3 丙	二.七九一	一.三七三	一.四六八
4 甲	二.四七一	一.二一五	一.二五六
4 乙	—	—	—
4 丙	二.一九六	一.〇八〇	一.一一六

大阪府

1 甲	六.八五一%	二.七四〇%	四.二一一%
1 乙	六.二一三	二.四八五	三.七二八
1 丙	五.九五一	二.三八〇	三.五七一

一・九二三%　一・五六四%　一・二三四%　二・六〇九%　八・〇〇〇%

2	甲	五・七七八	二・三二一	三・四六七
	乙	五・四七一	二・一八八	三・二八三
	丙	五・二一三	二・〇八五	三・一二八
3	甲	四・九八六	一・九九四	二・九九二
	乙	四・七四四	一・八九七	二・八四七
	丙	四・五〇二	一・八〇〇	二・七〇二
4	甲	四・四〇六	一・七六二	二・六四四
	乙	四・二七九	一・七一一	二・五六八
	丙	三・八四五	一・五三七	二・三〇八

兵庫県

二・二六四%　二・一九一%　〇・五五四%　二・六〇九%　八・〇〇〇%

1	甲	八・七〇二%	四・二二四%	四・五七八%
	乙	七・四一四	三・五一四	三・九〇〇
	丙	六・六八三	三・一六七	三・五一六
2	甲	六・五四四	三・一〇一	三・四四三
	乙	六・一九六	二・九三六	三・二六〇
	丙	六・〇五七	二・八七〇	三・一八七
3	甲	五・七七八	二・七三八	三・〇四〇
	乙	五・一一七	二・四二五	二・六九二
	丙	四・七六九	二・二六〇	二・五〇九
4	甲	四・六三〇	二・一九四	二・四三六
	乙	四・二一二	一・九九六	二・二一六
	丙	三・四八一	一・六四九	一・八三三

奈良県

一・七〇三%　〇・九六七%　〇・六八一%　二・六〇九%　八・〇〇〇%

1	四・三九七%	一・九四三%	二・四五四%
2	三・九二八	一・七三六	二・一九二
3	三・四二九	一・五一五	一・九一四
4	二・九三一	一・二九五	一・六三六

和歌山県

一・九一一%　一・八四一%　一・三三〇%　三・六〇九%　八・〇〇〇%

1	甲	八・五三七%	三・三九七%	五・一四〇%
	乙	七・六八三	三・〇五七	四・六二六
	丙	七・一二八	二・八三六	四・二九二
2	甲	六・八二九	二・七一八	四・一一一
	乙	六・〇六一	二・四一二	三・六四九
	丙	五・六七七	二・二五九	三・四一八
3	甲	五・六三四	二・二四二	三・三九二
	乙	四・九五一	一・九七〇	二・九八一
	丙	四・六五二	一・八五一	二・八〇一
4	甲	四・五六七	一・八一七	二・七五〇
	乙	四・四三九	一・七六六	二・六七三
	丙	四・二六八	一・六九八	二・五七〇

鳥取県

1	甲	八・五一七%	三・九五一%	四・五六六%
	乙	六・三三〇	二・九三三	三・三八八
	丙	五・四六八	二・五三七	二・九三一

府県						等級	区分			
	二・三三九%	〇・三七七%	〇・五一七%	二・五八六%	六・〇〇〇%	2	甲	四・七八七	二・二二〇	二・五六七
							乙	四・三四四	二・〇一五	二・三二九
							丙	四・〇八八	一・八九六	二・一九二
						3	甲	三・六四五	一・六九一	一・九五四
							乙	三・二八八	一・五二五	一・七六三
							丙	二・九三〇	一・三五九	一・五七一
						4	甲	二・五五五	一・一八五	一・三七〇
							乙	二・一六三	一・〇〇三	一・一六〇
							丙	一・七〇三	〇・七九〇	〇・九一三
島根県	二・二六七%	〇・八五二%	〇・〇〇〇%	二・五八六%	六・〇〇〇%	1	甲	四・七八三%	二・六一六%	二・一六七%
							乙	四・三〇五	二・三五四	一・九五一
							丙	四・一一三	二・二五〇	一・八六三
						2	甲	三・九四六	二・一五八	一・七八八
							乙	三・七七九	二・〇六六	一・七一三
							丙	三・六一一	一・九七五	一・六三六
						3	甲	三・四四四	一・八八三	一・五六一
							乙	三・二七六	一・七九二	一・四八四
							丙	三・一〇九	一・七〇〇	一・四〇九
						4	甲	二・九一八	一・五九五	一・三二三
							乙	二・六七九	一・四六五	一・二一四
							丙	二・三九二	一・三〇八	一・〇八四
岡山県	一・八七四%	〇・〇三六%	〇・〇〇〇%	二・五八六%	六・〇〇〇%	1	甲	五・二七八%	三・〇四〇%	二・二三八%
							乙	三・八七六	二・二三二	一・六四四
							丙	三・五二九	二・〇三二	一・四九七
						2	甲	三・三七〇	一・九四一	一・四二九
							乙	二・七〇七	一・五五九	一・一四八
							丙	二・三九〇	一・三七六	一・〇一四
						3	甲	二・一九四	一・二六三	〇・九三一
							乙	一・八五五	一・〇六八	〇・七八七
							丙	一・六一四	〇・九二九	〇・六八五
						4	甲	一・四七〇	〇・八四六	〇・六二四
							乙	一・一八四	〇・六八一	〇・五〇三
							丙	〇・七五四	〇・四三四	〇・三二〇
広島県	二・一一四%	〇・五七〇%	〇・〇〇〇%	二・五八六%	六・〇〇〇%	1	甲	四・三〇七%	二・三八六%	一・九二一%
							乙	三・八五五	二・一三五	一・七二〇
							丙	三・五三三	一・九五六	一・五七六
						2	甲	三・四〇三	一・八八五	一・五一八
							乙	三・一〇一	一・七一八	一・三八三
							丙	二・九二九	一・六二二	一・三〇七
						3	甲	二・八四三	一・五七四	一・二六九
							乙	二・七一四	一・五〇三	一・二一一
							丙	二・六〇六	一・四四三	一・一六三
						4	甲	二・五四一	一・四〇七	一・一三四
							乙	二・三六九	一・三一二	一・〇五七
							丙	二・一五四	一・一九三	〇・九六一

県					
山口県	一・九八四%	〇・四六九%	〇・〇〇〇%	二・五八六%	六・〇〇〇%

1	甲	四・八三三%	二・七〇五%	二・一二七%
	乙	四・一八七	二・三四四	一・八四三
	丙	三・八八一	二・一七三	一・七〇八
2	甲	三・五七五	二・〇〇二	一・五七三
	乙	二・九七九	一・六六八	一・三一一
	丙	二・七二三	一・五二四	一・一九八
3	甲	二・六五七	一・四八八	一・一六九
	乙	二・四六四	一・三七九	一・〇八五
	丙	二・三五一	一・三一六	一・〇三五
4	甲	二・二八七	一・二八〇	一・〇〇七
	乙	二・〇一三	一・一二七	〇・八八六
	丙	一・六一一	〇・九〇一	〇・七一〇

県					
徳島県	二・三〇二%	二・〇一五%	一・三八九%	二・六二五%	八・〇〇〇%

1	甲	一〇・三二六%	四・一七一%	六・一五五%
	乙	九・五九〇	三・八七四	五・七一六
	丙	九・一二三	三・七二九	五・五〇三
2	甲	九・〇六六	三・六六二	五・四〇四
	乙	八・三七四	三・三八三	四・九九一
	丙	七・四九〇	三・〇二五	四・四六五
3	甲	六・八九八	二・七八六	四・一一二
	乙	五・六六二	二・二八七	三・三七五
	丙	五・〇八七	二・〇五五	三・〇三三
4	甲	四・八七四	一・九六九	二・九〇五
	乙	四・三三三	一・七四六	二・五七七
	丙	三・四四二	一・三九〇	二・〇五二

県					
香川県	二・〇〇一%	一・五八四%	〇・〇〇〇%	二・六二五%	八・〇〇〇%

1	甲	六・〇七五%	三・二八六%	二・七八九%
	乙	五・七三五	三・一〇二	二・六三三
	丙	五・三九五	二・九一八	二・四七七
2	甲	五・〇七九	二・七四七	二・三三二
	乙	四・七三九	二・五六三	二・一七六
	丙	四・四二三	二・三九二	二・〇三一
3	甲	四・〇八三	二・二〇八	一・八七五
	乙	三・七四二	二・〇二四	一・七一八
	丙	三・四二六	一・八五三	一・五七三
4	甲	三・〇八六	一・六六九	一・四一七
	乙	二・七七〇	一・四九八	一・二七二
	丙	二・四三〇	一・三一四	一・一一六

愛媛県

1	甲	五・六〇六%	二・六一八%	二・九八八%
	乙	五・四三四	二・五三七	二・八九七
	丙	五・二一八	二・四三六	二・七八二

二•三八三%
〇•六六四%
〇•二三〇%
二•九二一%
八•〇〇〇%

2 甲	五•一三三	二•三九六	二•七三六
2 乙	五•〇四六	二•三五六	二•六九〇
2 丙	四•九五九	二•三一六	二•六四三
3 甲	四•八七三	二•二七五	二•五九八
3 乙	四•七〇一	二•一九五	二•五〇六
3 丙	四•六一四	二•一五四	二•四六〇
4 甲	四•五二八	二•一一四	二•四一四
4 乙	四•四四二	二•〇七四	二•三六八
4 丙	四•三一三	二•〇一三	二•三〇〇

高知県

二•一五六%
二•六八八%
六•一五八%
二•六二五%
八•〇〇〇%

1 甲	一三•五八一%	三•一六四%	一〇•四一七%
1 乙	一三•一二八	三•〇五八	一〇•〇七〇
1 丙	一三•八五七	二•九九五	九•八六二
2 甲	一三•六七六	二•九五三	九•七二三
2 乙	一三•三一三	二•八六九	九•四四四
2 丙	一一•九五一	二•七八四	九•一六七
3 甲	一一•七七〇	二•七四二	九•〇二八
3 乙	一一•三一八	二•六三六	八•六八二
3 丙	一〇•七七四	二•五一〇	八•二六四
4 甲	一〇•五九三	二•四六八	八•一二五
4 乙	一〇•〇五〇	二•三四一	七•七〇九
4 丙	九•〇五四	二•一〇九	六•九四五

福岡県

二•二七六%
一•八六二%
一•〇六二%
二•九二一%
八•〇〇〇%

1 甲	九•二〇九%	三•九二三%	五•二八六%
1 乙	八•六九四	三•七〇三	四•九九一
1 丙	八•一九三	三•四九〇	四•七〇三
2 甲	七•六九二	三•二七六	四•四一六
2 乙	七•一九一	三•〇六三	四•一二八
2 丙	六•六九〇	二•八四九	三•八四一
3 甲	六•一八九	二•六三六	三•五五三
3 乙	五•六八八	二•四二二	三•二六六
3 丙	五•一八七	二•二〇九	二•九七八
4 甲	四•六八六	一•九九六	二•六九〇
4 乙	四•一八五	一•七八二	二•四〇三
4 丙	三•六八四	一•五六九	二•一一五

佐賀県

二•三八三%
〇•六六四%
〇•二三〇%
二•九二一%
八•〇〇〇%

1 甲	四•九七四%	二•五四一%	二•四三三%
1 乙	四•六五〇	二•三七六	二•二七四
1 丙	四•四〇二	二•二四九	二•一五三
2 甲	四•二〇三	二•一四七	二•〇五六
2 乙	三•八三〇	一•九五七	一•八七三
2 丙	三•七〇五	一•八九三	一•八一二
3 甲	三•四八二	一•七七九	一•七〇三
3 乙	三•三三三	一•七〇二	一•六三〇
3 丙	三•一五八	一•六一三	一•五四五
4 甲	三•〇〇九	一•五三七	一•四七二
4 乙	二•七六〇	一•四一〇	一•三五〇
4 丙	二•四八七	一•二七〇	一•二一七

県						等級	区分			
長崎県	二・二八三%	一・九三九%	一・〇三五%	二・九二一%	八・〇〇〇%	1	甲	八・一四八%	三・四九五%	四・六五三%
							乙	七・九〇四	三・三九〇	四・五一四
							丙	七・四九六	三・二一五	四・二八一
						2	甲	六・九二六	二・九七一	三・九五五
							乙	六・二三三	二・六七四	三・五五九
							丙	五・八六七	二・五一六	三・三五一
						3	甲	五・六二三	二・四一一	三・二一一
							乙	五・二五六	二・二五四	三・〇〇二
							丙	四・九七〇	二・一三三	二・八三八
						4	甲	四・八四八	二・〇七九	二・七六九
							乙	四・六四四	一・九九二	二・六五二
							丙	四・〇七四	一・七四七	二・三二七
熊本県	二・二八九%	一・六一九%	〇・二五七%	二・九二一%	八・〇〇〇%	1	甲	八・四六〇%	四・二六三%	四・一九七%
							乙	七・五九六	三・八二八	三・七六八
							丙	七・〇五五	三・五五五	三・五〇〇
						2	甲	六・六〇七	三・三二九	三・二七八
							乙	五・五六三	二・八〇三	二・七六〇
							丙	四・九一六	二・四七七	二・四三九
						3	甲	四・五八九	二・三一二	二・二七七
							乙	三・九六二	一・九九六	一・九六六
							丙	三・六五二	一・八四〇	一・八一二
						4	甲	三・五四二	一・七八五	一・七五七
							乙	三・二三六	一・六三一	一・六〇五
							丙	二・八二〇	一・四二一	一・三九九
大分県	二・一七九%	〇・五五四%	〇・〇〇〇%	二・九二一%	八・〇〇〇%	1	甲	五・八三八%	三・二二八%	二・六一〇%
							乙	四・八〇七	二・六五八	二・一四九
							丙	四・〇二九	二・二二七	一・八〇二
						2	甲	三・七三七	二・〇六六	一・六七一
							乙	三・三四七	一・八五一	一・四九六
							丙	三・二八九	一・八一八	一・四七一
						3	甲	三・〇一七	一・六六八	一・三四九
							乙	二・七八三	一・五三八	一・二四五
							丙	二・六二七	一・四五二	一・一七五
						4	甲	二・五六九	一・四二〇	一・一四九
							乙	二・一四一	一・一八三	〇・九五八
							丙	一・九四六	一・〇七六	〇・八七〇
宮崎県						1	甲	六・八一二%	三・三三七%	三・四七五%
							乙	五・六五四	二・七七〇	二・八八四
							丙	五・五八六	二・七三七	二・八四九

一・九九八%　一・二五一%　〇・三六三%　二・九二一%　八・〇〇〇%

2	甲	五・〇四一	二・四七〇	二・五七一
	乙	四・六一〇	二・二五八	二・三五二
	丙	四・三八三	二・一四七	二・二三六
3	甲	四・二九二	二・一〇二	二・一九〇
	乙	三・九〇六	一・九一三	一・九九三
	丙	三・六七九	一・八〇二	一・八七七
4	甲	三・一一一	一・五二四	一・五八七
	乙	二・七二五	一・三三五	一・三九〇
	丙	二・二七一	一・一一三	一・一五九

鹿児島県

二・一七六%　二・一七〇%　三・七九九%　二・九二一%　八・〇〇〇%

1	甲	一一・七二〇%	三・八〇九%	七・九一一%
	乙	九・七五一	三・一六八	六・五八三
	丙	九・六〇三	三・一二〇	六・四八三
2	甲	九・四〇六	三・〇五六	六・三五〇
	乙	八・八一五	二・八六四	五・九五一
	丙	八・四二一	二・七三六	五・六八五
3	甲	八・〇二七	二・六〇八	五・四一九
	乙	七・四三六	二・四一六	五・〇二〇
	丙	六・八四五	二・二二四	四・六二一
4	甲	六・五九九	二・一四四	四・四五五
	乙	五・七六二	一・八七二	三・八九〇
	丙	四・九二五	一・六〇〇	三・三二五

附　危険階級区分とは、農林大臣の指示に従い、都道府県知事が市町村別に定める市町村の危険階級区分をいう。

附　則

1　この告示は、昭和二十八年十月九日から施行し、昭和二十九年産から昭和三十二年産までの麦につき適用する。

2　昭和二十八年産の麦については、なお、従前の例による。

◎**農林省告示第六百九十七号**

農業災害補償法に基く家畜共済の臨時特例に関する法律施行令（昭和二十八年政令第二百九十八号）第三条第一項の規定に基き、診療その他の行為につき負担すべき費用の種別に応ずる点数等を次のように定める。

昭和二十八年十月十日

農林大臣　保利　茂

一、農業災害補償法に基く家畜共済の臨時特例に関する法律施行令（昭和二十八年政令第二百九十八号。以下「令」という。）第三条第一項の診療その他の行為につき負担すべき費用の種別に応ずる点数

昭和二十七年農林省告示第百三十号（疾病傷害共済の点数に関する件）に定める疾病傷害共済の点数とする。

二、令第三条第一項の共済事故ごとに計算される総点数に付する限度の点数

共済金額	乳牛、繁殖和牛以外の牛	乳牛、繁殖和牛及び馬
二〇、〇〇〇円未満	二三点	二八点
二〇、〇〇〇円以上二五、〇〇〇円未満	二九点	三五点
二五、〇〇〇円以上三〇、〇〇〇円未満	三五点	四二点
三〇、〇〇〇円以上三五、〇〇〇円未満	四〇点	四八点
三五、〇〇〇円以上四〇、〇〇〇円未満	四六点	五五点
四〇、〇〇〇円以上四五、〇〇〇円未満	五二点	六二点

共済金額	四五、000円以上五〇、000円未満	五〇、000円以上五五、000円未満	五五、000円以上六〇、000円未満	六〇、000円以上六五、000円未満	六五、000円以上七〇、000円未満	七〇、000円以上七五、000円未満	七五、000円以上八〇、000円未満	八〇、000円以上八五、000円未満
	五八点	六二点	六八点	七四点	八〇点	八五点	九一点	九七点
	六九点	七五点	八二点	八九点	九六点	一〇二点	一〇九点	一一六点

共済金額	八五、000円以上九〇、000円未満	九〇、000円以上九五、000円未満	九五、000円以上100、000円未満	100、000円以上
	一〇二点	一〇八点	一一四点	一二〇点
	一二三点	一三〇点	一三七点	一四四点

共済金額	三、000円未満	三、000円以上四、000円未満	四、000円以上五、000円未満	五、000円以上六、000円未満	六、000円以上七、000円未満	七、000円以上八、000円未満
山羊	一五点	一九点	二四点	二九点	三四点	三八点
めん羊	一五点	一五点	一五点	一七点	二〇点	二三点
種豚	一五点	一五点	一五点	一七点	二〇点	二三点

共済金額	八、000円以上九、000円未満	九、000円以上10、000円未満	10、000円以上一一、000円未満	一一、000円以上一二、000円未満	一二、000円以上
山羊	三八点	三八点	三八点	三八点	三八点
めん羊	二六点	二九点	三二点	三五点	三七点
種豚	二六点	二九点	三二点	三五点	三七点

三、令第三条第一項の一点の価額

種類	一点の価額
第一種共済関係	一四円
第二種共済関係	二五円

◉農林省告示第六百九十八号

農業災害補償法に基く家畜共済の臨時特例に関する法律施行規則（昭和二十八年農林省令第五十七号）第一条第一号の規定に基き、同号の金額を次のように定める。

昭和二十八年十月十日

農林大臣　保利　茂

共済目的の種類	金額
牛	一〇〇、〇〇〇円
馬	一〇〇、〇〇〇円
山羊	七、〇〇〇円
めん羊	一二、〇〇〇円
種豚	一二、〇〇〇円

◉農林省告示第六百九十九号

農業災害補償法に基く家畜共済の臨時特例に関する法律（昭和二十八年法律第二百四十四号）第十条の規定により、指定組合の行う家畜共済につき農業災害補償法（昭和二十二年法律第百八十五号）第百十四条第二項の規定を適用する場合における死廃病傷共済の共済金額の最低額に対応する共済掛金の基準を次のように定める。

昭和二十八年十月十日

農林大臣　保利　茂

共済目的		共済掛金の基準 死廃部分	疾病部分 第一種共済関係	疾病部分 第二種共済関係
出生後第五月の月の末日を経過した	乳牛	九一〇円から二、二三四円まで	五六円から二八〇円まで	一一二円から五六〇円まで
	乳用種種雄牛	九六円から一、六九〇円まで	四二円から一二〇円まで	八四円から二四〇円まで
	役肉用種種雄牛	九六円から一、三〇〇円まで		
	その他の牛	九六円から四八八円まで		
明け二才以上の馬		二五六円から一、一四四円まで	一六〇円から三二八円まで	三二〇円から六五六円まで

◉**農林省告示第七百号**

肥料取締法（昭和二十五年法律第百二十七号）第十二条の規定により、昭和二十八年九月十日付をもつて左の肥料の登録の有効期間を更新し、登録証を交付した。

昭和二十八年十月十日　農林大臣　保利　茂

登録番号

自生第三七七号至生第五四二号

肥料の名称等省略（官報参照）

◉**農林省告示第七百一号**

肥料取締法（昭和二十五年法律第百二十七号）第十三条第一項及び第四項の規定による登録証の書替交付の申請に対し、昭和二十八年九月十九日付で次のように登録証の書替交付をしたので告示する。

昭和二十八年十月十日　農林大臣　保利　茂

肥料の名称の欄中生第二一三八号「佐賀県標準配合肥料稲第一号」を「マルサン配合肥料完全五号」に、生第二一四〇号「佐賀県標準配合肥料稲第三号」を「マルサン配合肥料完全六号」に、生第一四二〇号「佐賀県標準配合肥料稲第一号」を「理研完全配合肥料一号」に、生第一四二一号「佐賀県標準配合肥料稲第二号」を「理研完全配合肥料二号」に、生第一四二二号「佐賀県標準配合肥料稲第三号」を「理研完全配合肥料三号」に、生第一四二三号「佐賀県標準配合肥料稲第四号」を「理研完全配合肥料四号」に、生第二七五一号から生第二七六二号まで、生第二八四五号、生第二八四六号、生第二九〇四号、生第三〇五三号、生第三〇五四号及び生第三七三五号から生第三七三八号までの氏名又は名称及び住所の欄中「大阪市西淀川区佃町七丁目二四番地　大和肥料株式会社　取締役社長　安保春夫」を「尼崎市浜字海地一九番地　大和肥料株式会社　取締役社長　安保春夫」に改める。

◉**農林省告示第七百二号**

肥料取締法（昭和二十五年法律第百二十七号）第十三条第一項及び第四項の規定による登録証の書替交付の申請に対し、昭和二十八年九月一日付で次のように登録証を書替交付したので告示する。

昭和二十八年十月十日　農林大臣　保利　茂

生第一六二二号から生第一六二四号まで、生第三三六二号から生第三三六五号まで、生第三四二四号から生第三四二七号まで、生第三五六一号から生第三五七三号まで、生第三六四六号から生第三六五一号まで及び生第三八二五号から生第三八二九号までの氏名又は名称及び住所の欄中「群馬組合肥料製造株式会社」を「関東化成工業株式会社」に、輪第一二一五号から輪第一二一九号まで、輪第二二二号から輪第二二八号まで、輪第三四二号から輪第三四四号まで及び輪第三四六号から輪第三四九号までの氏名又は名称及び住所の欄中「代表取締役社長　加藤勝太郎」を「代表取締役社長　鈴木要之祐」に、生第三八一三号の肥料の名称の欄中「北印かみしま化成肥料三号」を「かみしま化成肥料三号」に、生第一六三五号の肥料の名称の欄中「あかつき配合肥料」を「三丸印ありあけ特号配合肥料」に、生第三〇七四号の肥料の名称の欄中「きりしま完全配合肥料」を「三丸印千福二号配合肥料」に、生第三〇七五号の肥料の名称の欄中「はりま完全配合肥料」を「三元印いすず二号配合肥料」に、生第三〇七六号の肥料の名称の欄中「高砂完全配合肥料」を「三元印いすず三号配合肥料」に改める。

◉**農林省告示第七百三号**

昭和二十六年七月十六日農林省告示第二百五十九号（農業災害補償法に基く家畜共済の共済掛金標準率）の一部を次のように改正する。

昭和二十八年十月十日　農林大臣　保利　茂

別表の北海道農業共済組合連合会根室支部の部中「1　別海村　(5.5)」を「1　別海村　4　根室三五　(5.5)　5.5」に改める。

◉**農林省告示第七百四号**

昭和二十八年七月一日農林省告示第四百三十八号（湿田単作地区指定基準）の一部を次のように改正する。

昭和二十八年十月十二日

農林大臣 保利 茂

第六項中「基準は、」を「基準は、特別区のある地にあつては特別区に、」に改める。

◉**農林省告示第七百五号**

湿田単作地域農業改良促進法（昭和二十七年法律第三百五十四号）第二条第一項の規定に基き、左の区域を湿田単作地域として追加指定した。

昭和二十八年十月十二日

農林大臣 保利 茂

1 東京都足立区の区域
2 前項に掲げる区域外の市町村で湿田単作地区指定基準（昭和二十八年農林省告示第四百三十八号）第三項に該当するものとして農林大臣の承認を受けて都知事が指定するものの区域

◉**農林省告示第七百六号**

昭和二十六年八月二十一日農林省告示第二百九十九号で指定した和歌山県加太漁港、昭和二十六年十二月十三日農林省告示第四百四十七号で指定した宮城県吉田花淵漁港並びに昭和二十七年五月七日農林省告示第百八十五号で指定した香川県鶴羽漁港、宮浦漁港及び向島漁港は、漁港法（昭和二十五年法律第百三十七号）第五条第二項の規定に基き漁港の指定を取り消す。

昭和二十八年十月十五日

農林大臣 保利 茂

◉**農林省告示第七百七号**

漁港法（昭和二十五年法律第百三十七号）第五条第二項の規定に基き、昭和二十六年十二月十三日農林省告示第四百四十七号（漁港の指定）の一部を次のように改正する。

昭和二十八年十月十五日

農林大臣 保利 茂

三重県の部中「答志」を「和具（答志）」に改める。

◉**農林省告示第七百八号**

肥料取締法（昭和二十五年法律第百二十七号）第七条の規定により、昭和二十八年九月十日付をもつて左の肥料を登録し、登録証を交付した。

昭和二十八年十月十五日

農林大臣 保利 茂

登録番号
自輪第四八七号至輪第四九〇号
肥料の名称等省略（官報参照）

◉**農林省告示第七百九号**

肥料取締法（昭和二十五年法律第百二十七号）第七条の規定により、昭和二十八年九月十日付をもつて左の肥料を登録し、登録証を交付した。

昭和二十八年十月十五日

農林大臣 保利 茂

登録番号
自生第四〇〇四号至生第四〇四七号
肥料の名称等省略（官報参照）

◉**農林省告示第七百十号**

狩猟法（大正七年法律第三十二号）第九条の規定に基き、次のように禁猟区を設置する。

昭和二十八年十月十五日

農林大臣 保利 茂

一 名称 牧園禁猟区
二 禁猟区域 鹿児島県姶良郡牧園町所在の牧園牧場の西側外周線と高千穂県道との交点を基点とし、同点から同外周線にそつて北廻りに南方に曲り、牧場外周線と高千穂県道との交点に至り、同県道にそつて西方へ約一、五〇〇メートル進み、牧場正門に至り、同門前の県道から南方へ通ずる横瀬部落道を約一、五〇〇メートル進んで同部落道と牧場外周線との交点に至り、同外周線にそつて北方に進んで基点に至る線で囲まれた区域一円
三 禁猟期間 昭和二十八年十一月一日から昭和三十八年十月三十一日まで

◉**農林省告示第七百十一号**

狩猟法（大正七年法律第三十二号）第九条の規定に基き、次のように禁猟区を設置する。

昭和二十八年十月十五日

農林大臣 保利 茂

一 名称 南志摩禁猟区
二 禁猟区域 三重県志摩郡神明村地内三重交通志摩線賢島鉄橋の東端を基点とし、同点から同線にそつて東北方に進み同線と神明村及び鵜方町の境界線との交点に至り、同境界線にそつて西方に進んで海岸に至り、海岸線にそつて鵜方町と浜島町との境界点に至り、同境界線にそつて北西に進み、同境界線と鵜方町から浜島町に至る県道との交点に至り、同県道にそつて西方に進み、迫子海岸に至り、海岸線にそつて浜島町釜崎突端に至り、同所から直線で御座岬突端に至り、同所から更に英虞湾内を海岸線にそつて船越村野沖入江に至り、同所から正北方に進み、船越村と波切町との境界に至り、同境界線にそつて西方に進んで海岸に至り、海岸線にそい基点に至る線に囲まれた一円の区域
三 禁猟期間 昭和二十八年十一月一日から昭和三十三年十月三十一日まで

◉農林省告示第七百十二号

農産物検査法(昭和二十六年法律第百四十四号)第六条の規定に基き、昭和二十八年産の玄米について、農産物規格規程の臨時特例に関する件を次のように定め、昭和二十八年十月十六日から施行する。

昭和二十八年十月十六日　　農林大臣　保利　茂

昭和二十八年産の玄米についての農産物規格規程の臨時特例に関する件

昭和二十八年産の玄米についての農産物規格規程（昭和二十六年農林省告示第百三十三号）の適用については、同規程の第一の二の㈡のイ量目及びロ包装中「等外」とあるのは「等外下」と、ハ品位の(イ)水稲うるち玄米、(ロ)水稲もち玄米、(ハ)陸稲うるち玄米及び(ニ)陸稲もち玄米中「等外　三〇〇　(最高限度)五〇
―　一五・〇　三〇　―　一〇〇　五・〇　一・〇　―」とあるのは
「等外上　三五〇　三〇（最高限度）　等外上標準品　一五・〇　三〇　四〇　三〇
等外下　三〇〇　三〇　―　一五・〇　三〇　―　一〇〇
二・〇　〇・八　―
五・〇　一・〇　―」と、「規格外＝一等から等外まで」とあるのは「規格外＝一等から等外下まで」と読み替えるものとする。

◉農林省告示第七百十三号

肥料取締法（昭和二十五年法律第百二十七号）第十二条の規定により、昭和二十八年九月十五日付をもつて左の肥料の登録の有効期間を更新し、登録証を交付した。

昭和二十八年十月十七日　　農林大臣　保利　茂

有効期限が昭和三十一年九月十九日となつたもの

登録番号

自生第五五四号至生第六〇一号

肥料の名称等省略(官報参照)

◉農林省告示第七百十四号

昭和二十八年台風第二号による被害農家及び被害漁家に対する資金の融通に関する特別措置法（昭和二十八年法律第百八十七号）に基き農漁業者に対する経営資金利子補給費及び損失補償費補助金交付規程を次のように定め、昭和二十八年度分の補助金から適用する。

昭和二十八年十月十七日　　農林大臣　保利　茂

昭和二十八年第二号台風等風水害による農漁業者の経営資金利子補給費及び損失補償費補助金交付規程

第一条　昭和二十八年台風第二号による被害農家及び被害漁家に対する資金の融通に関する特別措置法（以下「法」という。）第三条による補助金の交付については、法に定めるものの外、この規程の定めるところによる。

第二条　法に基き農漁業者に対する補助金の交付を受けようとする場合には、都道府県は第三条に定めるところにより、農林大臣に交付申請書(別記様式第一号)を提出しなければならない。

第三条　前条の規定により補助金の交付を申請しようとする場合には、申請書の外、左に掲げる書類を添え、正副四部提出しなければならない。

一　事業計画(別記様式第二号)

二　収支予算書(別記様式第三号)

三　市町村に補助金を交付する場合にあつては都道府県の補助金交付規程

四　その他農林大臣が必要と認める書類

第四条　農林大臣は、補助金を交付した都道府県に対し、当該補助金の使用に関し必要な指示をすることがある。

第五条　都道府県は、その交付を受けた補助金を相互に又は他の経費に流用してはならない。但し、農林大臣の承認をえた場合には、この限りでない。

第六条　都道府県は、補助金の交付を受けた事業の計画につき重要な変更を加えようとする場合には、あらかじめ農林大臣に届け出なければならない。

2　農林大臣は、前項の届出があつた場合において、必要があると認めるときは、その届出に係る事項につき変更を命ずることがある。

第七条　補助金を受けた都道府県は、事業成績書(別記様式第二号)及び収支決算書(別記様式第三号)を翌年度六月三十日までに農林大臣に提出しなければならない。

2　農林大臣は、前項の外、必要と認める書類の提出を求めることがある。

第八条　補助金を受けた都道府県が法第六条に規定する外左の各号の一に該当する場合には、農林大臣は、その部分については、当該都道府県に対しその補助金の全部又は一部を交付せずその返還を命ずることがある。

一　この交付規程に違反したとき

二　補助金の交付に関し附した条件に違反したとき

三　事業の施行方法が不適当と認められたとき

四　支出額が予算額に較べて減少したとき

別　記

様式第1号

昭和28年第2号台風等風水害による農漁業者の経営資金利子補給費(及び損失補償費)補助金交付申請書

昭和　年　月　日

農林大臣　　　殿

府　県　知　事

下記の通り昭和28年第2号台風等風水害による農漁業者の経営資金利子補給費(及び損失補償費)を同補助金交付規程により交付されたく申請します。

記

1　利子補給費　　　円也
2　損失補償費　　　円也
3　市町村に対する補助費　　　円也
計　　　円也

様式第2号

事業計画書(又は事業成績書)

1　融資機関別融資計画(又は実績)

融資機関名	融資総額(又は実行額)			合計
	一般営農資金	開拓営農資金	漁家経営資金	
	千円	千円	千円	千円

2　利子補給計画(又は実績)

(1)　実行利率及び利子補給率

区分	単位農協貸出利率	連合会貸出利率	市町村利子補給率	都府県利子補給率
一般営農資金				
開拓営農資金				
漁家経営資金				

(2)　府県及び市町村の利子補給計画(又は実績)

(イ)　一般営農資金

融資機関名	期首融資残額 (A)	期末融資残額 (B)	年間積数 (C)	年2分5厘で計算した額 (D)	市町村利子補給額 (E)	府県利子補給額 (F)	(E)と(F)の合計の½の額 (G)	国庫補助金(D)又は(G)のいずれか低い額(H)
	千円	千円	千円	円	円	円	円	円

(ロ)　開拓営農資金

融資機関名	期首融資残額 (A)	期末融資残額 (B)	年間積数 (C)	年3分で計算した額 (D)	市町村利子補給額 (E)	府県利子補給額 (F)	(E)と(F)の合計の½の額 (G)	国庫補助金(D)又は(G)のいずれか低い額(H)
	千円	千円	千円	円	円	円	円	円

(ハ)　漁家経営資金

融資機関名	期首融資残額 (A)	期末融資残額 (B)	年間積数 (C)	年2分5厘で計算した額 (D)	市町村利子補給額 (E)	府県利子補給額 (F)	(E)と(F)の合計の½の額 (G)	国庫補助金(D)又は(G)のいずれか低い額 (H)
	千円	千円	千円	円	円	円	円	円

(3)　府県及び市町村の損失補償計画(又は実績)

融資機関名	損失補償の対象となつた融資総額 (A)	損失補償限度額 (B)	損失発生額 (C)	市町村損失補償額 (D)	府県損失補償額 (E)	(D)と(E)の合計の½の額 (F)	国庫補助金(B)又は(F)のいずれか低い額 (G)
	千円	千円	円	円	円	円	円

3　市町村に対する府県の補助計画

補助割合 {利子補給費に係る補助　　分　　厘 / 損失補償費に係る補助　融資総額　　%}

市町村名	利子補給補助額	損失補償補助額
	円	円

様式第3号

収支予算書(又は収支決算書)

1　収入の部

区分	本年度予算額(又は本年度決算額)	前年度予算額(又は本年度予算額)	対比増減		備考
			増	減	
国庫補助金					
県(府)費					
計					

2　支出の部

区分	本年度予算額(又は本年度決算額)	前年度予算額(又は本年度予算額)	対比増減		備考
			増	減	
利子補給額					
一般営農資金					
開拓営農資金					
漁家経営資金					
損失補償額					
一般営農資金					
開拓営農資金					
漁家経営資金					
市町村に対する補助額					
利子補給額					
損失補償額					
計					

◉農林省告示第七百十五号

国の負担金及び補助金交付規則（昭和二十四年農林省令第四十一号）に基き、農作物風水害応急対策費補助金交付規程（昭和二十八年農林省告示第五百九十号）の一部を次のように改正する。但し、昭和二十八年六月二十四日以前の風水害に係る補助金の交付については、なお、従前の例による。

昭和二十八年十月十七日　　　農林大臣　保利　茂

第二条第一項第五号中「特用作物の肥料購入に要する経費」を「特用作物の肥料等購入に要する経費」に改め、同項に次の三号を加える。

十二　陸稲等種子購入に要する経費
十三　稲苗集荷協力に要する経費
十四　水害対策調査指導等に要する経費

第三条中「前条第三号、第五号、第七号及び第八号の経費に係る肥料購入費及び種子購入費に対する補助金は、」を「前条第三号、第五号（肥料購入費に限る。）、第七号（肥料購入費に限る。）、第八号及び第十二号の経費に対する補助金は、」に改める。

別表中

「苗代再仕立費補助金　種子購入費　三分の一以内
肥料購入費　三分の一以内
農薬購入費　二分の一以内」を「苗代再仕立費補助金　設置費　町当り（一般苗代　二六、二八四円以内／委託苗代　七五、五三四円以内）」に、「特用作物肥料代金補助金　肥料購入費　三分の一以内」を「特用作物肥料代金等補助金　肥料購入費　三分の一以内
農薬購入費　二分の一以内」に、「防除機具購入費補助金　機具購入費　二分の一以内」を

「防除機具購入費補助金　機具購入費　二分の一以内
陸稲等種子購入費補助金　種子購入費　（開拓地　二分の一以内／普通栽培地　三分の一以内）
稲苗集荷協力費補助金　事務費及び旅費　十分の十以内
水害対策調査指導費等補助金
災害対策事業指導調査費補助金　事務費、旅費及び調査試験費　二分の一以内
災害跡地土じょう調査費補助金　事務費、旅費及び調査試験費　二分の一以内
農機具巡回整備指導費補助金　事業費　二分の一以内
肥料運送費補助金　運送費　二分の一以内」

に改める。

◉農林省告示第七百十六号

農業災害補償法臨時特例法（昭和二十七年法律第百九十四号）第三条第一項の規定に基き、北海道を除く都府県において昭和二十九年産の麦に適用する石当り共済金額を次のように定める。

昭和二十八年十月十七日　　　農林大臣　保利　茂

共済金額 昭和二十九年産麦に適用する石当り共済金額	適用すべき都府県
三、〇〇〇円	石川
三、一〇〇円	宮城、福島、福井、滋賀、和歌山
三、二〇〇円	岩手、山形、茨城、栃木、埼玉、千葉、東京、神奈川、富山、岐阜
三、三〇〇円	新潟、山梨、長野
三、四〇〇円	群馬
三、五〇〇円	静岡、愛知、京都、島根
三、七〇〇円	青森、鳥取
三、八〇〇円	岡山
三、九〇〇円	三重、広島、福岡、佐賀、鹿児島
四、〇〇〇円	大阪、兵庫、奈良、山口、熊本、大分、宮崎
四、一〇〇円	徳島、香川、愛媛、高知、長崎

◉農林省告示第七百十七号

狩猟法（大正七年法律第三十二号）第九条の規定に基き、次のように禁猟区を設置する。

昭和二十八年十月十九日　　　農林大臣　保利　茂

一　名称　岩湧山禁猟区

二　禁猟区域　大阪府南河内郡加賀田村字加賀田地区内において岩湧寺参道と天見村に通ずる小径との交点を基点とし、天見村に通ずる小径にそつて東方に進み、同小径と加賀田村及び天見村の境界線との交点に至り、同点から同境界線を南方に進み同境界線と大阪府及び和歌山県の境界線との交点に至り、同点から同境界線にそつて西に進み標高八五〇・六メートル地点に至り、同点から高向村及び加賀田村の境界線にそつて西方に進み、同境界線が北方へ曲る地点から直線で岩湧山頂（標高八九七・七メートル）に至り、同山頂から直線でその北西方の標高四八三・〇メートルの地点に至り、同点から直線でその北東方の標高二七〇・〇メートルの地点に至り、同点から直線で基点に至る線で囲まれた地域

三　禁猟期間　昭和二十八年十月二十日から昭和三十三年十月十九日まで

◉農林省告示第七百十八号

農地法施行令（昭和二十七年政令第四百四十五号）第四条本文但書の規定に基き、北海道札幌郡江別町所在の豊幌地区、北海道空知郡幌向村所在の三重川向地区及び北海道空知郡栗沢町所在の北斗地区についての同条第三号の土性の基準を次のとおり定める。

昭和二十八年十月二十日　　　農林大臣　保利　茂

地区名	土性の基準	上記の基準の適用を受ける土地
豊幌地区	壌土、埴壌土、砂壌土、埴土、八％以上の粘土を含む砂土、中位泥炭土、低位泥炭土又は高位泥炭土	北海道札幌郡江別町字豊幌四〇ノ一、四〇ノ二、四〇ノ三、四一から四八まで、一一一、一一五、一六七ノ二、一六九、一六七ノ三、一六七ノ四、同郡同町字江別大五三七
三重川向地区	同右	北海道空知郡幌向村字幌向原野一二六三ノ二、一四二五、一四二六
北斗地区	同右	北海道空知郡栗沢町字幌向原野一四二四ノ一、一四二四ノ二、一四二七、一五四一ノ一、一五四一ノ二、一八一六ノ一から一八一六ノ三まで、一八一七、一八二九ノ二、一八三〇ノ一、一八三〇ノ二、一八三四ノ一、一八三四ノ二、一八三八、一七四三ノ一、一七四三ノ二、一八三一

◉農林省告示第七百十九号

森林法（昭和二十六年法律第二百四十九号）第二十六条の規定により、次の保安林を解除する。

昭和二十八年十月二十日

農林大臣 保利 茂

北海道夕張郡長沼村字馬追原野（但し、一七八町六反三畝一五歩の内見込二反七畝二一歩）

以上札幌営林局長の申請に係るものであつて、風害防備のため指定されたものを排水溝用地並びに送電線施設用地とする必要を認めるもの

◉農林省告示第七百二十号

森林法（昭和二十六年法律第二百四十九号）第二十六条の規定により、次の保安林を解除する。

昭和二十八年十月二十日

農林大臣 保利 茂

北海道網走郡東藻琴村字西倉五二五（但し、台帳二八六町五反一畝二三歩の内見込一一町五反五畝二五歩）

以上風害防備の必要が消滅したと認めるもの

◉農林省告示第七百二十一号

森林法（昭和二十六年法律第二百四十九号）第二十六条の規定により、次の保安林を解除する。

昭和二十八年十月二十日

農林大臣 保利 茂

北海道常呂郡佐呂間村字サロマベツ一五五六ノ三四（但し、台帳一〇町一反八畝一〇歩の内見込四畝六歩）

以上佐呂間村鈴木一郎の申請に係るものであつて、土砂流出防備のため指定されたものを高圧送電線架設用地とする必要を認めるもの

◉農林省告示第七百二十二号

森林法（昭和二十六年法律第二百四十九号）第二十六条の規定により、次の保安林を解除する。

昭和二十八年十月二十日

農林大臣 保利 茂

和歌山県新宮市大字新宮字大浜（国有林）（但し、台帳三四町二反七畝一〇歩の内見込三反六畝）

以上潮害防備のため指定したものを鉄道用地とする必要を認めるもの

◉農林省告示第七百二十三号

森林法（昭和二十六年法律第二百四十九号）第二十六条の規定により、次の保安林を解除する。

昭和二十八年十月二十日

農林大臣 保利 茂

福岡県福岡市西新町字藤崎八〇七ノ一

以上風害防備の必要が消滅したと認めるもの

◉農林省告示第七百二十四号

森林法（昭和二十六年法律第二百四十九号）第二十六条の規定により、次の保安林を解除する。

昭和二十八年十月二十日

農林大臣 保利 茂

長崎県下県郡豆酘村字東神田六二七

以上豆酘村長の申請に係るものであつて、風害及び潮害防備のため指定されたものを中学校敷地とする必要を認めるもの

◉農林省告示第七百二十五号

昭和二十七年に発生した農地及び農業用施設に係る農林水産業施設災害復旧事業費国庫補助の暫定措置に関する法律（昭和二十五年法律第百六十九号）第三条第三項の地域を、同条第四項の規定により、次のように指定する。

昭和二十八年十月二十一日

農林大臣 保利 茂

道府県別	郡（市）別	町村別
北海道	上川郡	江丹別村、美瑛町
	中川郡	豊頃村
	十勝郡	浦幌村
	網走郡	津別町
	札幌郡	広島村
岩手県	二戸郡	荒沢村
秋田県	北秋田郡	下川沿村、花岡町、早口町、上川沿村、扇田町
神奈川県	横須賀市	
長野県	西筑摩郡	吾妻村、田立村
静岡県	庵原郡	内房村
新潟県	東頸城郡	菱里村、松代村、松之山村
	中頸城郡	平丸村

富山県　中新川郡　西加積村、中加積村、南加積村
　西礪波郡　南蟹谷村
　魚津市
石川県　河北郡　三谷村、浅川村
　羽咋郡　河合谷村
大阪府　泉南郡　熊取町、新家村、信達町、雄信達村、尾崎町、東鳥取村、西鳥取村、淡輪村、深日町、孝子村、多奈川町、南中通村
和歌山県　海草郡　加太町、西脇野村、直川村、山口村、東野上村、上神野村
　那賀郡　川原村、上名手村
　伊都郡　四郷村、妙寺町
島根県　能義郡　山佐村
　飯石郡　来島村、頓原町、志々村、波多村、西須佐村、吉田村、田井村、飯石村、鍋山村
　仁多郡　阿井村、馬木村、三沢村、三成町
　簸川郡　岐久村、山口村、窪田村、田儀村
　安濃郡　佐比売村、大田村、富山村
　邇摩郡　大代村、井田村、福波村、大国村、五十猛村、温泉津町
　邑智郡　粕淵町、吾郷村、三谷村、君谷村、祖式村、川下村、浜原村、沢谷村
　那賀郡　江東村、黒沢村、松川村
　美濃郡　匹見下村、東仙道村、都茂村、二川村、道川村、匹見上村、直砂村
　鹿足郡　七日市村、小川村、朝倉村
愛媛県　温泉郡　五明村
広島県　比婆郡　西城町、八鉾村、久代村、下高野山村、上高野山村、比和村、八幡村
　神石郡　牧村、小畠村
　豊田郡　小泉村
山口県　玖珂郡　藤河村、南河内村、師木野村、通津村、桑根村
　豊浦郡　阿川村
　阿武郡　篠生村、地福村

◉**農林省告示第七百二十六号**

森林法（昭和二十六年法律第二百四十九号）第二十五条の規定により、次の森林を保安林に指定する。

昭和二十八年十月二十二日

農林大臣　保利　茂

岐阜県吉城郡河合村大字稲越字かじや作二八二二ノ二、二八二二ノ三、郡上郡高鷲村大字鷲見字鷲ヶ岳二三六二ノ一、大字大鷲字桑ヶ洞三二七六から三二八二まで、三二八三ノ一、三二八三ノ二、三二八四から三二九一まで、三二九二ノ一、三二九二ノ二、字奥平三二九三ノ一、三二九三ノ二、三二九四から三三〇二まで

以上岐阜県知事の申請に係るものであつて、水源かん養の必要を認めるもの

恵那郡付知村字白谷一三〇四ノ一〇三

以上岐阜県知事の申請に係るものであつて、土砂流出防備の必要を認めるもの

◉**農林省告示第七百二十七号**

肥料取締法（昭和二十五年法律第百二十七号）第十四条第二号の規定により左の肥料の登録は失効したので告示する。

昭和二十八年十月二十三日

農林大臣　保利　茂

登録番号

生第二六〇三号、生第二三五八号、自生第一二六八号至生第一二七五号、自生第一六八五号至生第一六八七号、生第二三五九号、生第一六八八号、生第六〇七号、生第六〇八号、生第一六九五号、生第六四六号、生第六四三号、自生第六四七号至生第六五一号、生第七七七号、生第一七一九号、生第七七八号、生第八八四号、生第八七九号、生第一七二〇号、生第八八〇号、生第一三八九号

肥料の名称等省略（官報参照）

◉**農林省告示第七百二十八号**

農林省組織規程（昭和二十四年農林省令第四十七号）第二百九十六条の規定に基き、北海道さけ・ますふ化場の支場及び事業場の名称、位置及び所掌事務を次のように定め、昭和二十七年農林省告示第百二十六号（北海道さけ・ますふ化場の支場及び事業場の名称、位置及び所掌事務に関する件）は、廃止する。

昭和二十八年十月二十四日

農林大臣　保利　茂

名称	位置	所掌事務
北海道さけ・ますふ化場北見支場	北海道北見市	さけ類及びます類のふ化、放流及び所管事業場の業務の統括
北海道さけ・ますふ化場根室支場	北海道標津郡中標津町	右に同じ
北海道さけ・ますふ化場十勝支場	北海道河西郡大正村	右に同じ

北海道さけ・ますふ化場天塩支場	北海道中川郡美深町	右に同じ
北海道さけ・ますふ化場千歳支場	北海道千歳郡千歳町	右に同じ
北海道さけ・ますふ化場渡島支場	北海道山越郡八雲町	所管事業場の業務の統括
北海道さけ・ますふ化場北見支場幌内事業場	北海道紋別郡雄武町	さけ類及びます類のふ化及び放流
北海道さけ・ますふ化場北見支場興部事業場	北海道紋別郡興部町	右に同じ
北海道さけ・ますふ化場北見支場渚滑事業場	北海道紋別郡上渚滑村	右に同じ
北海道さけ・ますふ化場北見支場湧別事業場	北海道紋別郡上湧別町	右に同じ
北海道さけ・ますふ化場北見支場網走事業場	北海道網走市	右に同じ
北海道さけ・ますふ化場北見支場西網走事業場	北海道網走市	右に同じ
北海道さけ・ますふ化場北見支場藻琴事業場	北海道網走郡東藻琴村	右に同じ
北海道さけ・ますふ化場北見支場斜里事業場	北海道斜里郡上斜里村	右に同じ
北海道さけ・ますふ化場北見支場岩尾別事業場	北海道斜里郡斜里町	右に同じ
北海道さけ・ますふ化場根室支場羅臼事業場	北海道目梨郡羅臼村	右に同じ
北海道さけ・ますふ化場根室支場薫別事業場	北海道標津郡標津村	右に同じ
北海道さけ・ますふ化場根室支場伊茶仁事業場	北海道標津郡標津村	右に同じ
北海道さけ・ますふ化場根室支場中標津事業場	北海道標津郡中標津町	右に同じ
北海道さけ・ますふ化場根室支場計根別事業場	北海道野付郡別海村	右に同じ
北海道さけ・ますふ化場根室支場虹別事業場	北海道川上郡標茶町	右に同じ
北海道さけ・ますふ化場根室支場厚床事業場	北海道厚岸郡浜中村	右に同じ
北海道さけ・ますふ化場根室支場浜中事業場	北海道厚岸郡浜中村	右に同じ
北海道さけ・ますふ化場十勝支場太田事業場	北海道厚岸郡太田村	右に同じ
北海道さけ・ますふ化場十勝支場釧路事業場	北海道川上郡弟子屈町	右に同じ
北海道さけ・ますふ化場十勝支場鶴居事業場	北海道阿寒郡鶴居村	右に同じ
北海道さけ・ますふ化場十勝支場阿寒事業場	北海道白糠郡白糠町	右に同じ
北海道さけ・ますふ化場十勝支場白糠事業場	北海道白糠郡白糠町	右に同じ
北海道さけ・ますふ化場十勝支場幕別事業場	北海道中川郡幕別町	右に同じ
北海道さけ・ますふ化場十勝支場札内事業場	北海道中川郡幕別町	右に同じ
北海道さけ・ますふ化場十勝支場大樹事業場	北海道広尾郡大樹町	右に同じ
北海道さけ・ますふ化場天塩支場徳志別事業場	北海道枝幸郡枝幸町	右に同じ
北海道さけ・ますふ化場天塩支場歌登事業場	北海道枝幸郡歌登村	右に同じ
北海道さけ・ますふ化場天塩支場頓別事業場	北海道枝幸郡浜頓別町	右に同じ

北海道さけ・ますふ化場天塩支場名寄事業場	北海道上川郡下川町	右に同じ
北海道さけ・ますふ化場天塩支場増毛事業場	北海道増毛郡増毛町	右に同じ
北海道さけ・ますふ化場千歳支場石狩事業場	北海道石狩郡石狩町	右に同じ
北海道さけ・ますふ化場千歳支場音江事業場	北海道空知郡音江村	右に同じ
北海道さけ・ますふ化場千歳支場東神楽事業場	北海道上川郡東神楽村	右に同じ
北海道さけ・ますふ化場千歳支場支笏湖事業場	北海道千歳郡千歳町	右に同じ
北海道さけ・ますふ化場千歳支場幌別事業場	北海道浦河郡浦河町	右に同じ
北海道さけ・ますふ化場千歳支場元浦河事業場	北海道浦河郡荻伏村	右に同じ
北海道さけ・ますふ化場千歳支場三石事業場	北海道三石郡三石町	右に同じ
北海道さけ・ますふ化場千歳支場静内事業場	北海道静内郡静内町	右に同じ
北海道さけ・ますふ化場千歳支場新冠事業場	北海道新冠郡新冠村	右に同じ
北海道さけ・ますふ化場千歳支場勇払事業場	北海道苫小牧市	右に同じ
北海道さけ・ますふ化場千歳支場白老事業場	北海道白老郡白老村	右に同じ
北海道さけ・ますふ化場千歳支場敷生事業場	北海道白老郡白老村	右に同じ
北海道さけ・ますふ化場渡島支場長万部事業場	北海道山越郡長万部町	右に同じ
北海道さけ・ますふ化場渡島支場遊楽部事業場	北海道山越郡八雲町	右に同じ
北海道さけ・ますふ化場渡島支場八雲事業場	北海道山越郡八雲町	右に同じ
北海道さけ・ますふ化場渡島支場知内事業場	北海道上磯郡知内村	右に同じ
北海道さけ・ますふ化場渡島支場厚沢部事業場	北海道檜山郡厚沢部村	右に同じ
北海道さけ・ますふ化場渡島支場利別事業場	北海道瀬棚郡東瀬棚町	右に同じ
北海道さけ・ますふ化場渡島支場朱太事業場	北海道歌棄郡熱郛村	右に同じ
北海道さけ・ますふ化場渡島支場尻別事業場	北海道磯谷郡南尻別村	右に同じ

◉農林省告示第七百二十九号

農業災害補償法（昭和二十二年法律第八十五号）第百三十五条第二号の規定に基き、昭和二十六年四月農林省告示第百二十九号（家畜共済の再保険割合に関する件）の一部を次のように改正する。

昭和二十八年十月二十四日

農林大臣　保利　茂

「㈠死亡廃用共済については
イ乳牛　百分の七十」を「㈠死亡廃用共済及び死廃病傷共済については
イ乳牛及び繁殖和牛　百分の七十」に改める。

◉農林省告示第七百三十号

農業災害補償法に基く家畜共済の臨時特例に関する法律（昭和二十八年法律第二百四十四号）第四条第二項及び農業災害補償法に基く家畜共済の臨時特例に関する法律施行規則（昭和二十八年農林省令第五十七号）第二条第三項の規定に基き、死廃病傷共済の共済掛金標準率及び診療賦課標準率を別表のように定める。

昭和二十八年十月二十四日

農林大臣　保利　茂

地域別	乳牛			乳用種種雄牛			役肉用種種雄牛			その他の牛			種雄馬			輓馬			その他の馬		
	共済掛金標準率		診療賦課標準率	共済掛金標準率		診療賦課標準率	共済掛金標準率		診療賦課標準率	共済掛金標準率		診療賦課標準率	共済掛金標準率		診療賦課標準率	共済掛金標準率		診療賦課標準率	共済掛金標準率		診療賦課標準率
	第1種	第2種		第1種	第2種		第1種	第2種		第1種	第2種		第1種	第2種		第1種	第2種		第1種	第2種	
	%	%	%	%	%	%	%	%	%	%	%	%	%	%	%	%	%	%	%	%	%
北海道				6.71	6.92	1.5				5.48	5.96	2.7	4.46	4.72	1.2	7.53	8.17	1.7			
石狩	6.02	6.74	1.4																		
篠路村																			5.93	6.86	2.1
琴似町																			5.65	6.30	1.8
手稲町																			5.06	6.13	2.0
白石町																			5.25	6.51	1.9
広島村																			5.55	6.60	1.6
江別町																			6.09	7.69	2.6
石狩町																			6.09	7.19	2.4
当別町																			7.36	8.72	2.6
新篠津町																			6.01	7.03	1.9
厚田村																			5.18	5.86	1.5
浜益村																			6.29	7.09	1.2
空知	5.33	5.67	2.3																		
北村																			6.04	7.08	3.5
栗沢町																			5.83	7.17	3.9
幌向村																			4.71	5.62	2.3
三笠町																			6.32	7.64	3.8
美唄市																			5.26	6.02	3.4
奈井江町																			5.07	6.15	3.3
砂川町																			4.57	5.64	3.7
江部乙町																			5.22	6.44	2.6
音江村																			5.14	6.28	3.5
赤平町																			5.80	7.11	3.8
芦別市																			5.87	6.74	2.1
長沼町																			5.95	6.91	2.7
栗山町																			5.61	6.72	3.8
月形町																			6.31	7.63	3.0
浦臼村																			5.41	7.03	2.5
新十津川村																			6.30	7.62	3.8
深川町																			5.06	6.33	3.9
妹背牛町																			4.24	5.18	3.4

秩父別村				5.37	6.75	3.7
一已村				5.64	6.79	3.7
多度志村				5.61	6.72	2.3
北龍村				4.78	5.57	3.0
沼田町				4.79	5.78	2.9
幌加内村				5.29	6.09	3.1
添牛内				5.19	5.89	2.0
岩見沢市				5.56	6.63	3.7
上川	6.71	7.22	2.8			
東鷹栖村				5.61	7.23	5.3
鷹栖村				5.31	6.62	4.7
江丹別村				5.88	7.26	5.1
東旭川村				5.88	7.26	6.0
神楽村				4.99	5.98	6.5
東神楽村				5.27	6.54	5.4
神居村				5.02	6.04	5.8
永山村				4.79	6.08	4.0
当麻村				3.88	4.76	4.1
比布村				5.28	6.56	3.6
愛別村				5.61	6.72	4.5
上川町				5.68	6.87	4.1
東川村				4.58	5.67	4.7
美瑛町				3.75	4.51	4.4
上富良野町				5.48	6.47	4.7
中富良野村				5.89	7.28	6.4
富良野町				5.08	6.17	5.8
東山村				5.23	6.46	5.8
南富良野村				4.84	5.68	4.8
和寒町				3.91	4.83	4.1
剣淵村				4.76	5.53	2.4
温根別村				3.75	4.50	3.5
士別町				4.66	5.83	4.7
上士別村				4.70	5.40	3.5
風連村				5.70	6.91	3.7
名寄町				6.52	8.05	4.2
下川町				5.75	6.51	3.1
智恵文村				5.09	6.18	4.1

地域別	乳牛			乳用種種雄牛			役肉用種種雄牛			その他の牛			種雄馬			輓馬			その他の馬		
	共済掛金標準率		診療賦課標準率	共済掛金標準率		診療賦課標準率	共済掛金標準率		診療賦課標準率	共済掛金標準率		診療賦課標準率	共済掛金標準率		診療賦課標準率	共済掛金標準率		診療賦課標準率	共済掛金標準率		診療賦課標準率
	第1種	第2種		第1種	第2種		第1種	第2種		第1種	第2種		第1種	第2種		第1種	第2種		第1種	第2種	
	%	%	%	%	%	%	%	%	%	%	%	%	%	%	%	%	%	%	%	%	%
美深町																			5.25	6.50	4.0
中川村																			5.07	6.15	4.0
旭川市																			5.70	6.91	6.1
朝日村																			4.78	5.56	3.4
後志	6.84	7.49	2.4																		
赤井川村																			5.57	6.64	2.6
発足村																			5.26	6.03	2.5
前田村																			5.74	6.49	1.8
倶知安町																			6.36	7.73	3.1
京極村																			5.34	6.68	4.5
喜茂別町																			5.77	6.55	2.0
留寿都村																			4.43	5.36	3.8
真狩村																			5.35	6.21	1.9
狩太町																			5.86	6.72	2.3
南尻別村																			5.48	6.46	3.1
熱郛村																			5.04	6.08	3.2
黒松内村																			6.66	7.83	4.4
樽岸村																			5.44	6.38	4.5
檜山	5.57	6.14	0.9																		
江差町																			7.35	8.70	2.1
上ノ国村																			6.68	7.86	1.8
泊村																			8.00	9.50	2.3
厚沢部村																			7.28	8.56	2.0
乙部村																			7.29	8.58	2.0
奥尻村																			6.65	7.81	1.8
太櫓村																			7.49	8.48	1.5
瀬棚町																			6.45	7.90	2.2
東瀬棚村																			5.16	6.33	1.8
今金町																			6.36	7.72	2.1
渡島	5.91	6.52	1.5																		
福島町																			6.71	7.92	2.3
知内村																			4.78	5.56	1.6

木古内町				4.37	5.24	1.7
上磯町				4.93	5.87	1.9
大野村				4.45	5.41	1.5
七飯村				5.44	6.39	1.6
銭亀沢村				5.33	6.17	1.6
森町				6.46	7.93	2.2
落部村				6.65	8.31	2.5
八雲町				4.95	5.90	2.1
長万部町				6.05	7.10	2.4
函館市				5.72	6.95	2.0
胆振	6.57	7.24	2.0			
豊浦町				5.46	6.42	2.7
虻田町				4.73	5.96	2.2
洞爺村				4.49	5.49	2.5
大滝村				5.57	6.65	2.0
牡瞥村				5.56	6.62	1.6
伊達町				5.75	7.30	2.8
苫小牧市				6.92	8.35	2.5
安平村				7.33	8.66	2.0
鵡川町				5.65	6.80	1.9
穂別村				6.39	7.28	1.9
追分村				7.33	8.66	2.0
日高	6.14	6.69	1.5			
日高村				6.52	7.54	2.0
平取村				6.37	7.74	3.0
門別町				8.10	9.70	3.4
新冠村				5.90	6.81	2.0
静内町				6.84	8.19	2.6
三石町				5.57	6.64	2.2
荻伏村				6.88	7.76	2.1
浦河町				6.36	7.23	2.3
様似町				5.39	6.29	2.4
幌泉村				7.12	8.24	2.1
十勝	5.79	6.29	2.0			
大正村				3.16	3.93	2.0
中札内村				4.19	5.08	2.5
更別村				5.70	6.60	2.9

地域別	乳牛 共済掛金標準率 第1種	乳牛 共済掛金標準率 第2種	乳牛 診療賦課標準率	乳用種種雄牛 共済掛金標準率 第1種	乳用種種雄牛 共済掛金標準率 第2種	乳用種種雄牛 診療賦課標準率	役肉用種種雄牛 共済掛金標準率 第1種	役肉用種種雄牛 共済掛金標準率 第2種	役肉用種種雄牛 診療賦課標準率	その他の牛 共済掛金標準率 第1種	その他の牛 共済掛金標準率 第2種	その他の牛 診療賦課標準率	種雄馬 共済掛金標準率 第1種	種雄馬 共済掛金標準率 第2種	種雄馬 診療賦課標準率	輓馬 共済掛金標準率 第1種	輓馬 共済掛金標準率 第2種	輓馬 診療賦課標準率	その他の馬 共済掛金標準率 第1種	その他の馬 共済掛金標準率 第2種	その他の馬 診療賦課標準率
	%	%	%	%	%	%	%	%	%	%	%	%	%	%	%	%	%	%	%	%	%
川西村																			3.64	4.49	2.1
芽室町																			3.50	4.21	2.1
御影町																			5.55	6.80	3.5
清水町																			5.62	6.75	3.2
新得町																			5.67	6.85	2.6
鹿追村																			4.96	5.92	2.6
士幌村																			5.18	6.37	2.7
上士幌村																			5.24	6.48	3.0
音更村																			4.43	5.36	2.5
幕別町																			4.71	5.62	2.5
池田町																			5.65	6.80	3.2
本別町																			4.95	5.91	2.8
西足寄町																			6.11	7.23	3.2
豊頃村																			4.33	5.16	2.5
浦幌町																			4.27	5.04	2.5
大津村																			5.90	7.31	3.2
広尾町																			5.85	7.20	3.2
大樹町																			5.07	6.14	2.8
帯広市																			5.42	6.85	3.2
足寄村																			5.94	6.89	3.1
逵別村																			5.87	6.74	2.9
忠類村																			5.53	6.57	3.2
釧路	7.02	7.85	1.3																		
浜中村																			6.23	7.47	1.9
太田村																			7.15	8.80	2.5
厚岸町																			6.69	8.39	2.6
弟子屈町																			5.32	6.14	1.3
標茶町																			5.77	7.04	1.9
釧路村																			5.69	7.39	2.6
鶴居村																			5.16	6.32	1.8
阿寒村																			4.86	6.22	2.1
白糠村																			6.27	8.05	2.7

音別村				4.30	5.10	1.2
釧路市				5.08	6.17	1.7
鳥取町				5.91	7.33	2.2
根室	6.17	6.75	0.9			
別海村				6.91	8.32	2.2
中標津町				5.88	6.76	1.4
標津村				5.30	6.11	1.2
北見	6.55	7.21	1.6			
雄武町				6.77	7.55	2.1
西興部村				5.70	6.40	1.9
興部町				6.35	7.20	2.2
滝ノ上町				5.24	5.99	1.5
上渚滑村				6.68	7.36	2.3
渚滑村				5.59	6.18	0.9
紋別町				6.49	7.49	2.1
下湧別村				5.03	6.26	3.2
上湧別村				4.55	5.30	2.7
遠軽町				6.05	7.60	2.9
白滝村				5.98	6.96	1.5
丸瀬布村				6.63	7.77	1.7
生田原村				6.84	8.69	2.8
佐呂間町				6.33	7.67	2.9
若佐村				6.48	7.96	3.0
常呂町				6.15	6.80	2.1
留辺蘂町				6.37	7.75	2.6
相内村				6.31	7.12	2.2
置戸町				5.54	6.59	2.7
訓子府村				6.10	7.20	2.1
北見市				6.48	7.47	2.4
端野村				5.99	6.99	1.8
津別町				6.62	7.25	1.4
美幌町				6.24	7.48	2.4
女満別町				6.00	7.01	1.5
網走市				6.00	7.01	2.2
東藻琴村				5.37	6.24	2.0
小清水村				4.79	5.58	1.8
斜里町				4.99	5.78	2.5
上斜里村				5,80	6.60	1.8

地域別	乳牛			乳用種種雄牛			役肉用種種雄牛			その他の牛			種雄馬			輓馬			その他の馬		
	共済掛金標準率		診療賦課標準率	共済掛金標準率		診療賦課標準率	共済掛金標準率		診療賦課標準率	共済掛金標準率		診療賦課標準率	共済掛金標準率		診療賦課標準率	共済掛金標準率		診療賦課標準率	共済掛金標準率		診療賦課標準率
	第1種	第2種		第1種	第2種		第1種	第2種		第1種	第2種		第1種	第2種		第1種	第2種		第1種	第2種	
	%	%	%	%	%	%	%	%	%	%	%	%	%	%	%	%	%	%	%	%	%
宗谷	6.44	6.98	0.9																		
勇知																			5.99	7.48	2.3
沼川																			5.87	7.24	2.1
宗谷村																			6.41	7.33	1.4
中頓別町																			6.61	7.72	1.7
歌登村																			6.04	7.08	1.6
豊富村																			6.37	7.75	2.1
留萌	5.71	6.12	1.2																		
増毛町																			7.31	8.63	3.0
留萌市																			7.37	8.74	2.2
小平村																			6.52	7.55	2.6
鬼鹿村																			7.41	9.32	4.9
苫前町																			6.34	7.68	2.1
羽幌町																			6.32	7.15	1.7
初山別村																			7.45	8.40	2.8
遠別町																			5.99	6.99	2.1
天塩町																			7.52	8.55	2.2
幌延町																			5.46	6.43	2.9
雄信内																			5.66	6.82	2.6
問寒別																			5.51	6.53	2.7
青森県	5.18	5.37	0.3	6.63	6.76	0.2	5.12	5.24	0.2				4.32	4.44	0.2	8.44	8.78	0.6			
東青										4.95	5.21	0.4							5.02	5.54	0.8
西津軽										4.95	5.21	0.4							5.62	6.14	0.8
中弘										4.95	5.21	0.4							5.62	6.14	0.8
南津軽										4.95	5.21	0.4							5.62	6.14	0.8
北津軽										4.95	5.21	0.4							5.62	6.14	0.8
上北										4.95	5.21	0.4							4.94	5.38	0.7
下北										4.95	5.21	0.4							4.32	4.84	0.8
三八										4.95	5.21	0.4							4.32	4.84	0.8
三本木										4.95	5.21	0.4							5.02	5.54	0.8
五戸										4.95	5.21	0.4							4.32	4.84	0.8
三戸										4.94	5.18	0.4							4.32	4.84	0.8

岩手県				6.59	6.68	0.2	5.14	5.28	0.3				4.90	5.60	1.1	10.63	11.36	1.1			
岩手	6.39	6.58	0.3							5.03	5.37	0.5							4.63	5.47	1.3
紫波	6.39	6.58	0.3							5.03	5.37	0.5							4.63	5.47	1.3
稗貫	6.39	6.58	0.3							4.99	5.28	0.5							4.76	5.43	1.0
和賀	6.39	6.58	0.3							4.93	5.16	0.4							5.20	5.91	1.1
胆沢	6.39	6.58	0.3							5.02	5.35	0.5							4.93	5.77	1.3
江刺	6.39	6.58	0.3							5.03	5.37	0.5							5.31	6.12	1.3
西磐井	6.39	6.58	0.3							5.02	5.34	0.5							5.33	6.17	1.3
東磐井	6.39	6.58	0.3							5.03	5.37	0.5							4.78	5.47	1.1
気仙	6.39	6.58	0.3							5.03	5.37	0.5							5.03	5.87	1.3
上閉伊	6.39	6.58	0.3							5.02	5.34	0.5							4.93	5.77	1.3
下閉伊	6.38	6.56	0.3							5.03	5.37	0.5							5.33	6.17	1.3
九戸	6.39	6.58	0.3							4.93	5.16	0.4							4.93	5.77	1.3
二戸	6.39	6.58	0.3							4.90	5.10	0.3							5.18	5.86	1.1
宮城県	7.73	7.96	0.4	6.67	6.85	0.3	5.21	5.42	0.4				5.27	6.35	1.7	10.64	11.38	1.2			
仙台										2.65	3.01	0.6							5.37	6.25	1.4
刈田										2.57	2.85	0.5							5.07	5.95	1.4
柴田										2.65	3.01	0.6							5.48	6.47	1.5
伊具										1.55	1.91	0.6							5.18	6.17	1.5
亘理										2.65	3.01	0.6							7.28	8.27	1.5
名取										3.25	3.61	0.6							5.18	6.17	1.5
宮城										3.38	3.66	0.5							7.27	8.15	1.4
黒川										1.85	2.21	0.6							4.69	5.19	0.8
加美										3.38	3.66	0.5							7.12	7.84	1.1
志田										1.95	2.31	0.6							5.48	6.47	1.5
玉造										3.25	3.61	0.6							5.28	6.07	1.2
遠田										2.35	2.71	0.6							7.23	8.06	1.3
栗原										2.65	3.01	0.6							6.68	7.67	1.5
登米										2.09	2.39	0.5							5.08	6.07	1.5
桃生、牡鹿、石巻										3.38	3.67	0.5							7.35	8.31	1.5
本吉										3.25	3.61	0.6							5.09	5.99	1.4
秋田県	7.61	7.73	0.2	6.57	6.64	0.1	5.11	5.22	0.2				4.70	5.21	0.8	8.05	8.60	0.9			
鹿角										5.36	5.73	0.6							6.78	8.07	2.0
北秋田										7.76	8.13	0.6							6.37	7.64	2.0
山本										5.66	6.03	0.6							6.38	7.67	2.0
秋田										3.26	3.63	0.6							5.44	6.38	1.5
河辺										3.56	3.93	0.6							6.11	7.12	1.6

地域別	乳牛			乳用種種雄牛			役肉用種種雄牛			その他の牛			種雄馬			輓馬			その他の馬		
	共済掛金標準率 第1種 %	共済掛金標準率 第2種 %	診療賦課標準率 %	共済掛金標準率 第1種 %	共済掛金標準率 第2種 %	診療賦課標準率 %	共済掛金標準率 第1種 %	共済掛金標準率 第2種 %	診療賦課標準率 %	共済掛金標準率 第1種 %	共済掛金標準率 第2種 %	診療賦課標準率 %	共済掛金標準率 第1種 %	共済掛金標準率 第2種 %	診療賦課標準率 %	共済掛金標準率 第1種 %	共済掛金標準率 第2種 %	診療賦課標準率 %	共済掛金標準率 第1種 %	共済掛金標準率 第2種 %	診療賦課標準率 %
由利										3.86	4.23	0.6							4.80	5.40	1.7
仙北										3.56	3.93	0.6							6.38	7.67	2.0
平鹿										5.62	5.95	0.5							5.36	6.52	1.8
雄勝										7.76	8.13	0.6							6.78	8.07	2.0
山形県	7.70	7.90	0.3	6.56	6.63	0.1	5.11	5.23	0.2				4.62	5.05	0.7	12.16	12.83	1.0			
南村山										1.34	1.49	0.3							7.77	8.85	1.7
東村山										1.68	1.86	0.3							4.37	5.45	1.7
西村山										2.87	3.15	0.5							7.77	8.85	1.7
北村山										3.47	3.75	0.5							6.77	7.85	1.7
最上										3.77	4.05	0.5							7.77	8.85	1.7
南置賜										3.77	4.05	0.5							7.77	8.85	1.7
東置賜										3.77	4.05	0.5							7.77	8.85	1.7
西置賜										3.77	4.05	0.5							7.77	8.85	1.7
東田川										3.17	3.45	0.5							5.44	6.38	1.5
西田川										1.79	1.99	0.3							5.44	6.38	1.5
飽海										1.79	1.99	0.3							5.44	6.38	1.5
福島県	6.96	7.12	0.3	6.56	6.62	0.1	5.08	5.16	0.2				4.42	4.64	0.4	6.14	6.59	0.7			
信夫										2.73	2.97	0.4							4.53	5.07	1.1
伊達										2.23	2.47	0.4							4.53	5.07	1.1
安達										1.81	2.03	0.4							3.41	3.83	1.1
安積										2.03	2.27	0.4							4.53	5.07	1.1
岩瀬										1.80	2.00	0.4							4.53	5.07	1.1
南会津										2.53	2.77	0.4							4.33	4.86	1.1
北会津										1.53	1.77	0.4							4.33	4.86	1.1
耶麻										2.53	2.77	0.4							4.53	5.07	1.1
河沼										1.53	1.77	0.4							3.41	3.83	1.1
大沼										2.03	2.27	0.4							4.53	5.07	1.1
東白川										1.53	1.77	0.4							4.53	5.07	1.1
西白河										2.52	2.75	0.4							4.53	5.07	1.1
石川										2.73	2.97	0.4							4.53	5.07	1.1
田村										2.23	2.47	0.4							4.53	5.07	1.1
石城										1.73	1.97	0.4							4.53	5.07	1.1

双葉										1.53	1.77	0.4							4.53	5.07	1.1
相馬										1.53	1.77	0.4							4.53	5.07	1.1
川俣										2.73	2.97	0.4							3.53	4.07	1.1
大宮										2.53	2.77	0.4							4.33	4.87	1.1
茨城県	3.64	3.78	0.4	6.64	6.78	0.4	5.14	5.28	0.4				4.60	5.00	0.9	4.90	5.30	0.9			
東茨城										1.64	1.78	0.4							4.20	4.60	0.9
西茨城										1.84	1.98	0.4							4.40	4.80	0.9
那珂										1.84	1.98	0.4							4.40	4.80	0.9
久慈										1.34	1.48	0.4							4.40	4.80	0.9
多賀										1.84	1.98	0.4							3.40	3.80	0.9
鹿島										1.74	1.88	0.4							3.40	3.80	0.9
行方										1.64	1.78	0.4							4.40	4.80	0.9
稲敷										1.34	1.48	0.4							4.40	4.80	0.9
新治										1.64	1.78	0.4							3.40	3.80	0.9
筑波										1.14	1.28	0.4							4.40	4.80	0.9
真壁										1.64	1.78	0.4							4.40	4.80	0.9
結城										1.64	1.78	0.4							4.40	4.80	0.9
猿島										1.64	1.78	0.4							4.40	4.80	0.9
北相馬										1.64	1.78	0.4							4.20	4.60	0.9
栃木県				6.60	6.71	0.2	5.06	5.12	0.1				4.37	4.55	0.3	11.86	12.22	0.6			
河内	7.61	7.72	0.2							1.90	2.00	0.2							4.53	4.86	0.5
上都賀	7.61	7.72	0.2							2.10	2.20	0.2							4.53	4.86	0.5
芳賀	7.61	7.72	0.2							2.30	2.40	0.2							4.83	5.16	0.5
下都賀	7.61	7.72	0.2							1.66	1.73	0.1							4.81	5.12	0.5
塩谷	7.61	7.72	0.2							2.30	2.40	0.2							4.43	4.76	0.5
那須北	7.60	7.71	0.2							2.30	2.40	0.2							4.13	4.46	0.5
那須南	7.61	7.72	0.2							1.60	1.70	0.2							4.38	4.67	0.5
安蘇	7.61	7.72	0.2							2.30	2.40	0.2							3.31	3.62	0.5
足利	7.61	7.72	0.2							1.60	1.70	0.2							4.10	4.41	0.5
群馬県	3.67	3.84	0.3	6.72	6.95	0.4	5.18	5.36	0.3				5.40	6.60	1.80	12.50	13.51	1.6			
勢多										1.65	2.00	0.6							4.11	5.22	1.7
群馬										1.92	2.24	0.5							4.07	5.15	1.7
北群馬										1.95	2.30	0.6							4.11	5.22	1.7
多野										1.55	1.90	0.6							3.01	4.12	1.7
甘楽										1.65	2.00	0.6							4.11	5.22	1.7
碓氷										2.04	2.39	0.6							4.61	5.72	1.7
吾妻										1,51	1.82	0,5							3,61	4.72	1.7

地域別	乳牛 共済掛金標準率 第1種	乳牛 共済掛金標準率 第2種	乳牛 診療賦課標準率	乳用種種雄牛 共済掛金標準率 第1種	乳用種種雄牛 共済掛金標準率 第2種	乳用種種雄牛 診療賦課標準率	役肉用種種雄牛 共済掛金標準率 第1種	役肉用種種雄牛 共済掛金標準率 第2種	役肉用種種雄牛 診療賦課標準率	その他の牛 共済掛金標準率 第1種	その他の牛 共済掛金標準率 第2種	その他の牛 診療賦課標準率	種雄馬 共済掛金標準率 第1種	種雄馬 共済掛金標準率 第2種	種雄馬 診療賦課標準率	輓馬 共済掛金標準率 第1種	輓馬 共済掛金標準率 第2種	輓馬 診療賦課標準率	その他の馬 共済掛金標準率 第1種	その他の馬 共済掛金標準率 第2種	その他の馬 診療賦課標準率
	%	%	%	%	%	%	%	%	%	%	%	%	%	%	%	%	%	%	%	%	%
利根										1.55	1.90	0.6							2.70	3.81	1.7
佐波										2.03	2.36	0.5							4.46	5.43	1.5
新田										1.85	2.20	0.6							4.60	5.71	1.7
山田										2.04	2.38	0.6							4.11	5.22	1.7
邑楽										1.35	1.70	0.6							4.61	5.72	1.7
埼玉県				6.53	6.57	0.1	5.06	5.12	0.1				4.73	5.26	9.8	12.00	12.50	0.8			
北足立	5.68	5.77	0.2							2,63	2.77	0.2							4.70	5.21	0.8
入間	5.70	5.80	0.2							2.63	2.77	0.2							5.50	6.01	0.8
比企	5.70	5.80	0.2							2.12	2.24	0.2							4.78	5.07	0.5
秩父	5.70	5.80	0.2							1.63	1.77	0.2							5.00	5.51	0.8
児玉	5.70	5.80	0.2							2.63	2.77	0.2							5.50	6.01	0.8
大里	5.69	5.78	0.2							2.43	2.70	0.2							4.82	5.15	0.5
北埼玉	5.70	5.80	0.2							1.68	1.76	0.2							4.76	5.02	0.4
南埼玉	5.70	5.80	0.2							2.13	2.27	0.2							4.64	5.08	0.7
北葛飾	5.70	5.80	0.2							1.89	1.98	0.2							4.36	4.63	0.4
千葉県	7.86	8.22	0.6	6.60	6.70	0.2	5.10	5.20	0.2				4.39	4.59	0.3	10.70	11.50	1.2			
安房										2.57	2.84	0.4							6.20	7.00	1.2
夷隅										1.77	2.04	0.4							5.00	5.80	1.2
君津										2.57	2.84	0.4							5.90	6.70	1.2
長生										2.87	3.14	0.4							6.20	7.00	1.2
山武										1.87	2.14	0.4							3.80	4.60	1.2
市原										2.07	2.34	0.4							6.20	7.00	1.2
千葉										2.87	3.14	0.4							6.20	7.00	1.2
東葛飾										2.87	3.14	0.4							5.30	6.10	1.2
印旛										1.57	1.84	0.4							4.90	5.70	1.2
香取										2.79	2.99	0.3							4.83	5.47	1.0
海上										2.87	3.14	0.4							6.20	7.00	1.2
匝瑳										2.57	2.84	0.4							6.20	7.00	1.2
東京都				6.56	6.62	1.0	5.08	5.16	1.0	2.63	2.96	1.0	4.79	5.38	1.2	4.84	5.19	1.2	5.30	6.10	1.2
東京地区	3.62	3.74	1.0																		
西多摩	3.62	3.74	1.0																		
南多摩	3.62	3.74	1.0																		

北多摩	3.61	3.73	1.0																		
大島	3.62	3.74	1.0																		
三宅	3.62	3.74	1.0																		
八丈	3.62	3.74	1.0																		
神奈川県				6.54	6.58	0.1	5.06	5.12	0.1				5.00	5.80	1.2	4.88	5.26	0.6	5.18	6.56	2.1
横浜	4.79	4.89	0.2							1.36	1.63	0.4									
川崎	4.79	4.89	0.2							1.40	1.71	0.5									
三横	4.79	4.89	0.2							1.40	1.71	0.5									
高鎌	4.78	4.87	0.2							1.40	1.71	0.5									
中	4.79	4.89	0.2							1.40	1.71	0.5									
足柄上	4.79	4.89	0.2							1.40	1.71	0.5									
足柄下	4.79	4.89	0.2							1.40	1.71	0.5									
愛甲	4.79	4.89	0.2							1.40	1.71	0.5									
津久井	4.78	4.87	0.2							1.40	1.71	0.5									
高座北	4.79	4.89	0.2							1.40	1.71	0.5									
新潟県	3.89	3.99	0.2	6.66	6.82	0.3	5.06	5.13	0.1				4.52	4.84	0.5	12.25	13.01	1.2			
北蒲原										1.67	1.84	0.3							4.84	5.48	1.0
中蒲原										2.15	2.31	0.3							4.70	5.20	0.8
西蒲原										2.14	2.29	0.3							4.73	5.26	0.8
南蒲原										1.97	2.14	0.3							4.84	5.48	1.0
東蒲原										1.97	2.14	0.3							4.84	5.48	1.0
三島										2.27	2.44	0.3							4.84	5.48	1.0
古志										1.37	1.54	0.3							4.84	5.48	1.0
北魚沼										2.27	2.44	0.3							4.84	5.48	1.0
南魚沼										1.67	1.84	0.3							4.84	5.48	1.0
中魚沼										1.77	1.94	0.3							4.84	5.48	1.0
刈羽										1.77	1.94	0.3							4.84	5.48	1.0
東頸城										1.77	1.94	0.3							4.84	5.48	1.0
中頸城										2.26	2.42	0.3							4.84	5.48	1.0
西頸城										1.17	1.34	0.3							4.84	5.48	1.0
岩船										1.76	1.93	0.3							4.84	5.48	1.0
佐渡										1.67	1.84	0.3							4.84	5.48	1.0
富山県	3.57	3.65	0.2	6.57	6.64	0.1	5.21	5.43	0.4				5.01	5.83	1.3	5.07	5.65	0.9			
下新川										2.18	2.36	0.3							3.59	4.18	0.9
中新川										2.18	2.36	0.3							4.41	5.02	1.0
上新川										2.18	2.36	0.3							3.61	4.22	1.0
婦負										2.18	2.36	0.3							3.63	4.26	1.0

地域別	乳牛 共済掛金標準率 第1種	乳牛 共済掛金標準率 第2種	乳牛 診療賦課標準率	乳用種種雄牛 共済掛金標準率 第1種	乳用種種雄牛 共済掛金標準率 第2種	乳用種種雄牛 診療賦課標準率	役肉用種種雄牛 共済掛金標準率 第1種	役肉用種種雄牛 共済掛金標準率 第2種	役肉用種種雄牛 診療賦課標準率	その他の牛 共済掛金標準率 第1種	その他の牛 共済掛金標準率 第2種	その他の牛 診療賦課標準率	種雄馬 共済掛金標準率 第1種	種雄馬 共済掛金標準率 第2種	種雄馬 診療賦課標準率	輓馬 共済掛金標準率 第1種	輓馬 共済掛金標準率 第2種	輓馬 診療賦課標準率	その他の馬 共済掛金標準率 第1種	その他の馬 共済掛金標準率 第2種	その他の馬 診療賦課標準率
	%	%	%	%	%	%′	%	%	%	%	%	%	%	%	%	%	%	%	%	%	%
射水										2.18	2.36	0.3							4.73	5.36	1.0
氷見										2.18	2.36	0.3							4.73	5.36	1.0
東礪波										2.18	2.36	0.3							4.41	5.02	1.0
西礪波										2.17	2.35	0.3							4.73	5.36	1.0
富山市										2.18	2.36	0.3							4.73	5.36	1.0
高岡市										2.18	2.36	0.3							4.43	5.06	1.0
石川県	3.64	3.78	0.3	6.58	6.67	0.2	5.11	5.22	0.2				4.93	5.67	1.1	8.71	9.32	1.0	4.83	5.57	1.1
江沼										1.76	2.02	0.4									
能美										1.56	1.82	0.4									
石川										1.46	1.72	0.4									
金沢										1.56	1.82	0.4									
河北										1.56	1.82	0.4									
羽咋										1.56	1.82	0.4									
鹿島										1.86	2.12	0.4									
鳳至										1.56	1.82	0.4									
珠洲										2.06	2.32	0.4									
福井県	7.68	7.86	0.3	6.55	6.60	0.1	5.13	5.26	0.2				4.73	5.26	0.8	9.87	10.45	0.9			
高志										2.24	2.49	0.4							4.97	5.85	1.4
坂井										2.24	2.49	0.4							5.37	6.25	1.4
大野										2.94	3.19	0.4							4.97	5.85	1.4
丹生										2.24	2.49	0.4							4.97	5.85	1.4
今立										1.74	1.99	0.4							4.97	5.85	1.4
南条										2.24	2.49	0.4							4.97	5.85	1.4
二洲										2.94	3.19	0.4							4.97	5.85	1.4
若狭										2.24	2.49	0.4							4.97	5.85	1.4
山梨県	5.40	5.51	0.2	6.57	6.64	0.1	5.08	5.16	0.2	2.54	2.78	0.4	5.00	5.80	1.2	12.12	12.74	1.0	5.65	6.80	1.8
長野県				6.62	6.75	0.6	5.13	5.26	0.6				4.53	4.87	0.5	5.47	5.85	0.6			
南佐久	5.10	5.20	0.6							3.99	4.18	0.5							4.80	5.20	0.6
北佐久	5.10	5.20	0.6							2.77	2.94	0.5							4.60	5.00	0.6
上小	5.10	5.20	0.6							3.09	3.28	0.5							4.80	5.20	0.6
諏訪	5.10	5.20	0.6							3.99	4.18	0.5							4.60	5.00	0.6
上伊那	5.09	5.19	0.6							2.77	2.94	0.5							4.20	4.60	0.6

下伊那	5.09	5.19	0.6							3.39	3.58	0.5							4.20	4.60	0.6
西筑摩	5.10	5.20	0.6							2.49	2.68	0.5							4.20	4.60	0.6
松筑	5.10	5.20	0.6							2.79	2.98	0.5							3.40	3.80	0.6
南安曇	5.10	5.20	0.6							3.99	4.18	0.5							4.80	5.20	0.6
北安曇	5.10	5.20	0.6							3.99	4.18	0.5							4.20	4.60	0.6
更級	5.10	5.20	0.6							3.69	3.88	0.5							4.50	4.90	0.6
埴科	5.10	5.20	0.6							1.79	1.98	0.5							3.40	3.80	0.6
上高井	5.10	5.20	0.6							2.49	2.68	0.5							4.80	5.20	0.6
下高井	5.10	5.20	0.6							2.16	2.32	0.5							3.40	3.80	0.6
長水	5.10	5.20	0.6							3.99	4.18	0.5							4.60	5.00	0.6
下水内	5.10	5.20	0.6							3.99	4.18	0.5							4.50	4.90	0.6
岐阜県	6.31	6.42	0.2	6.75	7.00	0.4	5.06	5.12	0.1				4.54	4.88	0.6	12.07	12.64	0.9			
岐稲										2.15	2.30	0.3							6.49	7.28	1.2
羽島										3.05	3.20	0.3							7.29	8.08	1.2
海津										3.05	3.20	0.3							5.29	6.08	1.2
養老										1.95	2.10	0.3							7.29	8.08	1.2
不破										3.05	3.20	0.3							4.89	5.68	1.2
大安										1.74	1.88	0.3							5.29	6.08	1.2
揖斐										0.87	0.94	0.1							4.47	5.15	1.1
本巣										3.05	3.20	0.3							4.94	5.69	1.2
山県										2.75	2.90	0.3							5.89	6.68	1.2
武儀										2.45	2.60	0.3							7.29	8.08	1.2
郡上										2.75	2.90	0.3							5.29	6.08	1.2
加茂										1.65	1.80	0.3							5.29	6.08	1.2
可児										1.65	1.80	0.3							3.79	4.58	1.2
土岐										3.05	3.20	0.3							7.29	8.08	1.2
恵那										3.05	3.20	0.3							7.29	8.08	1.2
益田										1.95	2.10	0.3							4.59	5.38	1.2
大野高山										2.75	2.90	0.3							5.89	6.68	1.2
吉城										2.45	2.60	0.3							3.79	4.58	1.2
静岡県				6.57	6.65	0.2	5.09	5.19	0.2				5.40	6.61	1.9	10.98	12.06	1.7			
賀茂	5.26	5.53	0.4							1.55	1.80	0.4							5.46	6.42	1.5
田方	5.27	5.54	0.4							2.75	3.00	0.4							5.46	6.42	1.5
駿東	5.28	5.57	0.5							2.70	2.90	0.3							5.26	6.02	1.2
富士	5.28	5.57	0.5							2.75	3.00	0.4							5.46	6.42	1.5
庵原	5.28	5.57	0.5							2.25	2.50	0.4							5.46	6.42	1.5
安倍静岡	5.28	5.57	0.5							1.55	1.80	0.4							5.46	6.42	1.5

地域別	乳牛 共済掛金標準率 第1種	乳牛 共済掛金標準率 第2種	乳牛 診療賦課標準率	乳用種種雄牛 共済掛金標準率 第1種	乳用種種雄牛 共済掛金標準率 第2種	乳用種種雄牛 診療賦課標準率	役肉用種種雄牛 共済掛金標準率 第1種	役肉用種種雄牛 共済掛金標準率 第2種	役肉用種種雄牛 診療賦課標準率	その他の牛 共済掛金標準率 第1種	その他の牛 共済掛金標準率 第2種	その他の牛 診療賦課標準率	種雄馬 共済掛金標準率 第1種	種雄馬 共済掛金標準率 第2種	種雄馬 診療賦課標準率	輓馬 共済掛金標準率 第1種	輓馬 共済掛金標準率 第2種	輓馬 診療賦課標準率	その他の馬 共済掛金標準率 第1種	その他の馬 共済掛金標準率 第2種	その他の馬 診療賦課標準率
	%	%	%	%	%	%	%	%	%	%	%	%	%	%	%	%	%	%	%	%	%
志太	5.28	5.57	0.5							1.52	1.74	0.4							5.46	6.42	1.5
榛原	5.28	5.57	0.5							1.55	1.80	0.4							5.46	6.42	1.5
小笠	5.28	5.57	0.5							2.05	2.30	0.4							5.46	6.42	1.5
周智	5.28	5.57	0.5							2.25	2.50	0.4							5.46	6.42	1.5
磐田	5.28	5.57	0.5							1.51	1.73	0.4							5.46	6.42	1.5
浜名	5.25	5.51	0.4							1.85	2.10	0.4							5.46	6.42	1.5
引佐	5.28	5.57	0.5							1.55	1.80	0.4							5.46	6.42	1.5
二俣	5.28	5.57	0.5							1.55	1.80	0.4							5.46	6.42	1.5
愛知県	5.44	5.59	0.3	6.56	6.63	0.1	5.12	5.24	0.2				5.00	5.80	1.2	5.29	6.09	1.2	5.16	6.22	1.6
愛知										1.97	2.25	0.5									
丹葉										1.87	2.15	0.5									
中島										1.97	2.25	0.5									
海部										1.77	2.05	0.5									
知多										1.87	2.15	0.5									
碧海										1.47	1.75	0.5									
幡豆										1.87	2.15	0.5									
額田										1.57	1.85	0.5									
西加茂										1.24	1.48	0.4									
東加茂										1.97	2.25	0.5									
北設楽										1.27	1.55	0.5									
八楽										1.47	1.75	0.5									
宝飯										1.47	1.75	0.5									
渥美										1.97	2.25	0.5									
豊橋										1.07	1.35	0.5									
名古屋										1.07	1.35	0.5									
東春日井										1.97	2.25	0.5									
西春日井										1.97	2.25	0.5									
三重県	7.65	7.80	0.3	6.55	6.60	0.1	5.10	5.21	0.2				5.24	6.28	1,6	7,39	7.89	0,8	4,97	5.45	0,8
桑名										1.32	1.44	0.2									
員弁										0.92	1.04	0.2									
三重										1.30	1.40	0.2									
鈴鹿郡										0,92	1,04	0,2									

鈴鹿市										0.91	1.02	0.2									
河芸										1.32	1.44	0.2									
安濃										0.92	1.04	0.2									
一志										0.91	1.03	0.2									
飯南										1.27	1.35	0.2									
多気										1.32	1.44	0.2									
度会										0.90	1.01	0.2									
阿山										1.32	1.44	0.2									
名賀										1.31	1.42	0.2									
志摩										1.32	1.44	0.2									
北牟婁										1.32	1.44	0.2									
南牟婁										1.12	1.24	0.2									
滋賀県	4.14	4.19	0.3	6.56	6.62	0.3	5.04	5.09	0.3				4.36	4.52	0.6	11.70	11.90	0.6	7.26	7.62	0.6
滋賀大津										1.67	1.75	0.3									
栗太										1.88	1.96	0.3									
野洲										2.48	2.56	0.3									
甲賀										1.37	1.44	0.3									
蒲生										1.57	1.65	0.3									
神崎										0.88	0.96	0.3									
愛知										1.68	1.76	0.3									
犬上彦根										1.88	1.96	0.3									
坂田長浜										2.48	2.56	0.3									
東浅井										1.58	1.66	0.3									
伊香										2.48	2.56	0.3									
高島										1.68	1.76	0.3									
京都府	3.89	3.98	0.2	6.58	6.66	0.2	5.07	5.14	0.2				4.43	4.67	0.4	11.82	12.14	0.5	2.27	2.55	0.5
京都										1.82	1.95	0.2									
愛宕										1.32	1.45	0.2									
乙訓										1.82	1.95	0.2									
久世										1.42	1.55	0.2									
綴喜										1.72	1.85	0.2									
相楽										1.82	1.95	0.2									
南桑田										1.30	1.40	0.2									
北桑田										1.41	1.52	0.2									
船井										1.82	1.95	0.2									
天田										1.62	1.75	0.2									
何鹿										1.82	1.95	0.2									

地域別	乳牛 共済掛金標準率 第1種	乳牛 共済掛金標準率 第2種	乳牛 診療賦課標準率	乳用種種雄牛 共済掛金標準率 第1種	乳用種種雄牛 共済掛金標準率 第2種	乳用種種雄牛 診療賦課標準率	役肉用種種雄牛 共済掛金標準率 第1種	役肉用種種雄牛 共済掛金標準率 第2種	役肉用種種雄牛 診療賦課標準率	その他の牛 共済掛金標準率 第1種	その他の牛 共済掛金標準率 第2種	その他の牛 診療賦課標準率	種雄馬 共済掛金標準率 第1種	種雄馬 共済掛金標準率 第2種	種雄馬 診療賦課標準率	輓馬 共済掛金標準率 第1種	輓馬 共済掛金標準率 第2種	輓馬 診療賦課標準率	その他の馬 共済掛金標準率 第1種	その他の馬 共済掛金標準率 第2種	その他の馬 診療賦課標準率
	%	%	%	%	%	%	%	%	%	%	%	%	%	%	%	%	%	%	%	%	%
舞鶴										1.72	1.85	0.2									
与瀬										1.82	1.95	0.2									
中										1.32	1.45	0.2									
竹野										1.82	1.95	0.2									
熊野										1.32	1.45	0.2									
大阪府	7.54	7.58	0.1	6.66	6.82	0.3	5.16	5.32	0.3				4.85	5.50	1.0	11.94	12.38	0.7	9.31	9.92	1.0
豊能										3.10	3.30	0.3									
三島										2.46	2.62	0.3									
北河内										2.16	2.32	0.3									
中河内										2.77	2.94	0.3									
南河内										3.70	3.90	0.3									
泉北										3.88	4.06	0.3									
泉南										3.90	4.10	0.3									
大阪市										1.70	1.90	0.3									
兵庫県				6.52	6.54	0.1	5.04	5.08	0.1				4.78	5.37	0.9	9.83	10.36	0.8	8.32	9.14	1.3
神明	5.66	5.72	0.1							1.10	1.20	0.2									
武川	5.68	5.76	0.2							1.74	1.88	0.3									
有馬	5.68	5.76	0.2							1.64	1.78	0.3									
美嚢	5.68	5.76	0.2							1.74	1.88	0.3									
加東	5.68	5.76	0.2							1.74	1.88	0.3									
多可	5.68	5.76	0.2							0.94	1.08	0.3									
加西	5.68	5.76	0.2							1.14	1.28	0.3									
加古	5.68	5.76	0.2							1.73	1.86	0.2									
印南	5.68	5.76	0.2							1.74	1.88	0.3									
飾磨	5.68	5.76	0.2							1.64	1.78	0.3									
神崎	5.68	5.76	0.2							1.74	1.88	0.3									
揖保	5.68	5.76	0.2							1.74	1.88	0.3									
赤穂	5.68	5.76	0.2							1.14	1.28	0.3									
佐用	5.68	5.76	0.2							1.12	1.24	0.2									
宍粟	5.68	5.76	0.2							1.12	1.24	0.2									
城崎	5.68	5.76	0.2							1.11	1.16	0.2									
出石	5.68	5.76	0.2							1.38	1.46	0.2									

養父	5.68	5.76	0.2							1.64	1.78	0.3									
朝来	5.68	5.76	0.2							1.44	1.58	0.3									
美方	5.68	5.76	0.2							1.65	1.70	0.1									
氷上	5.68	5.76	0.2							1.64	1.78	0.3									
多紀	5.68	5.76	0.2							0.94	1.08	0.3									
津名	5.68	5.76	0.2							1.74	1.88	0.3									
三原	5.67	5.74	0.1							1.73	1.86	0.2									
奈良県	6.29	6.38	0.2	6.54	6.58	0.1	5.06	5.12	0.1				4.82	5.44	1.0	12.10	12.70	0.9	8.94	9.78	1.3
添上										1.45	1.60	0.3									
山辺										1.47	1.65	0.3									
生駒										1.77	1.95	0.3									
磯城										1.17	1.35	0.3									
宇陀										2.37	2.55	0.3									
南葛城										2.17	2.35	0.3									
北葛城										2.37	2.55	0.3									
高市										1.77	1.95	0.3									
内吉野										2.17	2.35	0.3									
吉野										1.97	2.15	0.3									
和歌山県	7.69	7.89	0.3	7.38	8.26	1.4	5.09	5.19	0.2				5.60	7.20	2.4	11.98	12.46	0.8	5.02	5.85	1.3
和歌山										1.78	2.07	0.5									
海草										2.28	2.57	0.5									
那賀										2.45	2.70	0.4									
伊都										1.48	1.76	0.5									
有田										1.08	1.37	0.5									
日高										1.28	1.57	0.5									
西牟婁										2.48	2.77	0.5									
東牟婁										1.78	2.07	0.5									
鳥取県	7.20	7.30	1.6	6.66	6.82	0.8	5.04	5.08	0.8				4.42	4.64	3.0	5.89	6.08	2.0	6.09	6.49	2.0
岩美										1.46	1.52	0.8									
八頭										1.05	1.11	0.8									
気高										1.26	1.32	0.8									
東伯										1.36	1.42	0.8									
西伯										1.36	1.42	0.8									
日野										1.36	1.42	0.8									
島根県	4.56	4.72	0.7	6.73	6.96	0.7	5.06	5.12	0.7				4.49	4.78	0.7	7.33	7.77	0.7	5.14	5.78	0.7
八束										1.15	1.30	0.7									
能義										0.95	1.10	0.7									

地域別	乳牛			乳用種種雄牛			役肉用種種雄牛			その他の牛			種雄馬			輓馬			その他の馬		
	共済掛金標準率 第1種	共済掛金標準率 第2種	診療賦課標準率	共済掛金標準率 第1種	共済掛金標準率 第2種	診療賦課標準率	共済掛金標準率 第1種	共済掛金標準率 第2種	診療賦課標準率	共済掛金標準率 第1種	共済掛金標準率 第2種	診療賦課標準率	共済掛金標準率 第1種	共済掛金標準率 第2種	診療賦課標準率	共済掛金標準率 第1種	共済掛金標準率 第2種	診療賦課標準率	共済掛金標準率 第1種	共済掛金標準率 第2種	診療賦課標準率
	%	%	%	%	%	%	%	%	%	%	%	%	%	%	%	%	%	%	%	%	%
仁多										2.55	2.70	0.7									
大原										1.55	1.70	0.7									
飯石										0.95	1.10	0.7									
簸川										0.95	1.10	0.7									
安濃										1.56	1.72	0.7									
邇摩										0.76	0.92	0.7									
邑智										1.15	1.30	0.7									
那賀										1.15	1.30	0.7									
美濃										0.75	0.90	0.7									
鹿足										1.15	1.30	0.7									
隠岐(島前)										2.56	2.72	0.7									
隠岐(島後)										0.96	1.12	0.7									
岡山県	5.41	5.52	0.2	6.56	6.63	0.1	5.07	5.15	0.2				5.58	6.97	2.1	10.38	10.86	0.8	6.10	7.11	1.6
御津										1.44	1.68	0.4									
赤磐										1.24	1.48	0.4									
和気										2.04	2.28	0.4									
邑久										2.04	2.28	0.4									
上道										1.24	1.48	0.4									
児島										1.54	1.78	0.4									
都窪										1.24	1.48	0.4									
浅口										2.04	2.28	0.4									
小田										1.84	2.08	0.4									
後月										2.04	2.28	0.4									
吉備										1.04	1.28	0.4									
上房										1.74	1.98	0.4									
川上										1.41	1.62	0.4									
阿哲										1.49	1.69	0.3									
真庭										1.39	1.59	0.3									
苫田										2.11	2.32	0.4									
勝田										1.80	2.00	0.3									
英田										2.14	2.38	0.4									
久米										1.47	1.65	0.3									

広島県	5.69	5.79	0.6	6.75	7.00	0.6	5.11	5.23	0.6				4.84	5.48	1.0	6.11	6.52	1.0	4.99	5.48	1.0
安芸										1.65	1.81	0.6									
佐伯										1.65	1.81	0.6									
安佐										1.63	1.77	0.6									
山県										1.35	1.51	0.6									
高田										1.65	1.81	0.6									
賀茂										1.63	1.77	0.6									
豊田										1.63	1.77	0.6									
御調										1.65	1.81	0.6									
世羅										1.12	1.25	0.6									
沼隈										1.35	1.51	0.6									
深安										1.63	1.77	0.6									
芦品										1.45	1.61	0.6									
神石										1.63	1.77	0.6									
甲奴										0.95	1.11	0.6									
双三										1.32	1.45	0.6									
比婆										1.65	1.81	0.6									
五市										0.95	1.11	0.6									
山口県	3.56	3.62	0.1	6.54	6.58	0.1	5.05	5.10	0.1				4.79	5.38	0.9	10.75	11.01	0.4	5.83	6.56	1.1
大島										1.75	1.91	1.3									
玖珂										0.83	0.87	0.1									
熊毛										1.35	1.51	0.3									
都濃										1.35	1.51	0.3									
佐波										1.85	2.01	0.3									
吉敷										1.65	1.81	0.3									
厚狭										1.32	1.45	0.2									
豊浦										1.09	1.19	0.2									
美禰										1.85	2.01	0.3									
大津										1.15	1.31	0.3									
阿武										1.35	1.51	0.3									
徳島県	3.98	4.47	0.8	6.64	6.79	0.3	5.07	5.14	0.2				4.85	5.51	1.0	9.76	10.22	0.7	5.56	6.92	2.1
海部										2.05	2.50	0.7									
那賀										1.32	1.64	0.5									
勝浦										1.89	2.19	0.5									
名東										20.3	2.46	0.7									
名西										1.29	1.59	0.5									
板野										1.79	2.09	0.5									

地域別	乳牛			乳用種種雄牛			役肉用種種雄牛			その他の牛			種雄馬			輓馬			その他の馬		
	共済掛金標準率		診療賦課標準率	共済掛金標準率		診療賦課標準率	共済掛金標準率		診療賦課標準率	共済掛金標準率		診療賦課標準率	共済掛金標準率		診療賦課標準率	共済掛金標準率		診療賦課標準率	共済掛金標準率		診療賦課標準率
	第1種	第2種		第1種	第2種		第1種	第2種		第1種	第2種		第1種	第2種		第1種	第2種		第1種	第2種	
	%	%	%	%	%	%	%	%	%	%	%	%	%	%	%	%	%	%	%	%	%
麻植										1.85	2.10	0.4									
阿波										1.68	2.07	0.6									
美馬										1.92	2.24	0.5									
三好										1.85	2.10	0.4									
香川県	7.56	7.62	0.1	6.66	6.82	0.3	5.05	5.10	0.1				4.78	5.37	0.9	12.20	12.91	1.1	9.42	10.15	1.1
大川										0.97	1.15	0.3									
木田										1.87	2.05	0.3									
小豆										1.87	2.05	0.3									
香川										1.37	1.55	0.3									
綾歌										1.75	1.91	0.3									
仲多度										0.97	1.15	0.3									
三豊										1.37	1.55	0.3									
愛媛県	4.90	5.10	0.3	6.75	7.00	0.4	5.09	5.19	0.2				5.26	6.33	1.6	11.94	12.38	0.7	4.98	5.77	1.2
宇摩										1.02	1.24	0.4									
新居										1.54	1.78	0.4									
周桑										1.50	1.80	0.5									
越智										1.60	1.90	0.5									
温泉										1.50	1.80	0.5									
伊予										1.09	1.38	0.5									
上浮穴										1.27	1.55	0.5									
喜多										1.59	1.89	0.5									
西宇和										1.58	1.86	0.5									
東宇和										1.06	1.33	0.4									
北宇和										1.30	1.60	0.5									
南宇和										1.60	1.90	0.5									
高知県	7.61	7.73	0.2	6.75	7.00	0.4	5.09	5.18	0.2				4.81	5.43	1.0	11.89	12.29	0.6	9.93	11.16	1.9
安芸										4.39	4.78	0.6									
香美										2.56	2.83	0.4									
長岡										4.19	4.58	0.6									
土佐										2.87	3.15	0.5									
吾川										1.49	1.78	0.5									

高岡										2.63	2.96	0.5									
幡多										4.39	4.78	0.6									
福岡県	7.65	7.81	0.3	6.54	6.59	0.1	5.13	5.27	0.2				4.52	6.84	0.5	9.27	9.85	0.9			
福岡										2.52	2.85	0.5							5.75	6.40	1.0
粕屋										2.72	3.05	0.5							7.18	8.07	1.4
宗像										1.77	2.04	0.5							5.42	6.33	1.4
遠賀										2.72	3.05	0.5							5.90	6.70	1.2
鞍手										2.12	2.45	0.5							5.42	6.33	1.4
嘉保										2.32	2.65	0.5							4.90	5.70	1.2
朝倉										1.82	2.15	0.5							5.30	6.10	1.2
筑紫										2.72	3.05	0.5							5.75	6.41	1.0
糸島										1.92	2.25	0.5							5.14	5.79	1.0
浮羽										2.12	2.45	0.5							5.00	5.80	1.2
三井久留米										2.72	3.05	0.5							8.31	9.23	1.4
三潴										2.72	3.05	0.5							8.32	9.23	1.4
八女										2.72	3.05	0.5							8.32	9.23	1.4
山門										2.72	3.05	0.5							8.32	9.23	1.4
田川										2.49	2.79	0.5							7.22	8.13	1.4
北豊										2.72	3.05	0.5							8.20	9.02	1.3
築上										1.56	1.82	0.4							4.90	5.70	1.2
佐賀県	7.68	7.86	0.3	6.58	6.66	0.2	5.08	5.16	0.2				4.58	4.97	0.6	12.46	13.42	1.5			
佐賀										2.70	3.00	0.5							6.10	7.71	2.5
神崎										2.70	3.00	0.5							6.70	8.31	2.5
三養基										1.73	1.97	0.4							6.07	8.31	2.5
小城										2.70	3.00	0.5							7.25	8.71	2.2
東松浦										2.10	2.40	0.5							6.10	7.71	2.5
西松浦										2.30	2.60	0.5							6.10	7.71	2.5
杵島										2.27	2.54	0.4							5.80	7.10	2.0
藤津										2.70	3.00	0.5							6.70	8.31	2.5
長崎県	7.59	7.68	0.2	6.54	6.59	0.1	5.06	5.12	0.1				4.42	4.64	0.4	11.91	12.32	0.7			
西彼杵										2.47	2.74	0.4							5.52	6.55	1.6
東彼杵										1.77	2.04	0.4							5.52	6.55	1.6
北高来										2.45	2.71	0.4							5.52	6.55	1.6
南高来										2.40	2.61	0.4							5.38	6.27	1.4
北松浦										2.06	2.33	0.4							5.52	6.55	1.6
南松浦										2.27	2.54	0.4							5.52	6.55	1.6
壱岐										1.57	1.84	0.4							5.52	6.55	1.6
対馬島										1,07	1.34	0,4							5,52	6.55	1.6

地域別	乳牛			乳用種種雄牛			役肉用種種雄牛			その他の牛			種雄馬			輓馬			その他の馬		
	共済掛金標準率		診療賦課標準率	共済掛金標準率		診療賦課標準率	共済掛金標準率		診療賦課標準率	共済掛金標準率		診療賦課標準率	共済掛金標準率		診療賦課標準率	共済掛金標準率		診療賦課標準率	共済掛金標準率		診療賦課標準率
	第1種	第2種		第1種	第2種		第1種	第2種		第1種	第2種		第1種	第2種		第1種	第2種		第1種	第2種	
	%	%	%	%	%	%	%	%	%	%	%	%	%	%	%	%	%	%	%	%	%
熊本県	7.67	7.85	0.3	6.68	6.87	0.3	5.13	5.27	0.2				4.57	4.94	0.6	12.23	12.97	1.1			
飽託										4.73	5.17	2.5							6.03	6.97	2.5
宇土										2.57	2.84	2.5							6.50	7.41	2.5
玉名										4.67	5.05	2.5							6.60	7.60	2.5
鹿本										3.50	3.81	2.5							5.12	6.04	2.5
菊池										1.90	2.21	2.5							6.38	7.16	2.5
阿蘇										4.73	5.17	2.5							3.53	4.36	2.5
上益城										3.03	3.47	2.5							4.80	5.80	2.5
下益城										4.73	5.17	2.5							6.10	7.10	2.5
八代										1.63	2.07	2.5							5.16	6.13	2.5
葦北										4.73	5.17	2.5							2.80	3.80	2.5
球磨										2.43	2.87	1.3							6.10	7.10	2.5
天草										3.33	3.77	2.5							4.00	5.00	2.5
大分県	7.75	8.00	0.4	6.75	7.00	0.4	5.08	5.16	0.2				4.46	4.72	0.4	12.31	13.12	1.3			
西国東										3.75	4.11	0.6							7.26	8.33	1.6
東国東										1.56	1.82	0.4							5.14	6.09	1.5
速見										3.25	3.61	0.6							5.14	6.09	1.5
大分										3.75	4.11	0.6							4.65	5.50	1.3
北海部										2.27	2.55	0.5							4.86	5.93	1.6
南海部										3.55	3.91	0.6							4.86	5.93	1.6
大野										3.55	3.91	0.6							7.26	8.33	1.6
直入										3.75	4.11	0.6							5.04	5.99	1.5
玖珠										2.27	2.55	0.5							5.16	6.23	1.6
日田										3.25	3.61	0.6							7.26	8.33	1.6
下毛										1.42	1.64	0.4							5.16	6.23	1.6
宇佐										2.61	2.92	0.5							7.26	8.33	1.6
宮崎県	4.53	4.67	0.2	6.60	6.70	0.2	5.10	5.20	0.2				4.54	4.89	0.6	10.32	11.34	1.6			
宮崎										1.72	1.94	1.3							6.05	7.00	1.5
南那珂										2.26	2.52	1.3							5.45	6.40	1.5
北諸県										2.49	2.69	1.1							6.48	7.27	1.2
西諸県										2.56	2.82	1.0							5.45	6.40	1.5
東諸県										1.73	1.97	1.4							4.75	5.70	1.5

児湯										2.56	2.82	1.2							6.05	7.00	1.5
東臼杵										2.56	2.82	1.4							5.44	6.39	1.5
西臼杵										1.56	1.82	1.3							5.15	6.10	1.5
鹿児島県	7.68	7.87	0.3	6.59	6.69	0.2	5.11	5.22	0.2				4.64	5.09	0.7	12.06	12.62	0.9			
鹿児島										2.77	3.04	0.5							7.04	7.78	1.2
揖宿										1.81	2.03	0.4							6.32	6.95	1.0
川辺										2.76	3.03	0.4							7.64	8.38	1.2
日置										2.22	2.44	0.4							8.04	8.78	1.2
薩摩										2.07	2.34	0.5							8.04	8.78	1.2
出水										2.75	3.01	0.4							8.04	8.78	1.2
伊佐										2.53	2.77	0.4							4.99	5.49	0.8
姶良										2.00	2.21	0.4							6.32	6.94	1.0
囎唹										2.26	2.53	0.4							8.04	8.78	1.2
肝属										2.27	2.54	0.5							5.84	6.58	1.2
熊毛										2.77	3.04	0.5							7.64	8.38	1.2

地域別	種雄山羊			その他の山羊			種雄めん羊			その他のめん羊			種雄豚			種牝豚		
	第一種	第二種	標準診療賦課率	第一種	第二種	標準診療賦課率	第一種	第二種	標準診療賦課率	第一種	第二種	標準診療賦課率	第一種	第二種	標準診療賦課率	第一種	第二種	標準診療賦課率
青森	—	—	—	19.78	20.76	1.5	20.68	21.36	1.1	18.33	19.27	1.4	18.49	19.68	1.8	18.64	19.99	2.1
岩手	31.15	33.01	2.8	20.99	23.19	3.3	20.73	21.47	1.1	18.11	19.23	1.7	19.33	21.37	3.1	19.07	20.84	2.7
宮城	31.87	34.45	3.9	21.13	34.46	3.5	20.72	21.44	1.1	18.36	19.32	1.5	18.67	20.05	2.1	18.69	20.08	2.1
秋田	30.11	30.93	1.3	20.10	21.41	2.0	20.45	20.91	0.7	17.40	18.11	1.1	18.26	19.22	1.5	18.39	19.49	1.7
山形	30.62	31.95	2.0	20.84	22.89	3.1	20.77	21.54	1.2	18.55	19.70	1.8	—	—	—	19.06	20.82	2.7
福島	—	—	—	20.61	22.42	2.8	20.48	20.97	0.8	14.75	15.80	1.6	18.05	18.80	1.2	18.32	19.34	1.6
茨城	30.46	31.62	1.8	19.15	20.41	1.9	21.08	22.17	1.7	18.51	19.62	1.7	18.29	19.29	1.5	18.24	19.18	1.5
栃木	30.46	31.62	1.8	16.97	19.05	3.2	21.14	22.29	1.8	18.58	19.76	1.8	18.21	19.12	1.4	18.86	20.43	2.4
群馬	30.64	31.99	2.1	10.42	12.55	3.2	20.90	21.81	1.4	17.62	19.74	3.2	19.32	21.34	3.1	11.31	13.42	3.2
埼玉	30.18	31.07	1.4	20.84	22.89	3.1	21.14	22.29	1.8	18.67	19.95	2.0	17.82	18.35	0.8	10.92	11.74	1.3
東京	30.31	31.32	2.0	20.21	21.63	2.0	20.62	21.25	2.0	12.93	13.96	2.0	18.19	19.09	2.0	10.41	11.92	2.0
神奈川	30.31	31.32	1.6	19.63	20.96	2.0	20.68	21.36	1.1	12.81	14.02	1.9	18.42	19.54	1.7	12.05	13.71	2.5
新潟	30.65	32.00	2.1	20.27	22.64	3.6	20.92	21.85	1.4	15.16	16.33	1.8	18.62	19.94	2.0	18.69	20.09	2.1
石川	—	—	—	19.89	20.98	1.7	20.41	20.82	0.7	13.28	13.77	0.8	18.95	20.61	2.5	14.44	16.08	2.5
山梨	30.84	32.39	2.4	14.01	16.72	4.1	21.57	23.15	2.4	11.01	12.22	1.9	18.42	19.54	1.7	17.29	18.78	2.3
岐阜	—	—	—	30.86	32.42	2.4	—	—	—	21.32	22.65	2.0	—	—	—	18.81	20.32	4.7
静岡	30.22	31.15	1.4	15.17	17.55	3.6	21.22	21.94	1.1	11.36	12.32	1.5	17.85	18.41	0.9	9.99	10.79	1.2
愛知	30.18	31.06	1.4	20.23	21.66	2.2	21.04	22.09	1.6	17.16	18.23	1.6	18.26	19.22	1.5	12.28	14.16	2.9

地域別	種雄山羊 第一種	種雄山羊 第二種	種雄山羊 診療標準賦課率	その他の山羊 第一種	その他の山羊 第二種	その他の山羊 診療標準賦課率	種雄めん羊 第一種	種雄めん羊 第二種	種雄めん羊 診療標準賦課率	その他のめん羊 第一種	その他のめん羊 第二種	その他のめん羊 診療標準賦課率	種雄豚 第一種	種雄豚 第二種	種雄豚 診療標準賦課率	種牝豚 第一種	種牝豚 第二種	種牝豚 診療標準賦課率
三重	30.46	31.62	1.8	20.09	21.69	2.4	21.68	21.36	1.1	18.52	19.64	1.7	19.09	20.88	2.7	19.22	21.14	2.9
滋賀	30.22	31.15	1.4	19.64	21.09	2.2	20.88	21.76	1.4	17.83	18.67	1.3	18.42	19.54	1.7	15.40	17.11	2.6
京都	30.46	31.62	1.8	20.67	22.55	2.9	20.68	21.36	1.1	18.59	19.79	1.8	19.09	20.88	2.7	18.89	20.48	2.4
大阪	—	—	—	19.81	20.82	1.6	—	—	—	18.27	19.14	1.3	18.19	19.09	1.4	18.19	19.08	1.4
兵庫	29.55	29.80	0.4	19.99	21.18	1.8	20.54	21.08	0.9	18.20	19.00	1.2	17.91	18.52	1.0	18.14	18.98	1.3
奈良	30.22	31.15	1.4	20.05	21.30	1.9	—	—	—	18.59	19.88	2.0	—	—	—	—	—	—
和歌山	32.39	35.48	4.7	20.71	22.63	2.9	22.38	24.76	3.6	15.04	16.69	2.5	21.78	26.26	6.72	18.78	23.26	6.72
鳥取	30.14	30.98	1.3	20.16	21.53	2.1	20.62	21.25	1.0	18.26	19.12	1.3	18.19	19.09	1.4	17.88	18.47	0.9
島根	30.22	31.15	1.4	20.16	21.52	2.1	20.95	21.90	1.5	17.63	18.57	1.4	17.94	18.58	1.0	18.11	18.93	1.3
岡山	29.91	30.53	1.0	20.43	22.07	2.5	20.54	21.08	0.9	11.23	12.06	1.3	—	—	—	17.79	18.29	0.8
広島	30.03	30.77	2.6	20.48	22.17	2.6	20.66	21.33	1.4	16.11	17.02	1.4	18.92	20.55	2.6	14.25	15.71	2.6
山口	31.62	33.94	3.5	13.30	15.31	3.0	—	—	—	17.05	18.00	1.5	19.09	20.88	2.7	19.54	21.78	3.4
徳島	—	—	—	21.00	23.21	3.4	—	—	—	18.18	18.96	1.2	17.62	17.94	0.5	—	—	—
香川	—	—	—	20.20	21.60	2.1	20.54	21.08	0.9	15.93	16.96	1.6	17.67	18.04	0.6	19.09	20.88	2.7
愛媛	29.88	30.46	0.9	12.57	13.55	1.5	20.54	21.08	0.9	18.19	18.98	1.2	—	—	—	13.38	14.56	1.8
高知	29.71	30.12	0.7	19.55	20.31	1.2	20.52	21.05	0.8	18.07	18.75	1.1	—	—	—	17.89	18.49	0.9
福岡	31.62	33.94	3.5	21.26	23.72	3.7	21.08	22.17	1.7	10.96	12.12	1.8	20.28	23.27	4.5	20.65	24.01	5.1
佐賀	30.84	32.39	2.4	20.36	21.92	2.4	20.72	21.44	1.1	18.17	18.94	1.2	18.29	19.29	1.5	10.33	11.46	1.7
長崎	30.84	32.39	2.4	20.38	21.97	2.4	21.08	22.17	1.7	18.33	19.27	1.4	18.58	19.86	2.0	18.33	19.36	1.6
熊本	30.22	31.15	1.4	19.88	20.96	1.7	20.70	21.41	1.1	18.33	19.26	1.4	18.19	19.09	1.4	15.01	16.63	2.5
大分	30.41	31.52	1.7	20.22	21.64	2.2	21.16	22.32	1.8	18.07	19.14	1.6	19.78	22.26	3.8	19.37	21.44	3.1
鹿児島	30.18	31.06	1.4	19.85	20.91	1.6	21.25	22.51	1.9	18.39	19.39	1.5	17.95	18.60	1.0	18.23	19.17	1.4

備考

1 この表の共済掛金標準率中死亡及び廃用による損害に対応する部分の率は、昭和26年7月16日農林省告示第259号の死亡廃用の共済掛金標準率と同率とする。

2 有畜農家創設計画によつて導入した家畜を導入後1年以内に死廃病傷共済に付する場合に限り、当該共済掛金期間において当該家畜に適用する共済掛金標準率の死亡及び廃用による損害に対応する部分の率は、備考1の率の110/100とし、共済掛金標準率は、備考1の率の110/100と備考1の率との差をこの表の共済掛金標準率に加えたものとする。

◉**農林省告示第七百三十一号**

輸出品検査所表示規程を次のように定める。

昭和二十八年十月二十七日　農林大臣　保利　茂

輸出品検査所表示規程

（趣旨）

第一条　輸出品取締法（昭和二十三年法律第百五十三号。以下「法」という。）第七条の二の規定に基き農林省輸出品検査所並びにその支所及び出張所が法第三条又は法第四条の規定により定められた様式に従つて行う表示については、法及び輸出品取締法施行規則（昭和二十六年厚生省令、農林省令、通商産業省令、運輸省令第一号。以下「規則」という。）に定めるものの外、この規程の定めるところによる。

（検査）

第二条　検査所長（検査所の支所及び出張所の長を含む。以下第八条までにおいて同じ。）は、規則第六条の規定により法第七条の二の輸出品につき法第六条又は法第七条の規定による表示を附すべきことを求める者（以下「依頼者」という。）から提出された表示依頼申請書を受理したときは、当該表示を行うための検査（以下「検査」という。）の期日及び場所を定め、その期日、場所その他検査に関し必要な事項を、依頼者に通知しなければならない。

第三条　検査所長は、前条の検査期日を定めるには、特別な事由がある場合を除き、品目ごとに表示依頼申請書を受理した順序によらなければならない。

第四条　検査所長は、表示依頼申請書に記載された荷口ごとに、法第三条又は法第四条の規定により当該輸出品につき定められた標準又は条件に基いて検査を行うものとする。但し、必要があると認めるときは、荷口を分割して検査を行うことがある。

2　前項の検査は、その荷口（前項但書の規定により荷口を分割した場合には分割後の荷口）ごとに、別表に定める数量について行う。

（表示）

第五条　検査所長は、前条第一項の検査を受けた輸出品が法第三条の規定により定められた標準に適合し、又は法第四条の規定により定められた標準若しくは条件に達しているときは、別記様式第一号による証印を押なつして、その旨を表示するものとする。

（依頼者の立会）

第六条　依頼者は、みずから第四条の検査及び前条の表示の実施に立ち会い、又はその代理人をしてこれに立ち会わせなければならない。

（費用の負担）

第七条　第四条の検査及び第五条の表示を行うために必要な当該輸出品の搬出、運搬、開装又は改装に要する経費は、依頼者の負担とする。

（表示証明書）

第八条　検査所長は、第五条の輸出品につき依頼者から請求があつたときは、別記様式第二号による表示証明書を交付することができる。

（所長の定める事項）

第九条　前七条に定めるものの外、表示に関し必要な事項は、農林大臣の承認を受けて、検査所長が定めることができる。

附　則

この規程は、昭和二十八年十一月一日から施行する。

別表

品目	荷口の大きさ	検査数量
茶	一――五〇こん	二こん以内
	五一――一〇〇〃	三こん
	一〇一――三〇〇〃	五〃
	三〇一――六〇〇〃	七〃
	六〇一こん以上	一〇〃
		（以上）を抜き取り、抜き取つたこんから各こんにつき三封度以内において抽出した数量
豆類	一――五〇袋（俵）	三袋（俵）以内
	五一――一五〇〃	七袋（俵）
	一五一――四〇〇〃	一五〃
	四〇一袋（俵）以上	一五袋（俵）以上三〇袋（俵）以内

うんしゅうみかん	一—二〇箱	三箱以内
	二一—五〇〃	五箱
	五一—一〇〇〃	七〃
	一〇一—二〇〇〃	一〇〃
	二〇一—五〇〇〃	一五〃
	五〇一箱以上	一五箱以上三〇箱以内
いかん及び畳表、野草えん		全量

備考　同一荷口に属する輸出品の数量が著しく少いときその他検査所長が必要と認めるときは、この表の検査数量の範囲内において検査所長（検査所の支所及び出張所の長を除く。）が定める数量によることができる。

別記

様式第一号

1　茶

円の大きさ　外円の直径（線の内側）は、七センチ
　　　　　　内円の直径は、四・四センチ
文字の高さ　PASSEDは、二センチ
　　　　　　その他は、一センチ
字体　ゴジック
肉色　青

2　豆類

イ　いんげん、えんどう、大豆及び小豆（ヨーロッパ洲向けのものを除く。）

だ円の大きさ　長径は、一二センチ
　　　　　　　短径は、九センチ
文字の高さ　PASSEDは、二・五センチ
　　　　　　その他は、〇・八センチ
肉色　黒

ロ　ヨーロッパ洲向けいんげん、えんどう、大豆及び小豆

だ円の大きさ　長径は、一二センチ
　　　　　　　短径は、九センチ
文字の高さ　PASSEDは、二・五センチ
　　　　　　FOREUROPEは、一・〇センチ
　　　　　　その他は、〇・八センチ
肉色　黒

ハ いんげん、えんどう、大豆及び小豆(ヨーロッパ洲向けのものを除く。)

だ円の大きさ 長径は、一一センチ
短径は、八センチ
線及び文字の太さ 〇・五センチ
文字の高さ 四・五センチ
肉色 青

ニ ヨーロッパ洲向け大手亡、その他の白色のいんげん及び青えんどう

だ円の大きさ 長径は、一一センチ
短径は、八センチ
線及び文字の太さ 〇・五センチ
文字の高さ 四・五センチ
肉色 青

ホ ヨーロッパ洲向け大豆、小豆及び白色以外のいんげん

だ円の大きさ 長径は、一一センチ
短径は、八センチ
線及び文字の太さ 〇・五センチ
文字の高さ 四・五センチ
肉色 青

3 果物

イ うんしゆうみかん(カナダ及びアメリカ合衆国(アラスカを含む。)向けのものを除く。)

円の大きさ 外円の直径は、六センチ
内円の直径は、四センチ
文字の高さ PASSED は、一・二センチ
その他は、〇・六センチ
字体 ゴジック
肉色 青

ロ カナダ及びアメリカ合衆国(アラスカを含む。)向けうんしゆうみかん

円の大きさ 外円の直径は、六センチ
内円の直径は、四センチ
文字の高さ PASSED FOR U・S・A & CANADA は、一・二センチ
その他は、〇・六センチ
字体 ゴジック
肉色 青

4 かえん及び畳表

JAPANESE GOVERNMENT
PASSED
年月日・検査所略号・検査官番号

だ円の大きさ　長径は、一五センチ
　　　　　　　短径は、一二センチ
文字の高さ　PASSEDは、四・五センチ
　　　　　　その他は、一・二センチ
肉色　黒

5 野草えん

JAPANESE GOVERNMENT
PASSED
年月日・検査所略号・検査官番号

だ円の大きさ　長径は、一五センチ
　　　　　　　短径は、一二センチ
文字の高さ　PASSEDは、四・五センチ
　　　　　　その他は、一・二センチ
肉色　黒

様式第二号

Export Commodities Inspection Institute
Ministry of Agriculture and Forestry
JAPANESE GOVERNMENT

No.......... Date Issued:..........

INSPECTION CERTIFICATE

This is to certify that the undermentioned commodities have been duly inspected under the Law concerning Control of Export Commodities (Law No. 153, 1948; revised by Law No. 9, 1953) and indicated in accordance with the specifications, standards, and requirements of the Law.

---

(1) Name and address of applicant:
(2) Commodity:
(3) Quality:
(4) Quantity:
(5) Destination:
(6) Shipper:
(7) Inspection Date:
( ) x x x
( ) x x x
•
•
•
( ) Remarks:

........Export Commodities
Inspection Institute, MAF.

Inspector..................

Chief ....

備考　xxx印欄には品目により必要事項を記入する。

◉農林省告示第七百三十二号

狩猟法(大正七年法律第三十二号)第九条の規定に基き、次のように四禁猟区を設置する。

昭和二十八年十月二十七日　　農林大臣　保利　茂

一　名称　小倉山禁猟区

二　禁猟区域　神奈川県津久井郡湘南村大字小倉山字小倉山国有林及び同郡串川村大字根小屋字志田山国有林

三　禁猟期間　昭和二十八年十一月一日から昭和三十八年十月三十一日まで

一　名称　仙洞寺禁猟区

二　禁猟区域　神奈川県津久井郡鳥屋村大字仙洞寺字鳥屋仙洞寺国有林及び同郡青野原村大字仏石字青野原仙洞寺国有林

三　禁猟期間　昭和二十八年十一月一日から昭和三十八年十月三十一日まで

一　名称　谷山禁猟区

二　禁猟区域　神奈川県津久井郡内郷村大字寸沢嵐字谷山国有林

三　禁猟期間　昭和二十八年十一月一日から昭和三十八年十月三十一日まで

一　名称　虹の松原禁猟区

二　禁猟区域　佐賀県東松浦郡浜崎町浜崎虹の松原国有林、同郡鏡村鏡虹の松原国有林、唐津市満島虹の松原国有林

三　禁猟期間　昭和二十八年十一月一日から昭和三十八年十月三十一日まで

◉農林省告示第七百三十三号

狩猟法(大正七年法律第三十二号)第十四条第三項の規定に基き、猟区の入猟承認料の変更を次のように認可した。

昭和二十八年十月二十七日　　農林大臣　保利　茂

一　猟区の名称　石川県江沼郡月津村猟区

二　入猟承認料　一人一日二百円

◉農林省告示第七百三十四号

森林法（昭和二十六年法律第二百四十九号）第四条第一項の規定により、昭和二十九年四月一日から昭和三十四年三月三十一日までを期間とする森林基本計画を定めたので、同条第六項の規定に基き、その概要を次のように告示する。

昭和二十八年十月二十七日　　農林大臣　保利　茂

基本計画区	計画の重点	人工植栽すべき森林面積の最小限度 国有林	民有林	計	林種転換すべき森林面積 天然生用材林	薪炭林	計	基幹林道その他大規模な林産物搬出施設 国有林民有林の別	種類	延長(面積)	利用区域 面積	利用区域 蓄積	開発区域 面積	開発区域 蓄積	本計画において指定すべき保安林 種類	国有林	民有林	計	本計画において指定すべき保安施設地区 種類	国有林	民有林	計	本計画において国の実行すべき保安施設事業 種類	国有林	民有林	計
		町	町	町	町	町	町			Km	町	千石	町	千石		町	町	町		町	町	町		町	町	町
北海道G	造林(開発)	6,046	18,388	24,434	—	—	—	—	—	—	—	—	—	—	水源かん養林	—	6,890	6,890	山地荒廃復旧	—	1,420	1,420	—	—	—	—
															土砂流出防備林	—	8,675	8,675	山地荒廃防止	—	27	27				
															土地崩壊防備林	—	615	615	水源林造成	—	722	722				
																			災害防止林造成	—	134	134				
北海道M	造林(開発)	14,121	25,761	39,882	—	—	—	—	—	—	—	—	—	—	土砂流出防備林	—	720	720	山地荒廃復旧	2	54	56	山地荒廃復旧	2	—	2
																			水源林造成	—	80	80				
																			海岸砂地造林	—	40	40				
																			災害防止林造成	—	665	665				
青森A	造林	287	1,866	2,153	30	970	1,000	—	—	—	—	—	—	—	水源かん養林	—	700	700	山地荒廃復旧	—	50	50	—	—	—	—
															土砂流出防備林	—	300	300	海岸砂地造林	—	80	80				
																			災害防止林造成	—	60	60				
青森D	造林	1,975	2,317	4,292	80	786	866	—	—	—	—	—	—	—	—	—	—	—	山地荒廃復旧	—	28	28	災害防止林造成	76	—	76
																			海岸砂地造林	—	110	110				
																			災害防止林造成	84	250	334				
岩手E	保全(造林)	515	2,322	2,837	1,000	3,061	4,061	—	—	—	—	—	—	—	水源かん養林	—	2,280	2,280	山地荒廃復旧	159	90	249	山地荒廃復旧	145	—	145
															土砂流出防備林	—	585	585	水源林造成	—	647	647				
															土砂崩壊防備林	—	237	237	災害防止林造成	—	185	185				
岩手F	造林(開発)	213	1,857	2,070	374	4,853	5,227	民有林	自動車道	23.0	19,999	3,905	9,522	3,827	水源かん養林	—	400	400	山地荒廃復旧	—	35	35	—	—	—	—
															土砂流出防備林	—	95	95	災害防止林造成	—	92	92				
															土砂崩壊防備林	—	65	65								
宮城B	保全(造林)	2,099	3,576	5,675	—	2,095	2,095	国有林	自動車道	11.5	1,990	1,099	1,018	521	水源かん養林	—	5,749	5,749	山地荒廃復旧	58	487	545	山地荒廃復旧	53	380	433
															土砂流出防備林	—	705	705	山地荒廃防止	—	10	10	山地荒廃防止	—	10	10
															土砂崩壊防備林	—	260	260	水源林造成	—	925	925				
																			海岸砂地造林	—	209	209				
																			災害防止林造成	—	47	47				

秋田 C	造林	2,055	1,978	4,033	155	2,160	2,315	—	—	—	—	—	—	—	水源かん養林	—	830	830	山地荒廃復旧	10	86	96	山地荒廃復旧	9	—	9
															土砂流出防備林	—	270	270	山地荒廃防止	—	40	40	海岸砂地造林	50	—	50
																			海岸砂地造林	55	—	55				
																			災害防止林造成	—	13	13				
秋田 D	造林	533	2,006	2,539	50	1,340	1,390	—	—	—	—	—	—	—	水源かん養林	—	250	250	山地荒廃復旧	—	53	53	—	—	—	—
																			山地荒廃防止	—	45	45				
																			災害防止林造成	—	10	10				
山形 H	保全（造林）	1,043	1,210	2,253	500	1,698	2,198	—	—	—	—	—	—	—	水源かん養林	—	100	100	山地荒廃復旧	68	61	129	山地荒廃復旧	62	—	62
															土砂流出防備林	548	11	559	山地荒廃防止	—	15	15				
																			水源林造成	—	330	330				
																			災害防止林造成	—	5	5				
山形 I	保全（造林）	2,299	2,161	4,460	1,000	596	1,596	国有林	自動車道	35.5	11,615	32,703	11,615	32,703	土砂流出防備林	7,879	—	7,879	山地荒廃復旧	186	52	238	山地荒廃復旧	169	—	169
															土砂崩壊防備林	136	—	136	災害防止林造成	—	6	6				
福島 B	造林（保全）	1,057	2,713	3,770	—	1,244	1,244	民有林	自動車道	6.0	(782) 2,312	(232) 419	1,070	(90) 234	水源かん養林	—	400	400	山地荒廃復旧	—	29	29	災害防止林造成	2	—	2
															土砂流出防備林	—	189	189	海岸砂地造林	—	7	7				
																			災害防止林造成	2	27	29				
福島 I	保全（開発）	871	3,957	4,828	408	2,315	2,723	民有林	自動車道	6.0	1,076	189	676	141	水源かん養林	71	4,381	4,452	山地荒廃復旧	6	372	378	山地荒廃復旧	5	355	360
															土砂流出防備林	—	128	128	水源林造成	—	452	452				
																			災害防止林造成	—	19	19				
茨城 A	造林	868	1,992	2,860	—	680	680	—	—	—	—	—	—	—	水源かん養林	—	395	395	山地荒廃復旧	—	12	12	—	—	—	—
															土砂流出防備林	—	84	84	海岸砂地造林	—	37	37				
															土砂崩壊防備林	—	6	6	災害防止林造成	—	35	35				
茨城 C	造林（保全）	106	998	1,104	—	1,458	1,458	—	—	—	—	—	—	—	水源かん養林	—	370	370	山地荒廃復旧	—	66	66	—	—	—	—
															土砂流出防備林	—	192	192	海岸砂地造林	—	60	60				
															土砂崩壊防備林	—	8	8								
栃木 C	造林	69	767	836	—	1,411	1,411	—	—	—	—	—	—	—	土砂流出防備林	—	40	40	山地荒廃復旧	3	292	295	山地荒廃復旧	3	—	3
																			災害防止林造成	—	20	20				

栃木D	保全（造林）	512	1,101	1,613	42	1,961	2,003	—	—	—	—	—	—	—	水源かん養林 土砂流出防備林	31 717	200 125	231 842	山地荒廃復旧 水源林造成 災害防止林造成	6 — —	696 300 27	702 300 27	山地荒廃復旧	5	126	131
群馬A	保全（造林）	183	980	1.163	500	1,180	1,680	民有林	自動車道	8.9	(7,062) 17,465	(3,997) 5,773	(6,922) 16,125	(490) 1,961	土砂流出防備林	1,942	233	2,175	山地荒廃復旧 水源林造成	— —	107 231	107 231	—	—	—	—
群馬B	保全（造林）	133	1.459	1,592	100	2,583	2,683	民有林	自動車道	7.3	(622) 2,537	(225) 734	(454) 1,465	(182) 394	水源かん養林 土砂流出防備林 土砂崩壊防備林	— 249 —	588 27 41	588 276 41	山地荒廃復旧 水源林造成	— —	221 441	221 441	—	—	—	—
埼玉B	造林	—	694	694	—	505	505	—	—	—	—	—	—	—	土砂流出防備林 土砂崩壊防備林	— —	39	39 3	山地荒廃復旧	46	36	82	山地荒廃復旧	42	—	42
千葉A	造林（保全）	—	1,869	1,869	—	566	566	—	—	—	—	—	—	—	土砂流出防備林	—	18	18	山地荒廃復旧 海岸砂地造林	— —	405 137	405 137	—	—	—	—
東京B	造林（保全）	—	563	563	21	169	190	—	—	—	—	—	—	—	水源かん養林 土砂流出防備林	— —	12 3	12 3	山地荒廃復旧 災害防止林造成	— —	4 25	4 25	—	—	—	—
神奈川C	保全（造林）	—	1,616	1,616	82	327	409	—	—	—	—	—	—	—	土砂流出防備林 土砂崩壊防備林	— —	420 20	420 20	山地荒廃復旧	—	1,205	1,205	山地荒廃復旧	—	580	580
新潟D	保全（造林）	235	1,042	1,277	135	1,120	1,255	—	—	—	—	—	—	—	水源かん養林 土砂流出防備林 土砂崩壊防備林	16 1,978 —	630 3,825 96	646 5,803 96	山地荒廃復旧 災害防止林造成	— —	251 44	251 44	—	—	—	—
新潟I	造林（保全）	84	1,397	1,481	160	1,679	1,839	—	—	—	—	—	—	—	水源かん養林 土砂流出防備林 土砂崩壊防備林	— — —	1,960 783 12	1,960 783 12	山地荒廃復旧 山地荒廃防止 海岸砂地造林 災害防止林造成	17 — — —	319 49 56 460	336 49 56 460	山地荒廃復旧	15	—	15
富山C	保全（造林）	20	90	110	8	530	538	—	—	—	—	—	—	—	—	—	—	—	山地荒廃復旧	—	89	89	—	—	—	—
富山H	造林（開発）	—	591	591	16	1,106	1,122	民有林	自動車道	5.0	(970) 3,340	(211) 446	(970) 2,154	(211) 416	—	—	—	—	山地荒廃復旧	13	250	263	山地荒廃復旧	12	—	12

石川 E	保全（造林）	28	1,129	1,157	323	845	1,168	—	—	—	—	—	—	—	土砂流出防備林	—	9	9	山地荒廃復旧	—	142	142	—	—	—	—
																			海岸砂地造林	—	211	211				
																			災害防止林造成	—	45	45				
石川 F	造林（保全）	—	1,161	1,161	286	757	1,043	—	—	—	—	—	—	—	土砂流出防備林	—	20	20	山地荒廃復旧	—	141	141	—	—	—	—
																			災害防止林造成	—	10	10				
福井 C	造林（保全）	54	2,233	2,287	645	1,657	2,302	—	—	—	—	—	—	—	水源かん養林	—	380	380	山地荒廃復旧	—	131	131	—	—	—	—
															土砂流出防備林	—	75	75	山地荒廃防止	—	66	66				
															土砂崩壊防備林	—	17	17	水源林造成	—	380	380				
																			災害防止林造成	—	80	80				
山梨 C	保全（開発）	51	1,514	1,565	1,734	1,156	2,890	民有林	自動車道	10.0	3,915	751	2,741	225	水源かん養林	—	10,823	10,823	山地荒廃復旧	—	481	481	山地荒廃復旧	—	79	79
															土砂流出防備林	—	3,430	3,430	山地荒廃防止	—	249	249				
																			水源林造成	—	2,090	2,090				
																			災害防止林造成	—	303	303				
長野 B	開発（保全）	1,285	4,013	5,298	1,134	9,486	10,620	民有林	自動車道	25.0	(3,868) 8,839	(977) 2,342	(478) 3,017	(294) 958	水源かん養林	4,144	5,249	9,393	山地荒廃復旧	34	765	799	山地荒廃復旧	31	—	31
															土砂流出防備林	994	—	994	山地荒廃防止	—	80	80				
																			水源林造成	—	734	734				
																			災害防止林造成	—	64	64				
岐阜 A	造林（開発）	31	2,812	2,843	300	1,270	1,570	民有林	自動車道	6.0	6,076	2,732	816	406	水源かん養林	—	6,650	6,650	山地荒廃復旧	10	138	148	山地荒廃復旧	9	25	34
															土砂流出防備林	—	2,355	2,355	水源林造成	—	300	300				
															土砂崩壊防備林	—	43	43	災害防止林造成	—	10	10				
静岡 H	造林（保全）	721	3,658	4,379	1,576	2,365	3,941	民有林	自動車道	39.0	50,214	20,429	8,011	2,870	水源かん養林	3,330	23,700	27,030	山地荒廃復旧	33	222	255	山地荒廃復旧	30	193	223
															土砂流出防備林	—	5,720	5,720	水源林造成	—	1,045	1,045				
																			海岸砂地造林	—	200	200				
																			災害防止林造成	—	112	112				
愛知 A	造林（開発）	14	2,954	2,968	105	387	492	—	—	—	—	—	—	—	水源かん養林	—	290	290	山地荒廃復旧	—	94	94	—	—	—	—
															土砂流出防備林	—	119	119								

愛知C	保全（造林）	1	853	854	231	195	426	—	—	—	—	—	—	—	土砂流出防備林	—	1,090	1,090	山地荒廃復旧	55	164	219	山地荒廃復旧	50	—	50
																			山地荒廃防止	—	186	186				
																			災害防止林造成	—	6	6				
三重D	造林	—	4,626	4,626	70	754	824	—	—	—	—	—	—	—	—	—	—	—	災害防止林造成	—	35	35	—	—	—	—
三重E	造林（開発）	48	4,524	4,572	220	1,509	1,729	民有林	自動車道	8.0	5,430	1,695	2,650	912	—	—	—	—	山地荒廃復旧	2	—	2	山地荒廃復旧	2	—	2
																			災害防止林造成	—	8	8				
滋賀D	造林	—	779	779	80	677	757	—	—	—	—	—	—	—	土砂流出防備林	—	76	76	山地荒廃復旧	—	55	55	—	—	—	—
																			災害防止林造成	—	130	130				
京都D	造林（保全）	24	2,582	2,606	170	2,390	2,560	—	—	—	—	—	—	—	水源かん養林	—	7,360	7,360	山地荒廃復旧	—	80	80	—	—	—	—
															土砂流出防備林	—	662	662	山地荒廃防止	—	41	41				
															土砂崩壊防備林	—	13	13	災害防止林造成	—	80	80				
大阪D	造林	—	723	723	230	137	367	—	—	—	—	—	—	—	水源かん養林	—	82	82	山地荒廃復旧	—	14	14	—	—	—	—
															土砂流出防備林	—	89	89								
兵庫D	造林（保全）	1,582	6,798	8,380	330	2,299	2,629	—	—	—	—	—	—	—	水源かん養林	—	270	270	山地荒廃復旧	26	273	299	山地荒廃復旧	24	—	24
															土砂流出防備林	—	644	644	山地荒廃防止	—	230	230				
															土砂崩壊防備林	—	283	283	水源林造成	—	566	566				
																			災害防止林造成	—	28	28				
奈良C	造林（開発）	—	4,842	4,842	600	165	765	民有林	自動車道	10.0	10,047	8,375	2,511	2,167	水源かん養林	—	620	620	山地荒廃復旧	—	40	40	—	—	—	—
															土砂流出防備林	—	40	40	水源林造成	—	390	390				
																			災害防止林造成	—	8	8				
和歌山B	造林	—	1,114	1,114	210	1,135	1,345	—	—	—	—	—	—	—	土砂流出防備林	—	330	330	山地荒廃復旧	—	39	39	—	—	—	—
															土砂崩壊防備林	—	64	64	山地荒廃防止	—	25	25				
和歌山D	造林	—	530	530	50	512	562	—	—	—	—	—	—	—	土砂流出防備林	—	15	15	山地荒廃復旧	—	15	15	—	—	—	—
															土砂崩壊防備林	—	20	20	災害防止林造成	—	9	9				
和歌山E	開発（造林）	14	5,538	5,552	1,150	5,908	7,058	民有林	自動車道	56.2	18,438	8,891	8,543	3,889	土砂流出防備林	—	945	945	山地荒廃復旧	—	194	194	—	—	—	—
															土砂崩壊防備林	—	160	160	山地荒廃防止	—	123	123				
																			災害防止林造成	—	34	34				

鳥取 C	開発（保全）（造林）	757	3,140	3,897	201	1,345	1,546	~	—	—	—	—	—	—	水源かん養林	—	2,420	2,420	山地荒廃復旧	36	217	253	山地荒廃復旧	33	—	33
																			山地荒廃防止	—	135	135				
																			災害防止林造成	—	206	206				
島根 E	造林（保全）（開発）	130	1,283	1,413	370	2,530	2,900	—	—	—	—	—	—	—	水源かん養林	—	2,900	2,900	山地荒廃復旧	—	37	37	—	—	—	—
															土砂流出防備林	—	55	55	海岸砂地造林	—	15	15				
															土砂崩壊防備林	—	2	2								
島根 F	保全（開発）（造林）	—	864	864	680	2,500	3,180	民有林	自道車道	3.0	2,400	685	690	203	水源かん養林	—	2,700	2,700	山地荒廃復旧	—	27	27	—	—	—	—
															土砂流出防備林	—	11	11	水源林造成	—	150	150				
																			海岸砂地造林	—	12	12				
岡山 A	保全（造林）	66	428	494	853	664	1,517	—	—	—	—	—	—	—	水源かん養林	—	572	572	山地荒廃復旧	—	1,022	1,022	—	—	—	—
															土砂流出防備林	—	1,678	1,678	山地荒廃防止	—	654	654				
															土砂崩壊防備林	—	6	6								
岡山 D	保全（造林）	427	428	855	205	532	737	—	—	—	—	—	—	—	土砂流出防備林	—	17	17	山地荒廃復旧	—	317	317	—	—	—	—
															土砂崩壊防備林	—	30	30	山地荒廃防止	—	2,716	2,716				
																			災害防止林造成	—	46	46				
岡山 H	保全（造林）	—	143	143	591	10	601	—	—	—	—	—	—	—	土砂流出防備林	—	290	290	山地荒廃復旧	—	705	705	—	—	—	—
																			山地荒廃防止	—	2,284	2,284				
広島 B	保全（開発）（造林）	151	3,401	3,552	1,470	978	2,448	民有林	自動車道	15.9	3,936	1,300	2,853	978	水源かん養林	—	7,820	7,820	山地荒廃復旧	11	392	403	山地荒廃復旧	10	—	10
															土砂流出防備林	—	3,472	3,472	山地荒廃防止	—	1,699	1,699				
															土砂崩壊防備林	—	192	192	水源林造成	—	680	680				
																			災害防止林造成	—	45	45				
山口 I	造林（保全）	20	3,121	3,141	108	975	1,083	—	—	—	—	—	—	—	水源かん養林	—	80	80	山地荒廃復旧	—	131	131	—	—	—	—
															土砂流出防備林	—	106	106	山地荒廃防止	—	155	155				
															土砂崩壊防備林	—	18	18	海岸砂地造林	—	109	109				
																			災害防止林造成	—	43	43				

山口 J	造林 (保全)	13	1,138	1,151	200	1,105	1,305	—	—	—	—	—	—	—	水源かん養林 土砂流出防備林 土砂崩壊防備林	— — —	70 28 34	70 28 34	山地荒廃復旧 山地荒廃防止 海岸砂地造林 災害防止林造成	— — — —	69 19 6 53	69 19 6 53	—	—	—	—
徳島 F	開発 (造林)	54	2,607	2,661	866	702	1,568	民有林	自動車道	41.0	10,444	6,750	10,444	6,750	土砂流出防備林	—	451	451	山地荒廃復旧 災害防止林造成	— —	118 2	118 2	—	—	—	—
香川 F	造林 (保全)	315	650	965	454	111	565	—	—	—	—	—	—	—	土砂流出防備林 土砂崩壊防備林	— —	1,150 110	1,150 110	山地荒廃復旧 山地荒廃防止	3 —	176 212	179 212	山地荒廃復旧	3	—	3
愛媛 F	保全 (開発)	343	5,534	5,877	140	1,292	1,432	国有林 民有林	自動車道 自動車道	13.0 8.5	(1,073) 3,780 (700) 1,558	(390) 3,827 (300) 516	(1,073) 2,562 (700) 1,558	(390) 1,817 (300) 516	水源かん養林 土砂流出防備林	— —	3,777 223	3,777 223	山地荒廃復旧 水源林造成	— —	195 700	195 700	山地荒廃復旧	—	183	183
愛媛 G	造林	304	2,482	2,786	60	700	760	国有林	自動車道	4.0	584	335	584	335	土砂流出防備林 土砂崩壊防備林	— —	54 20	54 20	水源林造成	—	54	54	—	—	—	—
高知 D	保全 (開発)	1,281	5,541	6,822	1,887	4,420	6,307	国有林 民有林	自動車道 自動車道	4.0 23.0	(734) 1,985 (4,735) 9,774	(259) 1,341 (2,667) 3,655	(734) 1,985 (2,077) 7,071	(259) 1,341 (2,172) 3,123	水源かん養林 土砂流出防備林	660 —	1,910 40	2,570 40	山地荒廃復旧 水源林造成	— —	158 285	158 285	—	—	—	—
高知 E	造林	17	1,223	1,240	—	1,340	1,340	—	—	—	—	—	—	—	—	—	—	—	山地荒廃復旧 災害防止林造成	— —	5 8	5 8	—	—	—	—
福岡 B	保全 (造林)	97	2,262	2,359	116	1,044	1,160	—	—	—	—	—	—	—	水源かん養林 土砂流出防備林 土砂崩壊防備林	— — —	161 506 113	161 506 113	山地荒廃復旧 水源林造成 災害防止林造成	— — —	254 20 95	254 20 95	山地荒廃復旧	—	200	200
福岡 D	造林	109	1,260	1,369	25	625	650	—	—	—	—	—	—	—	土砂流出防備林 土砂崩壊防備林	— —	63 91	63 91	山地荒廃復旧 災害防止林造成	— —	130 3	130 3	—	—	—	—
佐賀 C	保全 (造林)	76	2,472	2,548	207	415	622	—	—	—	—	—	—	—	水源かん養林	—	300	300	山地荒廃復旧 災害防止林造成	— —	743 11	743 11	—	—	—	—
長崎 C	造林	250	2,164	2,414	632	1,473	2,105	—	—	—	—	—	—	—	水源かん養林 土砂流出防備林	— —	260 500	260 500	山地荒廃復旧 山地荒廃防止 災害防止林造成	65 — —	224 125 66	289 125 66	—	—	—	—

熊本F	造林（保全）	350	4,234	4.584	250	813	1,063	国有林	自動車道	4.0	1,678	1,656	179	226	水源かん養林	—	169	169	山地荒廃復旧	—	5	5	—	—	—	—
								国有林	自動車道	5.8	2,100	300	1,680	240	土砂流出防備林	—	10	10	水源林造成	—	80	80				
																			災害防止林造成	—	52	52				
熊本H	造林	229	2,180	2,409	400	1,100	1,500	国有林	自動車道	8.5	3,953	1,091	325	194	—	—	—	—	—	—	—	—	—	—	—	—
								民有林	自動車道	30.0	3,100	700	2,540	561												
熊本K	造林（開発）	677	1,415	2,092	222	2,004	2,226	国有林	自動車道	3.0	561	313	273	124	土砂流出防備林	—	55	55	山地荒廃復旧	—	1	1	—	—	—	—
								民有林	自動車道	16.4	3,566	1,023	2,832	819												
大分A	造林（開発）	144	3,142	3,286	552	1,607	2,159	—	—	—	—	—	—	—	水源かん養林	—	450	450	山地荒廃復旧	—	6	6	—	—	—	—
															土砂流出防備林	—	35	35	災害防止林造成	—	14	14				
大分B	造林	137	2,635	2,772	449	1,546	1,995	—	—	—	—	—	—	—	水源かん養林	—	250	250	災害防止林造成	—	10	10	—	—	—	—
大分D	造林	100	1,541	1,641	242	2,177	2,419	—	—	—	—	—	—	—	—	—	—	—	山地荒廃復旧	33	2	35	山地荒廃復旧	30	—	30
																			災害防止林造成	—	25	25				
宮崎G	造林（保全）	3,979	5,305	9,284	870	2,031	2,901	国有林	森林鉄道	11.0	2,096	1,631	1,268	979	水源かん養林	—	717	717	山地荒廃復旧	17	266	283	山地荒廃復旧	16	—	16
															土砂流出防備林	—	733	733	山地荒廃防止	—	35	35				
															土砂崩壊防備林	—	2	2	水源林造成	—	142	142				
																			海岸砂地造林	—	80	80				
																			災害防止林造成	—	106	106				
宮崎H	造林	804	1,900	2,704	—	467	467	—	—	—	—	—	—	—	土砂流出防備林	—	33	33	山地荒廃復旧	18	35	53	山地荒廃復旧	16	—	16
																			山地荒廃防止	—	5	5				
																			海岸砂地造林	—	9	9				
																			災害防止林造成	—	36	36				
鹿児島B	造林	82	975	1,057	640	360	1,000	—	—	—	—	—	—	—	土砂流出防備林	—	84	84	山地荒廃復旧	—	57	57	—	—	—	—
鹿児島C	造林（保全）	8	2,158	2,166	1,007	1,500	2,507	—	—	—	—	—	—	—	土砂流出防備林	—	221	221	山地荒廃復旧	6	85	91	山地荒廃復旧	5	—	5
鹿児島D	造林（保全）	112	2,507	2,619	749	1,392	2,141	—	—	—	—	—	—	—	土砂流出防備林	—	242	242	山地荒廃復旧	—	187	187	—	—	—	—

◉農林省告示第七百三十五号

農業災害補償法に基く家畜共済の臨時特例に関する法律（昭和二十八年法律第二百四十四号）第二条第一項及び農業災害補償法に基く家畜共済の臨時特例に関する法律施行令（昭和二十八年政令第百九十八号）第一条第二項の規定に基き、同法により家畜共済を行うべき農業共済組合を次の通り指定した。

昭和二十八年十月二十八日

農林大臣　保利　茂

昭和28年10月1日特定分

北海道農業共済組合連合会

石狩支部　手稲町農業共済組合　白石町〃　広島村〃　江別町〃　当別町〃　新篠津村〃　石狩町〃　厚田村〃　浜益村〃

空知〃　北村〃　栗沢町〃　幌向村〃　三笠町〃　美唄市〃　奈井江町〃　砂川町〃　江部乙町〃　音江村〃　赤平町〃　芦別市〃　栗山町〃　月形村〃　浦臼村〃　新十津川村〃　深川町〃　妹背牛町〃　秩父別村〃　一已村〃　多度志村〃　北龍村〃　沼田町〃　幌加内村〃　添牛内〃　岩見沢市〃

上川〃　東鷹栖村〃　鷹栖村〃　江丹別村〃　東旭川村〃　神楽村〃　東神楽村〃　神居村〃　永山村〃　当麻村〃　比布村〃　上川町〃　東川村〃　美瑛町〃　上富良野町〃　中富良野町〃　富良野町〃　東山村〃　南富良野村〃　和寒村〃　剣淵村〃　温根別村〃　士別町〃　上士別村〃　風連村〃　名寄町〃　下川町〃　智恵文村〃　中川村〃　朝日村〃

後志〃　赤井川村〃　発足村〃　前田村〃　倶知安町〃　京極村〃　喜茂別町〃　留寿都村〃　真狩村〃　南尻別村〃　熱郛村〃　狩太町〃

渡島〃　福島町〃　知内村〃　木古内町〃　上磯町〃　大野村〃　七飯村〃　銭亀沢村〃　森町〃　落部村〃　八雲町〃　長万部町〃　函館市〃

胆振〃　豊浦町〃　虻田町〃　洞爺村〃　大滝村〃　壮瞥村〃　伊達町〃　苫小牧市〃　安平村〃　鵡川町〃　穂別村〃　追分村〃

日高〃　日高村〃　平取村〃　門別町〃　新冠村〃　三石町〃　荻伏村〃　様似町〃　幌泉村〃

十勝〃　大正村〃　中札内村〃　更別村〃　川西村〃　芽室町〃　御影村〃　清水町〃　新得町〃　鹿追村〃　士幌村〃　上士幌村〃　音更村〃　幕別町〃　池田町〃　本別町〃　西足寄町〃　豊頃村〃　浦幌町〃　大津村〃　広尾町〃　大樹町〃　帯広市〃　足寄村〃　陸別村〃　忠類村〃

釧路〃　浜中村〃　太田村〃　弟子屈町〃　標茶町〃　白糠町〃　音別村〃　鳥取町〃

根室〃　別海村〃　中標津村〃　標津村〃

北見〃　雄武町〃　興部町〃　滝ノ上町〃　上渚滑村〃　紋別町〃　下湧別村〃　上湧別村〃　遠軽町〃　佐呂間町〃　若佐村〃　常呂町〃　留辺蘂町〃　相内村〃　置戸町〃　訓子府村〃　北見市〃　端野村〃　津別町〃　美幌町〃　女満別町〃　網走市〃　東藻琴村〃　小清水村〃　斜里町〃　上斜里村〃

留萌〃　増毛町〃　留萌市〃　小平村〃　鬼鹿村〃　苫前町〃　羽幌町〃　初山別村〃　遠別町〃　天塩町〃　幌延村〃　雄信内〃　問寒別〃

青森県農業共済組合連合会

東青支部　蟹田町農業共済組合　蓬田村〃　今別村〃

西〃　中村〃　鳴沢村〃　越水村〃　柏村〃　柴田村〃　川除村〃　車力村〃

中弘〃　岩木村〃

南〃　常盤村〃

北〃　五所川原町〃　板柳町〃　金木町〃　中里町〃　鶴田町〃　小阿弥村〃　梅沢村〃　沿川村〃　六郷村〃　栄村〃　中川村〃　三好村〃　七和村〃　長橋村〃　松島村〃　飯詰村〃　嘉瀬村〃　喜良市村〃　武田村〃　内潟村〃　相内村〃　脇元村〃　小泊村〃

上北〃　甲地村〃　横浜村〃

上北〃三本木出張所　藤坂村〃　大三沢町〃

下北支部　川内町〃　大湊町〃

三八〃　中沢村〃

三八〃五戸出張所　市川村〃

五戸〃
三戸〃　上郷村〃

岩手県農業共済組合連合会

岩手支部　大更村農業共済組合

紫波〃　見前村〃　煙山村〃

稗貫〃　外川目村〃　矢沢村〃　湯口村〃

和賀〃　藤根村〃　江釣子村〃

胆沢〃　真城村〃　姉体村〃　白山村〃　古城村〃　衣川村〃　小山村〃　南都田村〃　相去村〃

江刺〃　黒石村〃

東磐井〃　小梨村〃　田河津村〃

気仙〃　世田米町〃　上有住村〃

上閉伊〃　金沢村〃

下閉伊〃　小本村〃　川井門馬村〃

九戸〃　軽米町〃　山形村〃　侍浜村〃

二戸〃　小鳥谷村〃　姉帯村〃　荒沢村〃　田山村〃

宮城県農業共済組合連合会

伊具支部　北郷村農業共済組合　西根村〃　角田町〃　丸森町〃　金山町〃　大内村〃　東根村〃

亘理〃　逢隈村〃　荒浜町〃
名取〃　増田町〃　閖上町〃　千貫村〃　館腰村〃　下増田村〃　愛島村〃
加美〃　鳴瀬村〃　賀美石村〃
玉造〃　鳴子町〃　川渡村〃
刈田〃　円田村〃　七ヶ宿村〃
栗原〃　若柳町〃　大岡村〃　金田村〃　瀬峯町〃　富野村〃
本吉〃　新月村〃　気仙沼市鹿折〃　気仙沼市松岩〃
仙台〃　仙台市高砂〃　仙台市中田〃　仙台市長町〃
柴田〃　大河原町〃
宮城〃　根白石村〃
志田古川〃　鹿島台町〃　古川市東大崎〃
遠田〃　涌谷町〃　元涌谷〃
登米〃　宝江村〃　浅水村〃
桃生牡鹿石巻〃　鹿又村〃　蛇田村〃

秋田県農業共済組合連合会
鹿角支部　曙村農業共済組合　宮川村〃
北秋田〃　坊沢村〃　七座村〃　綴子村〃
山本〃　森岳村〃　下岩川村〃
秋田〃　下井河村〃　上井河村〃　大河村〃　一日市町〃　面潟村〃
河辺〃　戸米川村〃　種平村〃　大正寺村〃
由利〃　平沢町〃　金浦町〃　小出村〃　院内村〃
仙北〃　刈和野町〃　土川村〃
平鹿〃　阿気村〃　田根森村〃　黒川村〃　角間川町〃
雄勝〃　峰野村〃

山形県農業共済組合連合会
南村山支部　蔵王農業共済組合　西郷〃　山形〃　飯塚〃　滝山〃　本庄〃　南沼原〃　宮生〃
東村山〃　千歳〃　鈴川〃　金井〃　高楯〃　楯山〃
西村山〃　西根〃　大谷〃　西里〃　溝延〃
北村山〃　尾花沢〃　玉野〃
最上〃　角川〃　鮭川〃　真室川〃　東小国〃
南置賜〃　塩井〃　窪田〃　米沢〃
東置賜〃　二井宿〃　中郡〃　宮内〃　吉野〃
西置賜〃　東根〃　長井町〃
東田川〃　藤島〃　栄〃
西田川〃　西郷〃　京田〃
飽海〃　南平田〃　内郷〃　田沢〃　北俣〃

福島県農業共済組合連合会
信夫支部　松川町農業共済組合　水原村〃　金谷川村〃　飯坂町〃　余目村〃　中野村〃　平野村〃　大笹生村〃　福島市渡地区〃　福島市鎌田地区〃　福島市岡山地区〃　福島市杉妻地区〃　福島市清水地区〃　野田村〃
伊達〃　庭坂村〃　庭塚村〃　白根村〃　山舟生村〃　大枝村〃　大田村〃　富野村〃　梁川町〃　堰本村〃　柱沢村〃　掛田町〃
安達〃　岩根村〃　荒井村〃　杉田村〃　仁井田村〃　大山村〃　白岩村〃　本宮村〃　小浜町〃　石井村〃　大平村〃　渋川村〃　塩沢村〃　下川崎村〃　戸沢村〃　旭村〃　針道村〃　太田村〃
安積〃　熱海町〃　福良村〃　赤津村〃　多田野村〃
岩瀬〃　白江村〃　白方村〃　西袋村〃　仁井田村〃　梓匍村〃　鏡石村〃　広戸村〃　稲田村〃　浜田村〃　須賀川町〃　長沼町〃　大里村〃　牧本村〃
南会津〃　旭田村〃　江川村〃　楢原町〃　田島町〃　檜沢村〃　荒海村〃
北会津〃　高野村〃　日橋村〃　堂島村〃　町北地区〃　一箕村〃　吾妻村〃　長瀬村〃　神指村〃　館内村〃
耶麻〃　姥堂村〃　上三宮村〃　堂島村〃　岩月村〃　加納村〃　野沢町〃　尾野本村〃
河沼〃　若宮村〃　広瀬村〃　柳津町〃　坂下町〃　勝常村〃
大沼〃　宮下村〃　西方村〃　沼沢村〃　横田村〃　藤川村〃　赤沢村〃　王路村〃　本郷町〃
東白川〃　塙町〃　豊里村〃　石井村〃　高城村〃　棚倉町〃　高野村〃　近津山岡組合〃
西白河〃　金山村〃　古関村〃　社村〃　中畑村〃　関平村〃　滑津村〃　吉子川村〃　三神村〃　矢吹町〃　信夫村〃　川崎村〃　西郷村〃　白河市大沼地区〃　白坂〃　小田川村〃　大屋村〃　開拓地区〃　小野田村〃　釜子村〃　五箇村〃
石川〃　宮本村〃　浅川町〃　川東村〃　小塩江村〃　泉村〃　小平村〃　母畑村〃　石川町〃　山橋村〃　蓬田村〃
田村〃　美山村〃　文珠村〃　瀬川村〃　芦沢村〃　七郷村〃　船引町〃　大越町〃　要田村〃　沢石村〃　御木沢村〃　三春町〃　逢隈村〃　小泉村〃　高野村〃　宮城村〃　中妻村〃　中郷村〃　御舘村〃
石城〃　夏井村〃　高久村〃　大浦村〃　小川村〃　平市〃　好間村〃　上遠野村〃　入遠野村〃　勿来町〃　錦町〃
双葉〃　木戸村〃　広野村〃　龍田村〃　久浜町〃　大久村〃　熊町村〃　大野村〃　新山町〃　双葉町〃　富岡町〃　幾世橋村〃　苅野村〃　長塚村〃
相馬〃　日立木村〃　磯部村〃　入沢村〃　鹿島町〃　真野村〃　太田村〃　大甕村〃　小高町〃　福浦村〃　大野村〃　駒ヶ嶺村〃　新地村〃　福田村〃
川俣〃　富田村〃　飯坂村〃　福田村〃　川俣町〃　小島村〃　大綱木村〃　大久保村〃

飯野村〃　明治村〃　青
木村〃　五子山村〃
大宮〃　大宮村〃　伊南村〃
茨城県農業共済組合連合会
鹿島支部　高松農業共済組合　波野〃
鹿島〃　豊津〃　中野〃
豊郷〃　大同〃　軽野〃
息栖〃　若松〃
北相馬〃　守谷〃　高井〃　高野〃
大野〃　大井沢〃　小絹〃
稲戸井〃
東茨城〃　堅倉〃　竹原〃　白河〃
橘〃　上野合〃
猿島〃　五霞〃　新郷〃
群馬県農業共済組合連合会
勢多支部　横野村農業共済組合　敷島
村〃　宮城村〃　粕川村〃
大胡町〃
群馬〃　堤ヶ岡村〃　中川村〃　久
留馬村〃　上郊村〃　長野
村〃
北群馬〃　白郷井村〃　長尾村〃　小
野上村〃
多野〃　美九里村〃　藤岡町〃
甘楽〃　吉田村〃　馬山村〃　月形
村〃　小坂村〃　青倉村〃
額部村〃　高瀬村〃　福
島町〃
碓氷〃　細野村〃　九十九村〃　松
井田町〃　西横野村〃
吾妻〃　沢田村〃
利根〃　古馬牧村〃
佐波〃　伊勢崎市〃　三郷村〃　剛
志村〃　境町〃
山田〃　毛里田村〃　矢場川村〃
依泊村〃　大間々町〃　相
生村〃　福岡村〃　川内村
〃　梅田村〃

邑楽〃　富永村〃　永楽村〃　三野
谷村〃　長柄村〃　中野村
〃　伊奈良村〃　大箇野村
〃
埼玉県農業共済組合連合会
北足立支部　片柳村農業共済組合　大石
村〃　加納村〃
入間〃　南古谷村〃　小手指〃　元
狭山〃　堀兼〃　高萩〃
高麗〃　加治〃
比企〃　明覚〃　玉川村〃
秩父〃　国神村〃　樋口村〃　三田
川村〃
児玉〃　本庄町〃　藤田村〃　阿久
原村〃　本泉村〃　神保原
村〃　賀美村〃　七本木村
〃　丹荘村〃　大沢村〃
大里〃　奈良村〃　長井村〃　秦村
〃　妻沼町〃　男沼村〃
太田村〃　明戸村〃　別府
村〃　八基村〃　岡部村〃
北埼玉〃　不動岡町〃　中条村〃　屈
巣村〃　志多見村〃　礼羽
村〃　三田ヶ谷村〃　元和
村〃　豊野村〃
南埼玉〃　柏崎村〃　河合村〃
北葛飾〃　高野村〃　吉田村〃　八代
村〃　田宮村〃　吉川町〃
彦成村〃　早稲田村〃
東和村〃
千葉県農業共済組合連合会
香取支部　滑河町農業共済組合　小御
門村〃　高岡村〃　神崎町
〃　米沢村〃　瑞穂村〃
新島村〃　佐原市佐原〃
佐原市東大戸〃　大須賀村
〃　佐原市香西〃　佐原市

香取〃　大倉村〃　小見川
町豊浦〃　小見川町〃　小
見川町神里〃　八都村〃
小見川町森山〃　府馬町
〃　山倉村〃　常磐村〃
栗源町〃　多古町多古〃
中村〃　古城村〃　中和村
〃　万才村〃　神代村〃
笹川町〃　橘村〃　東城村
〃　昭栄村〃　津宮村〃
良文村〃　久賀村〃　多古
町東条〃　豊里村〃
東京都農業共済組合連合会
地区支部　石神井農業共済組合
西多摩〃　増戸村〃　西秋留村〃
南多摩〃　川口村〃
北多摩〃　久留米村〃　東村山町〃
清瀬村〃　国立町〃
神奈川県農業共済組合連合会
横浜支部　大正農業共済組合
川崎〃　宮前〃
三横〃　長井〃
高鎌〃　渋谷町〃
中〃　比々多村〃
足柄上〃　清水村〃
足柄下〃　田島〃
愛甲〃　中津村〃
高座北〃　旭〃
新潟県農業共済組合連合会
北蒲原支部　岡方村農業共済組合　濁川
村〃　中条村〃　黒川村〃
中蒲原〃　庄瀬村〃　茨曾根村〃
西蒲原〃　峰岡村〃　角田村〃　弥彦
村〃　巻町〃　吉田町〃
黒崎村〃　松長村〃　漆山
村〃
南蒲原〃　本城寺村〃　大崎村〃

東蒲原〃　下条村〃　小川村〃　日出
谷村〃
三島〃　岩塚村〃　大積村〃　脇野
町〃　西越村〃
古志〃　山本村〃　福戸村〃　宮内
町〃　上川西村〃　長岡市
〃
北魚沼〃　小千谷町〃　川口村〃　千
田村〃　小出町〃
南魚沼〃　塩沢町〃　伊米ヶ崎村〃
東村〃
中魚沼〃　貝野村〃　吉田村〃
刈羽〃　南鯖石村〃　高柳村〃
東頸城〃　沖見村〃　安塚村〃　牧村
〃　小黒村〃　山平村〃
中頸城〃　春日村〃　高士村〃　明治
村〃　鬱池村〃　保倉村〃
西頸城〃　能生谷村〃
岩船〃　猿沢村〃
佐渡〃　加茂村〃　高千村〃　新穂
村〃　沢根町〃
富山県農業共済組合連合会
上新川支部　大庄村農業共済組合
中新川〃　南加積村〃　柿沢村〃
下新川〃　宮崎村〃　青木村〃　泊町
〃　魚津市道下〃　桜井町
大布施〃　小摺戸村〃　桜
井町荻生〃　桜井町村椿〃
上原村〃　入善町〃
婦負〃　寒江村〃
射水〃　小杉町〃　大江村〃
氷見〃　女良村〃
東礪波〃　城端町南山田〃　北般若村
〃
西礪波〃　高波村〃
富山〃　富山市広田〃　富山市豊田
〃

高岡〃　高岡市二塚〃
石川県農業共済組合連合会
江沼支部　山代町農業共済組合　大聖
寺町〃　片山津町〃　三木
村〃　三谷村〃　橋立村〃
月津村〃　矢田野村〃
動橋村〃　那谷村〃　西谷
村〃　河南村〃　南郷村〃
能美〃　久常村〃　板津〃
石川〃　郷村〃　山島村〃
金沢〃　小坂〃　大徳〃
河北〃　花園村〃　金津村〃
羽咋〃　越路野村〃
鹿島〃　滝尾村〃　中島村〃
鳳至〃　鵜川町〃　町野町〃
珠洲〃　正院町〃　上戸村〃
福井県農業共済組合連合会
高志支部　麻生津村農業共済組合
坂井〃　春江町〃　本荘村〃　東十
郷村〃
大野〃　平泉寺村〃　下味見村〃
丹生〃　立待村〃　朝日町〃
今立〃　味真野村〃　片上村〃
南条〃　王子保村〃
二州〃　耳村〃　中郷村〃
若狭〃　国富村〃
山梨県農業共済組合連合会
東山梨支部　塩山町農業共済組合
中央〃　玉諸村〃
東八代〃　八代村〃
西八代〃　大塚村〃
南巨摩〃　増穂町〃
中巨摩〃　田富村〃　敷島町〃
北巨摩〃　秋田村〃　若神子村〃
南都留〃　盛里村〃
北都留〃　初狩村〃

長野県農業共済組合連合会
南佐久支部　中込町農業共済組合　桜井
村〃
北佐久〃　中佐都村〃　三井村〃
上小〃　滋野村〃　傍陽村〃
諏訪〃　岡谷市〃　北山村〃
上伊那〃　南箕輪村〃　みすゞ村〃
下伊那〃　飯田市〃　鼎村〃
西筑摩〃　新開村〃　読書村〃
松筑〃　朝日村〃　片丘村〃
南安曇〃　温村〃
北安曇〃　松川村〃　社村〃
更級〃　更級村〃　塩崎村〃
埴科〃　五加村〃　東条村〃
上高井〃　井上村〃　日野村〃　小布
施村〃
下高井〃　穂波村〃　木島村〃
長水〃　柏原村〃　信の尻村〃
下水内〃　常盤村〃　永田村〃
岐阜県農業共済組合連合会
岐稲支部　三里農業共済組合
羽島〃　堀津〃　柳津〃
海津〃　石津〃
養老〃　多良〃
大安〃　結〃
揖斐〃　宮地〃
本巣〃　弾正〃　鷺田〃　土貴野〃
牛牧〃　綱代〃
山県〃　春近〃
武関〃　千疋〃
郡上〃　川合〃
加茂〃　加治田〃
可児〃　錦津〃
土岐〃　日吉〃　笠原〃　瑞浪〃
恵那〃　落合〃　武並〃
益田〃　馬瀬〃
大高〃　高山〃　大八賀〃　清見〃
吉城〃　細江〃

静岡県農業共済組合連合会
富士支部　元吉原村農業共済組合　須
津村〃　吉永村〃　原田村
〃　田子浦村〃　富士町〃
岩松村〃　鷹岡町〃　大
淵村〃　富士根村〃　北山
村〃　上井出村〃　白糸村
〃　上野村〃　柚野村〃
芝富村〃　富士宮市〃　吉
原市今泉〃　吉原市伝法〃
吉原市島田〃
志太〃　藤枝町〃　広幡村〃　岡部
町〃　朝比奈村〃　葉梨村
(中部)〃　稲葉村〃　瀬戸
谷村〃　伊之身村〃　笹間
村〃　東川根村〃　徳山村
〃　大長村〃　大津村〃
島田市〃　六合村〃　青島
町〃　大洲村〃　高洲村〃
豊田村〃　大富村〃　静
浜村〃　相川村〃　吉永村
〃　和田村〃　小川町〃
西益津村〃　東益津村〃
焼津市〃　葉梨村〃
小笠〃　掛川町〃　西南郷〃　曽我
村〃　和田岡村〃　桜木村
〃　原谷村〃　原田村〃
原泉村〃　西郷村〃　倉真
村〃　粟本村〃　西山口村
〃　東山口村〃　日坂村〃
東山村〃　上内田〃　内
田村〃　佐束村〃　上方村
〃　中村〃　笠原村〃　横
須賀町〃　大淵村〃　大坂
村〃　睦浜村〃　千浜村〃
池新田町〃　朝比奈村〃
比木村〃　佐倉村〃　新

野村〃　南山村〃　小笠村〃
〃　平田村〃　横地村〃
六郷村〃　河城村〃　堀之
内町〃　加茂村〃
賀茂〃　仁科村〃　南中村〃　中川
村〃　竹麻村〃　三浜村〃
田方〃　土肥町〃　西豆村〃　三島
市北上〃　宇佐美村〃　三
島市三島〃　三島市錦田〃
函南村〃
庵原〃　小島村〃　庵原村〃
榛原〃　勝間田村〃　五和村〃
周智〃　気多村〃　熊切村〃　宇刈
村〃
磐田〃　南御厨村〃　西浅羽村〃
幸浦村〃　上浅羽村〃　田
原村〃　福田町〃
浜名〃　小野口〃　北庄内村〃　伊
佐見村〃
引佐〃　東浜名〃　奥山村〃　中川
村〃
駿東〃　原町〃　裾野町西〃　裾野
町泉〃　長泉村〃
安静〃　有度村〃　美和村〃
二俣〃　広瀬村〃　敷地村〃
愛知県農業共済組合連合会
円葉支部　布袋町農業共済組合　宮田
町〃
中島〃　稲沢町〃
碧海〃　矢作町〃　安城市〃　依佐
見村〃　明治村〃　桜井村
〃　六ツ美村〃　上郷村〃
高岡村〃　富士松村〃
知立町〃
幡豆〃　福地村〃
額田〃　岩津町〃　常盤村〃
西加茂〃　小原村〃

東加茂〃　阿摺村〃
八楽〃　長篠村〃　石巻村　山吉田
村〃　舟着村〃　東郷村〃
渥美〃　杉山村〃　神戸村〃　野田
村〃　伊良湖岬村〃
知多〃　旭村〃
愛知〃　東郷村〃
海部〃　神守村〃
北設楽〃　振草村〃　上津具村〃
宝飯〃　御津町〃　大塚村〃
豊橋〃　豊橋北部〃
東春日井〃　味岡村〃
西春日井〃　西春村〃
三重県農業共済組合連合会
桑名支部　古美村農業共済組合　深谷
村〃　桑名市桑部〃
員弁〃　梅戸井村〃　神田村〃
三重〃　楠町〃　小山田村〃　桜村
〃　県村〃　八郷村〃　下
野村〃　保々村〃　四日市
市四郷〃　四日市市朝明〃
四日市市羽津〃
鈴鹿郡〃　昼生村〃
鈴鹿市〃　国府〃　加佐登〃　牧田〃
白子〃　稲生〃　飯野〃
河曲〃　箕田〃　玉垣〃
一ノ宮〃　石薬師〃　若
松〃　庄野〃　神戸〃
河芸〃　一身田町〃　栄村〃　黒田
村〃
安濃〃　片田村〃　長野村〃　村主
村〃　安濃村〃　津市安東
〃　明合村〃　津市神戸〃
津市雲出〃
一志〃　家城町〃　八知村〃　中郷
村〃　豊地村〃　中川村〃
豊田村〃　米之庄村〃
飯南〃　小野江村〃　竹原村〃　松
坂市松坂〃　港村〃
坂市松江〃　西黒部村〃
松尾村〃
多気〃　五ヶ谷村〃
度会〃　豊浜村〃　北浜村〃　小川
郷村〃　神原村〃　中川村
〃　東外城田村〃　五ヶ所
町〃
阿山〃　上野市花木〃　上野市南部
〃　上野市新居〃　上野市
三田〃　柘植町〃　上野市
府中〃　上野市中瀬〃
河合村〃　鞆田村〃　西柘
植村〃　壬生野村〃　山田
村〃　阿波村〃　上野市友
生〃　上野市猪田〃　上野
市小田〃
名賀〃　阿保町〃　名張町錦生〃
名張町美旗〃　滝川村〃
花垣村〃　古山村〃　依那
古村〃　神戸村〃　上津村
〃　種生村〃
志摩〃　浜島町〃　加茂村〃
北牟婁〃　船津村〃
南牟婁〃　相野谷村〃
滋賀県農業共済組合連合会
滋賀大津支部　坂本中央農業共済組合　下
坂本〃　雄琴〃　仰木〃
堅田〃　真野〃　伊香立〃
葛川〃　和邇〃　木戸〃
小松〃　大津〃　坂本〃
大石〃　下田上〃
栗太〃　草津〃　上田上〃　志津〃
金勝〃　葉山〃　治田〃
大宝〃　常盤〃　笠縫〃
山田〃　老上〃　瀬田〃
野洲〃　野洲〃　守山〃　小津〃
玉津〃　河西〃　速野〃
中洲〃　兵主〃　中里〃
北里〃　篠原〃　祇王〃
甲賀〃　石部〃　三雲〃　岩根〃
下田〃　伴谷〃　水口〃
柏木〃　大野〃　佐山〃
土山〃　鮎川〃　山内〃
大原〃　油日〃　甲南〃
貴生川〃　雲井〃　信楽〃
朝宮〃　小原〃　多羅尾
〃
蒲生〃　八幡〃　岡山〃　桐原〃
島〃　金田〃　安土〃　老
蘇〃　武佐〃　馬淵〃　鏡
山〃　苗〃　平田〃　市辺
〃　中野〃　桜川〃　朝日
野〃　北比都佐〃　南比都
佐〃　鎌掛〃　日野〃　西
大路〃　西桜谷〃　東桜谷
〃　市原〃　玉緒〃
神崎〃　永源寺〃　御園〃　八日市
〃　建部〃　旭〃　南五ヶ
荘〃　北五ヶ荘〃　東能登
川〃　五峰〃　能登川〃
伊庭〃　福堂〃　栗見〃
愛知〃　愛知川〃　西小椋〃　角井
〃　東押立〃　西押立〃
豊椋〃　豊国〃　八木荘〃
秦川〃　日枝〃　稲枝〃
稲〃　葉枝見〃
犬上彦根〃　彦根〃　松原〃　北青柳〃
南青柳〃　磯田〃　福満
〃　青波〃　千本〃　高宮
〃　河瀬〃　日夏〃　亀山
〃　豊郷〃　西甲良〃　東
甲良〃　大滝〃　多賀荘〃
鳥居本〃
坂田長浜〃　柏原〃　春照〃　伊吹〃
大原〃　東黒田〃　醒井〃
息郷〃　米原〃　坂田〃
息長〃　神照〃　南郷里
〃　北郷里〃　西黒田〃
神田〃　六荘〃　長浜〃
東浅井〃　東草野〃　上草野〃　下草
野〃　七尾〃　湯田〃　田
根〃　小谷〃　虎姫〃　速
水〃　朝日〃　竹生〃　大
郷〃
伊香〃　杉野〃　高時〃　北富永〃
南富永〃　古保利〃　七
郷〃　木ノ本〃　伊香具〃
余呉〃　丹生〃　片岡〃
塩津〃　永原〃
高島〃　海津〃　剣熊〃　西庄〃
百瀬〃　川上〃　今津〃
三谷〃　杉木〃　広瀬〃
安曇〃　高島〃　青柳〃
本庄〃　新儀〃　饗庭〃
京都市農業共済組合連合会
京都支部　京都市農業共済組合
愛宕〃　京都市雲ヶ畑〃　京都市岩
倉〃　京都市八瀬〃　京都
市大原〃　京都市静市〃　京都
京都市花背〃　京都市久多
〃
乙訓〃　向日町〃　久世村〃　京都
市久我〃　京都市羽束師〃
長岡町神足〃　大山崎村
〃　長岡町海印寺〃　長岡
町乙訓〃　大原野村〃　京
都市大枝〃

久世〃
宇治市宇治〃　宇治市槇島
〃　宇治市小倉〃　宇治市
大久保〃　城陽町久津川〃
城陽町寺田〃　城陽町富
野荘〃　佐山村〃　御牧村
〃　淀町〃　宇治市東宇治
〃　城陽町青谷

綴喜〃
八幡町〃　都々城村　有智
郷村〃　田辺町大住〃　田
辺町田辺〃　田辺町草内〃
田辺町三山木〃　田辺町
普賢寺〃　井手町〃　多賀
村〃　田原村〃　宇治田原
村〃

相楽〃
棚倉村〃　上狛町〃　高麗
村〃　精華村川西〃　精華
村山田荘〃　木津町相楽
〃　木津町木津〃　加茂町
加茂〃　加茂町当尾〃　加
茂町瓶原〃　西和束村〃
中和束村〃　東和束村〃
湯船村〃　笠置町〃　大河
原村〃　高山村〃

南桑田〃
亀岡町〃　篠村〃　樫田村
〃　東別院村〃　西別院〃
曽我部村〃　吉川村〃
稗田野村〃　本梅村〃　畑
野村〃　宮前村〃　大井村
〃　千代川村〃　馬路村〃
旭村〃　千歳村〃　河原
林村〃　保津村〃

北桑田〃
神吉村〃　細野村〃　宇津
村〃　周山町〃　山国村〃
黒田村〃　弓削村〃　平
屋村〃　知井村〃　宮島村
〃　鶴ヶ岡村〃　大野村〃

船井〃
園部町園部〃　八木町吉富
〃　八木町富本〃　八木町
八木〃　八木町新庄〃　園
部町川辺〃　世木村〃　胡
麻郷村〃　五ヶ荘村〃　摩
気村〃　東本梅村〃　西本
梅村〃　須知町竹野〃　須
知町須知〃　瑞穂村質美〃
瑞穂村檜山〃　瑞穂村梅
田〃　瑞穂村三ノ宮〃　高
原村〃　上和知村〃　下和
知村〃

天田〃
福知山市福知山〃　福知山
市雀部〃　福知山市庵我〃
福知山市下豊富〃　菟原
村〃　細見村〃　川合村〃
上六人部村〃　中六人部
村〃　下六人部村〃　福知
山市中筋〃　福知山市上豊
富村〃　上川口村〃　福知
山市下川口〃　金山村〃
三岳村〃　金谷村〃　上夜
久野村〃　中夜久野村〃
下夜久野村〃　雲原村〃
大江町河守上〃　大江町河
守〃　大江町河西〃　大江
町河東〃　大江町〃　有路
上〃　大江町有路下〃

何鹿〃
綾部市綾部〃　綾部市中筋
〃　豊里村東〃　佐賀村〃
豊里村西〃　物部村〃
志賀郷村〃　綾部市吉美〃
綾部市西八田〃　綾部市
東八田〃　綾部市山家〃　中
口上林〃　奥上林村〃　中
上林村〃

舞鶴〃
舞鶴市新中舞鶴〃　舞鶴市
倉梯〃　舞鶴市与保呂〃
舞鶴市志楽〃　舞鶴市朝来
〃　舞鶴市東大浦〃　舞鶴
市西大浦〃　舞鶴市四所〃
舞鶴市高野〃　舞鶴市中
筋〃　舞鶴市池内〃　舞鶴
市余内〃　岡田上村〃　岡
田中村〃　岡田下村〃　八
雲村〃　由良村〃　神崎村
〃

与謝〃
宮津町宮津〃　栗田村〃
宮津町上宮津〃　吉津村〃
石川村〃　桑飼村〃　与
謝村〃　加悦町〃　三河内
村〃　岩屋村〃　市場村〃
山田村〃　岩滝町〃　府
中村〃　日置村〃　世屋村
〃　養老村〃　伊根村〃
朝妻村〃　本庄村〃　筒川
村〃　日ヶ谷村〃

中〃
五箇村〃　峰山町〃　吉原
村〃　長善村〃　大宮町口
大野〃　大宮町奥大野〃
大宮町常吉〃　大宮町三重
〃　五丁河村〃　大宮町周
枳〃　大宮町河辺〃　新山
村〃　丹波村〃

竹野〃
網野町網野〃　網野町浜詰
〃　網野町木津〃　網野町
郷〃　網野町島津〃　弥栄
村〃　豊栄村〃　間人町〃
竹野村〃　上宇川村〃
下宇川村〃　野間村〃

熊野〃
久美浜町久美浜〃　久美浜
町久美〃　川上村〃　海部
村〃　佐濃村南〃　佐濃村
北〃　田村〃　神野村〃
湊村〃

大阪府農業共済組合連合会

豊能支部
吉川村農業共済組合　東郷
村〃　歌垣村〃　田尻村〃
西能勢村〃　東能勢村〃
止々呂美〃　箕面〃　萱
野〃　庄内町〃　豊中市〃
池田市〃

三島〃
富田町〃　三ヶ牧村〃　島
本町〃　安威村〃　福井村
〃　玉島村〃　豊川村〃
石河村〃　見山村〃　清渓
村〃　高槻市〃

北河内〃
枚方市〃　津田町〃　交野
町〃　寝屋川市〃　田原村
〃　庭窪町〃　守口市〃
大和日村〃　四宮村〃　南
郷村〃　二島村〃　門真町
〃　水本村〃　星田村〃
住道町〃　四条町〃　四条
畷町〃

中河内〃
高安村〃　三野郷村〃　長
吉村〃　瓜破村〃　矢田村
〃　布忍村〃　恵我村〃
縄手町〃　石切町〃　八尾
〃　大正〃　柏原町〃　龍
華〃　天見町〃　松原町〃
三宅村〃　南高安村〃
孔舎衛村〃　枚岡町〃　英
田村〃　盾津町〃　曙川村
〃　西郡〃　玉川町〃　久
宝寺〃　加美村〃　巽町〃
若江村〃　布施市〃

南河内〃
千早村〃　中村〃　天見村
〃　古市町〃　駒ヶ谷村〃

西浦村〃　国分町〃　埴
生村〃　高鷲村〃　藤井寺
町〃　道明寺村〃　志紀村
〃
泉北〃　西陶器村〃　久世村〃　東
陶器村〃　福泉町〃　美木
多村〃　上神谷村〃　北池
田村〃　北松尾村〃　南池
田村〃　南横山村〃　横山
村〃　南松尾村〃
泉南〃　貝塚市〃　田尻町〃　上之
郷村〃　南中通村〃　大土
村〃　日根野村〃　長滝村
〃
大阪〃　旭〃　住吉〃　東住吉〃
中住吉〃　城東〃　生野〃
東淀川〃
奈良県農業共済組合連合会
添上支部　奈良市農業共済組合　奈良
市大安寺〃　辰市村〃　平
和村〃　治道村〃　櫟本町
〃　五ヶ谷村〃　帯解町〃
明治村〃　奈良市東市〃
田原村〃　東山村〃　月
瀬村〃　柳生村〃　大柳生
村〃　東里村〃　狭川村〃
奈良市平城〃
山辺〃　丹波市町〃　二階堂村〃
朝和村〃　福住村〃　都介
野村〃　東里村〃　波多野
村〃　豊原村〃　針ヶ別所
村〃
生駒〃　郡山町〃　片桐町〃　矢田
村〃　北倭村〃　富雄町〃
伏見町〃　南生駒村〃
生駒町〃　平群村〃　三郷
村〃　斑鳩町〃　安堵村〃
昭和村〃

磯城〃　三輪町〃　朝倉村〃　初瀬
町〃　上之郷村〃　織田村
〃　纒向村〃　柳本町〃
川東村〃　川西村〃　三宅
村〃　都村〃　田原本町〃
平野村〃　多村〃　耳成
村〃　大福村〃　香久山村
〃　安倍村〃　桜井町〃
多武峰村〃
宇陀〃　大宇陀町〃　宇太町〃　宇
賀志村〃　伊那佐村〃　榛
原町〃　三本松村〃　内牧
村〃　室生村〃　曽爾村〃
御杖村〃
南葛城〃　御所町〃　掖上村〃　秋津
村〃　葛村〃　葛城村〃
吐田郷村〃　忍海村〃　大
正村〃
北葛城〃　大和高田市〃　新庄町〃
陵西村〃　五位堂村〃　磐
城村〃　当麻村〃　二上村
〃　下田村〃　上牧村〃
志都美村〃　王寺町〃　瀬
南村〃　馬見町〃　百済
村〃　箸尾町〃　河合村
〃
高市〃　船倉村〃　越智岡村〃　高
取町〃　阪合村〃　畝傍町
〃　高市村〃　飛鳥村〃
鴨公村〃　八木町〃　今井
町〃　真菅村〃　金橋村〃
天満村〃　新沢村〃
内吉野〃　五条町〃　牧野村〃　北宇
智村〃　宇智村〃　大阿太
村〃　南阿太村〃　野原町
〃　南宇智村〃　阪合部村

〃　白銀村〃　賀名生村〃
宗檜村〃　野迫川村〃
吉野〃　大塔村〃　十津川村〃
上市町〃　吉野町〃　大淀
町〃　下市町〃　秋野村〃
黒滝村〃　丹生村〃　天
川村〃　下北山村〃　上北
山村〃　中荘村〃　国栖村
〃　小川村〃　四郷村〃
高見村〃　中龍門村〃　龍
門村〃
鳥取県農業共済組合連合会
岩美支部　倉田農業共済組合　米里〃
津ノ井〃　面影〃　宇倍
野〃　成器〃　大茅〃　蒲
生〃　岩井〃　小田〃　本
庄〃　東〃　浦富〃　大岩
〃　福部〃　美保〃　富桑
〃　稲葉〃　中ノ郷〃　賀
露〃　鳥取市〃
八頭〃　郡家〃　国中〃　船岡〃
大伊〃　国英〃　河原〃
八上〃　西郷〃　散岐〃
大御門〃　隼〃　安部〃
八東〃　丹比〃　若桜〃
池田〃　上私都〃　中私都
〃　下私都〃　大〃　用瀬
〃　佐治〃　社〃　智頭〃
富沢〃　土師〃　那岐〃
山形〃　山郷〃
気高〃　神戸〃　大和〃　美穂〃
大正〃　東郷〃　明治〃
豊実〃　松保〃　千代水〃
湖山〃　吉岡〃　大郷〃
末恒〃　宝木〃　瑞穂〃
鹿野〃　勝谷〃　逢坂〃
小鷲河〃　浜村〃　青谷

〃　日置谷〃　日置〃　中
郷〃　勝部
東伯〃　西郷〃　上井〃　長瀬〃
浅津〃　橋津〃　宇野〃
泊〃　東郷松崎〃　花見〃
小鹿〃　三徳〃　三朝〃
旭〃　竹田〃　倉吉〃
小鴨〃　上小鴨〃　矢送〃
南谷〃　山守〃　北谷〃
高城〃　社〃　灘手〃
下北条〃　中北条〃　上北
条〃　栄〃　大誠〃　由良
〃　浦安〃　下郷〃　上郷
〃　古布庄〃　八橋〃　赤
碕〃　以西〃　成美〃　安
田〃　下中山〃　上中山〃
舎人〃
西伯〃　彦名〃　崎津〃　渡〃　外
江〃　境〃　上道〃　余子
〃　中浜〃　大篠津〃　和
田〃　富益〃　夜見〃　成
実〃　天津〃　大国〃　法
勝寺〃　上長田〃　東長田
〃　賀野〃　手間〃　尚徳
〃　五千石〃　幡郷〃　大
幡〃　県〃　春日〃　大高
〃　巌〃　日吉津〃　大和
〃　淀江〃　宇田川〃　高
麗〃　所子〃　大山〃　庄
内〃　名和〃　御来屋〃
光徳〃　逢坂〃　米子〃
住吉〃　加茂〃　福米〃
福生〃　車尾〃
日野〃　二部〃　溝口〃　八郷〃
日光〃　米沢〃　江尾〃
神奈川〃　根雨〃　日野〃
黒坂〃　石見〃　福栄〃

多里〃　日野上〃　山上
〃　阿毘縁〃　大宮〃
島根県農業共済組合連合会
八束支部　法吉農業共済組合　生馬〃
講武〃　御津〃　大芦〃
加賀〃　野波〃　千酌〃
片江〃　美保関〃　森山
〃　本庄〃　持田〃　伊野
〃　大野〃　秋鹿〃　古江
〃　佐太〃　恵曇〃　竹矢
〃　出雲郷〃　揖屋〃　意
東〃　岩坂〃　熊野〃　大
庭〃　乃木〃　忌部〃　玉
湯〃　来待〃　宍道〃　八
束〃　松江〃
能義〃　広瀬〃　飯梨〃　能義〃
荒島〃　赤江〃　安来〃
島田〃　宇賀荘〃　大塚〃
安田〃　母里〃　井尻〃
赤屋〃　比田〃　布部〃
山佐〃
仁多〃　布勢〃　三成〃　亀嵩〃
鳥上〃　横田〃　八川〃
馬木〃　阿井〃　三沢〃
温泉〃
大原〃　海潮〃　大東〃　春殖〃
幡屋〃　加茂〃　斐伊〃
木次〃　日登〃　佐世〃
阿用〃
飯石〃　三刀屋〃　鍋山〃　飯石〃
中野〃　田井〃　吉田〃
掛合〃　多根〃　松笠〃
東須佐〃　西須佐〃　波
多〃　志々〃　頓原〃　来
島〃　赤名〃　谷〃
簸川〃　荘原〃　出西〃　伊波野〃
直江〃　久木〃　出東〃

灘分〃　国富〃　鰐淵〃
西田〃　北浜〃　久多美
〃　佐香〃　檜山〃　東〃
平田〃　窪田〃　山口〃
田儀〃　田岐〃　久〃
江南〃　西浜〃　神西〃
神門〃　朝山〃　稗原〃
上津〃　園〃　荒茅〃　荒
木〃　大社〃　日御崎〃
鵜鷺〃　遙堪〃　鳶巣〃
古志〃　高松〃　高浜〃
四纏〃　川跡〃　大津〃
今市〃　塩冶〃
安濃〃　大田〃　長久〃　鳥井〃
久手〃　波根東〃　朝山〃
富山〃　佐比売〃　川合
〃
邇摩〃　大森〃　水上〃　大代〃
井田〃　福浦〃　福光〃
温泉津〃　湯里〃　馬路〃
大国〃　仁万〃　宅野〃
五十猛〃　静間〃　大屋
〃　久利〃
邑智〃　川本〃　吾郷〃　粕淵〃
浜原〃　沢谷〃　都賀行〃
都賀〃　口羽〃　阿須那
〃　布施〃　高原〃　出羽
〃　田所〃　井原〃　中野
〃　矢上〃　市木〃　日貫
〃　長谷〃　市山〃　日和
〃　川戸〃　谷住郷〃　川
越〃　川下〃　三原〃　三
谷〃　祖式〃　君谷〃
那賀〃　浜田〃　石見〃　長浜〃
周布〃　美川〃　国府〃
川波〃　二宮〃　都野津〃
江津〃　浅利〃　都治〃

黒松〃　松川〃　川平〃
跡市〃　有福〃　雲城〃
今福〃　木田〃　和田〃
都川〃　今市〃　波佐〃
安城〃　杵束〃　黒沢〃
岡見〃　三保〃　三隅〃
井野〃　大麻〃　波積〃
美濃〃　益田〃　安田〃　鎌手〃
種〃　北仙道〃　東仙道〃
都茂〃　二川〃　道川〃
匹見上〃　匹見下〃　真
砂〃　豊川〃　豊田　高城
〃　二条〃　美濃〃　小野
〃　中西〃
鹿足〃　津和野〃　畑迫〃　木部〃
青原〃　日原〃　小川〃
柿木〃　七日市〃　朝倉
〃　六日市〃　蔵木〃
隠岐〃　西郷〃　東郷〃　布施〃
中〃　中条〃　磯〃　五箇
〃　都万〃　海士〃　黒木
〃　浦郷〃　知夫〃
岡山県農業共済組合連合会
御津支部　長田村農業共済組合　円城
村〃　豊岡村〃　江与味村
〃　甲浦〃
邑久〃　邑久町〃
児島〃　興除村〃　藤田村〃
上道〃　雄神村〃
都窪〃　倉敷市帯江〃　倉敷市菅生
〃
小田〃　小田村〃　三谷村〃　吉田
村〃
後月〃　芳井町〃　井原市井原〃
吉備〃　昭和町下倉〃　昭和町水門
〃　昭和町日美〃　昭和町
富山〃

上房〃　上有漢村〃　中井村〃　豊
野村〃
川上〃　大賀村〃　宇治村〃
阿哲〃　矢神村〃　刑部町〃
真庭〃　川東村〃　富原村〃　河門
村〃
苫田〃　久田村〃　高田村〃　泉村
〃　鏡野町小田〃
勝田〃　広野村〃　吉野村〃　大崎
村〃
久米〃　加美町〃　吉岡村〃
英田〃　江見村〃　巨瀬村〃
山口県農業共済組合連合会
大島支部　日良居村農業共済組合　安
下庄町〃
玖珂〃　本郷村〃　玖珂町〃
厚狭〃　万倉村〃　船木町〃
大津〃　三隅町〃　深川町〃　俵山
村〃　菱海村〃　日置村〃
宇津賀村〃　通村〃　仙
崎町〃　向津具村〃
熊毛〃　田布施町〃
都濃〃　花岡〃
佐波〃　防府市〃
吉敷〃　小鯖村〃
豊浦〃　角島村〃　阿川村〃
美禰〃　秋吉村〃　綾木村〃
阿武〃　奈古町〃
徳島県農業共済組合連合会
海部郡支部　阿部村農業共済組合　三岐
田村〃　日和佐町〃　赤河
内村〃　牟岐町〃　浅川村
〃　川東村〃　川西村〃
鞆奥町〃　川上村〃　宍喰
町〃
那賀郡〃　阪野町〃　今津村〃　羽の
浦町〃　平島村〃　中の島

　村〃　富岡町〃　宝田村〃
　見能林村〃　橘町〃　福
井村〃　椿町〃　桑野町〃
　長生村〃　大野村〃　加
茂谷村〃　新野町〃　鷲敷
町〃　相生村〃　延野村〃
　日野谷村〃　宮浜村〃
坂川村〃　沢谷村〃　平谷
村〃　上木頭村〃　木頭村
〃

勝浦郡〃　小松島市〃　立江町〃　生
比奈村〃　横瀬町〃　高鉾
村〃　福原村〃

名東郡〃　徳島市〃　勝占町〃　多家
良町〃　新居町〃　上八万
村〃　佐那河内村〃　国府
町〃　南井上村〃　北井上
村〃

名西郡〃　石井町〃　浦庄村〃　高原
村〃　入田村〃　藍畑村〃
　高川原村〃　高志村〃
阿野村〃　上分上山村〃
神領村〃　鬼籠野村〃　下
分上山村〃

板野郡〃　鳴門市〃　大津村〃　堀江
村〃　松茂村〃　北島町〃
　川内村〃　応神村〃　住
吉村〃　板東町〃　藍園村
〃　板西町〃　栄村〃　松
坂村〃　大山村〃　一条町
〃　松島町〃　御所村〃
北灘村〃

麻植郡〃　牛島村〃　森山村〃　西尾
村〃　鴨島町〃　川島町〃
　学島村〃　東山村〃　山
瀬町〃　川田町〃　三山村
〃　中枝村〃　木屋平村〃

阿波郡〃　柿島村〃　土成村〃　八幡
町〃　市場町〃　大俣村〃
　久勝町〃　伊沢町〃　林
町〃

美馬郡〃　江原町〃　岩倉町〃　郡里
町〃　重清村〃　半田町〃
　八千代村〃　貞光町〃
端山村〃　一宇村〃　三島
村〃　穴吹町〃　口山村〃
　古宮村〃

三好郡〃　三野町〃　昼間町〃　箸蔵
村〃　足代村〃　佐馬地村
〃　山城谷村〃　三名村〃
　三繩村〃　池田町〃　辻
町〃　井内谷村〃　加茂町
〃　三庄村〃　西祖谷山村
〃

香川県農業共済組合連合会

大川支部　志度町農業共済組合　長尾
町〃　石田村〃　神前村〃
　造田村〃

木田〃　川島町〃　川添村〃　十河
村〃

小豆〃　草壁町〃　大鐸村〃　西村
〃　安田村〃　苗羽村〃
坂手村〃　福田村〃　北浦
村〃　四海村〃

香川〃　円座村〃　川岡村〃　池西
村〃　川東村〃　太田町〃

綾歌〃　林田町〃　松山村〃　加茂
町〃　府中村〃　端岡村〃
　昭和村〃　羽床上村〃
西分村〃　山田村〃　枌所
村〃　土器村〃　飯野村〃

仲多度〃　白方村〃　多度津町〃　郡
家村〃　龍川村〃　与北村
〃　七箇村〃

三豊〃　豊浜町〃　和田村〃　大野
原村〃　五郷村〃　柞田村
〃　常盤村〃　上高野村〃
　麻村〃　二ノ宮村

愛媛県農業共済組合連合会

宇摩支部　二名村農業共済組合　川之
江町〃　金生町〃　五分町
〃　金田村〃　川滝村〃
上山村〃　新立村〃　妻鳥
村〃　三島町〃　寒川村〃
　豊岡村〃　長津村〃　小
富士村〃　蕪崎村〃　天満
村〃　土居村〃　関川村〃
　別子山村〃　富郷村〃
金砂村〃　松柏村〃　中曾
根〃　中之庄〃

新居〃　垣生村〃　大島村〃　多喜
浜村〃　神郷村〃　船木村
〃　泉川町〃　中萩町〃
大生院村〃　角野町〃　加
茂村〃　大保木村〃　飯岡
〃　大町〃　西条〃　神戸
〃　橘〃　禎瑞〃　氷見〃
　新居浜市〃

周桑〃　丹原町〃　田野村〃　中川
村〃　桜樹村〃　石鎚村〃
　石根村〃　小松町〃　周
布村〃　吉井村〃　壬生川
町〃　多賀〃　国安村〃
三芳村〃　楠河村〃　庄内
村〃　吉岡村〃　徳田村〃

越智〃　富田村〃　桜井町〃　上朝
倉村〃　下朝倉村〃　清水
村〃　鴨部村〃　鈍川村〃
　龍岡村〃　九和村〃　日
高村〃　波止浜町〃　乃万
村〃　大井村〃
　小西村〃　亀岡村〃
間町〃　渦浦村〃　亀山村
〃　津倉村〃　大山村〃
宮窪村〃　西伯方村〃　伯
方町〃　弓削村〃　岩城村
〃　瀬戸崎村〃　盛口村〃
　鏡村〃　宮浦村〃　岡山
村〃　関前村〃　日吉〃
立花〃　近見〃

温泉〃　浅海村〃　北条町難波〃
立岩村〃　北条町正岡〃
北条町〃　河野村〃　粟井
村〃　五明村〃　伊台村〃
　興居島村〃　中島村〃
西中島村〃　余土村〃　湯
山村〃　石井村〃　久米村
〃　小野村〃　北吉井村〃
　南吉井村〃　浮穴村〃
荏原村〃　坂本村〃　拝志
村〃　川上村〃　三内村〃
　睦月〃　道後〃　桑原〃
　拓南〃　朝美〃　雄郡東
部〃　久枝〃　西雄郡〃
堀江〃　垣生〃　生石〃
味生〃　三津〃　新浜〃
和気〃　潮見〃　御幸〃

伊予〃　原町村〃　砥部町〃　広田
村〃　中山町〃　下灘村〃
　上灘町〃　佐礼谷村〃
南山崎村〃　北山崎村〃
郡中町〃　南伊予村〃　北
伊予村〃　岡田村〃　松前
町〃

上浮穴〃　久万町〃　川瀬村〃　面河
村〃　仕七川村〃　中津村
〃　柳谷村〃　弘形村〃
父二峰村〃　参川村〃　小
田町村〃　田渡村〃

喜多〃　大洲町〃　平野村〃　南久
米村〃　菅田村〃　大川村
〃　肱川村〃　御祓村〃
天神村〃　五十崎町〃　内
子町〃　五城村〃　大瀬村
〃　立川村〃　満穂村〃
柳沢村〃　新谷村〃　三善
村〃　粟津村〃　上須戒村
〃　白滝村〃　大和村〃
出海村〃　櫛生村〃　喜多
灘村〃　河辺村〃
西宇和〃　双岩村〃　三瓶町〃　三島
村〃　二木生村〃　真穴村
〃　川上村〃　喜須来村〃
日土村〃　川之石町〃
宮内村〃　磯津村〃　伊方
村〃　町見村〃　三机村〃
四ツ浜村〃　神松名村〃
三崎村〃　八幡浜市〃
東宇和〃　多田村〃　中川村〃　石城
村〃　宇和町〃　下宇和村
〃　田之筋村〃　渓筋村〃
中筋村〃　貝吹村〃　横
林村〃　惣川村〃　遊子川
村〃　土居村〃　高川村〃
魚成村〃　野村町〃　玉
津村〃　俵津村〃　狩江村
〃　高山村〃
北宇和〃　吉田町〃　奥南村〃　喜佐
方村〃　立間村〃　成妙村
〃　三間村〃　二名村〃
好藤村〃　愛治村〃　三島
村〃　日吉村〃　泉村〃
吉野生村〃　松丸町〃　近
永町〃　高光村〃　来村〃
清満村〃　御槇村〃　岩
松町〃　畑地村〃　下灘村

〃　北灘村〃　下波村〃
日振島村〃　三浦村〃　宇
和島市〃
南宇和〃　南内海村〃　内海町〃　御
荘町〃　城辺町〃　緑僧都
〃　一本松村〃　東外海町
〃　西海町〃
高知県農業共済組合連合会
安芸支部　野根町農業共済組合　室戸
岬町〃　井口村〃
香美〃　徳王子村〃　在所村〃
長岡〃　本山町〃　田井村〃　吉野
村〃
土佐高知　地蔵寺村〃　森村〃
〃
吾川〃　池川町〃　名野川村〃　明
治村〃　横畠村〃
高岡〃　佐川町〃　越知町〃　斗賀
野村〃　尾川村〃　大桐村
〃　黒岩村〃　加茂村〃
日下村〃　川内村〃　高岡
町〃　宇佐町〃　蓮池村〃
北原村〃　戸波村〃　波
介村〃　高石村〃　新居村
〃　窪川町〃　松葉川村〃
幡多〃　佐賀町〃　後川村〃
福岡県農業共済組合連合会
福岡支部　稲崎農業共済組合　花畑〃
糟屋〃　青柳〃
遠賀〃　遠賀〃　八幡〃
鞍手〃　直方〃　木屋瀬〃
嘉穂〃　頴田〃　内野〃
朝倉〃　安川〃　甘木〃　夜須〃
筑紫〃　大宰府〃　春日〃
糸島〃　北崎〃　桜井〃　野北〃
浮羽〃　大石〃　田主丸〃　筑陽村
柴刈〃

三井久留　金島〃　小郡〃
米〃
三潴〃　三潴〃　青木〃
八女〃　北山〃　羽犬塚〃
山門〃　大和〃
田川〃　川崎〃　猪位金〃　伊田〃
金川〃
北豊〃　諫山〃　今元〃
築上〃　合河〃　岩屋〃
佐賀県農業共済組合連合会
佐賀支部　本庄村農業共済組合　巨勢
村〃
神埼〃　東背振村〃　城田村〃
三養基〃　基山町〃　田代町〃　中原
村〃　三川村〃
小城〃　西多久村〃　南山村〃
東松浦〃　玉島村〃　久里村〃　鬼塚
村〃　切木村〃　入野村〃
有浦村〃　佐志町〃
西松浦〃　南波多村〃　大山村〃
杵島〃　西川登村〃　東川登村〃
白石町〃
藤津〃　七浦村〃　大浦村〃
長崎県農業共済組合連合会
西彼杵支部　喜々津村農業共済組合　大
草村〃　伊木力村〃　長与
村〃　時津村〃　村松村〃
東彼杵〃　千綿村〃　彼杵町〃　川棚
町〃　下波佐見村〃　上波
佐見村〃
北高来〃　森山村〃　小長井村〃
南高来〃　多比良町〃　大正村〃
北松浦〃　大島村〃　獅子村〃　紐差
村〃　志佐町〃　上志佐村
〃　調川町〃　今福町〃
福島町〃　小佐々町〃　抽
木村〃

南松浦〃　崎山村〃　三井楽町〃　青
方町〃　魚目村〃
壱岐〃　田河町〃　石田村〃
対馬〃　久田村〃　船越村〃
熊本県農業共済組合連合会
熊飽支部　銭塘村農業共済組合　中緑
村〃　小山戸島村〃　供合
村〃
宇土〃　轟村〃
玉名〃　玉名町〃　大野村〃　築山
村〃　睦合村〃　鍋村〃
高道村〃　滑石村〃
山鹿町〃　米田村〃　川辺
村〃　八幡村〃　平小城村
〃　三岳村〃　広見村〃
鹿本〃　岩野村〃　岳間村〃　内田
村〃　六郷村〃　稲田村〃
来民町〃　三玉村〃　大
道村〃　中富村〃　千田村
〃　米野岳村〃　山内村〃
山本村〃　田原村〃　菱
形村〃　桜井村〃　植木町
〃　山東村〃　吉松村〃
田底村〃
菊池〃　隈府町〃　河原村〃　迫間
村〃　城北村〃　砦村〃
加茂川村〃　菊池村〃　戸
崎村〃　北合志村〃　護川
村〃　平真城村〃　泗水村
〃　田島村〃　清泉村〃
阿蘇〃　坂梨村〃　山田村〃　中通
村〃　古城村〃　錦野村〃
上益城〃　宮内村〃　白糸村〃
下益城〃　杉合村〃　中山村〃
八代〃　文政村〃　下岳村〃　柿迫
村〃
芦北〃　久木野村〃

球磨〃　人吉市〃　黒肥地村〃
天草〃　亀場村〃　櫨宇土村〃　楠
浦村〃　富津村〃　一町田
村〃　新合村〃
大分県農業共済組合連合会
西国東支部　高田町農業共済組合　高田
町河内〃　田染村〃　田原
村〃　朝田村〃　高田町東
都甲〃　高田町西都甲〃
高田町草地〃　呉崎村〃
真玉村〃　上真玉村〃　臼
野村〃　三浦村〃　香々地
村〃　三重村〃
東国東〃　竹田津町〃　伊美町〃　姫
島村〃　熊毛村〃　来浦町
〃　富来町〃　上国崎村〃
豊崎村〃　国東町〃　旭
日村〃　武蔵村〃　中武蔵
村〃　西武蔵村〃　朝来村
〃　西安岐町〃・安岐町〃
・南安岐村〃　奈狩江村〃
速見〃　豊岡町〃　日出町〃　藤原
村〃　川崎村〃　大神村〃
八坂村〃　杵築町〃　北
杵築村〃　東山香〃　中〃
上〃　立石町〃　山浦村
〃　南端村〃　別府市〃
大分〃　鶴崎町〃　明治村〃　高田
村〃　松岡村〃　判田村〃
戸次町〃　吉野村〃　竹
中村〃　東稙田村〃　稙田
村〃　野津原村〃　賀来村
〃　石城川村〃　由布川村
〃　狭間村〃　谷村〃　阿
南村〃　東庄内村〃　西庄
内村〃　南庄内村〃　湯ノ
平村〃　由布院町〃　阿蘇
野村〃　今市村〃　八幡〃
日岡〃　東大分〃　川添
村〃
北海部〃　大在村〃　坂ノ市町〃　神
崎村〃　佐賀関町〃　一尺
屋村〃　佐志生村〃　下ノ
江村〃　下北津留村〃　上
北津留村〃　南津留村〃
臼杵市〃　海辺〃　津久見
市〃　日代〃　四浦〃
南海部〃　上浦町〃　明治村〃　上野
村〃　中野村〃　因尾村〃
直川村川原木〃　直川村
直見〃　切畑村〃　下堅田
村〃　青山村〃　木立村〃
西中浦村〃　中浦村〃
東中浦村〃　米水津村〃
上入津村〃　下入津村〃
蒲江町〃　名護屋村〃　重
岡村〃　小野市村〃　佐伯
市〃
大野〃　川登村〃　野津町田野〃
野津町野津〃　戸上村〃
南野津村〃　三重町〃　菅
尾〃　百枝〃　新田〃　白
山村〃　合川村〃　牧口村
〃　長谷川村〃　上緒方村
〃　小富士村〃　緒方村〃
上井田村〃　西大野村〃
大野町〃　千歳村〃　長
谷村〃　犬飼町〃
直入〃　竹田町〃　玉来町〃　松本
村〃　入田村〃　嫗岳村〃
宮砥村〃　柏原村〃　菅
生村〃　宮城村〃　城原村
〃　白丹村〃　久住町〃
都野村〃　長湯町〃　下竹
田村〃　豊岡村〃
玖珠〃　森町〃　東飯田村〃　野上
町〃　飯田村〃　南山田村
〃　玖珠町〃　北山田村〃
八幡村〃
日田〃　東有田村〃　小野村〃　大
鶴村〃　夜明村〃　馬原村
〃　五和村〃　前津江村〃
中津江村〃　上津江村〃
大山村〃　中川村〃　五
馬村〃　日田市〃
下毛〃　大江〃　豊田〃　鶴居〃
大幡〃　如水〃　小楠〃
三保〃　和田村〃　今津町
〃　山口村〃　深秣村〃
真坂村〃　東耶馬溪〃　耶
馬溪〃　津民〃　上津〃
東谷〃　西谷〃　深耶馬溪
〃　山移〃　下郷〃　三郷
〃　溝部〃　槻木〃
宇佐〃　深見村〃　南院内村〃　院
内村〃　東院内村〃　高並
村〃　佐田村〃　津房村〃
安心院町〃　両川村〃
豊川村〃　四日市町〃　駅
館村〃　長峰村〃　横山村
〃　麻生村〃　天津村〃
柳ヶ浦町〃　八幡村〃　高
家村〃　糸口村〃　長洲町
〃　宇佐町〃　北馬城村〃
封戸村〃　和間村〃　西
馬城村〃
宮崎県農業共済組合連合会
宮崎支部　宮崎市農業共済組合　清武
町〃　田野町〃　生目村〃
瓜生野〃　那珂村〃　佐
土原町〃　住吉村〃　広瀬
町〃　本花〃　青島〃　倉
岡〃
南那珂〃　吾田〃　東郷〃　北郷村〃
酒谷村〃　南郷町〃　榎
原村〃　大束村〃
北諸県〃　山之口村〃　西岳村〃　山
田町〃
西諸県〃　小林市〃　高原町〃　飯野
町〃　加久藤村〃
東諸県〃　穆佐村〃　綾町〃
児湯〃　富田村〃　新田村〃　妻町
〃　都於郡村〃　三財村〃
三納村〃　上穂北村〃
美々津町〃
東臼杵〃　延岡市〃　門川町〃　富島
〃　岩脇〃　東郷村〃　南
郷村〃　西郷村〃　北郷村
〃　北方村〃　南方村〃
北川村〃　南浦村〃　北浦
村〃　諸塚村〃　椎葉村〃
西臼杵〃　高千穂町〃　上野村〃　岩
戸村〃　七折〃　岩井川〃
鞍岡村〃　三ヶ所村〃
田原村〃
鹿児島県農業共済組合連合会
鹿児島支部　鹿児島市農業共済組合　谷
山町〃　伊敷町〃　吉田村
〃　西桜島村〃　東桜島村
〃
揖宿〃　喜入村〃　今和泉村〃　指
宿町〃　山川町〃　頴娃町
〃　利永村〃　開聞村〃
川辺〃　加世田町〃　万世町〃　笠
砂町〃　西南方村〃　枕崎

市〃　知覧町〃　川辺町〃
勝目村〃　大浦村〃
日置〃　串木野市〃　市来町〃　東
市来町〃　下伊集院村〃
伊集院町〃　上伊集院村〃
郡山村〃　日置村〃　吉
利村〃　永吉村〃　伊作町
〃　田布施村〃　阿多村〃
薩摩〃　川内市〃　水引村〃　高城
村〃　高江村〃　永利村〃
樋脇町〃　入来町〃　下
東郷村〃　東郷町〃　山崎
村〃　宮之城町〃　佐志村
〃　鶴田村〃　求名村〃
永野村〃　黒木村〃　大村
〃　藺牟田村〃　里村〃
上甑村〃　下甑村〃　中津
川村〃　鹿島村〃
出水〃　出水町〃　米之津町〃　阿
久根市〃　高尾野町〃　野
田村〃　三笠町〃　東長島
村〃　西長島村〃　大川内
村〃　江内村〃
伊佐〃　大口町〃　菱刈町〃　本城
村〃　西太良村〃　山野町
〃　羽月村〃
姶良〃　加治木町〃　帖佐町〃　重
富村〃　蒲生町〃　山田村
〃　溝辺村〃　横川町〃
栗野町〃　吉松町〃　牧園
町〃　日当山村〃　霧島村
〃　清水村〃　国分町〃
隼人町〃　東国分村〃　敷
根村〃　福山町〃　東襲山
村〃
囎唹〃　岩川町〃　恒吉村〃　市成
村〃　財部町〃　末吉町〃

松山村〃　志布志町〃
西志布志村〃　月野村〃
肝属〃　野方村〃　大崎町〃
鹿屋市〃　新城村〃　垂水
町〃　牛根村〃　百引村〃
高隈村〃　串良町〃　東
串良町〃　内之浦町〃　高
山町〃　吾平町〃　大根占
町〃　根占町〃　田代村〃
佐多村〃
熊毛〃　西之表町〃　中種子町〃
南種子町〃　上屋久村〃
下屋久村〃
栃木県農業共済組合連合会
河内支部　瑞穂野村農業共済組合
芳賀〃　中村〃　茂木町〃
下都賀〃　大宮村〃　国分寺村〃　桑
村〃　小山町〃　静和村〃
中村〃　瑞穂村〃　水代
村〃　部屋村〃　藤岡町〃
赤麻村〃　岩舟村〃　小
野寺村〃　富山村〃　栃木
市〃
那須(北)〃　野崎村〃　佐久山町〃　金
田村〃
那須(南)〃　下江川村〃　荒川村〃　向
田村〃　境村〃　烏山町〃
七合村〃　武茂村〃　馬
頭町〃　大内村〃　大山田
村〃　小川町〃
安蘇〃　田沼町〃　三好村〃　葛生
町〃　常盤村〃　氷室村〃
野上村〃　飛駒村〃　新
合村〃　赤見町〃　佐野市
佐野〃　佐野市植野〃　佐
野市界〃　佐野市犬伏〃

佐野市堀米〃　佐野市旗川
〃
足利〃　山前村〃　葉鹿町〃　久野
村〃　足利市山辺町〃
兵庫県農業共済組合連合会
神明支部　垂水農業共済組合　中央〃
山田町〃　有野町〃　道
場町〃　八多町〃　大沢町
〃　伊川谷町〃　櫨谷町〃
押部谷町〃　神出町〃
平野町〃　玉津町〃　岩岡
町〃　本庄地区〃　本山地
区〃　明石〃　大久保〃
魚住〃　二見〃
武川〃　尼崎市〃　西宮〃　鳴尾〃
山口〃　塩瀬〃　芦屋市
〃　伊丹市〃　良元村〃
宝塚町〃　長尾村〃　川西
町〃　多田村〃　東谷村〃
中谷村〃　六瀬村〃　西
谷村〃
有馬〃　三田町〃　三輪町〃　長尾
村〃　藍村〃　本庄村〃
広野村〃　小野村〃　高平
村〃
美嚢〃　三木町三木〃　三木町久留
美〃　別所村〃　志染村〃
淡河村〃　上淡河村〃
奥吉川村〃　中吉川村〃
北谷村〃　口吉川村〃　細
川村〃
加東〃　社町〃　加茂村〃　滝野町
〃　河合村〃　来住村〃
市場村〃　小野町〃　大部
村〃　福田村〃　下東条村
〃　中東条村〃　上東条村

〃　米田村〃　上福田村〃
鴨川村〃
多可〃　西脇〃　日野〃　重春〃
比延庄〃　中町〃　松井庄
村〃　杉原谷村〃　野間谷
村〃　黒田庄村〃
加西〃　北条町〃　富田村〃　賀茂
村〃　下里村〃　九会村〃
富合村〃　多加野村〃
芳田村〃　太和村〃　西在
田村〃　在田村〃
加古〃　加古川町〃　神野町〃　野
口町〃　平岡町〃　尾上町
〃　別府町〃　八幡村〃
加古村〃　母里村〃　天満
村〃　阿閇村〃　高砂町〃
荒井村〃
印南〃　曾根町〃　伊保村〃　米田
町〃　東神吉村〃　平荘村
〃　上荘村〃　東志方村〃
西志方村〃　志方村〃
西神吉村〃　阿弥陀村〃
別所村〃　的形村〃　北浜
村〃　大塩町〃
姫飾〃　姫路地区〃　飾磨地区〃
白浜地区〃　広畑地区〃
網干地区〃　大津地区〃
余部地区〃　勝原地区〃
家島町〃　八木村〃　糸引
村〃　四郷村〃　御国野村
〃　花田村〃　谷外村〃
谷内村〃　曾佐村〃　置塩
村〃　鹿谷村〃　菅野村〃
余部村〃
神崎〃　大山村〃　越智谷村〃　粟
賀村〃　川辺村〃　瀬加村

揖保〃
〃　田原村〃　八千種村〃
船津村〃　山田村〃　豊
富村〃　香呂村〃　中寺村
〃　福崎村〃　甘地村〃
鶴居村〃　寺前村〃　長谷
村〃
龍野地区〃　揖西地区〃
揖保地区〃　神岡地区〃
誉田地区〃　新宮〃　越部
〃　東栗栖〃　西栗栖〃
香島〃　御津〃　室津〃
斑鳩〃　太田〃　石海〃
半田〃　神部〃　河内〃
林田村〃　伊勢村〃　太市
村〃　龍田村〃

赤穂〃
相生市〃　赤穂〃　坂越〃
高雄〃　上郡町〃　若狭
野村〃　矢野村〃　高田村
〃　鞍居村〃　赤松村〃
船坂村〃　有年村〃

佐用〃
佐用町〃　長谷村〃　平福
町〃　石井村〃　江川村〃
幕山村〃　西庄村〃　久
崎町〃　中安村〃　徳久村
〃　大広村〃　三日月町〃

宍粟〃
山崎町〃　城下村〃　戸原
村〃　安師村〃　富栖村〃
河東村〃　蔦沢村〃　神
野村〃　神戸村〃　染河内
村〃　下三方村〃　三方村
〃　繁盛村〃　西谷村〃
奥谷村〃　千種村〃　三河
村〃　土万村〃　菅野村〃

城崎〃
豊岡〃　五荘〃　新田〃
中筋〃　奈佐村〃　内川村
〃　城崎町〃　港村〃　奥
竹野村〃　中竹野村〃　竹
野村〃　奥佐津村〃　口佐
津村〃　香住町〃　長井村
〃　余部村〃　国府村〃
八代村〃　日高町〃　三方
村〃　西気村〃　清滝村〃
三椒村〃

出石〃
出石町〃　室埴村〃　小坂
村〃　神美村〃　合橋村〃
高橋村〃　資母村〃

養父〃
八鹿町〃　養父町〃　糸井
村〃　大蔵村〃　広谷町〃
建屋村〃　口大屋村〃
大屋村〃　南谷村〃　西谷
村〃　関宮村〃　高柳村〃
伊佐村〃　宿南村〃

朝来〃
生野町〃　和田山町〃　東
河村〃　梁瀬町〃　粟鹿村
〃　与布土村〃　竹田町〃
中川村〃　山口村〃

美方〃
村岡町〃　浜坂町〃　兎塚
村〃　熊次村〃　小代村〃
射添村〃　温泉町〃　照
来村〃　八田村〃　大庭村
〃　西浜村〃

氷上〃
柏原町〃　成松町〃　佐治
町〃　黒井町〃　上久下村
〃　久下村〃　小川村〃
和田村〃　沼貫村〃　葛野
村〃　幸世村〃　芦田村〃
神楽村〃　遠坂村〃　竹
田村〃　前山村〃　吉見村
〃　鴨庄村〃　美和村〃
春日部村〃　大路村〃　国
領村〃　船城村〃　生郷村
〃　新井村〃

多紀〃
篠山町〃　八上村〃　日置
村〃　後川村〃　福住村〃
大芋村〃　村雲村〃　雲
部村〃　畑村〃　城北村〃
岡野村〃　南河内村〃
北河内村〃　草山村〃　大
山村〃　味間村〃　城南村
〃　古市村〃　今田村〃

津名〃
洲本市〃　由良町〃　中川
原村〃　安乎村〃　塩田村
〃　志筑町〃　中田村〃
生穂町〃　佐野町〃　釜口
村〃　仮屋町〃　浦村〃
岩屋町〃　仁井村〃　野島
村〃　富島町〃　浅野村〃
育波村〃　室津村〃　尾
崎村〃　郡家町〃　多賀村
〃　大町村〃　江井町〃
山田村〃　都志町〃　鮎原
村〃　広石村〃　鳥飼村〃

三原〃
広田村〃　倭文村〃　堺村
〃　松帆村〃　湊町〃
津井村〃　阿那賀村〃　伊
加利村〃　志知村〃　榎列
村〃　八木村〃　市村〃
神代村〃　賀集村〃　福良
町〃　北阿万村〃　阿万町
〃　灘村〃　沼島村〃

和歌山県農業共済組合連合会
和歌山支部　木本農業共済組合　貴志〃
松江〃　楠見〃　名草〃
三田〃　四ケ郷〃　宮〃
野崎〃　宮前〃　雑賀〃
中部〃

海草〃
海南市〃　加太町〃　西脇
野村〃　有功村〃　直川村
〃　紀伊村〃　山口村〃
川永村〃　和佐村〃　西和
佐村〃　岡崎村〃　西山東
村〃　東山東村〃　亀川村
〃　安原村〃　巽村〃　仁
義村〃　加茂村〃　大崎町
〃　下津町〃　初島町〃
中野上村〃　南野上村〃
東野上町〃　北野上村〃
小川村〃　上神野村〃　下
神野村〃　国吉村〃　長谷
毛原村〃　真国村〃　志賀
野村〃　細野村〃

那賀〃
池田村〃　長田村〃　粉河
町〃　名手町〃　王子村〃
狩宿村〃　川原村〃　上
名手村〃　麻生津村〃　龍
門村〃　安楽川町〃　奥安
楽川村〃　調月村〃　東貫
志村〃　中貫志村〃　西貫
志村〃　丸栖村〃　田中村
〃　山崎村〃　根来村〃
上岩出村〃　岩出町〃　小
倉村〃　鞆淵村〃

伊都〃
橋本町〃　笠田町〃　大谷
村〃　四郷村〃　高野口町
〃　妙寺町〃　信太村〃
応其村〃　岸上村〃　山田
村〃　紀見村〃　隅田村〃
富貴村〃　恋野村〃　学
文路村〃　河根村〃　九度

有田〃　山町〃　見好村〃　天野村
〃　高野町〃　花園村〃
湯浅町〃　箕島町〃　保田
村〃　宮原村〃　糸我村〃
田栖川村〃　広町〃　南
広村〃　津木村〃　藤並村
〃　田殿村〃　生石村〃
御霊村〃　石垣村〃　鳥屋
城村〃　五西月村〃　岩倉
村〃　城山村〃　五村〃
八幡村〃　安諦村〃
日高〃　御坊町〃　松原村〃　和田
村〃　三尾村〃　比井崎村
〃　志賀村〃　白崎村〃
衣奈村〃　由良町〃　内原
村〃　湯川村〃　藤田村〃
矢田村〃　野口村〃　丹
生村〃　早蘇村〃　船着村
〃　川中村〃　川上村〃
寒川村〃　龍神村〃　上山
路村〃　中山路村〃　下山
路村〃　清川村〃　高城村
〃　上南部村〃　南部町〃
岩代村〃　切目村〃　切
目川村〃　真妻村〃　稲原
村〃　印南町〃　名田村〃
塩屋村〃
西牟婁〃　田辺市〃　稲成〃　新庄村〃
〃　白浜町〃　中芳養村〃
上芳養村〃　秋津川村〃
上秋津村〃　秋津〃　万
呂〃　三栖村〃　長野村〃
栗栖川村〃　二川村〃
近野村〃　富里村〃　三川
村〃　川添村〃　大都河村
〃　佐本村〃　串本町〃
潮岬村〃　有田村〃　田並
村〃　和深村〃　江住村〃
周参見町〃　日置町〃
三舞村〃　東富田村〃　西
富田村〃　南富田村〃　北
富田村〃　生馬村〃　朝来
村〃　岩田村〃　市の瀬村
〃　鮎川村〃
東牟婁〃　新宮市〃　宇久井村〃　那
智町〃　色川村〃　太田村
〃　下里町〃　太地町〃
田原村〃　古座町〃　西向
町〃　大島村〃　高池町〃
明神村〃　小川村〃　三
尾川村〃　七川村〃　高田
村〃　三津ノ村〃　小口村
〃　請川村〃　敷屋村〃
本宮村〃　四村〃　三里村
〃　九重玉置口村〃　北山
村〃

広島県農業共済組合連合会

安芸支部　下蒲刈島村農業共済組合
向村〃　上蒲刈島村〃　熊
野町〃　昭和村〃　熊野跡
村〃
佐伯〃　井口村〃　五日市町〃　石
内村〃　河内村〃　八幡村
〃　観音村〃　玖島村〃
友和村〃　浅原村〃　津田
町〃　四和村〃　高田村〃
中村〃　鹿川町〃　三高
村〃　沖村〃　深江村〃
大柿町〃　飛渡瀬村〃
安佐〃　伴村〃　安村〃　福木村〃
狩小川村〃　日浦村〃
亀山村〃　祇園町〃　古市
町〃　川内村〃　緑井村〃
口田村〃　小河内村〃
山県〃　筒賀村〃　上殿村〃　雄鹿
原村〃　中野村〃　都谷村
〃　吉坂村〃　加計町〃
川迫村〃　南方村〃
高田〃　可愛村〃　丹比村〃　高南
村〃
賀茂〃　板城村〃　上黒瀬村〃　乃
美尾村〃　中黒瀬村〃　下
黒瀬村〃　郷原村〃　東野
村〃　荘野村〃　竹原町〃
下野〃　賀永村〃　志和
堀村〃　東志和村〃　西志
和村〃　原村〃　吉川村〃
郷田村〃　川上村〃　西
高屋村〃　東高屋村〃　造
賀村〃
豊田〃　船木村〃　高坂村〃　長谷
村〃　本郷町〃　北方村〃
南方村〃　沼田西村〃
小泉村〃　沼田東村〃　竹
仁村〃　久芳村〃　豊栄町
〃　幸崎町〃　忠海町〃
大乗村〃　吉名村〃
御調〃　管野村〃　上川辺村〃　市
村〃　河内村〃　今津野村
〃　奥村〃　宇津戸村〃
八幡村〃　久井村〃　羽和
泉村〃　坂井原村〃　諸田
村〃　重井村〃　大浜村〃
中庄町〃　三庄町〃　土
生町〃　田熊町〃　美郷村
〃　木庄村〃　原田村〃
世羅〃　三川村〃　東村〃　広定村
〃　神田村〃　西大田村〃
沼隈〃　千年村〃　山南村〃
深安〃　広瀬村〃　賀茂村〃　加法
村〃
神石〃　小畠村〃　高蓋村〃　豊松
村〃　新坂村〃　永渡村〃
高光村〃　牧村〃
双三〃　川地村〃　酒河村〃　十日
市町〃　三次町〃　粟屋村
〃　河内村〃　布野村〃
作木村〃　吉舎町〃　八幡
村〃　三良坂町〃　和田村
〃　神杉村〃　田幸村〃
川西村〃
五市〃　三原市〃

◉**農林省告示第七百三十六号**

肥料取締法（昭和二十五年法律第百二十七号）第八条第二項の規定により昭和二十八年十月五日付をもつて左の肥料を仮登録し、仮登録証を交付した。

昭和二十八年十月二十九日

農林大臣　保利　茂

仮登録番号

自仮生第一二一号至仮生第一二三号

肥料の名称等省略(官報参照)

◉**農林省告示第七百三十七号**

肥料取締法（昭和二十五年法律第百二十七号）第十三条第四項の規定による登録証の書替交付に対し、次のように書替交付したので告示する。

昭和二十八年十月二十九日

農林大臣　保利　茂

生第一〇二七号、生第一〇二八号、生第一〇二九号、生第一〇三〇号、生第一〇三一号、生第二五三五号、生第三四二〇号、生第三六九八号、生第三六九九号及び生第三七〇〇号の肥料の名称の欄中「三栄調合肥料一号」を「三栄配合肥料一号」に、「三栄調合肥料二号」を「三栄配合肥料二号」に、「三栄調合肥料三号」を「三栄配合肥料三号」に、「万用一号調合肥料」を「万用一号配合肥料」に、「万用二号調合肥料」を「万用二号配合肥料」に、「三栄調合肥料五号」を「三栄配合肥料五号」に、「三栄調合肥料七号」を「三栄配合肥料七号」に、「三栄調合肥料六号」を「三栄配合肥料六号」に、「三栄調合肥料八号」を「三栄配合肥料八号」に、「万用三号調合肥料」を「万用三号配合肥料」に改め、生第二七四九号、生第二七五〇号、生第三一〇四号、生第三一〇三号、生第三一〇二号、生第三一〇五号及び生第三一二八号の肥料の名称の欄中「完全配合ひばり一号」を「完全配合肥料特一号」に、「完全配合ひばり二号」を「完全配合肥料特二号」に、「完全配合肥料ひばり三号」を「完全配合肥料特三号」に、「完全配合肥料ひばり四号」を「完全配合肥料特四号」に、「完全配合肥料ひばり五号」を「完全配合肥料特五号」に、「完全配合肥料ひばり六号」を「完全配合肥料特六号」に、「完全配合肥料ひばり七号」を「完全配合肥料特七号」に改める。

◉**農林省告示第七百三十八号**

肥料取締法（昭和二十五年法律第百二十七号）第七条の規定により、昭和二十八年十月一日付をもつて左の肥料を登録し、登録証を交付した。

昭和二十八年十月二十九日

農林大臣　保利　茂

登録番号

自輪第四九二号至輪第四九六号

肥料の名称等省略(官報参照)

◉**農林省告示第七百三十九号**

肥料取締法（昭和二十五年法律第百二十七号）第十二条の規定により、昭和二十八年十月七日付をもつて左の肥料の登録の有効期間を更新し、登録証を交付した。

昭和二十八年十月二十九日

農林大臣　保利　茂

有効期限が昭和三十一年十月九日となつたもの

登録番号

自生第六九〇号至生第六九五号自生第六九七号至生第七〇四号自生第七一〇号至生第七一八号生第七二一号、生第七二三号、生第七二六号

肥料の名称等省略(官報参照)

◉**農林省告示第七百四十号**

肥料取締法（昭和二十五年法律第百二十七号）第七条の規定により、昭和二十八年九月二十一日付をもつて左の肥料を登録し、登録証を交付した。

昭和二十八年十月二十九日

農林大臣　保利　茂

登録番号

自生第四〇四八号至生第四一六八号

肥料の名称等省略(官報参照)

◉**農林省告示第七百四十一号**

食糧管理法（昭和十七年法律第四十号）第三条第二項の規定に基き、昭和二十八年十月五日農林省告示第六百八十号（昭和二十八年産米穀の政府買入価格の件）の一部を次のように改正する。

昭和二十八年十月三十日

農林大臣　保利　茂

五の表中「同月三十日まで」を「同月三十一日まで」に、「十月三十一日」を「十一月一日」に改める。

◉**農林省告示第七百四十二号**

農産物検査法（昭和二十六年法律第百四十四号）第六条第一項の規定に基き、農産物規格規程（昭和二十六年農林省告示第百三十三号）の一部を次のように改正し、昭和二十八年十一月三十日から施行する。

昭和二十八年十月三十日

農林大臣　保利　茂

第一の十八種子用の大豆、小豆、えんどう、いんげん、緑豆、とうもろこし及びなたねの㈢規格ハ品位中

「

大豆	大粒種	一等	九五	九五	一等標準品	一四	五	〇	品種固有の色沢
		二等	九〇	九〇	二等標準品	一四	一〇	〇	〃
	中粒種及び小粒種	一等	九二	九五	一等標準品	一四	八	〇	〃
		二等	八七	九〇	二等標準品	一四	一三	〇	〃

」を

「

大豆大粒種、中粒種、小粒種	一等	九五	九五	一等標準品	一四	五	〇	品種固有の色沢
	二等	九〇	九〇	二等標準品	一四	一〇	〇	〃

」に改める。

附中一及び二をそれぞれ次のように改める。

一　この規格は、大豆については主要農作物種子法（昭和二十七年法律第百三十一号）第三条の指定種子生産ほ場において生産されたものに、小豆、えんどう、いんげん、緑豆、とうもろこし及びなたねについては採種ほで生産されたものに限り適用する。

二　左の表の上欄に掲げる種子用のものに限り、その水分の最高限度は、左の区分に従い、本表の数値にそれぞれ左の表の相当下欄に掲げる数値を加減して得たものとする。

(1)　数値を加算するもの

種類	加算する数値(%)
兵庫県で生産された大豆並びに北海道で生産された小豆、えんどう及びいんげん	二
北海道、山形、長野、徳島の各県で生産された大豆並びに北海道で生産されたとうもろこし及びなたね	一
新潟、石川の各県で生産された大豆並びに青森、岩手、宮城、秋田、山形、福島、新潟、富山、石川、福井の各県で生産されたなたね	〇・五

(2)　数値を控除するもの

種類	控除する数値(%)
香川県で生産された大豆	二
宮城、福島の各県で生産された大豆	一

附中五を六とし、四を五とし、三を四とし、二の次に三として次のように加える。

三　左の種子用大豆に限り、完全粒の最低限度は、本表の数値から左の数値を控除したものとし、被害粒の最高限度は、本表の数値に左の数値を加算したものとする。

北海道で生産されたもの	五%
栃木県及び岐阜県で生産されたもの	三%

◉農林省告示第七百四十三号

静岡県安倍郡所在の井川第二地区について、農地法施行令（昭和二十七年政令第四百四十五号）第四条本文但書の規定に基き、同条第二号の傾斜度の基準を次の通り定める。

昭和二十八年十月三十日　　農林大臣　保利　茂

地区名	傾斜度の基準	上記の基準を受ける土地
井川第二地区	二五度以下であること	静岡県安倍郡井川村大字上坂木字松本二五三、大字田代字井森平一八〇、大字井川オツコドコ二〇〇三、大字井川字中ツコ一九九〇ノ一ノ一、大字田代字八木尾又八六三ノ二、大字上坂本字村上三四ノ三、大字井川字西山平一六七九、大字岩崎字ヨリタ二八、大字井川字松山投一五六〇、大字井川字上田五四七ノ二、大字井川字上栗尾峰一三七三、大字田代字割田原三三三ノ一

◉農林省告示第七百四十四号

狩猟法（大正七年法律第三十二号）第九条の規定に基き、次のように五禁猟区を設置する。

昭和二十八年十月三十一日　　農林大臣　保利　茂

一　名称　集禁猟区
二　禁猟区域　福島県東白川郡宮本村大字松川字三株国有林のうち五七林斑
三　禁猟期間　昭和二十八年十一月一日から昭和三十三年十月三十一日まで

一　名称　草津禁猟区
二　禁猟区域　群馬県吾妻郡草津町国有林のうち五四林斑から六〇林斑まで、六三林斑、六九林斑、七一林斑及び七二林斑
三　禁猟期間　昭和二十八年十一月一日から昭和三十三年十月三十一日まで

一　名称　太田西山禁猟区
二　禁猟区域　茨城県久慈郡誉田村大字新宿において源氏川に架設した源氏橋を基点として、同所から源氏川にそつて北にさかのぼり増井橋に至り、同橋から県道太田・大子線にそつて西北に進み、同郡山田村和田において県道河合・天下野線に至り、同所から同県道にそつて南方に進み県道太田・大宮線との十字路を横切り、更に南方に進み県道太田・石塚線に至り、同所から同県道にそつて東方に進んで源氏川に至り、同所から同川の西側堤とうにそつて北方に進んで基点に至る線によつて囲まれた一円の区域
三　禁猟期間　昭和二十八年十一月一日から昭和三十八年十月三十一日まで

一　名称　高岡村禁猟区
二　禁猟区域　茨城県多賀郡松岡町大字関口において県道日立勿来線と関

口鳥會根線との分岐点を基点として、同所から県道関口鳥會根線にそつて同町滝脇及び金成を経て松岡町と高岡村との境界線に至り、同所から同境界線にそう山道にそつて北西方に進み徳川林道に至り、同所から同林道にそつて高岡村大字若栗において県道高萩・徳田線に至り、同所から同県道にそつて西北方に進み、同村大字下君田において大北川林道の分岐点に至り、同所から同林道にそつて東方に進み同村横川において、県道磯原・君田線に至り、同所から同県道にそつて東方に進み高岡村と磯原町との境界線に至り、同所から同境界線にそつて南方に進み十里上峠に至り、同所から磯原町と南中郷村との境界線にそつて東南方に進み、第一発電所水槽に至り、更に同発電所を経て大北川林道に至り、同所から同林道にそつて東南方に進み大北川支流に至り、同所から同支流にそつてさかのぼり、横川から仙道坂に通ずる里道に至り、同所から同里道にそつて県道高萩・徳田線に至り、同所から同県道にそつて東南方に進んで基点に至る線によつて囲まれた一円の区域

三　禁猟期間　昭和二十八年十一月一日から昭和三十八年十月三十一日まで

一　名称　大代禁猟区

二　禁猟区域　静岡県榛原郡五和村大字大代字大代国有林、同郡同村大字高熊字高熊国有林、同県小笠郡原泉村大字黒俣国有林、同村大字居尻字禾ノ脇国有林

三　禁猟期間　昭和二十八年十一月一日から昭和三十八年十月三十一日まで

◉農林省告示第七百四十五号

狩猟法(大正七年法律第三十二号)第十四条第一項の規定に基き、昭和二十八年十月二十八日次のように猟区の設定を認可した。

昭和二十八年十月三十一日

農林大臣　保利　茂

一　猟区の名称　山梨県西八代郡上九一色村本栖猟区

二　事務所の位置　山梨県西八代郡市川大門町西八代地方事務所林務課内

三　猟区の区域　山梨県西八代郡上九一色村本栖地内において、県道吉田富士宮線と山梨県・静岡県との境界線との交叉点を基点として、同所から同境界線にそつて西方に進み、雨ヶ岳三角点に至り、同点から同郡古関村と富里村との境界線にそつて北方に進み、富里村樋代から仏峠に通ずる山道に至り、同所から同山道にそつて仏峠に至り、同所から峰伝いの山道にそつて北方に進み、標高一、二四七・三メートル三角点を経て更に北方に進み、古関村中屋敷から中之倉峠に至る山道に至り、同所から同山道にそつて東方に進み、中之倉峠を経て古関村精進部落からパノラマ台に通ずる山道に至り、同所から山道にそつて南方に進み、標高一、二五七・四メートル三角点を経て尾根伝いの山道にそつて南方に進み、前記県道に至り、同所から同県道にそつて南方に進んで基点に至る線によつて囲まれた区域

四　猟区の存続期間　昭和二十八年十一月一日から昭和三十八年十月三十一日まで

五　入猟承認料　一人一日三百円　但し、クマ、イノシシ、オスジカの狩猟にあつては一人一日千円

◉農林省告示第七百四十六号

昭和二十三年十一月農林省告示第二百五十三号で公示した富士山麓禁猟区につき、次の区域を禁猟区域から除外する。

昭和二十八年十月三十一日

農林大臣　保利　茂

山梨県西八代郡上九一色村本栖地内において、県道吉田富士宮線と山梨県・静岡県との境界線との交点を基点として、同所から同境界線にそつて西方に進み雨ヶ岳三角点に至り、同点から同郡古関村と富里村との境界線にそつて北方に進み富里村樋代から仏峠に通ずる山道に至り、同所から同山道にそつて仏峠に至り、同所から峰伝いの山道にそつて北方に進み、標高一、二四七・三メートル三角点を経て更に北方に進み、古関村中屋敷から中之倉峠に至る山道に至り、同所から同山道にそつて東方に進み、中之倉峠を経て古関村精進部落からパノラマ台に通ずる山道に至り、同所から山道にそつて南方に進み、標高一、二五七・四メートル三角点を経て尾根伝いの山道にそつて南方に進み、前記県道に至り、同所から同県道にそつて南方に進んで基点に至る線によつて囲まれた区域

◉農林省告示第七百四十七号

牧野法（昭和二十五年法律第百九十四号）第三条第六項の規定により、滋賀県営伊吹放牧場管理規程を認可したから、牧野法施行規則（昭和二十五年農林省令第八十七号）第十条の規定により、次のように公示する。

昭和二十八年十月三十一日

農林大臣　保利　茂

一　牧野の所在、地番及び地目　滋賀県坂田郡伊吹村大字上野字伊吹山一八五五番地　山林

二　認可の年月日　昭和二十八年十月三十一日

◉農林省告示第七百四十八号

国営競馬場厩舎貸付規程（昭和二十四年農林省告示第五十六号）の一部を次のように改正し、昭和二十八年八月一日から適用する。

昭和二十八年十月三十一日

農林大臣　保利　茂

附録第一号表の阪神競馬場の項の厩舎区分の欄中「A一、二、三、四、五」を「A一－七」に、同表中「阪神A一、二、三、四の附属馬糧庫及び馬丁宿舎」を「阪神A一－四の附属馬糧庫及び馬丁宿舎」に改める。

附録第二号表の阪神競馬場の項の厩舎区分の欄中「A一、二、三、四、五」を「A一－七」に改める。

◉**農林省告示第七百四十九号**（官報号外八〇）

農産物価格安定法（昭和二十八年法律第二百二十五号）第五条第一項の規定に基き、昭和二十八年産の甘しょ及び馬鈴しょの原料基準価格並びに昭和二十八年産の甘しょ生切干、甘しょでん粉及び馬鈴しょでん粉の政府買入価格を次のように定める。

昭和二十八年十月三十一日

農林大臣　保利　茂

第一　甘しょ及び馬鈴しょの原料基準価格

甘しょ	一〇貫につき	二八〇円
馬鈴しょ	〃	二二〇

一　この表の甘しょの価格は、でん粉歩留（甘しょ並でん粉を製造した場合における原料甘しょの重量に対する甘しょ並でん粉の重量の百分比をいう。以下同じ）が二〇%以上の甘しょの価格とし、でん粉歩留が二〇%に満たない甘しょの価格は、でん粉歩留を一%を減ずるごとにこの表の価格から一四円ずつを差し引いて得た額とする。

二　この表の価格は、裸の甘しょ又は馬鈴しょの価格である。

三　この表の価格は、その甘しょ又は馬鈴しょが生産された市町村の区域内において受渡が行われる場合の価格である。

第二　甘しょ生切干、甘しょでん粉及び馬鈴しょでん粉の政府買入価格

種類	量目	政府買入場所の所在地	等級別価格 一等	二等	三等
甘しょ平切干	正味八貫につき		八二四円	八〇〇円	―円
	正味一〇貫につき		一、〇三〇	一、〇〇〇	―
	正味一六貫につき		一、六四八	一、六〇〇	―
甘しょ並でん粉	正味六貫につき	東京都	一、一四三	一、〇九五	一、〇六五
		名古屋市	一、一四〇	一、〇九二	一、〇六二
		大阪市	一、一六一	一、一一三	一、〇八三
		広島市	一、一四九	一、一〇一	一、〇七一
		福岡市、門司市、小倉市、戸畑市及び久留米市	一、一五五	一、一〇七	一、〇七七
		その他農林大臣の定める政府買入場所の所在地	一、一二五	一、〇七七	一、〇四七
馬鈴しょ未粉でん粉	正味六貫につき	小樽市	一、一七〇	一、一四五	―
		釧路市	一、一六五	一、一四〇	―
馬鈴しょ精製でん粉	正味六貫につき	小樽市	一、一九八	一、一七三	―
		釧路市	一、一九〇	一、一六五	―

一　この表の種類及び等級は、それぞれ農産物規格規程（昭和二十六年農林省告示第百三十三号）に規定する種類及び等級とする。

二　この表の価格は、容器入りのものの価格である。

三　この表の甘しょ平切干の価格は、福岡県、山口県、広島県、岡山県、兵庫県及び大阪府の区域内にある政府倉庫又は政府指定倉庫において当該府県以外の府県の区域内において生産された甘しょ平切干を政府が買い入れる場合の価格である。

四　三に規定する府県の区域内の政府倉庫又は政府指定倉庫において当該府県において生産された甘しょ平切干を買い入れる場合又は三に規定する府県以外の県であつて農林大臣の指定するものの区域内の政府倉庫又は政府指定倉庫において政府が買い入れる場合の価格は、この表の価格から正味八貫につき二四円を、正味一〇貫につき三〇円を、正味一六貫につき四八円をそれぞれ差し引いて得た額とする。

◉**農林省告示第七百五十号**

（官報号外八〇）

昭和二十七年十月農林省告示第五百四十三号（指定都道府県における木炭の規格の特例に関する件）の一部を次のように改正し、昭和二十八年十二月一日から施行する。

昭和二十八年十月三十一日

農林大臣　保利　茂

一の2の表中「富山　(ホ)」を「富山　(ホ)　石川　(ヘ)」に、二の表中「山口　白炭一二　黒炭一二」を「山口　白炭一二　黒炭七・五（切丸及び切割に限る。）及び一二」に改める。

このページは空白とする。

◉農林省告示第七百五十一号

昭和二十八年十月二十八日区画漁業を次のとおり免許した。

昭和二十八年十一月五日　農林大臣　保利　茂

漁場計画の際の公示番号	免許番号	漁業権者の住所氏名	免許の内容
農区第三十二号	農区第三十二号	佐賀県佐賀郡大詫間村　代表者　大詫間村漁業協同組合外一組合	昭和二十八年十月五日農林省告示第六百八十二号の公示の通り
農区第三十三号	農区第三十三号	福岡県柳川市　福岡県有明海漁業協同組合連合会	〃
農区第三十四号	農区第三十四号	〃	〃
農区第三十五号	農区第三十五号	〃	〃
農区第三十六号	農区第三十六号	〃	〃
農区第三十七号	農区第三十七号	〃	〃
農区第三十八号	農区第三十八号	〃	〃
農区第三十九号	農区第三十九号	〃	〃

◉農林省告示第七百五十二号

森林法(昭和二十六年法律第二百四十九号)第四十一条の規定により、次の土地を保安施設地区に指定する。

昭和二十八年十一月六日　農林大臣　保利　茂

和歌山県日高郡上山路村大字東字折川一七九〇(但し、全面積の内見込一畝一五歩)、一七九二(但し、全面積の内見込一畝一五歩)、上南部村大字西本庄字奥谷五四三(但し、全面積の内見込一畝)、五四四(但し、全面積の内見込一一歩)、五六二(但し、全面積の内見込一反九畝一歩)、川上村大字初湯川字広原二二四五ノ一(但し、全面積の内見込六反八畝)、西牟婁郡栗栖川村大字内井川字芦立七〇二(但し、全面積の内見込三反五畝)、串本町大字高富字下佐八七五の一(但し、全面積の内見込一〇歩)、八七六(但し、全面積の内見込一反九畝)、八七六の一(但し、全面積の内見込三反一畝)、八九三(但し、全面積の内見込三畝)、二川村大字温川字桑犬田六八一(但し、全面積の内見込四反四畝五歩)、東牟婁郡四村大字久保野字西畑九六一(但し、全面積の内見込七畝)、明神村大字川口字船戸四七〇(但し、全面積の内見込二三歩)、四七八(但し、全面積の内見込二四歩)、高池町大字池ノ山字国広一六七六(但し、全面積の内見込一二町五反)、田原村大字下田原字宝島四〇三七(但し、全面積の内見込三畝)、四〇六八、四〇七〇、色川村大字田垣内字鎌ノ坂一八五一ノ一三(但し、全面積の内見込八畝一六歩)、一八五一ノ一四(但し、全面積の内見込一反)、一八五二ノ一(但し、全面積の内見込三畝)、一八五二ノ三(但し、全面積の内見込二反八畝)、一八五三ノ一(但し、全面積の内見込一四歩)
有効期間　一年

日高郡高城村大字土井字沼川谷五三一(但し、全面積の内見込一町)、下山路村大字甲斐川字大瀬才ノ谷一〇六八(但し、全面積の内見込七反五畝)、西牟婁郡上秋津村字迫戸五四五ノ一(但し、全面積の内見込六反四畝五歩)、六〇一ノ一(但し、全面積の内見込三歩)、六〇一ノ一三(但し、全面積の内見込一二歩)
有効期間　二年

以上和歌山県知事の申請に係るものであつて、土砂流出防備のため必要と認めるもの

日高郡寒川村大字串本糠崩一〇〇七の五(但し、全面積の内見込一反五畝)、字出瀬一〇〇五の一(但し、全面積の内見込三反五畝)、字清滝一〇四〇の三(但し、全面積の内見込二反)、中山路村大字安井字上村一〇八二(但し、全面積の内見込一畝)、一〇八三、一〇八六(但し、全面積の内見込三反二畝二四歩)、明神村大字直見字大谷八二六、八二九から八三一まで、大字川口字古川三一八、字中山二二二(但し、全面積の内見込一反一畝)、二七五、二九六、三一八ノ二
有効期間　一年

以上和歌山県知事の申請に係るものであつて、土砂崩壊防備のため必要と認めるもの

日高郡南部町大字南道字浜端一二〇四地先(但し、見込三畝二一歩)、一二一四の続地先(但し、見込一畝二八歩)、切目村大字島田字浪際三二五八の内(但し、全面積の内見込二畝一〇歩)、東牟婁郡那智町大字天満字木戸浦四四一ノ一地先(但し、見込九畝)、下里町大字下里字天満二五七九地先(但し、見込三畝二一歩)、三五八〇ノ二地先(但し、見込九歩)　有効期間　一年

以上和歌山県知事の申請に係るものであつて、潮害防備のため必要と認めるもの

◉農林省告示第七百五十三号

森林法(昭和二十六年法律第二百四十九号)第四十一条の規定により、次の土地を保安施設地区に指定する。

昭和二十八年十一月六日　農林大臣　保利　茂

青森県東津軽郡横内村大字横内字八重菊六一(但し、全面積の内見込七一町)
有効期間　三年

三戸郡戸来村字石無坂三ノ一、字雨池一一ノ四一(但し、全面積の内見込二三一町九反二畝)　有効期間　七年

以上青森県知事の申請に係るものであつて、水源かん養のため必要と認めるもの

中津軽郡相馬村大字湯口字一の下り山一一二(但し、全面積の内見込一反)、一一四(但し、全面積の内見込五畝)、一二九(但し、全面積の内見込五畝)
有効期間　三年

南津軽郡尾崎村大字尾崎字木戸口一七八(但し、全面積の内見込一五町一反)、三戸郡留崎村大字泉山字矢吹沢七ノ七(但し、全面積の内見込二町)、七六ノ三、大字梅内字駒木八一ノ三から八ノ五まで、田子町大字相米字内ノ沢平七六ノ一(但し、全面積の内見込四反)、七六ノ二(但し、全面積の内見込

一町九反)、字甲地三三ノ二（但し、全面積の内見込一町四反)、三戸郡田子町大字田子字白椛八九ノ一、八九ノ二

有効期間　五年

三戸郡上郷村大字遠瀬字水沢七ノ一七、七ノ二五、西津軽郡赤石村大字館前字津軽沢一ノ二（但し、全面積の内見込四町九反六畝)

有効期間　七年

以上青森県知事の申請に係るものであつて、土地流出防備のため必要と認めるもの

三戸郡市川村字下揚一八六（但し、全面積の内見込一〇町)

有効期間　一年

上北郡百石町字三川目七三（但し、全面積の内見込二三町五反)

有効期間　三年

西津軽郡越水村大字越水字神山二七九（但し、全面積の内見込九町九反四畝)、二八二（但し、全面積の内見込二六町二反)、二八五（但し、全面積の内見込六四町五反)、二八七（但し、全面積の内見込一九町五反)

有効期間　五年

上北郡大三沢町大字三沢字浜通一四五（但し、全面積の内見込一〇〇町)

有効期間　七年

以上青森県知事の申請に係るものであつて、飛砂防備のため必要と認めるもの

西津軽郡深浦町大字追良瀬字汐見山平二一〇ノ一（但し、全面積の内見込八町)、字相ノ山大平一二四ノ一（但し、全面積の内見込一一町)

有効期間　二年

西津軽郡深浦町大字深浦字岡崎大間九八ノ三二（但し、全面積の内見込一町一反五畝)、九八ノ三三（但し、全面積の内見込三町七反)、九八ノ一二四（但し、全面積の内見込一町八反五畝)、九八ノ一九三（但し、全面積の内見込三町五反)、九八ノ一九六（但し、全面積の内見込二〇歩)、九八ノ一九七（但し、全面積の内見込三反五歩)、九八ノ一九八（但し、全面積の内見込三反一〇歩)、九八ノ一九九（但し、全面積の内見込四反一畝二〇歩)、九八ノ二〇〇（但し、全面積の内見込四反一畝五歩)、九八ノ二〇一（但し、全面積の内見込一反二畝八歩)、九八ノ二〇二（但し、全面積の内見込一反四畝二三歩)、九八ノ二〇三（但し、全面積の内見込一反四畝三歩)、九八ノ二〇四（但し、全面積の内見込一反六畝)、九八ノ二〇五（但し、全面積の内見込一反五畝)、九八ノ二〇六（但し、全面積の内見込三反二〇歩)、九八ノ二〇七（但し、全面積の内見込一反六畝)、九八ノ二〇八（但し、全面積の内見込二反八歩)、九八ノ二〇九（但し、全面積の内見込二反三畝七歩)、九八ノ二一〇、九八ノ二一一（但し、全面積の内見込二反一畝)、九八ノ二一三（但し、全面積の内見込三反)、九八ノ二一四（但し、全面積の内見込一反二〇歩)、九八ノ二一五（但し、全面積の内見込一反五畝)、九八ノ二一六（但し、全面積の内見込二反一畝)、九八ノ二一七（但し、全面積の内見込一反三畝)、九八ノ二一八（但し、全面積の内見込一反三畝)、九八ノ二一九（但し、全面積の内見込二反三畝)、九八ノ二二〇、西津軽郡深浦町大字艫作字鍋石九五ノ一（但し、全面積の内見込七町)、一二二ノ一（但し、全面積の内見込一〇町)

有効期間　三年

以上青森県知事の申請に係るものであつて、風害防備のため必要と認めるもの

西津軽郡中村大字中村字下清水崎一七三ノ一（但し、全面積の内見込五畝)、二二六ノ一（但し、全面積の内見込一町七反六畝)、上清水崎八一ノ一（但し、全面積の内見込一町六反九畝)、九七ノ二（但し、全面積の内見込一町四反)、一二〇ノ一（但し、全面積の内見込五反)、鳴沢村大字湯舟字姥袋二三ノ一（但し、全面積の内見込一町五反二畝)、字七尾一六七ノ二（但し、全面積の内見込二反八畝)

有効期間　二年

西津軽郡深浦町大字深浦字杉山沢二二ノ二（但し、全面積の内見込七町二反五畝)、二二ノ二三（但し、全面積の内見込二町八反)

有効期間　三年

上北郡四和村大字滝沢字上指久保六四（但し、全面積の内見込一六町四反)、六九（但し、全面積の内見込一六町二反)

有効期間　四年

以上青森県知事の申請に係るものであつて、火災防備のため必要と認めるもの

◉農林省告示第七百五十四号

森林法（昭和二十六年法律第二百四十九号）第二十六条の規定により、次の保安林を解除する。

昭和二十八年十一月六日

農林大臣　保利　茂

山形県南置賜郡南原村大字大平字渋川八四七ノ一（但し、台帳四一町四反四畝九歩の内見込六町五反)、字狸倉八四九（但し、台帳四三町の内見込六町五反)

以上篠原鉱業株式会社龍起鉱業所所長菅原栄三郎の申請に係るものであつて、土砂流出防備のため指定されたものを鉱業用施設敷地とする必要を認めるもの

◉農林省告示第七百五十五号

森林法（昭和二十六年法律第二百四十九号）第二十六条の規定により、次の保安林を解除する。

昭和二十八年十一月六日

農林大臣　保利　茂

福島県耶麻郡吾妻村大字若宮字横向山甲二九八七イノ一（但し、台帳一六〇町九反八畝一二歩の内実測一町九反七畝七歩)

以上水源かん養のため指定されたものを送電線敷地とする必要を認めるもの

河沼郡柳津町大字藤字塩峰一六、三二（以上二筆合計　但し、台帳二町四反七畝一四歩の内実測四反一四歩)

以上なだれ防止のため指定されたものを発電ダム湛水区域とする必要を認めるもの

◉農林省告示第七百五十六号

農業災害補償法（昭和二十二年法律第百八十五号）第百十五条第二項、農業災害補償法に基く家畜共済の臨時特例に関する法律（昭和二十八年法律第二百四十四号）第四条第二項及び農業災害補償法施行規則（昭和二十二年農林省令第九十五号）第十六条第一項第五号の規定に基き、繋殖和牛について農林大臣の指定する地域並びに当該地域

に適用する共済掛金標準率及び診療賦課標準率を次のように定める。

昭和二十八年十一月七日

農林大臣　保利　茂

一　指定地域

兵庫県農業共済組合連合会の区域中

佐用支部
宍粟支部
城崎支部
出石支部
養父支部
朝来支部
美方支部
氷上支部
津名支部
三原支部の地域

二　右の地域に適用する共済掛金標準率及び診療賦課標準率

指定地域	死亡廃用共済共済掛金標準率	死廃病傷共済 共済掛金標準率 第1種	死廃病傷共済 共済掛金標準率 第2種	死廃病傷共済 診療賦課標準率
兵庫県農業共済組合連合会 14 佐用支部	% 2.7	% 2.82	% 2.94	% 0.2
15 宍粟支部	2.7	2.82	2.94	0.2
16 城崎支部	2.7	2.81	2.86	0.2
17 出石支部	3.0	3.08	3.16	0.2
18 養父支部	3.2	3.34	3.48	0.3
19 朝来支部	3.0	3.14	3.28	0.3
20 美方支部	3.3	3.35	3.40	0.1
21 氷上支部	3.2	3.34	3.48	0.3
23 津名支部	3.3	3.44	3.58	0.3
24 三原支部	3.3	3.43	3.56	0.2

備考

1　死廃病傷共済 共済 掛 金標 準率中死亡及び廃用による損害に対応する部分の率は、死亡廃用共済共済掛金標準率と同率とする。

2　有畜農家創設計画によつて導入した家畜を導入後一年以内に死亡廃共済に付する場合に限り、当該共済掛金期間において当該家畜に適用する共済掛金標準率はこの表の死亡廃用共済共済掛金標準率の$\frac{110}{100}$とし、又死廃病傷共済に付する場合に限り、当該共済掛金期間において当該家畜に適用する共済掛金標準率の死亡及び廃用による損害に対応する部分の率はこの表の死亡廃用共済共済掛金標準率の$\frac{110}{100}$とし、共済掛金標準率はこの表の死亡廃用共済共済掛金標準率の$\frac{10}{100}$とこの表の死廃病傷共済共済掛金標準率とを加えて得た率とする。

◉農林省告示第七百五十七号

森林法（昭和二十六年法律第二百四十九号）第四十一条の規定により、次の土地を保安施設地区に指定する。

昭和二十八年十一月七日

農林大臣　保利　茂

香川県小豆郡豊島村大字唐櫃字栄山二八九〇、二八九四（但し、全面積の内見込一畝九歩）、二八九五の一（但し、全面積の内見込二反二畝七歩）、二八九五の三

有効期間　一年

綾歌郡土器村字山下乙二六一の一（但し、全面積の内見込七町一畝）

有効期間　二年

大川郡福栄村大字入野山字上末国二一八七（但し、全面積の内見込二町）、二四三九（但し、全面積の内見込三町）、二四四一（但し、全面積の内見込三町）、二四四二（但し、全面積の内見込四町）、二四四三（但し、全面積の内見込四町）、二四四四（但し、全面積の内見込一町）、字端二五三〇（但し、全面積の内見込二町）、二五三二（但し、全面積の内見込一町）

有効期間　三年

以上香川県知事の申請に係るものであつて、土砂流出防備のため必要と認めるもの

綾歌郡美合村大字勝浦字茂地倉二三三二五、二三三一の一（但し、全面積の内見込九反九畝二歩）

有効期間　一年

以上香川県知事の申請に係るものであつて、土砂崩壊防備のため必要と認めるもの

◉農林省告示第七百五十八号

蚕糸業法（昭和二十年法律第五十七号）第四条第一項又は第五条の規定により政府が製造する原原蚕種の配付料金を次のように定め、昭和二十八年十二月一日から施行する。

昭和二十八年十一月七日

農林大臣　保利　茂

一蛾につき　八十円

◉農林省告示第七百五十九号

蚕糸業法施行規則（昭和二十年農林省令第三十一号）第四十三条ノ二第二項但書の規定に基き、同項但書の一定数量を次のように定める。

昭和二十八年十一月七日

農林大臣　保利　茂

一年間　五、〇〇〇瓦

◉農林省告示第七百六十号

蚕糸業法施行規則（昭和二十年農林省令第三十一号）第九条の規定に基き同条の一定金額を次のように改め、昭和二十一年農林省告示第百七号（蚕糸業法施行規則第九条ニ基ク条件ノ件）は、廃止する。

昭和二十八年十一月七日

農林大臣　保利　茂

蚕糸業法施行規則第九条の農林大臣ノ定ムル一定金額は八十円とする。

◉農林省告示第七百六十一号

肥料取締法（昭和二十五年法律第百二十七号）第七条の規定により、昭和二十八年九月二十一日付をもつて左の肥料を登録し、登録証を交付した。

昭和二十八年十一月七日

農林大臣　保利　茂

登録番号	肥料の名称	保証成分量（%）	輸入業者の氏名又は名称及び住所
輸第四九一号	六一・〇塩化加里	水溶性加里　六一・〇	東京都千代田区丸の内一の二の一　第一物産株式会社　常務取締役　水上達三

◉農林省告示第七百六十二号

昭和二十八年六月及び七月の水害による被害農林漁業者等に対する資金の融通に関する特別措置法（昭和二十八年法律第二百三十四号）第三条第十三号の規定に基き、同号の農業共済組合連合会を次のように指定する。

昭和二十八年十一月九日　農林大臣　保利　茂

奈良県農業共済組合連合会
和歌山県農業共済組合連合会
福岡県農業共済組合連合会

◉農林省告示第七百六十三号

獣医師法（昭和二十四年法律第百八十六号）第十六条第二項の規定に基き、獣医師免許審議会が同法第十一条の規定に基いて行う獣医師国家試験に関し、次のように告示する。

昭和二十八年十一月九日　農林大臣　保利　茂

獣医師法第十一条の規定に基く第五回獣医師国家試験は、次により行われる。

(一)　試験の場所及び期日

場所	期日
北海道河西郡川西村　帯広畜産大学	昭和二十九年三月三日から同年三月五日まで
東京都北多摩郡府中町　東京農工大学	昭和二十九年三月三日から同年三月六日まで
東京都武蔵野市境　日本獣医畜産大学	右に同じ
大阪府堺市大仙町　浪速大学	昭和二十九年三月三日から同年三月四日まで
鳥取県鳥取市吉方町　鳥取大学	右に同じ
鹿児島県鹿児島市上荒田町　鹿児島大学	右に同じ

(二)　受験資格

(1)　獣医師法第十二条第一号に規定する正規の大学において獣医学の四年以上にわたる課程を修めて、これを昭和二十八年に卒業した者又は昭和二十九年三月卒業する見込の者

(2)　獣医師法第十二条第二号に規定する外国の獣医学校を卒業し、又は外国で獣医師の免許を得た者であつて獣医師免許審議会が同条第一号に掲げる者と同等以上の学力及び技能を有すると認定したもの

(3)　学校教育法（昭和二十二年法律第二十六号）第九十八条の規定により、旧大学令（大正七年勅令第三百八十八号）による大学として存続した学校で獣医師免許審議会が認めたものの農学部獣医科を昭和二十六年三月以降に卒業した者、又は同条の規定により旧専門学校令（明治三十六年勅令第六十一号）による専門学校として存続した学校の獣医学科を昭和二十六年三月卒業し、且つ、それぞれの学校の専攻科一年の課程を修め、これを昭和二十七年三月卒業した者

(4)　獣医師法附則第六項、第七項若しくは第十八項、又は旧獣医師法（大正十五年法律第五十三号）第一条の規定により獣医師の免許を受けた者であつて、四年以上獣医師としての経験があるもの

(三)　試験科目及び方法

科目　家畜生理学、家畜病理学、家畜解剖学、家畜伝染病学、家畜内科学、家畜外科学、家畜臨床繁殖学及び公衆衛生

方法　学説試験及び実地試験

(四)　受験願書の提出期限　昭和二十九年一月二十日

(五)　受験手続

(1)　試験を受けようとする者は、受験願書に左に掲げる書類を添え、これを獣医師免許審議会長に提出しなければならない。

ア　履歴書

イ　(二)の(1)に該当する者のうち、卒業者にあつては卒業証明書を、卒業見込の者にあつては、卒業見込証明書

(二)の(2)に該当する者は、外国の獣医学校を卒業し、又は外国の獣医師たることを証する書面

(二)の(3)に該当する者は、卒業証明書

(二)の(4)に該当する者は、獣医師免許証写

ウ　写真（出願前六箇月以内に脱帽半身で撮影した手札型のもので、裏面に氏名及び撮影年月日を記入したもの）

(2)　試験を受けようとする者は、手数料として六百円を収入印紙で納付しなければならない。この場合、収入印紙は受験願書にはりつけるものとし、これに消印してはならない。

(3)　受験願書を郵送する者は、書留郵便で封筒に「獣医師国家試験受験願書在中」と朱書し、東京都千代田区霞ヶ関二丁目二番地農林省畜産局内　獣医師免許審議会に送付すること。

◉農林省告示第七百六十四号

森林法（昭和二十六年法律第二百四十九号）第四十一条の規定により、次の土地を保安施設地区に指定する。

昭和二十八年十一月九日　農林大臣　保利　茂

兵庫県洲本市大字千草巳字久保谷　巳五九八、巳六〇〇、字中繁　巳六一八ノ一、巳六二〇、字細七五四、七五二、有馬郡三輪町大字香下字於石ヶ谷一六七八、一六九四から一六九六まで、一六九八、一六九九、一七〇三、一七〇四、字志の尾一七二三、一七二四ノ一、一七三八、一七四〇、字小屋ヶ谷一八三四、一八三五、一八五八、一八五九、一八六〇ノ一、一八六四、一八七七、大字志手原字城ヶ谷一七九、字ナツヤケ一一一五、一一一八、一一二一、一一二二、高平村大字市之瀬字岩袖谷西二七四ノ一、二七七ノ三、二七七ノ一六、字夏焼二七八ノ

一、加東郡上福田村大字上三草字三草山一一三六ノ三、西脇市上野町字大谷山四三三ノ三（但し、全面積の内見込二町二反）、四三三ノ七、四三三ノ一一、高松町字金城山六三五ノ九、野村町字中ノ多和一七九三ノ一、一七九三ノ五、字笹野一七九四ノ二（但し、全面積の内見込六町六反）、字市ゴ谷一八〇〇ノ四、一八〇〇ノ一一、多可郡中町大字奥中字奥北野九八〇ノ二（但し、全面積の内見込一町九反）、黒田庄村大字福地字ナメラ谷六七二ノ一二、松原谷村大字市原字北山六九三ノ二、加西郡多加野村大字山田字古坂ヲク八二九ノ九、大字河内字大野七九ノ三、大字和泉字新条一一三六八ノ一（但し、全面積の内見込二町）、大字横大路字西之山一一四五ノ一（但し、全面積の内見込一町五反）、姫路市大字上手野字西山四四三、四四三ノ二、四四三ノ六から四四三ノ一二まで、四四三ノ一四から四四三ノ一七まで、四四三ノ一九から四四三ノ二五まで、四四三ノ二九、四四三ノ三〇、四四三ノ三八、広畑区大字蒲田字東宮山一六二〇ノ五三、一六二〇ノ五九から一六二〇ノ六二まで、字北ベリ一六二一ノ五、一六二一ノ六、一六二一ノ一一から一六二一ノ一三まで、飾磨郡置塩村大字山富字氷室二六ノ二（但し、全面積の内見込一〇町）、菅野村大字寺字鯰尾一九五四から一九五八まで、字清水山二〇四四、佐用郡久崎町大字櫛田字滝谷一三〇ノ七九（但し、全面積の内見込四町五反）、字須山五九五ノ四〇ノ四（但し、全面積の内見込五反）、相生市大字陸字勝田谷一四九八ノ一、一四九八ノ二、字大平一四九六ノ三〇、一四九六ノ三二、赤穂市大字大津字帆坂二〇三〇ノ四六から二〇三〇ノ五六まで、二〇三〇ノ六一から二〇三〇ノ八五まで、二〇三〇ノ一六〇から二〇三〇ノ一七三まで、二〇三〇ノ一九九から二〇三〇ノ二〇一まで、赤穂郡若狭野村大字下土井字山サキ六五〇ノ一二、六五〇ノ一三、六五〇ノ五六、六五〇ノ六五、六六六ノ六から六六六ノ八まで、字池の内四三九ノ九から四三九ノ一三まで、大字福井字中ノ谷七九三ノ七二から七九三ノ七四まで、朝来郡竹田町大字久世田字下山一四、二四、字日向尾二八、二九、三〇（但し、全面積の内見込八反九畝二五歩）、字大路日向二二二ノ一（但し、全面積の内見込一二町一反）、氷上郡美和村大字乙河内字勘大次一〇（但し、全面積の内見込二反）、一〇ノ五、一〇ノ六、一二、一六ノ一、一六ノ二、三原郡松帆村大字笥飯野慶野組字本谷一一五一から一一五六まで、一一五九、一一六〇ノ一、一一六〇ノ二、字市子谷一一八四、一一八五、一一九六、一二〇〇ノ一、一二〇一、一二〇二、字二五谷一二四九、榎列村大字幡多上組字二ノ宮山八五六ノ一から八五六ノ三まで、字岩口山一四七五ノ一、一四七五ノ一三、一四七五ノ一四、加東郡中東条村大字岡本字魚ヶ尾一六一二ノ三、一六一二ノ四、字新血池一六四七ノ五九から一六四七ノ六二まで、龍野市揖西町大字土師字大陣原九五四ノ七四、大字竹原字友ヶ谷九六七ノ二から九六七ノ四まで、大字長尾字薬師山一〇三二ノ四五、一〇三二ノ四八、一〇三二ノ四九、一〇三二ノ五一、一〇三二ノ五九、字三ノ谷一〇三四ノ四、一〇三四ノ七

有効期間　一年

有馬郡高平村大字木器字間谷山九五四ノ一

有効期間　三年

印南郡西志方村大字原字荒神谷東口南側一〇七三ノ一（但し、全面積の内見込五町）、一〇七三ノ二、一一七七、一〇八〇ノ一（但し、全面積の内見込五〇町）

有効期間　四年

以上兵庫県知事の申請に係るものであつて、土砂流出防備のため必要と認めるもの

佐用郡久崎町大字櫛田字小瀬の内二二ノ一四（但し、全面積の内見込七反）、赤穂市大字大津字帆坂二〇三〇ノ三七二から二〇三〇ノ三八一まで、二〇三〇ノ三八八から二〇三〇ノ四〇二まで、赤穂郡若狭野村大字下土井字池ノ下三四〇ノ一六、三四〇ノ一七、赤穂市高雄町大字真殿字川東九九四ノ一八から九九四ノ二一まで、九九四ノ二五から九九四ノ三二まで、九九四ノ三六から九九四ノ四九まで、九九四ノ五〇ノ甲、九九四ノ五六から九九四ノ五九まで、九九四ノ六一から九九四ノ六七まで

有効期間　一年

以上兵庫県知事の申請に係るものであつて、土砂崩壊防備のため必要と認めるもの

美方郡温泉町大字湯字滝谷山一六八五ノ二（但し、全面積の内見込三町）

有効期間　一年

以上兵庫県知事の申請に係るものであつて、なだれ防止のため必要と認めるもの

神戸市東灘区住吉町字西谷山一八七八ノ一一（但し、全面積の内見込三町二反）、兵庫区山田町下谷上字中一里山八ノ一（但し、全面積の内見込六反）、九ノ四（但し、全面積の内見込一町六反）、赤穂郡船坂村大字梨ヶ原字ホガ谷山一一六三ノ七（但し、全面積の内見込二反一畝）、一一六三ノ八（但し、全面積の内見込三畝）、字大谷一一五九ノ六（但し、全面積の内見込五畝）、一一五九ノ七（但し、全面積の内見込三畝）、一一五九ノ八（但し、全面積の内見込二反一畝）、一一五九ノ一三（但し、全面積の内見込二反七畝）、一一五九ノ一四（但し、全面積の内見込八畝）、一一五九ノ一五（但し、全面積の内見込二反四畝）、一一五九ノ一八（但し、全面積の内見込九畝）、一一五九ノ一九（但し、全面積の内見込七畝）、字木原一一六四ノ九（但し、全面積の内見込一畝）、一一六四ノ一〇（但し、全面積の内見込七畝）、一一六四ノ一一（但し、全面積の内見込五畝）、一一六四ノ一二（但し、全面積の内見込一反二畝）、一一六四ノ一三（但し、全面積の内見込八畝）、一一六四ノ一四（但し、全面積の内見込七畝）、一一六四ノ二〇（但し、全面積の内見込一反六畝）、大字落地字宮谷七九五ノ一（但し、全面積の内見込七畝）、七九五ノ二（但し、全面積の内見込一畝）、七九五ノ二ノ三ノ二（但し、全面積の内見込一反四畝）、七九五ノ二ノ三ノ三（但し、全面積の内見込一反六畝）、七九五ノ二ノ三ノ四（但し、全面積の内見込六反一畝）、七九五ノ二一（但し、全面積の内見込一反七畝）、若狭野村大字入野字一ノ谷一二五六ノ一（但し、全面積の内見込一畝）、

一二五六ノ二(但し、全面積の内見込一反六畝)、一二五六ノ三(但し、全面積の内見込四畝)、一二五六ノ四(但し、全面積の内見込二畝)、一二五六ノ五(但し、全面積の内見込一反三畝)、一二五六ノ六(但し、全面積の内見込八畝)、一二五六ノ七(但し、全面積の内見込六畝)、一二五六ノ四四(但し、全面積の内見込一反七畝)、一二五六ノ四五(但し、全面積の内見込一反)、一二五六ノ四六(但し、全面積の内見込一反)、一二五六ノ四七(但し、全面積の内見込一反五畝)、一二五六ノ四八(但し、全面積の内見込一反)、一二五六ノ四九(但し、全面積の内見込一反)、一二五六ノ五〇(但し、全面積の内見込二畝)、一二五六ノ五一(但し、全面積の内見込一反)、一二五六ノ五二(但し、全面積の内見込一反一畝)、一二五六ノ五三(但し、全面積の内見込九畝)、一二五六ノ五四(但し、全面積の内見込一反六畝)、一二五六ノ五五(但し、全面積の内見込一反一畝)、一二五六ノ五六(但し、全面積の内見込六畝)、一二五六ノ六八(但し、全面積の内見込二畝)、一二五六ノ六九(但し、全面積の内見込二畝)、一二五六ノ七〇(但し、全面積の内見込二反)、一二五六ノ七一(但し、全面積の内見込三畝)、一二五六ノ七五(但し、全面積の内見込一反六畝)、一二五六ノ七六(但し、全面積の内見込一反三畝)、一二五六ノ七七(但し、全面積の内見込五畝)、一二五六ノ一一四(但し、全面積の内見込一反五畝)、一二五六ノ一一五(但し、全面積の内見込一反八畝)、一二五六ノ一二四(但し、全面積の内見込四畝)、一二五六ノ一二五ノ一(但し、全面積の内見込二畝)、一二五六ノ一二五ノ三(但し、全面積の内見込三畝)、一二五六ノ一二七(但し、全面積の内見込一反)、字長尾一二七〇ノ三(但し、全面積の内見込七畝一六歩)、一二七〇ノ四(但し、全面積の内見込二反)、一二七〇ノ五(但し、全面積の内見込六畝一五歩)、一二七〇ノ六(但し、全面積の内見込四畝)、一二七〇ノ七(但し、全面積の内見込三畝)、一二七〇ノ九(但し、全面積の内見込一反六畝)、一二七〇ノ一〇(但し、全面積の内見込一反)、一二七〇ノ一一(但し、全面積の内見込八畝)、一二七〇ノ一二(但し、全面積の内見込四畝)、一二七〇ノ一三(但し、全面積の内見込四畝)、一二七〇ノ一四(但し、全面積の内見込四畝)、一二七〇ノ六五(但し、全面積の内見込一五歩)、一二七〇ノ六六(但し、全面積の内見込一畝)、一二七〇ノ六七(但し、全面積の内見込二畝一〇歩)、一二七〇ノ六九、一二七〇ノ七〇、一二七〇ノ七一(但し、全面積の内見込二畝)、美方郡小代村大字城山字谷山五八八ノ一(但し、全面積の内見込三町)、洲本市大字千草字千草河内　丙四六三ノ一(但し、全面積の内見込一町一反)、丙四六三ノ五(但し、全面積の内見込一町一反)、三原郡湊村大字里組字今谷一七三七ノ一(但し、全面積の内見込四畝一二歩)、一七三七ノ二(但し、全面積の内見込四畝一二歩)、一七三七ノ三(但し、全面積の内見込四畝一二歩)、一七四一ノ四(但し、全面積の内見込二畝八歩)、一七四一ノ五(但し、全面積の内見込二畝八歩)、一七四一ノ六(但し、全面積の内見込二畝八歩)、一七四一ノ七(但し、全面積の内見込二畝八歩)、一七四一ノ八(但し、全面積の内見込二畝八歩)、一七四一ノ九(但し、全面積の内見込二畝八歩)、一七四一ノ一〇(但し、全面積の内見込二畝八歩)、一七四一ノ一一(但し、全面積の内見込二畝八歩)、一七四一ノ一二(但し、全面積の内見込二畝八歩)、一七四一ノ一三(但し、全面積の内見込二畝八歩)、一七四一ノ一四(但し、全面積の内見込二畝八歩)、一七四一ノ一五(但し、全面積の内見込二畝八歩)、一七四五ノ一(但し、全面積の内見込一反一畝)、字中山一七三一(但し、全面積の内見込七町四反九畝一五歩)、字柿木谷一七二六ノ一ノ二(但し、全面積の内見込七反九畝三歩)　有効期間　一年

以上兵庫県知事の申請に係るものであつて、火災防備のため必要と認めるもの

◉農林省告示第七百六十五号

森林法(昭和二十六年法律第二百四十九号)第四十一条の規定により、次の土地を保安施設地区に指定する。

昭和二十八年十一月九日

農林大臣　保利　茂

兵庫県飾磨郡谷内村大字小原字椴木峠六二〇ノ一から六二〇ノ二四まで、字野林六二一　有効期間　三年

以上土砂流出防備のため必要と認めるもの

◉農林省告示第七百六十六号

森林法(昭和二十六年法律第二百四十九号)第四十一条の規定により、次の土地を保安施設地区に指定する。

昭和二十八年十一月九日

農林大臣　保利　茂

広島県呉市和庄町字白石二三三から二三五まで、二七一、二七三から二七七まで、二七八ノ一から二七八ノ四まで、字本谷四九一から四九三まで、四九五から四九七まで、字隠穴五九三から六〇三まで、六〇四ノ一、六〇四ノ二、六〇五から六一四まで、六二七から六三八まで、六四〇から六五六まで、字茶坪七七九から七九八まで、字上長迫八九〇から八九二まで、八九五から九〇四まで、字神奥一二五七ノ一、宮原町字赤石谷三、五から一〇まで、一二から一五まで、字室瀬朝里迫八六ノ一、八七ノ一、八八ノ三、八九から九二まで、字室瀬立岩山九五から一〇一まで、一〇六、一〇九ノ一、一一〇、一一一、一一二ノ一、一一三ノ一、一一三ノ三、一一四、一一五、安芸郡昭和村大字焼山字龍ヶ畝一三八(但し、全面積の内見込五反八畝一六歩)、一三九ノ一、一三九ノ二、字梨ノ木一四四(但し、全面積の内見込六反)、一四五から一五五まで、一五六ノ一から一五六ノ三まで、一五七、字樫ノ木一五八、一五九ノ一から一五九ノ一二まで、一六一から一六七まで、一七〇から一八六まで、字尖山二三五から二四〇まで、二四二から二四六まで、二四七ノ一、二四七ノ二、二四八、字石休二五九から二六五まで、二六六(但し、全面積の内見込一畝)、二六七、二六八

ノ一（但し、全面積の内見込一畝）、二七〇（但し、全面積の内見込三畝）、字中畝三八一、三八二、三八四から三九五まで、三九八から四〇六まで、四〇七ノ一、四〇七ノ二、四〇八から四一五まで、字漬本四一六、四一七、甲四一九ノ一、甲四一九ノ二、甲四一九ノ四、甲四一九ノ五、乙四一九、四二〇、四二一ノ一から四二一ノ四まで、四二二ノ一から四二二ノ四まで、四二三、四二四、甲四二五、乙四二五、字古津久谷四二六から四三三まで、四三四ノ二、四三四ノ三、四三五から四三七まで、四三八ノ一、四三八ノ二、字寺尾四四四（但し、全面積の内見込四町）、四四五、字能登呂四四六ノ一、四四六ノ六、四四六ノ一四から四四六ノ二五まで、四四七から四五五まで、四五六ノ一、四五六ノ二、四五七から四六〇まで、四六一ノ一、四六一ノ二、四六二から四六五まで、四六六ノ一、四六六ノ二、四六七、四六八ノ二、四六九、四七〇、字堀越四七一から四七八まで、四七九ノ一、四七九ノ三、四八〇、字山田四八一、四八二、四八四から四九五まで、四九六ノ一、四九六ノ二、四九七、字海老脊五六六から五七〇まで、五七六ノ一、五七六ノ二、五七七ノ一、五七七ノ四、五七八、五七九ノ一から五七九ノ二六まで、五八〇から五八二まで、字壱枚折敷六〇五（但し、全面積の内見込一五町）、字打田六〇六（但し、全面積の内見込一町三反三畝二五歩）、六〇九から六一二まで、六一三ノ一から六一三ノ八まで、六一四から六一八まで、六一九ノ一、六一九ノ三、六二〇ノ一から六二〇ノ四まで、六二一から六三六まで、六三七ノ一、六三七ノ二、字平仁田六三八ノ一、六三八ノ二、六三九ノ一、六三九ノ二、六四〇から六四九まで、六五一、六五二、六五四

有効期間 一年

以上土砂流出防備のため必要と認めるもの

◉農林省告示第七百六十七号

農産物検査法（昭和二十六年法律第百四十四号）第六条の規定に基き、昭和二十八年産の玄米についての農産物規格規程の臨時特例に関する件（昭和二十八年農林省告示第七百十二号）の一部を次のように改正し、昭和二十八年十一月十日から施行する。

昭和二十八年十一月十日

農林大臣 保利 茂

「読み替えるものとする。」を「、(ホ) 醸造用玄米中「三等 四〇〇 八〇 三等標準品 一四・五 五 五 一〇 〇・二 品種固有の色沢」とあるのは

「三等	四〇〇	八〇	三等標準品	一四・五	五	五	一〇	〇・二	品種固有の色沢
四等	三九〇	七〇	四等標準品	一五・〇	七	七	一〇	〇・二	品種固有の色沢」

と読み替えるものとする。」に改める。

◉農林省告示第七百六十八号

食糧管理法（昭和十七年法律第四十号）第三条第二項の規定に基き、昭和二十八年十月五日農林省告示第六百八十号（昭和二十八年産米穀の政府買入価格の件）の一部を次のように改正する。

昭和二十八年十一月十日

農林大臣 保利 茂

四の表中「新旭 京都府 二〇〇」を

「新旭	京都府		二〇〇
朝日	岡山県	岡山市、倉敷市、玉野市、児島市、玉島市、笠岡市、西大寺市、井原市、御津郡（円城村、豊岡村、長田村、新山村を除く。）、赤磐郡、和気郡、邑久郡、上道郡、児島郡、都窪郡、浅口郡、小田郡、後月郡のうち芳井町、吉備郡、上房郡のうち高梁町、津川村、川面村及び巨勢村、川上郡のうち落合村、成羽町及び玉川村、勝田郡のうち北和気村、南和気村、公文村及び飯岡村、久米郡、英田郡のうち美作町、巨勢村及び福本村、郡のうち福渡町	二〇〇
	兵庫県	美嚢郡、加東郡、加西郡、有馬郡、多可郡、西脇市、神戸市、川辺郡、印南郡、飾磨郡、神崎郡、揖保郡、赤穂郡、佐用郡、宍粟郡、氷上郡、多紀郡、津名郡、三原郡、洲本郡、龍野市、赤穂市	二〇〇」

に改める。

四に次の一項を加える。

昭和二十八年産の玄米についての農産物規程の臨時特例に関する件（昭和二十八年農林省告示第七百十二号）に規定する醸造用玄米の四等の品位に適合する酒米の価格は、前項の価格から六〇キログラムにつき六五円を差し引いた額とする。

◉農林省告示第七百六十九号

農林物資規格法（昭和二十五年法律第百七十五号）第八条第一項の規定に基き、用材の日本農林規格を次のように定める。

昭和二十八年十一月十日　農林大臣　保利　茂

用材の日本農林規格

目次

第一章　総則

（適用の範囲）

第一条　この規格は、左の各号に掲げるものを除き、建築その他一般の用に供される木材に適用する。

一　別に規格の定めのあるもの
二　銘木類、廃材及び屑材
三　径六寸未満の針葉樹の素材
四　径八寸未満の広葉樹の素材

（定義）

第二条　この規格において「銘木類」とは、左の各号の一に該当する木材をいう。

一　材質又は形状が極めてまれなもの
二　材質が極めて優れているもの
三　鑑賞価値が極めて優れているもの
四　前各号のものを採材できるもの

2　この規格において「廃材」とは、腐れ又はその他の欠点により利用し得ない部分がその材積の百分の七十以上を占める木材をいい、「屑材」とは形状が不定な木材で利用価値が極めて低いものをいう。

3　この規格において「材面」とは、丸太にあつては縦線をもつて四等分した材の面、板類にあつては面積の大きい二平面、その他のものにあつては材の縦面をいう。

4　この規格において「無欠点裁面」とは、左の各号に掲げる欠点がなく、幅二寸五分以上長二尺五寸以上の方形をなす部分をいう。この場合においては、その方形をなす部分の裏面に相当する部分が材の利用を妨げない程度の場合に限るものとし、幅は材の長の方向に直角に、長は材の長の方向に平行に測るものとする。

一　節
二　腐れ又は虫食
三　材面における欠け、きず又はあな
四　丸身
五　木口割れ
六　目まわり
七　材面における割れ
八　さな割れ
九　かなすじ又は入皮
十　ねじれ、なわ目、面やせ、変色、あて、目切れ等

第一節　素材

（材種の区分）

第三条　材種は、丸太にあつては径により、杣角にあつては幅により次のように区分する。

一　中（六寸以上一尺未満のもの）
二　大（一尺以上のもの）

（形量の区分）

第四条　形量は、樹皮を除いた部分について、丸太にあつては径及び長により、杣角にあつては厚、幅及び長により区分する。

（丸太の径）

第五条　丸太の径は、材の最小径とする。但し、長十八尺五寸以上のものにあつては、材の長の中央における最小径とする。

2　前項の最小径が六寸以上の丸太で、最小径に直角な径と最小径との差が、最小径の百分の二十以上のものは、同項の規定にかかわらず、その両径の平均数をその丸太の径とする。

（杣角の厚及び幅）

第六条　杣角の厚及び幅は、材の最小横断面の辺の欠けを補つた方形の短辺をもつて厚とし、長辺をもつて幅とする。

（長）

第七条　材の長は、末口と元口とを結ぶ最短直線とする。この場合には、梢端部（直径一寸未満の部分をいう。）又は頭巾若しくは目度孔の部分を除いて測定するものとする。

（単位寸法）

第八条　丸太の径又は杣角の厚及び幅の単位寸法は、五分とし、五分に満たない端数は、切り捨てるものとする。

2　丸太又は杣角の長の単位寸法は、五寸とし、五寸に満たない端数は、切り捨てるものとする。但し、長の六尺六寸及び十三尺二寸については、この限りでない。

3　前項但書の場合には、六尺六寸をこえ七尺に満たない端数及び十三尺二寸をこえ十三尺五寸に満たない端数は、切り捨てるものとする。

（材積計算法及びその単位）

第九条　材積は、丸太にあつては径の自乗に長を乗じ、杣角にあつては厚及び幅の相乗積に長を乗じて計算する。但し、長十八尺五寸以上の丸太にあつては径の自乗の十分の八に長を乗じて計算するものとする。

2　材積は、石（十立方尺）を単位とし、単位以下二位に満たない端数があるときは、三位を四捨五入して二位に止めるものとする。但し、材積が単位以下二位に満たないときは、四位を四捨五入して三位に止めるものとする。

3　空胴又は空胴に準ずる腐れの体積は、材積より控除する。但し、すべての木口においてその面積のその存する木口の断面積に対する百分率が五以下のものについては、この限りでない。

4　前項但書の百分率は、根張りの部分を除いて測定する。

5　空胴又は空胴に準ずる腐れの体積の測定方法は、材の一端にあるときは、材積にその面積のその存する木口の断面積に対する比率の二分の一を乗じ、両端にあるときは、材積に両端におけるその面積の木口の断面積に対するそれぞれの比率の和の二分の一を乗じて計算する。

（数量の単位）

第十条　数量は、本を単位とする。

（杣角の丸身制限）

第十一条　杣角であつて、その最小横断面における辺の欠けを補つた方形の辺の欠の和の四辺の和に対する百分率が八十以上のものは、丸太とみなす。

第二節　製材

（材種の区分）

第十二条　材種は、厚、幅及び形状により次のように区分する。但し、斜面板は、針葉樹のみとする。

一　板類（厚二寸五分未満で厚の三倍以上の幅のあるもの）

イ　板（厚一寸未満で幅四寸以上のもの）

ロ　小幅板（厚一寸未満で幅四寸未満のもの）

ハ　斜面板（幅二寸以上で横断面てい形のもの）

ニ　厚板（厚一寸以上のもの）

二　挽割類（厚二寸五分未満で厚の三倍未満の幅のもの）

イ　正割（横断面正方形のもの）

ロ　平割（横断面長方形のもの）

三　挽角類（厚及び幅二寸五分以上のもの）

イ　正角（横断面正方形のもの）

ロ　平角（横断面長方形のもの）

（形量の区分）

第十三条　形量は、厚、幅（正割又は正角にあつては、一辺の長）及び長により区分する。

（厚及び幅）

第十四条　材の最小横断面における辺の欠けを補つた方形が長方形のものの厚及び幅は、その長方形の短辺をもつて厚とし、長辺をもつて幅とする。

2　斜面板の厚及び幅は、材の最小横断面におけるてい形の頂辺（上端）と底辺（下端）との和の二分の一を厚とし、てい形の高を幅とする。

（長）

第十五条　材の長は、両木口を結ぶ最短直線とする。この場合には長の過量の部分を除いて測定する。

（材積計算法及びその単位）

第十六条　一枚又は一本の材積は、厚及び幅の相乗積（正割又は正角にあつては一辺の長の自乗）に長を乗じて計算する。

2　同一の樹種、材種、形量及び品等の材を束とするものの材積は、一枚又は一本の単材積に入数を乗じて計算し、その材積に単位以下三位に満たない端数があるときは、四位を四捨五入して三位に止めるものとする。

3　同一の樹種、材種、形量及び品等の材を束としないものの一枚又は一本の材積の単位以下三位に満たない端数があるときは、四位を四捨五入して三位に止めるものとする。但し、一枚又は一本の材積が単位以下三位に満たないときは、五位を四捨五入して四位に止めるものとする。

4　材積は、石（十立方尺）を単位とする。

（数量の単位）

第十七条　数量は、板類にあつては枚又は束を、挽割類及び挽角類にあつては本又は束を単位とする。

第二章　素材

第一節　針葉樹

（品等区分）

第十八条　針葉樹丸太の品等は左の区分に従い、左表の上欄に掲げる欠点の程度により区分する。但し、長の計算上除外できる部分に存する欠点は、欠点とみなさない。

一　径一尺未満の丸太

欠点＼品等	一等	二等	三等
節（材面における腐れ及び虫食を含む。）	四材面にないもの又は一材面のみに存し長径が一寸以下のもの	一材面のみに存するもの、二材面に存し長径が三寸五分以下のもの、三材面に存し長径が二寸五分以下のもの又は四材面に存し長径が一寸五分以下のもの	上記の限度をこえて存するもの
曲り	数一個で一〇%以下のもの	三〇%以下のもの	上記の限度をこえて存するもの
木口割れ、引抜け又は目まわり	一五%以下のもの。この場合において木口割れは、その深さがその存する木口の最小径の三分の一以下のものに限る。	三〇%以下のもの	上記の限度をこえて存するもの
木口における腐れ、虫食又は空胴	ないもの	三〇%以下のもの	上記の限度をこえて存するもの
材面における欠け、きず、あな、枯材、胴打ち、ねじれ、入皮、材面における割れ、あて等	軽微なもの	顕著でないもの	上記の限度をこえて存するもの

備考

(イ)　二等に相当するもので死節、腐れ節又は隠れ節がなく、その材の長十二尺につき生節の数が三個以下の三材面無節材及び二個以下の隣接二材面無節材は、一等とする。

(ロ)　二等又は三等に相当するもので曲り、腐れ又は空胴についての欠点がなく、その他の欠点が二種以下でありその欠点の程度が最小限度に近いものは、それぞれ一階級を上げる。

(ハ)　樹令百五十年以上のひのきから採材した径一尺未満の丸太については、本表を適用しない。

二　径一尺以上の丸太

欠点＼品等	一等	二等	三等	四等
節（材面における腐れ及び虫食を含む。）	四材面にないもの又は一材面のみに存し長径が一寸以下のもの	一材面のみに存するもの又は隣接二材面に存し長径が三寸以下のもの	二材面に存するもの若しくは三材面以下に存し長径が五寸以下のもの又は四材面に存し長径が三寸以下のもの	上記の限度をこえて存するもの
曲り	数一個で五%以下のもの	数一個で一〇%以下のもの	二〇%以下のもの	上記の限度をこえて存するもの
木口割れ、引抜け又は目まわり	一〇%以下のもの。この場合において、木口割れは、その深さがその存する木口の最小径の三分の一以下のものに限る。	一五%以下のもの。この場合において、木口割れは、その深さがその存する木口の最小径の三分の一以下のものに限る。	二五%以下のもの	上記の限度をこえて存するもの
木口における腐れ、虫食又は空胴	ないもの	一〇%以下のもの	三〇%以下のもの	上記の限度をこえて存するもの
材面における欠け、きず、あな、枯材、胴打ち、ねじれ、入皮、材面における割れ、あて等	ないもの	軽微なもの	顕著でないもの	上記の限度をこえて存するもの

備考

(イ)　生節、死節又は腐れ節の長径の限度は、丸太の径二尺以上のものは一寸を、丸太の径二尺五寸以上のものは二寸を加える。

(ロ)　二等に相当するもので死節、腐れ節又は隠れ節がなく、その材の長十二尺につき生節の数が三個以下の三材面無節材は、一等とする。

(ハ) 三等に相当するもので死節、腐れ節又は隠れ節がなく、その材の長十二尺につき生節の数が三個以下の隣接二材面無節材は、二等とする。

(ニ) 二等、三等又は四等に相当するもので曲り、腐れ又は空胴についての欠点がなくその他の欠点が二種以下であり、その欠点の程度が最小限度に近いものは、それぞれ一階級を上げる。

(ホ) 樹令百五十年以上のひのきから採材した径一尺未満の丸太については、本表を適用しない。

(欠点の測定方法)

第十九条 前条の針葉樹丸太の品等区分における欠点は、左表の上欄に掲げる欠点につき、それぞれ相当下欄の測定方法により測定する。

欠点	測定方法
節（材面における腐れ及び虫食を含む。）	1 その存する材面の数、その長径及びその数による。 2 長径三分未満のものは、欠点とみなさない。 3 死節又は腐れ節は、その大きさの二倍の節とみなす。 4 隠れ節は、その材に存する最大の節の実長径の一・五倍の節とみなす。 5 その材に隠れ節のみ存する場合は、その隠れ節の存する材面の数による。 6 材面における腐れ及び虫食は、その占める部分の長径の一・五倍の節とみなす。
曲り	1 根張りを含まない内曲面の最大矢高の末口における最小径に対する百分率による。 2 二個以上あるときは、百分率の和を一・五倍する。
木口割れ及び引抜け	1 割れの長の材の長に対する百分率及び割れの深による。 2 同一端に二個以上あるときは、最長のものを、両端にあるときは、各端における最長のものの長の和をその長とする。 3 木口割れの深が、木口においてその存する木口の最小径の二分の一をこえるときは、割れの長を一・五倍する。 4 1及び2の規定は、引抜けに準用する。
目まわり	1 その弧長のその存する木口の周囲の長に対する百分率による。但し、材縁から径の二十分の一以内の部分に存するものは、欠点とみなさない。 2 同一端に二個以上あるときは、各弧長の和（外側の目まわりの両端と樹心とを結ぶ直線で区切られた部分に含まれる他の目まわりの弧長を除く。）のその存する木口の周囲の長に対する百分率による。 3 両端にあるときは、各端における百分率の和による。
木口における腐れ、虫食又は空胴	1 その面積（同一端に二個以上あるときは、各面積の和）のその存する木口の断面積に対する百分率による。但し、えぞまつ、とどまつ及びさわらの樹心部のみに存する腐れでその面積が三%以下のものは、欠点とみなさない。 2 各面積は、根張りの部分を除いて測定する。 3 両端にあるときは、各端における百分率の和による。
材面における欠け、きず、あな、枯材、胴打ち、入皮、ねじれ、材面における割れ、あて等	材の利用価値に影響する程度による。

(杣角の品等区分)

第二十条 前二条の規定は、杣角の品等区分に準用する。この場合において、これらの規定中「最小径」とあるのは「厚」と読み替えるものとする。

第二節　広葉樹

(品等区分)

第二十一条 広葉樹丸太の品等は、左表の上欄に掲げる欠点の程度により区分する。但し、長の計算上除外できる部分に存する欠点は、欠点とみなさない。

欠点＼品等	一等	二等	三等	四等
節（材面における欠け、きず、あな、腐れ及び虫食を含む。）	ないもの	一材面のみに存するもの又は隣接二材面に存し長径が五寸以下のもの	隣接二材面に存するもの、二材面に存し長径が五寸以下のもの又は三材面に存し長径が三寸以下のもの	上記の限度をこえて存するもの

曲り	数一個で一〇%以下のもの	二〇%以下のもの	四〇%以下のもの	上記の限度をこえて存するもの
木口割れ、引抜け又は目まわり	一〇%以下のもの。この場合において、木口割れは、その深がその存する木口の最小径の三分の一以下のものに限る。	二〇%以下のもの	四〇%以下のもの	上記の限度をこえて存するもの
木口における腐れ、虫食い又は空胴	ないもの	一五%以下のもの	三〇%以下のもの	上記の限度をこえて存するもの
枯材、胴打ち、ねじれ、入皮、材面における割れ、あて、多心、偏心、き形等	軽微なもの	軽微なもの	顕著でないもの	上記の限度をこえて存するもの

備考

(イ) 生節、死節又は腐れ節の長径の限度は、丸太の径二尺以上のものは一寸を、丸太の径二尺五寸以上のものは二寸を加える。

(ロ) 二等に相当するもので死節、腐れ節又は隠れ節がなく、その材の長六尺につき、生節の数が一個の三材面無節材は、一等とする。

(ハ) 三等に相当するもので死節、腐れ節又は隠れ節がなく、その材の長六尺につき、生節の数が二個以下の隣接二材面無節材は、二等とする。

(ニ) 二等、三等又は四等に相当するもので曲り、腐れ又は空胴についての欠点がなくその他の欠点が二種以下であり、その欠点の程度が最小限度に近いものは、それぞれ一階級を上げる。

(欠点の測定方法)

第二十二条 前条の広葉樹丸太の品等区分における欠点は、左表の上欄に掲げる欠点につき、それぞれ相当下欄の測定方法により測定する。

欠　点	測　定　方　法
節(材面における欠け、きず、あな、腐れ及び虫食を含む。)	1 その存する材面の数、その長径及びその数による。 2 長径三分未満のものは、欠点とみなさない。 3 死節又は腐れ節は、その大きさの二倍の節とみなす。 4 隠れ節は、その材に存する最大の節の実長径の一・五倍の節とみなす。 5 その材に隠れ節のみ存する場合は、その隠れ節の存する材面の数による。 6 材面における欠け又はきずは、その長径の同じ大きさの節とみなす。但し、利用上支障のないものについては、欠点とみなさない。 7 材面におけるあな、腐れ又は虫食は、その占める部分の長径の一・五倍の節とみなす。
曲り	1 根張りを含まない内曲面の最大矢高の末口における最小径に対する百分率による。 2 二個以上あるときは、百分率の和を一・五倍する。
木口割れ及び引抜け	1 割れの長の材の長に対する百分率及び割れの深による。 2 同一端に二個以上あるときは、最長のものを、両端にあるときは、各端における最長のものの長の和をその長とする。 3 木口割れの深が木口においてその存する木口の最小径の二分の一をこえるときは、割れの長を一・五倍する。 4 1及び2の規定は、引抜けに準用する。
目まわり	1 その弧長のその存する木口の周囲の長に対する百分率による。但し、材縁から径の二十分の一以内の部分に存するものは、欠点とみなさない。 2 同一端に二個以上あるときは、各弧長の和(外側の目まわりの両端と樹心とを結ぶ直線で区切られた部分に含まれる他の目まわりの弧長を除く。)のその存する木口の周囲の長に対する百分率による。 3 両端にあるときは、各端における百分率の和による。
木口における腐れ、虫食又は空胴	1 その面積(同一端に二個以上あるときは、各面積の和)のその存する木口の断面積に対する百分率による。但し、樹心部のみに存する腐れでその面積が三%以下のものは、欠点とみなさない。 2 各面積は、根張りの部分を除いて測定する。 3 両端にあるときは、各端における百分率の和による。
枯材、胴打ち、ねじれ、入皮、材面における割れ、あて、多心、偏心、き形等	材の利用価値に影響する程度による。

（杣角の品等区分）

第二十三条 前二条の規定は、杣角の品等区分に準用する。この場合において、これらの規定中「最小径」とあるのは「厚」と読み替えるものとする。

第三章 製材

第一節 針葉樹

（形量）

第二十四条 針葉樹製材の形量は、別表第一の通りとする。但し、厚においてその寸法の百分の三、幅においてその寸法の百分の二（正割又は正角は、一辺の長においてその百分の二）を下ることを妨げない。

2 別表第一に掲げる形量の寸法をこえる端数は、切り捨てる。

（品等区分）

第二十五条 針葉樹製材の品等は、左の区分に従い、左表の上欄に掲げる欠点の程度により区分する。但し、正角にあつては、材の長の両端からそれぞれその材の長の二十分の一以内の部分にある腐れ以外の欠点は、欠点とみなさない。

一 板類

1 幅二寸以下の小幅板以外の板類

欠点＼品等	一等 無節	一等 上小節	一等 小節	一等 並	二等	三等	四等
節（腐れ、虫食、材面におけるあな、やにつぼ、入皮及びきずを含む。）	ないもの	長径五分以下で数二個以下のもの	長径一寸以下で数三個以下のもの	長径一寸五分以下で数六個以下のもの	長径二寸五分以下で数九個以下のもの	長径三寸五分以下で数十二個以下のもの	上記の限度をこえて存するもの
丸身	ないもの	三%以下のもの	三%以下のもの	五%以下のもの	八%以下のもの	一〇%以下のもの	上記の限度をこえて存するもの
木口割れ又は目まわり（材面における割れを含む。）	ないもの	五%以下のもの	五%以下のもの	一〇%以下のもの	二〇%以下のもの	三〇%以下のもの	上記の限度をこえて存するもの
変色、あて、目切れ等	ないもの	軽微なもの	軽微なもの	顕著でないもの	顕著でないもの	顕著でないもの	上記の限度をこえて存するもの

備考

(イ) 節については、左表の上欄に該当するものは、それぞれ相当下欄の品等とする。

一等小節に相当するもので節の数一個のもの	一等上小節
一等並に相当するもので節の数二個以下のもの	一等小節
二等に相当するもので節の数一個のもの	一等小節
二等に相当するもので節の数二個又は三個以下のもの	一等並
三等に相当するもので節の数一個のもの	一等並
三等に相当するもので節の数二個又は三個のもの	二等
四等に相当するもので節の数が一個でその長径が七寸以下のもの	二等

(ロ) 一等上小節を除き、節が材の幅の一端からその幅の五分の一以内の部分若しくは材の長の両端からそれぞれその長の十分の一以内の部分のみに存するとき、又は材の長において節の存する間隔若しくは節の存しない部分の長が三尺（材の長九尺以上のものにあつては六尺）以上のときは、それぞれ一階級を上げることができる。

(ハ) (イ)又は(ロ)による昇級は、重複して行わない。

(ニ) 節でその長径が本表に規定する限度の二分の一以下のときは、二個をもつて一個とみなし、四分の一以下のときは、四個又はその端数をもつて一個とみなす。

(ホ) 三等に限り節の数が本表に規定する限度の二分の一以下のときは、長径の限度は、その二倍とし、四分の一以下のときは、その四倍とする。

2 幅二寸以下の小幅板

欠点＼品等	上	並
節（腐れ、入皮を含む。）	節の百分率五〇以下のもの	上記の限度をこえて存するもの
丸身	二〇%以下のもの	上記の限度をこえて存するもの
木口割れ	二〇%以下のもの	上記の限度をこえて存するもの

二 挽割類

欠点＼品等	一等 無節	一等 上小節	一等 小節	一等 並	二等	三等
節（腐れ、虫食、材面における欠け、きず、あな、入皮及びやにつぼを含む。）	ないもの	一材面のみに存し節の百分率五〇以下のもの	一材面のみに存するもの又は二材面に存し節の百分率五〇以下のもの	二材面に存し節の百分率七〇以下のもの又は三材面に存し節の百分率五〇以下のもの	二材面のみに存するもの若しくは三材面に存し節の百分率八〇以下のもの、又は四材面に存し節の百分率六〇以下のもの	節の百分率九〇以下のもの
丸身	ないもの	一〇%以下で一角のみに存するもの	一五%以下で一角丸身一〇%以下のもの	二五%以下で一角丸身一五%以下のもの	三五%以下で一角丸身二〇%以下のもの	六〇%以下で一角丸身四〇%以下のもの
曲り、反り又は幅反り	ないもの	ないもの	ないもの	一%以下のもの	一%以下のもの	上記の限度をこえて存するもの
木口割れ又は目まわり（材面における割れを含む。）	ないもの	五%以下のもの	一〇%以下のもの	一五%以下のもの	二〇%以下のもの	上記の限度をこえて存するもの
変色、あて、目切れ等	ないもの	ないもの	軽微なもの	顕著でないもの	顕著でないもの	上記の限度をこえて存するもの

備考 平割であつて幅が三寸以上のものの幅の材面における節の長径の限度は、一等小節の二材面に存するものにあつては一寸五分、一等並の二材面に存するものにあつては二寸、三材面に存するものにあつては一寸八分、二等の二材面に存するものにあつては二寸五分、三材面に存するものにあつては二寸、四材面に存するものにあつては一寸八分とする。

三 挽角類

欠点＼品等	一等 無節	一等 上小節	一等 小節	一等 並	二等	三等
節（腐れ、虫食、材面における欠け、きず、あな、入皮及びやにつぼを含む。）	ないもの又は一材面のみに存するもの	二材面のみに存し節の百分率二〇以下のもの	二材面のみに存するもの又は三材面に存し節の百分率三〇以下のもの	三材面のみに存するもの又は四材面に存し節の百分率四〇以下のもの	節の百分率七〇以下のもの	節の百分率九〇以下のもの
丸身	ないもの	一〇%以下で一角のみに存するもの	一五%以下で一角丸身一〇%以下のもの	二〇%以下で一角丸身一〇%以下のもの	三五%以下で一角丸身一五%以下のもの	六〇%以下で一角丸身四〇%以下のもの
曲り、反り又は幅反り	ないもの	ないもの	〇・五%以下のもの	一%以下のもの	一%以下のもの	上記の限度をこえて存するもの
木口割れ又は目まわり（材面における割れを含む。）	ないもの	五%以下のもの	一〇%以下のもの	二〇%以下のもの	三〇%以下のもの	上記の限度をこえて存するもの
変色、あて、目切れ等	ないもの	ないもの	軽微なもの	顕著でないもの	顕著でないもの	上記の限度をこえて存するもの

備考 平角であつて幅が厚の三倍以上のものの節の長径の限度は、一等無節及び一等上小節にあつては二寸、一等小節にあつては三寸、一等並にあつては四寸、二等にあつては五寸とする。

2 前項の品等の区分は、板、小幅板及び厚板にあつては欠点の程度の小さい材面、斜面板にあつては斜面でない材面について行うものとする。

3 ひきむらでその材の利用上著しく支障のあるときは、その材の品等を一階級下げる。

(欠点の測定方法)

第二十六条 前条の針葉樹製材の品等区分における欠点は、左表の上欄に掲げる欠点につき、それぞれ相当下欄の測定方法により測定する。

欠点	測定方法
節	1 板類(幅二寸以下の小幅板を除く。)については、その長径及びその数により、挽割類及び挽角類(幅二寸以下の小幅板を含む。)については、その存する材面の数、その存する部分の材の幅(正割又は正角にあつては一辺の長)において占める節の径の最大のものの材の幅(正割又は正角にあつては一辺の長)に対する百分率(節の百分率という。)及びその長径による。 2 但し、長径二分未満のものは、欠点とみなさない。 3 抜節、腐れ節又は抜け易い節は、その大きさの二倍の節とみなす。抜節、腐れ節又は抜け易い節で他材面に貫通したものは、板類にあつてはその大きさの三倍、挽割類及び挽角類にあつてはその大きさの四倍の節とみなす。但し、厚三分以下の板及び小幅板に存するものは、この限りでない。 4 長径が短径の三倍以上の節は、その長径の二分の一の節とみなす。 5 板類の節の個数は、材の長六尺六寸又はその端数ごとに計算する。
腐れ又は虫食	1 他材面に貫通しないものは、その占める部分のその大きさの一・五倍の節とみなす。 2 他材面に貫通したものは、その占める部分のその大きさの三倍の節とみなす。 3 線状(幅一分以下)のもので他材面に貫通しないものは、その大きさの三分の一の節とみなし、他材面に貫通したものは、その大きさの二分の一の節とみなす。
材面における欠け、きず又はあな	1 他材面に貫通しないものは、その大きさの一・五倍の節とみなす。 2 他材面に貫通したものは、その大きさの三倍の節とみなす。 3 材面における欠又はきずで材の長に沿うりよう線上に存するものは、丸身とみなす。
入皮又はやにつぼ	1 他材面に貫通しないものは、その大きさの二分の一の節とみなす。 2 他材面に貫通したものは、同じ大きさの節とみなす。 3 線状(幅一分以下)のもので他材面に貫通しないものは、その大きさの六分の一の節とみなし、他材面に貫通したものはその大きさの三分の一の節とみなす。
丸身	1 板類については、斜面板以外のものにあつては、材の最小横断面における辺の欠を補つた方形の長辺の欠の長辺に対する百分率、斜面板にあつては、材の最小横断面における辺の欠を補つたてい形の高の欠の高に対する百分率による。 2 挽割類及び挽角類については、材の最小横断面における辺の欠を補つた方形の辺の欠の和のその方形の四辺の和に対する百分率及び一角丸身(その方形の一角における辺の欠の和の最大のものの四辺の和に対する百分率)による。 3 正角の丸身については、その両端よりそれぞれ材の長の十分の一以内の部分を除いて測定する。
曲り、反り又は幅反り	1 曲りは、厚の材面における材の長に沿う内曲面の最大矢高の弦の長に対する百分率による。 2 反りは、幅の材面における材の長に沿う内曲面の最大矢高の弦の長に対する百分率による。 3 幅反りは、幅の材面における材の幅に沿う内曲面の最大矢高の弦の長に対する百分率による。 4 板類にあつては、曲り並びに利用上支障のある反り及び幅反りは、許容しない。 5 利用上支障のない程度の板類の反り又は幅反り及び挽割類の曲り、反り又は幅反りは、欠点とみなさない。
木口割れ	1 割れの長の材の長に対する百分率による。 2 同一端に二個以上あるときはその最長のものの長を、両端にあるときは各端における最長のものの長の和をその長とする。
材面における割れ	その長の三分の一の木口割れとみなす。但し、他材面に貫通しないものは、欠点とみなさない。
目まわり	1 その弧長の材の木口の辺の欠を補つた方形の四辺の和の長に対する百分率による。

2　同一端に二個以上あるときは最長のものの弧長を、両端にあるときは各端における最長のものの弧長の和をその長とする。

変色、あて、目切れ等	材の利用価値に影響する程度による。

第二節　広葉樹

（形量）

第二十七条　広葉樹製材の形量は、別表第二の通りとする。但し、厚においてその寸法の百分の三、幅においてその寸法の百分の二（正割又は正角にあつては一辺の長においてその寸法の百分の二）を下ることを妨げない。

2　別表第二に掲げる形量の寸法をこえる端数は、切り捨てる。

（品等区分）

第二十八条　広葉樹製材の品等は、左の区分に従い、左表の上欄に掲げる無欠点裁面及び欠点の程度により区分する。

一　板類

1　幅四寸以上で長二尺五寸以上の板類

無欠点裁面及び欠点		品等 一等	二等	三等	四等
無欠点裁面	材面面積が五平方尺未満のもの	数一個で九〇%以上のもの	数二個以下で七五%以上のもの又は数三個以下で九〇%以上のもの	数二個以下で六〇%以上のもの又は数三個以下で七五%以上のもの	上記の限度をこえて存するもの
	材面面積が八平方尺未満のもの	数一個で九〇%以上のもの	数二個以下で七五%以上のもの又は数三個以下で九〇%以上のもの	数三個以下で六〇%以上のもの又は数四個以下で七五%以上のもの	上記の限度をこえて存するもの
	材面面積が八平方尺以上のもの	数二個以下で九〇%以上のもの	数三個以下で七五%以上のもの又は数四個以下で九〇%以上のもの	数四個以下で六〇%以上のもの又は数五個以下で七五%以上のもの	上記の限度をこえて存するもの
欠点	曲り、反り又は幅反り	〇・五%以下のもの	一%以下のもの	一・五%以下のもの	上記の限度をこえて存するもの
	辺材	一五%以下のもの。但し、裏面は、三〇%以下のもの	二材面とも四〇%以下のもの	上記の限度をこえて存するもの	三等と同様とする。

備考　(イ)　一等、二等及び三等のものにあつては、樹心の部分を含んでいてはならない。

(ロ)　一等、二等及び三等のものにあつては、無欠点裁面以外の部分に存する欠点の限度は、節（腐れ、虫食、材面における欠け、きず、あな、かなすじ及び入皮を含む。）については六寸、丸身については三〇%、木口割れ又はさな割れ（材面における割れを含む。）については三〇%とする。

2　幅四寸未満又は長二尺五寸未満の板類

欠点 ＼ 品等	一等	二等	三等
節（腐れ、虫食、材面における欠け、きず、あな、かなすじ及び入皮を含む。）	ないもの	長径五分以下で二分の一平方尺ごとに一個以下のもの	上記の限度をこえて存するもの
丸身	五%以下のもの	一〇%以下のもの	上記の限度をこえて存するもの
曲り、反り又は幅反り	〇・五%以下のもの	一%以下のもの	上記の限度をこえて存するもの
木口割れ、目まわり又はさな割れ（材面における割れを含む。）	ないもの	五%以下のもの	上記の限度をこえて存するもの
重曲、波反り、ねじれ、なわ目、面やせ、変色、あて、目切れ等	軽微なもの	顕著でないもの	上記の限度をこえて存するもの

辺材	三〇%以下のもの	五〇%以下のもの	上記の限度をこえて存するもの

二 挽割類及び挽角類

欠点＼品等		一等	二等	三等	四等
節（腐れ、虫食、材面における欠け、きず、あな、かなすじ及び入皮を含む。）	挽割類	ないもの	数一個で節の百分率二〇以下のもの	数一個で節の百分率五〇以下のもの	上記の限度をこえて存するもの
	挽角類	ないもの又は一材面のみに存し節の百分率二〇以下のもの	一材面のみに存し節の百分率三〇以下のもの又は隣接二材面に存し節の百分率二五以下のもの	一材面のみに存するもの、二材面に存し節の百分率五〇以下のもの又は三材面に存し節の百分率三〇以下のもの	上記の限度をこえて存するもの
丸身		五%以下のもの	一〇%以下のもの	三〇%以下のもの	上記の限度をこえて存するもの
曲り、反り又は幅反り		〇・五%以下のもの	一%以下のもの	一・五%以下のもの	上記の限度をこえて存するもの
木口割れ、目まわり又はさな割れ（材面における割れを含む。）		五%以下のもの	一五%以下のもの	三〇%以下のもの	上記の限度をこえて存するもの
重曲、波反り、ねじれ、なわ目、面やせ、変色、あて、目切れ等		ないもの	軽微なもの	顕著でないもの	上記の限度をこえて存するもの
辺材		一材面において一五%以下で、これに相対する材面において三〇%以下のもの	二材面とも四〇%以下のもの	上記の限度をこえて存するもの	三等と同様とする。

2 前項の品等の区分は、幅四寸以上で長二尺五寸以上の板類にあつては無欠点裁面の合計面積の大きい材面、幅四寸未満又は長二尺五寸未満の板類にあつては欠点の程度の小さい材面について行うものとする。

3 偽心材又はひきむらでその材の利用上著るしく支障のあるものは、その材の品等を一階級下げる。但し、幅四寸未満又は長二尺五寸未満の板類の偽心材については、この限りでない。

（無欠点裁面及び欠点の測定方法）

第二十九条 前条の広葉樹製材の板類の品等区分における無欠点裁面は、その数及びその面積の合計のその材面の面積に対する百分率により測定し、欠点は、左表の上欄に掲げる欠点につき、それぞれ相当下欄の測定方法により測定する。

欠点	測定方法
節	1 板類については、その長径及びその数により、挽割類については、材の長三尺又はその端数ごとに存する数及び節の百分率により、挽角類については、その存する材面の数及び節の百分率による。但し、長径二分未満のものは、欠点とみなさない。 2 抜節、腐れ節又は抜け易い節は、その大きさの二倍の節とみなす。 3 抜節、腐れ節又は抜け易い節で他材面に貫通したものは、板類にあつてはその大きさの三倍、挽割類及び挽角類にあつては、その大きさの四倍の節とみなす。 4 長径が短径の三倍以上の節は、その長径の二分の一の節とみなす。
腐れ、虫食、材面における欠け、きず又はあな	1 他材面に貫通しないものは、同じ大きさ（腐れ又は虫食にあつては、その占める部分の大きさの一・五倍）の節とみなす。 2 他材面に貫通したものは、その大きさの二倍（腐れ又は虫食にあつては、その占める部分の大きさの三倍）の節とみなす。 3 線状（幅一分以下）の腐れ又は虫食で他材面に貫通しないものは、その大きさの三分の一の節とみなし、他材面に貫通したものは、その大きさの二分の一の節とみなす。 4 材面における欠け又はきずで材の長に沿うりよう線上に存するものは、丸身とみなす。
かなすじ又は入皮	1 他材面に貫通しないものは、その大きさの二分の一の節とみなす。 2 他材面に貫通したものは、同じ大きさの節とみなす。 3 線状（幅一分以下）のもので他材面に貫通しないものは、その大きさの六分の一の節とみなし、他材面に貫通したものは、その大きさの三分の一の節とみなす。

丸身	板類については、材の最小断面における辺の欠を補つた長方形の長辺の欠の長辺に対する百分率により、挽割類及び挽角類については、材の最小横断面における辺の欠を補つた方形の辺の欠の和のその方形の四辺の和に対する百分率による。
曲り、反り又は幅反り	1 曲りは、厚の材面における材の長に沿う内曲面の最大矢高の弦の長に対する百分率による。 2 反りは、幅の材面における材の長に沿う内曲面の最大矢高の弦の長に対する百分率による。 3 幅反りは、幅の材面における材の幅に沿う内曲面の最大矢高の弦の長に対する百分率による。 4 利用上支障のない程度の板類の反り又は幅反り及び挽割類の曲り、反り又は幅反りは、欠点とみなさない。
木口割れ又は目まわり	1 木口割れは、その長の材の長に対する百分率による。 2 目まわりは、その弧長の材の木口の辺の欠を補つた方形の四辺の和の長に対する百分率による。 3 同一端に二個以上あるときは、その最長のものの長を、両端にあるときは各端における最長のものの長の和を、その長とする。
材面における割れ	1 その長と同じ長の木口割れとみなす。 2 二個以上あるときは、その最長のものの長をその長とする。
さな割れ	1 割れの長の材の長に対する百分率による。 2 二個以上あるときは、その長の和をその長とする。
重曲、波反り、ねじれ、なわ目、面やせ、変色、あて、目切れ等	材の利用価値に影響する程度による。
辺材	1 なら、たぶ、まかば及びかつらから採材したものについては、幅の材面におけるその最大幅（一材面の両側に存するものは、それぞれの最大の幅の和）の材の幅に対する百分率による。 2 なら、たぶ、まかば及びかつら以外から採材したものについては、辺材は欠点とみなさない。

附　則

1 この告示は、昭和二十八年十二月十日から施行する。

2 用材規格規程（昭和二十四年八月二十日農林省告示第二百三十九号）は、廃止する。但し、旧指定農林物資検査法（昭和二十三年法律第二百十号）第三条の規定に基いて定められている他の指定農林物資の規格において準用される範囲内においては、なお、その効力を有する。

3 すぎ薄板の日本農林規格（昭和二十五年十二月農林省告示第三百六十七号）の一部を次のように改正する。

第三条中「用材の日本農林規格」を「用材の日本農林規格（昭和二十八年十一月農林省告示第七百六十九号）」に改める。

4 建具材の日本農林規格（昭和二十六年二月農林省告示第五十五号）の一部を次のように改正する。

第六条中「用材の日本農林規格（昭和二十四年農林省告示第二百三十九号）」を「用材の日本農林規格（昭和二十八年十一月農林省告示第七百六十九号）」に改める。

5 ひば材の日本農林規格（昭和二十六年二月農林省告示第五十七号）の一部を次のように改正する。

第五条中「用材の日本農林規格（昭和二十四年農林省告示第二百三十九号）」を「用材の日本農林規格（昭和二十八年十一月農林省告示第七百六十九号）」に改める。

6 電柱用素材の日本農林規格（昭和二十六年五月農林省告示第百九十一号）の一部を次のように改正する。

第十条中「用材の日本農林規格（昭和二十四年農林省告示第二百三十九号）」を「用材の日本農林規格（昭和二十八年十一月農林省告示第七百六十九号）」に改める。

7 鋼船用木材の日本農林規格（昭和二十八年四月農林省告示第二百三十二号）の一部を次のように改正する。

第二条第二項中「用材の日本農林規格」を「旧用材規格規程」（昭和二十四年八月農林省告示第二百三十九号）」に、第三条中「用材の日本農林規格」を「用材の日本農林規格（昭和二十八年十一月農林省告示第七百六十九号）」に改める。

別表第一（針葉樹製材の形量表）

一 板類

イ 板

形量 厚	形量 幅	形量 長
一分八厘、二分、二分三厘、二分五厘、二分八厘	四寸以上九寸五分まで五分建 一尺以上寸建	六尺、六尺三寸、六尺五寸、六尺六寸、九尺、十二尺
三分、三分三厘、三分五厘、四分、四分三厘、四分五厘、四分八厘、五分以上九分まで五厘建	四寸以上九寸五分まで五分建 一尺以上寸建	六尺、六尺三寸、六尺五寸、六尺六寸、七尺、九尺、十尺、十二尺、十二尺五寸、十三尺、十三尺二寸、十四尺、十五尺

ロ 小幅板

形量 厚	形量 幅	形量 長
一分八厘、二分、二分三厘、二分五厘、二分八厘	一寸、一寸一分、一寸二分、一寸五分、二寸、二寸五分、三寸、三寸五分	六尺、六尺三寸、六尺五寸、六尺六寸、九尺、十二尺
三分、三分三厘	一寸、一寸一分、一寸二分、一寸五分、二寸、二寸五分、三寸、三寸五分	六尺、六尺三寸、六尺五寸、六尺六寸、九尺、十尺、十二尺、十二尺五寸
三分五厘、四分、四分三厘、四分五厘、四分八厘	一寸五分、二寸、二寸五分、二寸七分、三寸、三寸三分、三寸五分	十三尺、十三尺二寸、十四尺、十五尺
五分以上五厘建	一寸五分、一寸七分、二寸、二寸五分、二寸七分、三寸、三寸三分、三寸五分、三寸八分	

ハ 斜面板

形量 厚 上端	形量 厚 下端	形量 幅	形量 長
二分	六分、七分、八分	二寸、二寸五分、三寸、三寸三分、三寸五分、三寸八分、四寸	六尺、六尺三寸、六尺五寸、六尺六寸、九尺、十尺、十二尺、十二尺五寸、十三尺、十三尺二寸、十五尺
二分五厘	一寸		
三分	七分、八分、一寸、一寸二分、一寸六分		
三分五厘	一寸四分		
四分、五分	一寸二分、一寸三分、一寸五分、一寸六分		
一分五厘	三分	五寸、六寸、七寸	
二分	四分		
二分	五分		
二分五厘	五分		
二分五厘	六分		
二分五厘	七分		
三分	五分、六分		

ニ 厚板

形量 厚	形量 幅	形量 長
一寸、一寸一分、一寸二分、一寸三分、一寸五分、一寸八分、二寸、二寸二分	三寸以上九寸五分まで五分建 一尺以上寸建	六尺、六尺三寸、六尺五寸、六尺六寸、九尺、十尺、十二尺、十二尺五寸、十三尺、十三尺二寸、十五尺、十八尺

二 挽割類

イ 正割

形量 一辺の長	形量 長
五分以上一分建	六尺、六尺三寸、六尺五寸、六尺六寸、九尺、十尺、十尺五寸、十二尺、十二尺五寸、十三尺、十三尺二寸、十五尺、十八尺

ロ 平割

形量 厚	幅	長
五分	六分、八分、一寸二分	六尺、六尺三寸、六尺五寸、六尺六寸、九尺、十尺、十二尺、十二尺五寸、十三尺、十三尺二寸、十五尺
六分、七分	六分、八分、一寸二分、一寸五分、一寸六分、一寸七分	
八分、九分、一寸、一寸一分	一寸、一寸二分、一寸五分、一寸六分、一寸七分、一寸八分、一寸二分、一寸五分、二寸、二寸五分	
一寸二分、一寸三分	一寸三分、一寸四分、一寸五分、一寸六分、一寸七分、一寸八分、二寸、二寸二分、二寸三分、二寸五分、三寸、三寸三分、三寸五分	
一寸四分、一寸五分、一寸六分	一寸六分、一寸八分、二寸、三寸、三寸三分、三寸五分、三寸八分、四寸	
一寸七分、一寸八分、二寸	二寸五分、三寸、三寸三分、三寸五分、三寸八分、四寸、四寸五分、五寸	

三 挽角類

イ 正角

形量 一辺の長	長
二寸五分、二寸八分、三寸、三寸三分、三寸五分、三寸八分、四寸以上五分建	六尺、六尺五寸、六尺六寸、七尺以上十二尺まで五寸建、十二尺五寸、十三尺、十三尺二寸、十四尺以上尺建

ロ 平角

形量 厚	幅	長
二寸五分、三寸、三寸五分、三寸八分、四寸以上五分建	三寸以上七寸五分まで五分建、八寸以上一寸建	六尺、六尺五寸、六尺六寸、七尺以上十尺まで五寸建、十尺五寸、十一尺、十二尺、十三尺、十三尺二寸、十三尺五寸、十四尺以上五寸建

別表第二（広葉樹製材の形量表）

一 板類

イ 板

形量 厚	幅	長
三分以上九分まで一分建	四寸以上九寸五分まで五分建、一尺以上一寸建	一尺以上五尺九寸まで一寸建、六尺以上五寸建

ロ 小幅板

形量 厚	幅	長
三分、四分、五分	一寸五分以上三寸五分まで一分建	一尺以上五尺九寸まで一寸建、六尺以上五寸建
六分	一寸八分以上三寸五分まで一分建	
七分、八分、九分	二寸以上三寸五分まで一分建	

ハ 厚板

形量 厚	幅	長
一寸、一寸一分、一寸二分、一寸三分、一寸五分、一寸七分、一寸八分、二寸、二寸二分、二寸三分	四寸以上九寸五分まで五分建、一尺以上二尺まで一寸建	二尺五寸以上五尺九寸まで一寸建、六尺以上五寸建

二　挽割類

イ　正割

形量 一辺の長さ	長
五分	一尺以上十五尺まで五寸建
六分	
七分	
八分	
九分	
一寸	
一寸二分	
一寸三分	
一寸五分	
一寸七分	
一寸八分	
二寸	
二寸二分	
二寸三分	

ロ　平割

厚	幅	長
七分	一寸二分、一寸三分、一寸七分	一尺以上十五尺まで五寸建
八分	九分、一寸二分、一寸三分、一寸七分、二寸一分	
九分	一寸二分、一寸三分、一寸七分、二寸一分、二寸五分	
一寸	二寸	
一寸二分	一寸三分、一寸七分、二寸一分、二寸五分	
一寸三分	一寸七分、二寸一分、二寸五分、三寸三分	
一寸七分	二寸一分、二寸五分、三寸三分、四寸二分、五寸	
二寸	二寸二分以上五寸九分まで一分建	
二寸二分	二寸三分以上六寸五分まで一分建	
二寸三分	二寸四分以上六寸八分まで一分建	

三　挽角類

イ　正角

形量 一辺の長	長
二寸五分	二尺五寸以上五尺九寸まで一寸建
二寸六分	六尺以上五寸建
二寸八分	
三寸	
三寸三分	
三寸五分	
三寸八分	
四寸以上五分建	

ロ　平角

厚	幅	長
二寸五分	二寸六分	二尺五寸以上五尺九寸まで一寸建
二寸六分	二寸八分	六尺以上五寸建
二寸八分	三寸	
三寸	三寸三分	
三寸三分	三寸五分	
三寸五分	三寸八分	
三寸八分	四寸以上五分建	
四寸以上五分建		

◉農林省告示第七百七十号

肥料取締法(昭和二十五年法律第百二十七号)第七条の規定により、昭和二十八年十月一日付をもつて左の肥料を登録し、登録証を交付した。

昭和二十八年十一月十一日　農林大臣　保利　茂

登録番号

自生第四一六九号至生第四二二一号

肥料の名称等省略(官報参照)

◉農林省告示第七百七十一号

肥料取締法(昭和二十五年法律第百二十七号)第十二条の規定により、昭和二十八年十月一日付をもつて左の肥料の登録の有効期間を更新し、登録証を交付した。

昭和二十八年十一月十一日　農林大臣　保利　茂

有効期限が昭和三十一年十月一日となつたもの

登録番号

生第六〇九号、生第六一二号、生第六一五号、生第六一八号、生第六一九号自生第六二五号至生第六三五号、生第六四一号、生第六七〇号、生第六七二号、生第六七四号、生第六七七号、生第六八五号、生第六八六号

肥料の名称等省略(官報参照)

◉農林省告示第七百七十二号

森林法（昭和二十六年法律第二百四十九号）第二十五条の規定により、次の森林を保安林に指定する。

昭和二十八年十一月十一日

農林大臣　保利　茂

山形県西置賜郡豊川村大字手ノ子字穴切二三三八ノ三六、二三三八ノ三九から二三三八ノ四一まで

以上西置賜郡豊川村長竹田耕一の申請に係るものであつて、水源かん養の必要を認めるもの

東村山郡津山村大字貫津字古根坂二八〇四ノ一、二八〇四ノ二、字仏坂一九四二、一九四四、一九四八、一九五〇、一九五六、二一〇八ノ一（但し、台帳二三町七反三畝二一歩の内見込六町）、北村山郡亀井田村大字次年子字東畑一二一〇ノ一、南村山郡蔵王村大字蔵王字赤倉一一二一ノ一、一一三一ノ一、字トヤ沢一一三〇ノ一から一一三〇ノ八まで、字滝山一一三一ノ一、字松保峰一一二九、字柳沢七六一、七六三から七六六まで、一一一九

以上山形県知事の申請に係るものであつて、水源かん養の必要を認めるもの

東村山郡豊田村大字土橋字観音寺一三三二ノ一、一三四二、字アミダトウ一三一二四六、字滝一二四八、一二四九、一二五一から一二五三まで、一三三二ノ六、一三三二ノ八、一三三二ノ九（但し、台帳七反五畝一四歩の内見込六反）、一三三二ノ一〇、一三三八、一三三九、字深立一二一三、一二一八、一二一九、一二二一、字月山一一九二、一一九三、一一九九、一二〇〇、一二〇六ノ一、一二二〇、一四〇四ノ一、一四〇四ノ三から一四〇四ノ二三まで、字一ノ坂一一八七、一一八八、字木田橋一一九五、一一九七、一一九八、字楯堂一四〇五ノ一から一四〇五ノ五まで、一四〇五ノ七から一四〇五ノ九まで、一四〇五ノ一一、一四〇五ノ一四、一一七三、一一七四、大字柳沢字北浦山一四九八、一五〇〇ノ一、一五〇一から一五〇三まで、一五〇四ノ一、字浦山五九五ノ一、五九五ノ二、一五一四、一五一六ノ一、一五一七、一五一八ノ一、一五一九ノ一、一五一九ノ二、一五二〇から一五二六まで、一五三五から一五三八まで、一五四〇ノ二、一五四一から一五四三まで、一五四八から一五五〇まで、一五五一ノ一、一五五一ノ二、一五五三ノ一、一五五四から一五五八まで、一五五九ノ一、一五五九ノ二、一五六〇から一五六二まで、一五六三ノ一、一五六四、一五六六から一五六八まで、一五七〇、一五七六、二〇一一、二〇一二、字七ヶ山八五ノ一、八六ノ一、八六ノ四、字墓戸七七ノ一、七七ノ三、七七ノ四、北村山郡高崎村大字関山字女滝三六四ノ二、字西岡口二五五三ノ三、二五五三ノ四、字桑沢三一七六、山口村大字山口字留山四二五一ノ二一（但し、台帳六反六畝一六歩の内見込九畝二九歩）、四二五一ノ二六（但し、台帳八町四反四畝二五歩の内見込七反）、四二五一ノ二七（但し、台帳五反五畝六歩の内見込二反八畝）、東根村大字東根字ハチカ沢九三〇八ノ一、九三〇八ノ二、九三〇八ノ三三、九三〇八ノ三四、九三〇八ノ四八から九三〇八ノ五五まで、西置賜郡蚕桑村大字高玉字岩屋沢四一七一ノ一（但し、台帳一二町五反二畝七歩の内見込一町）、四一七二（但し、台帳七町八反四畝一四歩の内見込一町）、字三細峰四一六八（但し、台帳八町六反二畝一五歩の内見込二反）、四一六九（但し、台帳一町九反二畝一〇歩の内見込三反）

以上山形県知事の申請に係るものであつて、土砂流出防備の必要を認めるもの

最上郡安楽城村大字差首鍋字西内山一九六八ノ丙（但し、見込二町の内見込九反）、一九七一（但し、見込三町の内見込一町三反）、字西川七一七、七一七ノ一、七一八

以上最上郡安楽城村長伊東勝次郎の申請に係るものであつて、土砂崩壊防備の必要を認めるもの

西田川郡田川村大字田川字扇ノ台二一ノ一（但し、台帳三町九反一歩の内見込一町）、字西山三一、四五、四八、四九、五〇（但し、台帳五町五反五畝二九歩の内見込一町三反）

以上西田川郡田川村長斎藤金次郎の申請に係るものであつて、土砂崩壊防備の必要を認めるもの

西田川郡温海町大字湯温字湯温海乙一七一、四六七ノ一、四六七ノ二ノ一、四六七ノ二ノ二、四六八ノ一、四七三ノ二、四七三ノ三、四七六ノ二、四七七ノ三から四七七ノ五まで、四六九ノ一、四六九ノ二、四六九ノ二ノ一、四七〇ノ四、四七一、四七〇ノ一、四七〇ノ二、四七三ノ四、四七三ノ一、四七〇ノ三、四七二、四七四、四七七、四七七ノ一、四七七ノ六、四七七ノ七、四八一

以上西田川郡温海町長斎藤八蔵の申請に係るものであつて、土砂崩壊防備の必要を認めるもの

南村山郡上山村大字長清水字虚空蔵三一五、三一六ノ三から三一六ノ七まで、三一六ノ一四（但し、台帳三反八畝の内見込二反五畝）、九五六、字沢七七九、七八〇、七九二、字高楯四八四ノ丙、四八六、大字河崎字高楯三八二ノ乙、大字鶴脛町字大平山ノ内関下九三三、北村山郡亀井田村大字次年子字小平九五〇、九五九ノ五、一一九六、字家ノ下八九〇、西置賜郡鮎貝村大字黒鴨字丸森二一二七ノ二七、二一二七ノ五〇（但し、台帳六反の内見込三畝）、二一二七ノ五一（但し、台帳二反の内見込九畝）、字中屋敷二一二五ノ一（但し、台帳一町四反二歩の内見込六畝）

以上山形県知事の申請に係るものであつて、土砂崩壊防備の必要を認めるもの

◉農林省告示第七百七十三号

森林法（昭和二十六年法律第二百四十九号）第二十五条の規定により、次の森林を保安林に指定する。

昭和二十八年十一月十一日

農林大臣　保利　茂

埼玉県児玉郡秋平村大字小平字雲雀沢二六五〇から二六五三まで、二六五四ノ一、二六五四ノ三、二六五四ロ号、二六五五イ号、二六五五ノ二、二六五六、二六五七、二六五八イ号、二六五八ロ号、二六五九ノ一から二六五九ノ三まで、二六六〇、字財ヶ入二六六一

甲号、二六六一乙号、二六六一ノ三、二六六一ノ四、二六六二、二六六三イ号、二六六三ロ号、二六六四イ号、二六六四ロ号、二六六五から二六七四まで、字扇形二六七五ノ一、二六七五ノ二、本泉村大字河内字丸山一〇〇〇、字大柳一〇〇三ノ一号、字大谷一〇〇六ノ一、一〇〇六ノ二、一〇〇七ノイ（但し、台帳二町六畝五歩の内見込二町）、一〇〇七ノ五、字大手子岩一〇一二ノイ（但し、台帳一町五反一畝二二歩の内見込一町五反）、字金仏一〇一四ノ一、一〇一四ノ乙（但し、台帳四町四畝二七歩の内見込三町五反）

以上埼玉県知事の申請に係るものであつて、水源かん養のため必要と認めるもの

児玉郡本泉村大字太駄字込行二四一三、阿久原村大字下阿久原字幹沢四四一、四四三、字平田沢一六一六、一六一八、一六二三、一六二〇、秩父郡槻川村大字白石字奈田良四三八、四六九、四七一から四七四まで、字元槻川五三九から五四三まで、字猪之鼻一一五、一一六、一一九、一二四、大字皆谷字五間沢五九九、字皆谷二七ノ二（但し、台帳九町四反二畝二〇歩の内見込三町）、三一ノ一（但し、台帳二町七反二畝一五歩の内見込一町）、字釜ノ沢一四二一（但し、台帳二反一畝六歩の内見込一反五畝）、一四二三、一四二八ノ一、一四三〇ノ二（但し、台帳五畝五歩の内見込五畝）、字ツッジ山一六三一、一六三二、字上方一六七〇から一六七二まで、大字坂本字下田中一六五三、一六五四、一六六三ノ一（但し、台帳八反四畝一九歩の内見込四反）、一六六三ノ二、一六六四、一六六五、一五二〇ノイ（但し、台帳一町三反五畝の内見込一町）、字和知場三九二イ、三九三から三九五まで、字カジヤ一三二五イ、一三二五ロ、一三三〇、一三四四、一三四五ノ一、一三四六、一三四七ノ二、大字大内沢字名貝戸一二〇七ノ一、一二〇七ノ三、大椚村大字椚平字花ノ木平八一八ノ一、八一八ノ三、八一八ノロ、八一九、八二〇、字猿岩八一六ノ一、八一七、字飯森八二五ノイ、八二五ノロ、字真石原七七一ノロ、七七二、七七三、七七八、七七九、七八二、七九〇、七九六、大字大野字朴ノ木穴九二一、九二二、九二四から九三一まで、字水梨子九一七、九二〇、字丸山九八一ノ二、九八三、九八四、九八五ノ一、九八五ノ二、九八七から九九九まで、字浅間山一一八六、一一九〇、字浅間前一一三五から一一三八まで、字浅間山一一九六、一一九七、一二〇九から一二一三まで、一二一七から一二一九まで、字鳶の巣一〇二八ノ一、一〇二九、字大羽根九七二、九七三、九七四ノ一、九七四ノ二、九七五ノ二、九七六、九七七、字琴平続八八二、八八五、八八八から八九〇まで、字石小土一四九三ノ一、一四九七から一五〇二まで、一五〇五、一五〇九、一五一一、一五一二ノ二、字梅木沢一四一九ノ一、一四二〇ノ一、字篠ノ畝一八五八、一八五九、一八七四、比企郡平村大字西平字振矢四〇一七ノ一（但し、台帳一反三畝二四歩の内見込八畝）、字小山三五四四、一六五三イ号、一六五三ロ号、字越路三六一九（但し、台帳二反五畝五歩の内見込一反）、字二本松三七二一、三七二三、三七二四、字大築三三五一五ノ一、入間郡梅園村大字麦原字高座巣九五一、字鳶巣一〇六八から一〇七二まで、一〇七三ノ一、一〇七三ノ二、一〇七四、字小土向一一〇六ノ一、一一〇六ノ二、字丸塚一一〇七、字釜ノ入一一〇八、字助太一一〇九、字原一〇九八、字原坂一〇四三から一〇四六まで、一〇五五、一〇五六、一〇五九から一〇六二まで、字柿木平九九九、一〇〇一、字硯水一一〇五、大字龍谷字熊穴一〇三五から一〇三七まで、一〇三八ノ一、一〇三八ノ二、一〇三九、字中沢一〇四四から一〇四八まで、字藤岩一〇六二乙、字障子岩一〇五四、一〇五五、一〇五八、字水之平八九六から八九八まで、九〇六、字女滝九〇七、字荒棚七五七、七五八ノイ、字削山六〇五ノ七、六一一、大字黒山字玉郷一五〇五、一五〇八、一五〇七、一五三〇から一五三四まで、字鼻曲り一二四三、字明葉穴一二〇二ノイ、一二〇三、一二〇四、字面振峠一三一六から一二一九まで、字越上山一二七二ノ一

以上埼玉県知事の申請に係るものであつて、土砂流出防備の必要を認めるもの

児玉郡本泉村大字太駄字愛輪二〇〇二ノ二、二〇〇三ノ二、二〇〇四ノ二、三三一八、三三二九、三三三〇、二〇〇一ノ二、字迎三三九〇、大字稲沢字大クラ沢トマ八九七ノ一、字上の川向九七〇、九七一の一、九七一の二、九七三から九七六まで、九八三の一、九八三の三、字中川向九九九の一、九九九の二、字出口南一〇五五の乙、一〇五四の一、一〇六九から一〇七四まで、一〇七八、字下の西山二六四の二、二六七、二六四の一一、二六四ノ七、二六四の一二、字下のウワ平、二九八、二九九、阿久原村大字上阿久原字浜の谷一五七二、一五七三、一〇〇二、秩父郡槻川村大字坂本字荒野六六九、六七〇ノ一、六七〇ノ二、六九〇から六九三まで、大字大内沢字岩神五六四ノ二、五六五、五六六ノ一号、五六六ノ二号、字日影貝戸一二七二ノ一号、一二七二ノ二号、一二七三、一二七四ノ一号（但し、台帳二反七畝一六歩の内見込一反二畝）、一二七五ノイ号、大椚村大字椚平字若荷窪七三二（但し、台帳四畝一七歩の内見込四畝）、七三三、字榑窪一〇〇、一〇一ノ一、一〇二ノ一、字榑窪向四四、字清水四〇一（但し、台帳三畝七歩の内見込二畝一五歩）、四〇二ノ一（但し、台帳九畝九歩の内見込八畝）、四〇三ノ一、四〇三ノ三、四〇四ノ一、四〇四ノ三、四〇九、四一〇、四一一ノイ、四一一ノロ、四一一ノハ、四一四、四一五、四一六ノイ、四一六ノロ、四一八から四二二まで、四二二ノイ、四二二ノロ、四二三、四二四、字堂場四九九、五〇一から五〇四まで、五〇五ノ一、五〇五ノ二、五〇六、五〇七、五四一、字堂窪二九八（但し、台帳三畝六歩の内見込二畝一五歩）、字大沢六七一ノロ、六七二から六七四まで、六七五ノ一（但し、台帳一反二三歩の内見込七畝）、比企郡平

村大字西平字矢所三四四六、三四四七(但し、台帳二畝一六歩の内見込二畝)、三四四八イ、三四五七（但し、台帳一反二畝七歩の内見込六畝)、三四五八、三四五九（但し、台帳一反一畝一六歩の内見込六畝)、字生田三三七一イ号(但し、台帳三畝一六歩の内見込二畝)、一四五三（但し、台帳一畝三歩の内見込一五歩)、字無位入三四八二(但し、台帳三町六畝一七歩の内見込一町)、字乳児岩二七三〇ノ一、入間郡梅園村大字龍谷字夫婦岩九四九、九五〇、九五一ノ一、九五一ノ二、九五二ノ一、九五三ノ一、九五四ノ一、九五六、九五七、大字黒山字岡房山一四〇九、一四一〇

以上埼玉県知事の申請に係るものであつて、土砂崩壊防備の必要を認めるもの

◉農林省告示第七百七十四号

肥料取締法（昭和二十五年法律第百二十七号）第七条の規定により、昭和二十八年十月十日附をもつて左の肥料を登録し、登録証を交付した。

昭和二十八年十一月十二日

農林大臣　保利　茂

登録番号

自輪第四九七号至輪第五〇〇号

肥料の名称等省略(官報参照)

◉農林省告示第七百七十五号

肥料取締法（昭和二十五年法律第百二十七号）第十四条第二号の規定により左の肥料の登録は失効したので、同法第十六条第一項の規定により告示する。

昭和二十八年十一月十二日

農林大臣　保利　茂

登録番号

生第三二三六号、生第三二三七号、自生第一七三二号至生第一七三五号、生第一八四七号、生第一八四八号、自生第一七三六号至生第一七三九号、生第一八四九号、生第一八四五号、生第一八四六号、生第一七四〇号、生第一七四一号、生第一二二三号、生第一八五〇号

肥料の名称等省略(官報参照)

◉農林省告示第七百七十六号

農薬取締法（昭和二十三年法律第八十二号）第二条の規定により昭和二十八年十月三十日付をもつて左記農薬を再登録し、登録票を交付した。

昭和二十八年十一月十二日

農林大臣　保利　茂

登録番号

自一七六六至一七七三

農薬の種類及び名称等省略（官報参照）

◉農林省告示第七百七十七号

新潟県北蒲原郡安田村所在の福永第二地区及び同県中魚沼郡所在の十日町地区について、農地法施行令（昭和二十七年政令第四百四十五号）第四条本文但書の規定に基き、礫の含有度の基準の例外を次のとおり定める。

昭和二十八年十一月十二日

農林大臣　保利　茂

地区名	礫の含有度の基準	上記の基準を受ける土地
福永第二地区	耕作の業務に支障を与えるおそれがある礫を一日で取り去るのに必要な労力が五反当り一〇人以下で足りること。	新潟県北蒲原郡安田村大字新保字駒込五八の六、五九の三、六八の一、六九の一、二七四五の一四、二七四五の一三、二八三五の二、二八三六の一 同大字同字中道六〇の一六から六〇の一九まで、六〇の二一から六〇の三五まで、二六一四の五から二六一四の八まで、二六一四の一三、二六一四の一五、二六一四の一七、二六一四の一八、二六一四の二〇から二六一四の二三まで 同大字同字砂山二五〇六の四から二五〇六の八まで 同大字同字前島一〇六の五
十日町地区	同右	新潟県中魚沼郡十日町大字十日町字大道下寅乙六八〇、寅乙六九四、寅乙六九九、寅乙六九九の子、寅乙六八二、寅乙六九五、寅乙六九七、寅乙六六四、寅乙六六五六九〇、寅乙六九〇の子、寅乙六九二、寅乙六九六、寅乙六六三、寅乙六七八、寅乙六八七、寅乙六九三、寅乙六六一、寅乙六七四、寅乙六六八、寅乙七〇二の一、寅乙七〇二の二、寅乙七〇二の丑、寅乙六八四、寅乙六八五、寅乙六八六、寅乙六八九、寅乙六八三、寅乙六八八、寅乙六九一の一、寅乙六五九の一、寅乙六七六の子、寅乙六六二の一、寅乙六六二の二、寅乙六七〇から寅乙六七三まで、寅乙六七六、寅乙六七七、寅乙七〇〇、寅乙六六〇、寅乙六七五、寅乙六九八 同大字同字小島一二〇五、一二一五、丑一二一八、一三一三、丑一三四五、丑一六〇七、丑一一六〇、丑一二三〇の一、丑一二八四、丑一二三七、丑一三〇九、丑一三〇六、丑一三一五の一、丑一三一五の二、丑一三一六の一、丑一三一六の二、丑一三四九、丑一三四二、丑一三七一、丑一〇八四、丑一二七三、丑一三六五、丑一三六六、丑一三八六、丑一四〇九、丑一一〇六、丑一一〇七、丑一三五一、丑一三〇〇、丑一〇三七の丑、丑一三四九、丑一三九五、子八一三、子八一四、丑一一二七、丑一三九六、丑一三八五、丑一三七五、丑一三八二、丑一六〇八、丑一四二一、丑一〇八六、丑一〇九〇、丑一一〇四、丑一二四八、丑一二六二、丑一二四九、丑一二六五、丑一二八一、丑一三九八、丑一一〇〇、丑一〇六八、丑一〇九八、丑一二七七、丑一〇八〇、丑一〇九九、丑一二三二の子、丑一三六一、丑一四一四、丑一二九七、丑一三六二、丑一三六七、丑一〇八一、丑一二五〇、丑一二六〇、丑一三八九、丑一

二五二、丑一二五五、丑一二四○、丑一二四○の子、丑一○七八、丑一○六五、丑一三一一、丑一三一一の子、丑一三七四、丑一○三七の子、丑一○六七、丑一○七○、丑一○七一、丑一○八八、丑一○九五の二、丑一○九五の三、丑一一○一の二、丑一一○一の一、丑一一○一の三、丑一一三八、丑一一六一、丑一一六四、丑一一七七、丑一一八○、丑一一八三、丑一一八四、丑一一九九、丑一二○六、丑一二一○、丑一二一○の子、丑一二一一、丑一二一七、丑一二二六の子、丑一二二八、丑一二二九、丑一二三三、丑一二三四、丑一二四二、丑一二五三、丑一二六七、丑一二六九、丑一二六九の子、丑一二七○、丑一二七二、丑一二七六、丑一二八二、丑一二八六、丑一二九四、丑一二九五、丑一二九八、丑一三○八、丑一三一○、丑一四○一、丑一○七二、丑一○七四、丑一一八七、丑一一五八、丑一一七五、丑一一七六、丑一一七九、丑一二五四、丑一三八八、丑一一六六、丑一一七二、丑一二○三、丑一二○七、丑一二七四、丑一二七四の子、丑一三八四、丑一三八一、丑一三六四、丑一三六九、丑一三七○、丑一三二三、丑一二二○、丑一三二一、丑一三二五、丑一○六三、丑一○六四、丑一○六六、丑一一二一、丑一一二二、丑一一二四、丑一四二六、丑一一二五、丑一二二六、丑一二二二、丑一二五七、丑一二六八、丑一二六八の子、丑一二八○、丑一三二九、丑一三三三、丑一四○八、丑一六○九、丑一二五九、丑一二九九、丑一二四六、丑一二五九、丑一三一七の一、丑一三一七の二、丑一二六三、丑一三三八、丑一三三九、丑一○九二、丑一一○三の一、丑一一○三の二、丑一二二四、丑一二四三、丑一四二五、丑一○八二、丑一○八五、丑一○九四の一、丑一○九四の二、丑一三四三、丑一三五○、丑一一五七、丑一一六八、丑一二○一、丑一三八○、丑一四○○、丑一○八七、丑一一二三、丑一二三二、丑一三二六、丑一二二七、丑一三三四、丑一○八三、丑一○八九、丑一○九一、丑一○九三、丑一○九五の一、丑一一○八、丑一一三一、丑一一三四、丑一一三五、丑一一四三、丑一一五九、一一六○の子、丑一一六二、丑一一六三、丑一一六五、丑一一六七、丑一一九四、丑一二三○の甲、丑一二三五、丑一二三八、丑一二三八の子、丑一二三九、丑一二四一、丑一二六六、丑一三一八、丑一三一九、丑一三二○、丑一三二二、丑一三三五、丑一三五二から丑一三五四まで、丑一三五九、丑一三六○、丑一三七三、丑一三八七、丑一三九○、丑一三九二、丑一三九三、丑一四○二、丑一一六○の丑、丑一一七三、丑一一七八、丑一一八九、丑一二○四、丑一二○八、丑一二○九、丑一二一四、丑一二二六、丑一二三○の乙、丑一二三一、丑一二三一の子、丑一二三六の子、丑一二四五、丑一二五六、丑一二五八、丑一二七一、丑一二七九、丑一二九○、丑一二九一、丑一二九三、丑一二九六、丑一二八九、丑一二一二の乙、丑一三一九の二、丑一三五七、丑一三五八、丑一三六八、丑一三八三、丑一三九三、丑一三九七の子、丑一○七三、丑一○七五、丑一○七六、丑一○七七、丑一○七九、丑一一八六、丑一一二八、丑一一三二、丑一一三三、丑一一四一、丑一一五二から丑一一五五まで、丑一一五五の子、丑一一五六、丑一一七四、丑一一七四の子、丑一一八一、丑一三○二、丑一三○三、丑一三一○、丑一三一四、丑一三二七、丑一三二八、丑一二一二、丑一二一六、丑一二一九、丑一二二五、丑一三七六、丑一二○○、丑一一六九、丑一一七○、丑一一七一、丑一二○二、丑一三四一、丑一三二四、丑一三三二、丑一二四七、丑一二五一、丑一二六一、丑一二六四、丑一三一四、丑一一○五、丑一三一八の二、丑一二三六、丑一一八二、丑一一八五、丑一一八八、丑一一九五、丑一二四四、丑一三○一、丑一三○七、丑一三一二の甲、丑一三一二の丙、丑一三三七、丑一三四四、丑一二七五、丑一二七八、丑一二八五、丑一二八七、丑一二八八、丑一三三○、丑一三三一、丑一三三六、丑一三三六の子、丑一三四○、丑一三五五、丑一三五六、丑一一三六、丑一一三七、丑一一三九、丑一一四○、丑一一四一、丑一一四二、丑一一○二の一、丑一一○二の二、丑一二三一、丑一二三三、丑一三九一、丑一四二二、丑一四一○、丑一四一三、丑一四一七、丑一四一八、丑一○六九

同大字同字田の島丑一六一三、丑一六二一、丑一六二一の子、丑一六一八の子、丑一六一七、丑一六一七の子、丑一六三四、丑一六三五、丑一六一四、丑一六一五、丑一六一五の子、丑一六二〇、丑一六一八、丑一六一九、丑一六一九の子、丑一六二二

同大字同字内島丑一〇三七、丑一〇四六、丑一〇〇七、丑一〇一一、丑一〇二九、丑一〇一三、丑一〇二一から丑一〇二三まで、子八六三の一、丑一〇〇二、丑一〇〇八の一、丑一〇〇八の二、丑一〇一〇の子、丑一〇一七、丑一〇二四、丑一〇二五、丑一〇五〇、丑一〇一二の子、丑九九五、丑一〇三五、丑九九四、子八一九、丑一〇三四、丑一〇一二、丑一〇一五、丑一〇一六、丑一〇二六から丑一〇二八まで、丑一〇三八、丑一〇四三、丑一〇〇六、丑一〇三〇、子八五三、丑一〇五六、丑一〇四五、丑一〇〇三、丑一〇〇四の一、丑一〇〇四の二、丑一〇四九、丑一〇五七、丑九九七、丑一〇三三、子八一七の一、子八一七の二、丑九九八の一、丑九九八の二、丑九九三、丑一〇九三、丑一〇三六、丑一〇三六の子、子八四六、子八四七、丑一〇五四、子八五七、子八五七の一、子八五七の二、子八五九の一、子八五九の二、子八六〇、丑一〇五一、丑一〇三九、子八三七の子、子八五四の子、子八五四の一から子八五四の三まで、子八六四、丑一〇三二、丑一〇四四、丑一〇五八、丑一〇六〇、丑九七九、子八五五の三、子八五五の一、子八五五の二、子八六七の一、子八六七の二、子八四三、子八七〇、子八三一、子八三二、丑一〇五九、丑一〇一九、丑一〇二〇の子、丑一〇五三、子八三五、子八一八、丑一〇〇五、丑一〇一八、丑一〇〇三、一、子八二七、丑一〇四二、丑一〇五二、子八六二〇の子、子八六三の丑、子八六五、子八六六、子八六八、子八七一の二、丑一〇四八、丑一〇四一、子八六二の一、子八六九、丑一〇二〇、子八五八、子八五八の一、子八五八の二、子八九二、子八三〇、子八三九の一、子八四〇の一、子八四一の一、丑九九二、丑九九六、丑一〇五五、丑一〇六一、子八六二、子八六一の一、子八六一の二、丑一〇四〇、丑一〇〇九、丑九六九、丑九八〇、子八七六、子八七七、丑一〇〇一の一、丑一〇〇八の三、丑一〇一〇、丑九六八、丑一〇九七、丑九七八、丑九九一の一、子八五六、子八七二の一、子八七六の一、子八七二の二、子八七一の一、子八七四、丑九七五、丑九七六、丑九七七、子八七三、子八六八、子八七五

同大字同字下島寅乙五八六、寅乙五九〇、寅乙五九二の一、寅乙五九七、寅乙五九四、寅乙五九九、寅乙五九六の一、寅乙五七九の二、寅乙五八五の四、寅乙五七九の一、寅乙五八五の二、寅乙五七三、寅乙五七四、寅乙五七四の二、寅乙五八四、寅乙五八五の三、寅乙五八五の一、寅乙五七七、寅乙六〇二、寅乙五八〇、寅乙五八〇の一、寅乙五七二の一、寅乙五八一の一、寅乙五七五、寅乙五七八の一、寅乙五七八の四、寅乙五九五の一、寅乙五九六の二、寅乙五七八の五

同大字同字大川端丑八五一、丑八五四、丑八五二、丑八五三

同大字同字向島新田丑八六三、丑八五五の一、丑八六一、丑八五六、丑八五九、丑八六〇、丑一〇四七、丑八六二、丑八五七

同大字同字上島子八一五、子七九三、子八一六の一、子八一六の三、子七九五、子八一二、子七九六

同大字同字くるみ島子一〇三二、子一〇三三、子一〇二八の一、子一〇三〇、子九九一の二、子一〇二九の子、子一〇二七、子一〇一七、子一〇二五、子一〇三一、子一〇二六

同大字同字新田島寅乙五六八の二、寅乙五六八の一、寅乙五六九、寅乙五七〇の一、寅乙四八三の五、丑八五八、寅乙四八七の一、寅乙四八七の二、寅乙五三九の二、寅乙四八三の四

同大字同字牧の島丑八三三の二

◉農林省告示第七百七十八号

森林法（昭和二十六年法律第二百四十九号）第四十一条の規定により次の土地を保安施設地区に指定する。

昭和二十八年十一月十二日

農林大臣　保利　茂

広島県高田郡甲立町大字下甲立字牧谷三〇八ノ二、三一二、字手斧磨四二三から四二五まで、四五〇ノ二から四五〇ノ四まで、四五一、四六七、字峨亜目一一六八、一一七〇、一一七一、字段林五三七、字硝五八五、五九〇から五九四まで、五九五ノ二、五九六、五九八、六二六、六三一から六三九まで、六六一から六六三まで、七三八、七三九ノ一、七四〇、七四三から七四六まで、字河平六四、六五、七一、大字上甲立字後平三二六ノ二、三二七、

三二九、三三〇、字向小路一三三七ノ一、一三三七ノ二、大字稼地字白土二一一、二二二、刈田村大字勝田字隠地甲五一七ノ一（但し、全面積の内見込二〇町）、深安郡竹尋村大字下竹田字治坂七三三ノ一（但し、全面積の内見込五反）、七四六ノ一（但し、全面積の内見込二町五反）、中条村大字東中条字広山三九二ノ一、字末友二七六、大字三谷字山鳥一〇四ノ一（但し、全面積の内見込二町五反）、沼隈郡赤坂村大字早戸字山之神三四（但し、全面積の内見込二畝）、四四（但し、全面積の内見込一反三畝）、四五（但し、全面積の内見込五畝）、四六（但し、全面積の内見込八畝）、四七（但し、全面積の内見込八畝）、四九（但し、全面積の内見込五畝）、五〇（但し、全面積の内見込一反）、五一（但し、全面積の内見込一反八畝）、五二（但し、全面積の内見込一反二畝）、五三、大字赤坂字小原一七（但し、全面積の内見込二反三畝四歩）、一八ノ一（但し、全面積の内見込一反七畝二七歩）、一九（但し、全面積の内見込一反八畝二〇歩）、二〇（但し、全面積の内見込一反四畝一〇歩）、二三ノ一（但し、全面積の内見込一反一九歩）、二四ノ一（但し、全面積の内見込一反二畝二三歩）、二五ノ一（但し、全面積の内見込二反一六歩）、字峠甲五六五（但し、全面積の内見込二町一反）、高須村字鍔黒九七二ノ一（但し、全面積の内見込三反）、九七三ノ一（但し、全面積の内見込一反）、芦品郡有磨村大字柞磨字坊原赤の田七八三ノ一（但し、全面積の内見込一反）、七八四ノ一、七八四ノ二（但し、全面積の内見込五反）、七八四ノ三（但し、全面積の内見込二畝）、七九五ノ一（但し、全面積の内見込一町）、七九五ノ二（但し、全面積の内見込五反）、七九五ノ三（但し、全面積の内見込二反）、七九五ノ四（但し、全面積の内見込五反）、七九六、字坊原砂入奥七八三ノ二（但し、全面積の内見込一反）、字坊原石堂良奥七六三（但し、全面積の内見込一畝）、七六四ノ一（但し、全面積の内見込一反）、七六五ノ一（但し、全面積の内見込二反）、七六五ノ二、七六六ノ一（但し、全面積の内見込四反）、七六六ノ二（但し、全面積の内見込五反）、七六六ノ三（但し、全面積の内見込一反）、字坊原ナメラ奥七七一（但し、全面積の内見込四畝）、七七二ノ一、七七二ノ二、七七三（但し、全面積の内見込一畝）、七七四ノ一（但し、全面積の内見込一畝）、七七四ノ二（但し、全面積の内見込一畝）、七七五ノ一（但し、全面積の内見込四反）、七七五ノ二（但し、全面積の内見込二反）、七七五ノ三、七七六、七七七（但し、全面積の内見込二反）、七七八（但し、全面積の内見込一反）、七七九（但し、全面積の内見込二反）、七八〇から七八二まで、栗生村大字栗柄字勝負谷一六二四（但し、全面積の内見込三町）、字平井二〇ノ一（但し、全面積の内見込一反五畝）、二一ノ二（但し、全面積の内見込一反五畝）、二二ノ二（但し、全面積の内見込五反）、三五、三六（但し、全面積の内見込一反）、三七（但し、全面積の内見込四反九畝）、字大平七〇（但し、全面積の内見込一町三反）、七七ノ一（但し、全面積の内見込三反）、大正村大字木野山字横谷山取ヶ迫六四一から六四五まで、六五二から六五四まで、字横谷山松林寺奥六五八、六七四ノ二、六七五から六七七まで、字角目南平田屋ノ上七〇〇、字角目南平田屋ノ奥七〇九ノ一、七〇九ノ二、七一〇ノ一、七一〇ノ二、七一二、七一三ノ一、神石郡牧村大字牧字池の元後七〇（但し、全面積の内見込五畝）、字後畑七一（但し、全面積の内見込一反五畝）、比婆郡高村大字高字場ヶ谷一〇一ノ二、一〇一ノ四、一〇一ノ一二から一〇一ノ一五まで、一〇二ノ四、一〇二ノ五、一〇二ノ九、一〇二ノ一一、一〇二ノ一四、一〇二ノ一七、字大畔背一〇三ノ一一、西城町大字中野字丹谷八八六（但し、全面積の内見込二反）、八八九（但し、全面積の内見込二反）、八九〇（但し、全面積の内見込二反）、安芸郡東海田町字今岡一〇九五、字同粗先一一七五ノ一三（但し、全面積の内見込三反五畝）、中野村字平原九七七、九七八、九八二、（但し、全面積の内見込六畝）、九八四、九八六、九八七、九八九、九九〇、九九八、字岡谷一九三（但し、全面積の内見込六畝）、一二一ノ一（但し、全面積の内見込六畝）、天応町字白兵衛四三三（但し、全面積の内見込一町）、四三四（但し、全面積の内見込一町五反）、字中山三一七（但し、全面積の内見込三反三畝一〇歩）、三三八、三七一から三七六まで、三八〇、倉橋町大字長谷字鳶ヶ巣一五九四（但し、全面積の内見込二町三反）、大字本浦字前火山一七八（但し、全面積の内見込三反六畝）、一七九（但し、全面積の内見込七反五畝）、字火山一五八、一六二（但し、全面積の内見込六町五反六畝）、一六三（但し、全面積の内見込二反二畝）、安佐郡戸山村大字吉山字金尾杭一五七五（但し、全面積の内見込三反五畝）、一五七六、一五七九、一五八六、字居手平一六四三（但し、全面積の内見込三反）、字掛橋二二一七（但し、全面積の内見込一反）、二二一九ノ二（但し、全面積の内見込三反）、二二二〇（但し、全面積の内見込一反）、二二二一（但し、全面積の内見込一反）、二二二七（但し、全面積の内見込二反）、二二一九〇（但し、全面積の内見込二畝）、二二二五（但し、全面積の内見込一反）、久地村字瀬谷西平山四八五九（但し、全面積の内見込五畝）、四八六三（但し、全面積の内見込二畝）、字瀬谷中倉七九七二（但し、全面積の内見込四畝）、字瀬谷東平山四八一二ノ二五（但し、全面積の内見込二反）、四八一二ノ二七（但し、全面積の内見込二反）、四八一二ノ三五（但し、全面積の内見込四反）、四八一二ノ三六（但し、全面積の内見込四反）、鈴張村字滑石三三八〇、亀山村大字綾ヶ谷字大平八〇七から八一一まで、字横林八〇〇、八〇一、八〇三から八〇五まで、甲八〇六ノ一四七、甲八〇六ノ一四九から甲八〇六ノ一五二まで、甲八〇六ノ一五五、甲八〇六ノ一五六、甲八〇六ノ一七三から甲八〇六ノ一八四、沼隈郡赤坂村大字赤坂字勝負一一一、一一二、一一四、一一六から一一八まで、一二〇、一三三、大字早戸字栗目木四七六、四七七、字道上六一から六五まで、八六、芦品郡宜山村大字大橋字奥田七三三ノ一ノ一

（但し、全面積の内見込五反）、七三三ノ一ノ二（但し、全面積の内見込一町二反八畝）、七三三ノ三（但し、全面積の内見込五反）、字鳥越三五二ノ一、三五四、三五五ノ一、三五六ノ一、三五七ノ一、三六〇、三六一ノ一、三六二ノ一、三六二ノ二、三六三ノ一、三六六ノ一、三六七、大字今岡字石目三一〇ノ一、三一〇ノ五、三一〇ノ七、三一一、甲三一二ノ一（但し、全面積の内見込一町）、甲三一五ノ一、三一六ノ一、三一六ノ二、三一七ノ一、三一七ノ二、七一〇ノ一、安芸郡東海田町字番障子三一ノ九（但し、全面積の内見込一五歩）、三一ノ一〇（但し、全面積の内見込一五歩）、三五ノ一（但し、全面積の内見込三反九畝）、七三ノ一、七四ノ一（但し、全面積の内見込四反）、七六ノ一（但し、全面積の内見込四反二畝）、七七（但し、全面積の内見込二反四畝）、七八（但し、全面積の内見込一反八畝）、熊野町大字城の堀字飛子一四四一ノ二五、一四四一ノ二七、一四四一ノ七九、一四四一ノ八六、一四四一ノ八七、一四四一ノ九三、一四四一ノ一六七、一四四一ノ一六八、一四四一ノ二二一、一四四四ノ二七、一四四四ノ二八、一四四七、甲一四四九ノ一、一四五八ノ一三、一四五八ノ一四、一四五八ノ二五、一四五八ノ二六、字古屋奥、甲一一四八ノ八四、甲一一四八ノ八五、字中ヶ原一三六九ノ二四から一三六九ノ二六まで、字嵩山三〇八六ノ二（但し、全面積の内見込九畝）、三〇八六ノ四三から三〇八六ノ四六まで、天応町字上山三八五（但し、全面積の内見込一反三畝）、三八九（但し、全面積の内見込三反八畝）、三九〇、三九一（但し、全面積の内見込四反八畝）、三九二、三九三、三九五、三九六、三九八（但し、全面積の内見込四反）、三九九、四〇二（但し、全面積の内見込七畝）、四〇三（但し、全面積の内見込二反四畝）、倉橋町大字本浦字花取奥山一三七六（但し、全面積の内見込一反九畝）、字畦松三〇六ノ一（但し、全面積の内見込一町四反）、字綿郷三五五ノ一（但し、全面積の内見込一町七反）、三六九（但し、全面積の内見込二反六畝）、三七〇（但し、全面積の内見込二反六畝）、安佐郡三入村大字南原字可部山乙七二五（但し、全面積の内見込二七町）、賀茂郡乃美尾村字分ヶ山五七三ノ一（但し、全面積の内見込六町）、字新池谷八一から八三まで、八七、八八、一〇一から一〇三まで、一一一、一一三、一一四、一一六、一一八、一一九から一二一まで、二〇六から二〇八まで、造賀村字後郷山一六五ノ九、一六五ノ一一、一六六ノ一三、一六六ノ一六、一六六ノ三一、一六六ノ三三、一六六ノ三六、一六六ノ五四から一六六ノ五六まで、一六六ノ六一から一六六ノ六九まで、豊田郡沼田東村大字末広字七塚二七四、二七五、二八九、字山根八一、八二、大字両名字下山一六、一七、三九から四一まで、字大多良奥一三一から一三三まで、一三六、船木村字道正八三三ノ一（但し、全面積の内見込三〇町）、字金売一二九六ノ一、一二九六ノ一五、一二九六ノ一六、小泉村字耳津山二八〇ノ三（但し、全面積の内見込一六町）、戸野村大字戸野字西田河内一八六二から一八六九まで、字千原二三〇九、二三一三、二三一五、二三九一、二三九六、大草村大字大草字大平山一一〇八ノ二、一一〇八ノ三七、字新四郎九二九ノ四から九二九ノ九まで、字大典九七四、九七五、一〇〇〇、一〇〇一ノ一、一〇〇一ノ二、字中倉六三四ノ一四から六三四ノ一七まで、六三四ノ一九から六三四ノ二一まで、字丸草田九三六ノ一、九三六ノ二、世羅郡甲山町大字小世良字南谷五八五ノ三五、五八五ノ四七、五八九ノ六、五九七ノ一、字乙川二七三、二七五、二七六ノ一、二七六ノ二、二八〇ノ一、東村大字別迫字鐙屋六六五ノ二から六六五ノ八まで、六八一ノ四から六八一ノ六まで、六八三ノ七、六八四ノ三、字大沢九三九ノ九、字打田掛七八五ノ一五、七八五ノ一七、七八五ノ二四、七八五ノ二五、七八五ノ二七、七八五ノ三五、八四九、八五二ノ一、字三ッ石六八七ノ四、六八七ノ五、字石仏一一五六ノ二から一一五六ノ五まで、三川村大字伊尾字城ヶ平三〇六、四六六、四六九から四七二まで、四七五、四七九、四八四、四九一、五〇二、五〇三、五〇八から五一二まで、五一七、五二七、五三八、五四一、五四四から五四八まで、五五一、五五二、五五五、五八六、六〇一から六〇七まで、六二四、六二七から六二九まで、六四〇ノ六から六四〇ノ九まで、六四〇ノ一四から六四〇ノ一六まで、六八八、豊田郡椋梨村大字椋梨字長谷八八三ノ一、八八五、八八六ノ一、八九一、八九三、八九四、八九五ノ一から八九五ノ六まで、八九六から九〇二まで、九〇四から九〇八まで、九〇九ノ一、九一〇から九一九まで、九二〇ノ二、九二〇ノ三、九二一、九二二、字狐ヶ城九九五、一〇一四、一〇一八ノ一、字中谷一〇七〇、一〇七五、一〇七六、一〇八六、一〇八七、一〇八九、一〇九三、一〇九五から一〇九七まで、字狭渡一一二三、一一二五、字若林一一二九、一一三一、字池谷一〇四三、一〇四四ノ二、一〇四四ノ三、一〇四四ノ七、一〇四六、字岩坪七八九（但し、全面積の中見込一反五畝）、幸崎村大字渡瀬字吹の谷一二二四、字高尾一二二五ノ一、一二二五ノ二、佐伯郡上水内村大字多田字押ヶ谷二〇二一ノ一から二〇二一ノ三まで、水内村大字麦谷字皆草一一七、一一九（但し、全面積の内見込二反）、一二〇、一二二、一二三（但し、全面積の内見込二反）、一二四（但し、全面積の内見込二反）、大野町字嵐谷二〇九二、二〇九三　　有効期間　一年

山県郡筒賀村大字上筒賀字小々崎山二七五ノ一（但し、全面積の内見込七畝）、二七九（但し、全面積の内見込六畝）、二八一（但し、全面積の内見込四畝）、三三六（但し、全面積の内見込三畝）、大字中筒賀字正木山一三九六（但し、全面積の内見込一町二反）、戸河内町字野為一二二一ノ四（但し、全面積の内見込二畝）、一二二一ノ六（但し、全面積の内見込三畝）、一二二二（但し、全面積の内見込五畝）、一一二六ノ一（但し、全面積の内見込五畝）、一二二六ノ二（但し、全面積の内見込五畝）、沼隈郡高須村字有江持掛谷八七八ノ一（但し、全面積の内見込一

町二反)、八九六(但し、全面積の内見込四町七反)、字長久保九八六(但し、全面積の内見込二反)、九九〇ノ二(但し、全面積の内見込四反)、本郷村字女男口三〇五(但し、全面積の内見込一町八反)、三〇七(但し、全面積の内見込五反)、三〇八(但し、全面積の内見込一町四反)、字小田三〇四(但し、全面積の内見込二町七反四畝)、字馬乞三〇三(但し、全面積の内見込一町二反)、安芸郡坂町字西山九二一、字東ヶ迫一〇六四、一〇六五、一〇六七、一〇六九ノ二、字巣床一〇二六、一〇三一ノ一、字山之神九五九ノ一、九六二から九六四まで、字総頭山八七八(但し、全面積の内見込二町九反)、八七九、八八四ノ一(但し、全面積の内見込五町一反)、八八四ノ三(但し、全面積の内見込一町二反五畝)、八八七(但し、全面積の内見込七反五畝)、八八八(但し、全面積の内見込九反)、熊野跡村字牛ヶ谷二二二三(但し、全面積の内見込一反)、二二二五(但し全面積の内見込五反)、二二三一(但し、全面積の内見込八畝)、二二三六(但し、全面積の内見込一反)、二二三七(但し、全面積の内見込一反)、二二三八(但し、全面積の内見込一反)、二二三九(但し、全面積の内見込一反)、二二四一(但し、全面積の内見込一反)、二二四二ノ一(但し、全面積の内見込一町六反)、二二五三(但し、全面積の内見込三反)、二二五四(但し、全面積の内見込一反五畝)、二二五五(但し、全面積の内見込一反五畝)、二二五六(但し、全面積の内見込七畝)、字谷迫山九五、九六、一一二六、一一三三、一一三七、一一四一、一一四五、一一四六、字海上山六七から六九まで、八三、九一、九二、九四、熊野町大字萩原字道上山二五三五ノ一(但し、全面積の内見込一町五反)、二五三五ノ八から二五三五ノ二八まで、二五三六ノ二から二五三六ノ八まで、二五三六ノ一二から二五三六ノ一四まで、二五三七ノ五、二五三七ノ六、二五三七ノ一三から二五三七ノ一五まで、二五三八ノ一から二五三八ノ四まで、二五三九ノ一(但し、全面積の内見込一町五反)、二五三九ノ四から二五三九ノ一三まで、字石タヶ二五二八、天応町大字寺尾一五八から一六〇まで、一六二、一六四、字小松尾一五〇から一五三まで、一五四(但し、全面積の内見込八畝)、双三郡酒河村大字東酒屋字轆轤谷　甲一七一ノ五(但し、全面積の内見込四反)、甲一七一ノ五二(但し、全面積の内見込三反五畝)、甲一七一ノ一六七(但し、全面積の内見込二反五畝)、字敦盛四九〇(但し、全面積の内見込六反)、字大久保四〇三(但し、全面積の内見込四反)、大字西酒屋字抜湯九一六(但し、全面積の内見込三反)、九五八(但し、全面積の内見込三反)、大字東酒屋字亀之丸一八〇ノ一二八(但し、全面積の内見込四反)、板木村大字上板木字上武流地二八二ノ九(但し、全面積の内見込四反)、二八二ノ一四(但し、全面積の内見込四反)、二八二ノ一九(但し、全面積の内見込六反)、二八二ノ二〇(但し、全面積の内見込一町二反)、二八六ノ四四(但し、全面積の内見込二反)、二八六ノ五一(但し、全面積の内見込一町)、字畑ヶ山一九九ノ二二(但し、全面積の内見込四反)、一九九ノ二四(但し、全面積の内見込二反)、一九九ノ三四、大字羽出庭字高鉢一三八四(但し、全面積の内見込三反)、一三八七(但し、全面積の内見込二反)、一三九〇(但し、全面積の内見込五反)、一三九一(但し、全面積の内見込四反)、一四〇〇(但し、全面積の内見込五反)、一四〇一(但し、全面積の内見込二反)、一五〇四(但し、全面積の内見込四反)、一五八一(但し、全面積の内見込二反)、一六二〇(但し、全面積の内見込三反)、大字大カ谷字亀岡山三四二ノ一〇(但し、全面積の内見込七反)、三四二ノ一三(但し、全面積の内見込六反)、三四二ノ一四(但し、全面積の内見込五反)、三四二ノ一六(但し、全面積の内見込八反)、三四二ノ一七(但し、全面積の内見込一町一反)、三四二ノ一八(但し、全面積の内見込一町)、三四二ノ二〇(但し、全面積の内見込八反)、三四二ノ二一(但し、全面積の内見込八反)、三四二ノ二四(但し、全面積の内見込一町)、三四二ノ四三(但し、全面積の内見込四反)、三四二ノ五三(但し、全面積の内見込八反)、大字下板木字大町田三四五ノ五(但し、全面積の内見込七反)、三四五ノ九(但し、全面積の内見込七反)、三四八ノ一(但し、全面積の内見込三反)、三四八ノ三(但し、全面積の内見込三反)、三四八ノ五(但し、全面積の内見込二反)、三五一(但し、全面積の内見込四反)、三五五ノ三九(但し、全面積の内見込四反)、四六〇ノ一(但し、全面積の内見込四反)、三八二(但し、全面積の内見込六反)、神戸郡小畠村大字阿下字納所五一八ノ一、五一八ノ二、五二二から五二四まで、五三一、五三二ノ一、五三二ノ二、五三三、五三三ノ三、五三四ノ一、五三五、五三六、五三七ノ一、五三七ノ二、五三八から五四六まで、五四七ノ一から五四七ノ三まで、五四八ノ一、五四八ノ二、五四九から五五二まで、五五三ノ一、五五三ノ二、五五四ノ一から五五四ノ三まで、五五五、五五六、五五七ノ九、五五七ノ一〇、五五七ノ一三、五五八、比婆郡比和町大字森脇字西平二六一ノ二(但し、全面積の内見込四反)、二六二ノ一(但し、全面積の内見込三反)、二六三ノ二(但し、全面積の内見込一反)、二八七(但し、全面積の内見込一反五畝)、八七三、賀茂郡郷原村字ワラヒノ山二五二五ノ三六から二五二五ノ三八まで、二五二五ノ六三、二五二五ノ六七、二五二五ノ七四から二五二五ノ七九まで、二五二五ノ八六、二五二五ノ八八から二五二五ノ九〇まで、二五二五ノ九二、二五二五ノ九四から二五二五ノ九八まで、二五二五ノ一〇七から二五二五ノ一一九まで、二五二五ノ一二三から二五二五ノ一二五まで、二五二五ノ一二七、二五二五ノ一五四、二五二五ノ一五七、二五二五ノ一五九、二五二五ノ一六三、二五二五ノ一六九、二五二五ノ一七〇、二五二五ノ一八二、二五二七ノ二から二五二七ノ一四まで、二五二七ノ二六から二五二七ノ四七まで、自二五二七ノ一四六 至二五二七ノ一六八 合併(但し、全面積の内見込一

町)、二五二七ノ二四九から二五二七ノ二五一まで、二五二七ノ二五九から二五二七ノ二六三まで、字先滑四一三、四一五、四一六、四一八、四二三から四二五まで、四二八、四二九、四三〇 四五二}合併、四五四、字前滑四六〇、字西横尾三七七から三八〇まで、三八二から三八六まで、字北横尾三六二から三六六まで、三七二から三七四まで、字半助谷二七七、二七八、二八三から二八五まで、二九一、二九七、字東遅越六〇八ノ一、六〇九、六一〇ノ一、六一〇ノ二、六一九、字西遅越六五七、六五九、六六九から六七一まで、字一の松二五〇七ノ二五から二五〇七ノ三九まで、二五〇七ノ五二、二五〇七ノ五六、二五〇七ノ五七、二五〇七ノ五九から二五〇七ノ六四まで、二五〇七ノ六六から二五〇七ノ七〇まで、二五〇七ノ七三から二五〇七ノ七六まで、二五〇七ノ八七、二五〇七ノ九四、二五〇七ノ一〇六、二五〇七ノ一〇九、二五〇七ノ一二三から二五〇七ノ一二五まで、二五〇七ノ一三九、二五〇七ノ一四三、二五〇七ノ一四四、二五〇七ノ一五一、二五〇七ノ一五二、二五〇七ノ一六一から二五〇七ノ一六三まで、二五〇七ノ一六六から二五〇七ノ一六八まで、二五〇七ノ二五七から二五〇七ノ二六〇まで、二五〇七ノ二七一、二五〇七ノ二七三、二五〇七ノ五九九、二五〇七ノ六〇〇、二五〇七ノ六〇三、二五〇七ノ六二九から二五〇七ノ六三一まで、二五〇七ノ六三六から二五〇七ノ六三八まで、二五〇七ノ六四〇まで、二五〇七ノ六四二から二五〇七ノ六四五まで、大字田口字乙法原六一七ノ三、六二一ノ一(但し、全面積の内見込三反二畝)、六二一ノ二、六二二(但し、全面積の内見込一反六畝)、六二三、六二六、六二七、六二八ノ一(但し、全面積の内見込三反)、字大町原八八六ノ一、八八六ノ三(但し、全面積の内見込二反五畝)、字道還六三七ノ一(但し、全面積の内見込一反五畝)、六四九ノ一(但し、全面積の内見込二反四畝)、六五一(但し、全面積の内見込二反四畝)、六五二(但し、全面積の内見込一反七畝)、六六〇ノ一(但し、全面積の内見込三反)、六六一、六七六ノ一、字一ツ橋六八三ノ一、六八三ノ三、六八三ノ六、六八四ノ一(但し、全面積の内見込一反)、六九四ノ一、六九五、六九六ノ一、六九七、六九八、六九九ノ一、六九九ノ三、六九九ノ五、七〇〇ノ二、七〇〇ノ四、七〇一ノ一、七〇二から七〇四まで、七〇七ノ一(但し、全面積の内見込五反)、七〇七ノ三(但し、全面積の内見込五畝)、七〇七ノ四、七〇七ノ五、七二二、七二三、七二四ノ一、七二四ノ三、七二五ノ二、七二六、七二七、七二八ノ一、七二八ノ二(但し、全面積の内見込四反四畝)、七四〇ノ一、七四一ノ二、七四二、七四三ノ一、七四三ノ二、七四四、七四五、荘野村大字新庄字葛子一六ノ一、二八、三一ノ一、三三、三四ノ一、三五ノ一、三五ノ三、三六ノ一、三七ノ一、三八ノ一、三九ノ一、大字西野字天下城三九一、四一九、四二〇、四二七、四二八、字末国禿三六〇ノ一一、三六〇ノ一五、三六〇ノ一六、字八王子三四三から三四五まで、三四七、三四九、字丸沢田三三八ノ一二、三三八ノ一五から三三八ノ一八まで、三三八ノ二一、三三八ノ二三、三三八ノ二四、三三八ノ二六、三三八ノ二七、三三八ノ三一から三三八ノ三三まで、三四二ノ二、三四二ノ七、三四二ノ二一、三四二ノ二三、三四二ノ二四、字内光三一七ノ二〇、三一七ノ二三、三二〇ノ一二、三二〇ノ一七、三二〇ノ二五、三二〇ノ二七、字細柿三〇二から三〇四まで、字芙蓉二〇五ノ一一九、二〇五ノ一二一、二〇五ノ一二三から二〇五ノ一二六まで、二〇五ノ一二九、二〇五ノ一三〇、吉川村字槌山七七六ノ一、字成石七七七ノ一、東高屋村大字貞重字枯木谷五一九ノ一一、五一九ノ一二、五一九ノ一六、五一九ノ一八、五一九ノ一九、五二四ノ四、五二四ノ七から五二四ノ九まで、五二四ノ一一、五二四ノ一九、五二四ノ二〇(但し、全面積の内見込三反)、五二四ノ二一から五二四ノ二六まで、五二四ノ三九から五二四ノ四一まで、五二四ノ四三、五二四ノ四四、五二四ノ五五、大字高屋堀字福神二五三、二六五、二六六、二八八ノ一、三二九、三三六、三三七、字浄福寺一三五ノ一、一三五ノ二、一六四から一六七まで、一七一ノ一、一七一ノ二、二二七、二二八、二三二ノ二、二四九(但し、全面積の内見込五反)、字貞兼尻四五〇、四五二ノ一、四五二ノ二(但し、全面積の内見込五反)、四五三、甲四五九(但し、全面積の内見込五反)、字毎井谷六四八(但し、全面積の内見込五反)、六五〇(但し、全面積の内見込四反)、六六三、六六四ノ二(但し、全面積の内見込五反)、六八七ノ四、六八七ノ六、六八七ノ一一、六八七ノ一二、七三二から七三四まで、七四四から七四八まで、大字高屋東字中山九〇三ノ二、九〇三ノ七、九〇三ノ八、九〇四ノ三、甲九〇四ノ四から甲九〇四ノ六まで、九〇七ノ二、九〇七ノ三、九〇九ノ五、九〇九ノ一〇、九〇九ノ一一、甲一〇七三ノ一、一〇七五、一〇七九(但し、全面積の内見込六反)、甲一〇九六(但し、全面積の内見込三反)、一一〇七、一一〇八、一一二七、字岩谷一一五二(但し、全面積の内見込五反)、一一七五ノ一、一一七八、一一七九、一一八三(但し、全面積の内見込五反)、一三三九ノ三、一三三九ノ八、一三三九ノ九、字是国後山一三四四、一三四五、下三永村字粕谷山一〇一五、安浦町大字女子畑字峠原一五七ノ一、一五七ノ一二、一五七ノ一三、一五七ノ一六から一五七ノ二六まで、一五七ノ四二から一五七ノ四六まで、一五七ノ四八、一五七ノ五一から一五七ノ六九まで、一五七ノ七九から一五七ノ八五まで、一五七ノ八八から一五七ノ一〇六まで、世羅郡神田村大字上徳良字金剛山一八九ノ三一から一八九ノ三七まで、一八九ノ四一、一八九ノ四七、一八九ノ四八、一九四、一九六、二〇三、二〇四、二〇八から二一〇まで、二一四、二一五ノ一から二一五ノ三まで、二一五ノ一五、二一五ノ一六、二一五ノ一九、二一五ノ二七、二一五ノ四〇、字龍王山二七七ノ二二から二七七ノ三三まで、二七七ノ三五、二七七ノ四五から

二七七ノ五三まで、四〇二、四〇三ノ三、甲四〇六ノ一六、甲四〇六ノ一八、甲四〇六ノ二八、甲四〇六ノ三一、甲四〇六ノ四〇、甲四〇六ノ四四、甲四〇六ノ四六、甲四〇六ノ四八、甲四〇六ノ五一、四〇九、四一一ノ一、甲四一一ノ二、四一六、字城峠四六三、四六四ノ二、四六五ノ一、四六九、四七二ノ一、四七三、四七五から四七七まで、四九三ノ二、五〇六、五三一、五六一ノ二、五六二ノ一から五六二ノ三まで、五六二ノ六、五六三ノ一、五六三ノ二、五六三ノ九、五六三ノ一三、字大笹山四二一、四二二ノ二、四二五から四二七まで、四二九、四三六、四四一、四四八、四五〇ノ一、四五二ノ一、四五二ノ三から四五二ノ五まで、四五二ノ一三、四五二ノ二〇、賀茂郡中黒瀬村大字大多田字大十田三〇五ノ三、三〇六ノ一から三〇六ノ三まで、三〇六ノ五、字東大東四四三ノ一、四四三ノ三、字遠見岩九〇、九九から一〇二まで、甲一〇七ノ一、字大迫一一三ノ一、一一四、大字市飯田字長尾二六八ノ一、二六九、字後谷二五七ノ二、二五七ノ四、二五八ノ二、二五八ノ三、字西の段八八二ノ六二、八八二ノ六六、八八二ノ七六、八八二ノ九七、字大城七六七ノ二〇、七六七ノ二一、七六七ノ二三、七六七ノ三二、字出磨六四四、六四六、六四七、六四九から六五二まで、六五四、六五五、六五六ノ一から六五六ノ四まで、六五七、六五九、六六二ノ二、字海老根四一三ノ七　有効期間　二年

尾道市栗原町字山行三二二ノ一、三二四、字大平山三二八ノ一、三二九ノ一、三二九ノ二、久山田町字三行三一から三三まで、四三、四六、四七、四九、五一、五二、六六ノ一、六七から六九まで、八二、吉和町字菖浦迫二四三、二四五から二五五まで、字西迫三三〇ノ一、三三〇ノ二、三三一から三三三まで、三三六ノ一、三三七から三三九まで、字高頭二五六ノ一、二五六ノ二、二五六ノ五、二七六ノ一、二七六ノ三、二七七ノ一、二七七ノ二、二七八、二七九、二九六から三〇二まで、久山田町字黒瀬八三から九二まで、九三ノ一、九三ノ二、字盛武前山一五〇から一五三まで、栗原町字大平山三〇三から三〇九まで、三一二から三一五まで、御調郡原田町村大字梶山田梶路山四四、四五、五〇から五四まで、字中坪山二一二三から二一二六まで、字高丸山二一八一、二一八二、二一八四、二一八五、二一八八から二一九一まで、二二〇六から二二〇九まで、二二一〇ノ一、二二一一、二二一九、二二二〇、二二二三、二二二四、二二二七、字宗延二二三四から二二三六まで、二二三七ノ一、二二四八から二二六五まで、二二六七ノ一、二二九六、二二九七、菅野村大字菅字黒石四九〇、四九四、五〇五、五〇八、字石井四六三、字凮呂谷四〇九から四一一まで、四一三、字押ヶ峰一五七八ノ一三、一五七八ノ二〇、一五七八ノ七〇、一五七八ノ八九、一五七八ノ九〇、一五七八ノ一三三、一五七八ノ一三九から一五七八ノ一四七まで、字下山一五七二ノ二八から一五七二ノ三一まで、一五七二ノ四六から一五七二ノ六三まで、一五七二ノ八一まで、一五七二ノ八六、一五七二ノ八七、三原市深町字菰口一八三七、一八四四、一八四七、一八八四ノ二〇、一八八四ノ二四、一八八五ノ二、一八八五ノ二二、一八八五ノ二三、一八八五ノ二九、一八八五ノ三二から一八八五ノ三四まで、字片地原一八二五、一八二六、字賀羅草谷一七四六から一七四八まで、一七五一、字三階山一九八〇ノ一六、一九八一ノ一から一九八一ノ四まで、一九八二ノ一、一九八二ノ二、一九八三ノ一、一九八三ノ二、一九八三ノ九、一九八三ノ一〇、一九八三ノ二一、一九八三ノ二五から一九八三ノ二七まで、字恵之奥九四三、字千川山一〇一三、一〇一六から一〇一八まで、一〇二〇から一〇二二まで、一〇二七から一〇三〇まで、字栗ノ木垣内一三一五、一三一六、字大峰一六一九、一六二一、一六二二、一六二七ノ一、字竹之迫一三九一、一四〇〇から一四〇四まで、字金売一五四〇、字秋永一五六四から一五六七まで、字淵之上一五七八、字迫之奥一四五五、一四五六、御調郡木之庄村大字木門田字大谷口一五一七から一五二一まで、一五三六から一五五七まで、一五六七から一五七三まで、一五八五から一五九二まで、一五九七から一六〇四まで、一六一八から一六三八まで、一六四五から一六七四まで、一七七三三から一七三五まで、一七四七から一七五〇まで、一七五三、一七五四、一七五六、一七五七、一七七五、一七八一、一七八二、一八〇七、一八〇八、一八六一から一九三七まで、賀茂郡板城村大字森近字城平三七ノ一、字五反正五九、字茶臼七九、八〇、大字福本字サルコブ和田平一二ノ一、一二ノ二、一二ノ一三から一二ノ一五まで、大字馬木字胡麻ヶ迫四四九ノ一、字久善田四五三、甲四五五ノ一、乙四五五、四六〇、四六二、四七七から四七九まで、四八〇ノ三、四八〇ノ四、四八一ノ一から四八一ノ四まで、字松田山　甲五〇〇、乙五〇〇、五〇一から五〇六まで、甲五〇七から甲五一〇まで、五一一、五一二ノ一、五一二ノ二、五一三、五一五ノ一、五一五ノ二、上黒瀬村大字宗近柳国字ガガラ山五六（但し、全面積の内見込五町四反）、五七（但し、全面積の内見込二〇町）、五八（但し、全面積の内見込一九町一反）、六一（但し、全面積の内見込二町二反）、字呉ヶ谷八九、九〇（但し、全面積の内見込三町五反）、九一（但し、全面積の内見込二二町一反）、九二、九三（但し、全面積の内見込一八町四反）、世羅郡西大田村大字京丸字成石山六一六、六一八、六二五、六四二、六四三、六四五から六四七まで、六四九、六五一、六五二、六八一、六八六から六八八まで、六九〇ノ一、六九〇ノ二、六九一、六九三から六九五まで、字大平東山七七一ノ一、字大平中山七七二ノ二、七七二ノ五、七七二ノ六、七七二ノ二九、七七二ノ三〇、七七四ノ二から七七四ノ六まで、七七四ノ八、字簫ヶ峰二二八ノ六、二二八ノ七、二二八ノ九、字大平西山七八七ノ六、七八九ノ八、八〇三ノ一、八〇三ノ二六、八〇三ノ四二、八〇三ノ五一　有効期間　三年

神石郡小畠村大字阿下字四分レ六二九、六三〇、字宮上六三一、六三二ノ

二、六三三ノ一から六三三ノ三まで、六三四、六三五ノ一、六三五ノ二、六三六ノ一、六三六ノ二、六三七、比婆郡下高野山村大字中門田字中山二ノ一(但し、全面積の内見込三五町)、大字上里原字赤の谷一八三(但し、全面積の内見込一五町六反)

有効期間　四年

賀茂郡板城村大字国近字北平四二五ノ九、四二五ノ一〇、四二六ノ一、四二六ノ四、四二七ノ一、四二七ノ三、字北平馬之瀬四二八ノ一、四三一ノ二、四四五ノ一、四四六、四四七、字北平岩幕五一七、五一八ノ一、五一九、字倉ヶ迫五七一ノ一七、五八三ノ五、五八三ノ七、五八三ノ八、五九三、五九七、五九八、字免許山二〇七、大字小多田字太郎平木山二〇八

有効期間　五年

以上広島県知事の申請に係るものであつて、土砂流出防備のため必要と認めるもの

山県郡筒賀村大字上筒賀字杈股山九一九(但し、全面積の内見込五反)、沼隈郡鞆町大字後地字栗山三五三(但し、全面積の内見込一畝)、三五四(但し、全面積の内見込三畝)、三五五(但し、全面積の内見込三反四畝)、三五七(但し、全面積の内見込一畝)、三五八(但し、全面積の内見込一畝)、三五九(但し、全面積の内見込二畝)、三六〇(但し、全面積の内見込一畝)、三六一(但し、全面積の内見込五畝)、三六二(但し、全面積の内見込七反二畝)、比婆郡本田村大字本田字鍬寄九六八、字大津利九一一、安芸郡昭和村大字焼山字龍ヶ畝一三八ノ一(但し、全面積の内見込一町九反)、字梨木一四四ノ一(但し、全面積の内見込一反五畝)、大字苗代字狐城四九〇ノ四、四九一ノ二、四九二、四九九、五二〇ノ一から五二〇ノ三まで、五二二ノ一、五二三、五四一、五四五ノ一、字掃部城五七二、五七三、五七五、五七六、五八五、五八六ノ一、五八七から五八九まで、五九一から五九三まで、六〇七、六〇八ノ三、六〇八ノ四、六一八、六三〇、六三一、六三五、六三六、六三七ノ一、江田島町大字切串字小篠四一二八(但し、全面積の内見込五畝一〇歩)、四一三〇(但し、全面積の内見込六畝)、四一三一(但し、全面積の内見込九畝)、四一三八(但し、全面積の内見込六畝)、四一三九(但し、全面積の内見込四畝)、四一四一(但し、全面積の内見込一反六畝)、四一四四(但し、全面積の内見込三畝二〇歩)、四一四六(但し、全面積の内見込六畝)、四一四七(但し、全面積の内見込二反一畝)、四一四八(但し、全面積の内見込四畝)、四一四九(但し、全面積の内見込一反)、四一五〇、四一五一、四一五五(但し、全面積の内見込五畝)、四一五六(但し、全面積の内見込六畝)、四一五九(但し、全面積の内見込三畝)、四一六〇(但し、全面積の内見込一反一畝)、四一六一(但し、全面積の内見込一反二畝)、四一六二(但し、全面積の内見込六畝)、四一六五ノ一(但し、全面積の内見込四畝)、四一六五ノ二(但し、全面積の内見込三畝一一歩)、四一六八(但し、全面積の内見込五畝)、四一六九(但し、全面積の内見込二畝一〇歩)、四一七一(但し、全面積の内見込一反)、四一七六(但し、全面積の内見込一反)、四一七七(但し、全面積の内見込九畝)、四一七八(但し、全面積の内見込一反二畝)、四一八四(但し、全面積の内見込五畝)、四一八六、四一八八(但し、全面積の内見込六畝)、四一八九(但し、全面積の内見込一反四畝)、四一九〇(但し、全面積の内見込三反五畝)、四一九四(但し、全面積の内見込一反一畝)、四一九五(但し、全面積の内見込九畝)、四一九六(但し、全面積の内見込三反一畝)、四一九八(但し、全面積の内見込二反二畝)、四一九九(但し、全面積の内見込二反三畝)、四二〇〇(但し、全面積の内見込一反二畝)、四二〇一(但し、全面積の内見込一反八畝)、四二〇五(但し、全面積の内見込二反三畝)、四二〇七(但し、全面積の内見込二反一畝)、四二〇八(但し、全面積の内見込一反一畝一〇歩)、四二一〇(但し、全面積の内見込二反六畝)、四二一二(但し、全面積の内見込二反五畝)、四二一三(但し、全面積の内見込一反四畝)、四二一四(但し、全面積の内見込一反四畝)、四二一五(但し、全面積の内見込一反六畝)、四二一六(但し、全面積の内見込四畝一〇歩)、四二一七(但し、全面積の内見込七畝)、字長谷三八二五、三八二九、三八五二(但し、全面積の内見込六畝)、三八五七、三八五八(但し、全面積の内見込二反六畝)、三八五九(但し、全面積の内見込五畝)、三八六〇(但し、全面積の内見込一反二畝)、三八六一、三八六二(但し、全面積の内見込一反五畝)、三八六三(但し、全面積の内見込四畝)、三八六四、三八六六、三八六七、三八六八(但し、全面積の内見込五畝)、三八七〇(但し、全面積の内見込五畝)、三八七一から三八七三まで、三八七四(但し、全面積の内見込一反二畝)、三八七五(但し、全面積の内見込七畝)、三八七六(但し、全面積の内見込六畝)、三八八六(但し、全面積の内見込五畝)、山県郡戸河内町字板ヶ谷一六三一(但し、全面積の内見込一反五畝)、一六三二(但し、全面積の内見込一反五畝)、沼隈郡神村字奥田東平五八八(但し、全面積の内見込二反一五歩)、五九〇ノ一(但し、全面積の内見込四町九反二畝一〇歩)、五九〇ノ二(但し、全面積の内見込三畝一〇歩)、五九二ノ一(但し、全面積の内見込七反三畝二五歩)、五九二ノ二(但し、全面積の内見込六畝二一歩)、五九二ノ五(但し、全面積の内見込三畝九歩)、鞆町大字後地字山ノ神三八三ノ一(但し、全面積の内見込三畝)、三八五(但し、全面積の内見込一反四畝)、三八七(但し、全面積の内見込八畝)、三八九(但し、全面積の内見込一反)、三九一(但し、全面積の内見込一反二畝)、四一〇(但し、全面積の内見込四畝)、四一一(但し、全面積の内見込七畝)、四一三(但し、全面積の内見込九畝)、四一五(但し、全面積の内見込六畝)、四一七(但し、全面積の内見込四畝)、四二〇(但し、全面積の内見込五畝)、四二二(但し、全面積の内見込二畝)、四三四(但し、全面積の内見込一反二畝)、四三八(但し、全面積の内見込一反五畝)、四四〇(但し、全面積の内見込四反五畝)、四四二(但し、全面積の内見込一反一畝)、四四五ノ一(但し、全面

積の内見込一反六畝)、四四六ノ一(但し、全面積の内見込一反三畝)、四四六ノ二(但し、全面積の内見込五反七畝)、四四九(但し、全面積の内見込六反六畝)、四五〇(但し、全面積の内見込三反五畝)、四五一(但し、全面積の内見込八反四畝)、字室浜四二八ノ一(但し、全面積の内見込五畝)、四三〇(但し、全面積の内見込七畝)、四三一(但し、全面積の内見込六畝)、四三二(但し、全面積の内見込一反五畝)、安芸郡東海田町字枝ヶ原　甲四〇〇(但し、全面積の内見込五反)、四一八ノ一(但し、全面積の内見込五畝)、四一八ノ二(但し、全面積の内見込二反)、四一八ノ三(但し、全面積の内見込五畝)、豊田郡南方村大字尾原字一町田一四九五、一四九七、一四九八、一五〇〇ノ三、一五〇一、一五〇三、一五〇四ノ一から一五〇四ノ五まで、一五〇五、一五〇六ノ一、一五〇六ノ二、一五〇七、一五〇八、大草村大字大草字八王寺五八四ノ一二、鷺浦村大字向田浦字尾中五(但し、全面積の内見込九反三畝)、字烏帽子岩一〇(但し、全面積の内見込二町五反)、大字須波字長谷七七から八一まで、沼田東村大字納所字大米山一八〇ノ一、一八一ノ一、一八一ノ二、一八一ノ五、一八二、一八三、一八五から一九〇まで、一九八から二〇〇まで、世羅郡甲山町大字小世良字迫谷四九三ノ一、四九四ノ一

有効期間　一年

安芸郡下蒲刈島村字住吉谷八〇五(但し、全面積の内見込一反六畝)、八〇六、八〇七ノ一から八〇七ノ三まで、甲八〇八ノ一、八〇八ノ二(但し、全面積の内見込一反五畝)、八〇八ノ三、甲八〇九、八一〇、字三津弥七九九ノ一、七九九ノ二、八〇〇、沼隈郡浦崎村字高松一〇三二ノ一(但し、全面積の内見込八町)　有効期間　二年

以上広島県知事の申請に係るものであつて、土砂崩壊防備のため必要と認めるもの

◉農林省告示第七百七十九号

森林法(昭和二十六年法律第二百四十九号)第四十一条の規定により、次の土地を保安施設地区に指定する。

昭和二十八年十一月十二日

農林大臣　保利　茂

宮崎県東臼杵郡北川村大字川内名字椎葉谷山九一二七(但し、全面積の内見込一町四反)、西臼杵郡日の影町大字岩井川字平谷二七五四(但し、全面積の内見込一町六反三畝)、二七五五ノイ(但し、全面積の内見込六反七畝)、二七五五ノロ、二七五六(但し、全面積の内見込七反六畝二〇歩)、大字七折字中島三五二六(但し、全面積の内見込二反三畝)、三五二八(但し、全面積の内見込八反九畝二〇歩)、三五二九、三五三〇(但し、全面積の内見込八反三畝)、岩戸村大字山裏字乙ヶ淵二一二八ノ乙(但し、全面積の内見込一反三畝)、大字岩戸字加筒二七八二イ(但し、全面積の内見込一反五畝)、二七八二ロ(但し、全面積の内見込三反一畝)、字左右殿五一四二ノ三(但し、全面積の内見込四畝)、五一四三ノ一(但し、全面積の内見込一反四畝)、字桐ノ木谷五二七八ノ二号(但し、全面積の内見込一反二畝)、上野村大字上野字二龍野平二一五二ノ三(但し、全面積の内見込一反)、田原村大字田原字川久保一一ノロ(但し、全面積の内見込一反四畝)、字板伏一三七〇(但し、全面積の内見込一反)、三ヶ所村大字桑之内字麦の崎一五三七ノ一(但し、全面積の内見込一反九畝一〇歩)、鞍岡村字大谷四二五三(但し、全面積の内見込二反七畝一〇歩)、四二六〇ノ二(但し、全面積の内見込一反一畝一〇歩)、四二六〇ノ三(但し、全面積の内見込六畝二五歩)、四二六〇ノ四(但し、全面積の内見込四畝)、四二六〇ノ七(但し、全面積の内見込二畝一〇歩)、字松ヶ平四六四八ノイ三五(但し、全面積の内見込二反五畝一〇歩)、東臼杵郡西郷村大字田代字大内原五七九二ノ一(但し、全面積の内見込二町八反)、五七八二ノ四(但し、全面積の内見込一反)、諸塚村大字家代字中河内四五七九、南郷村大字上渡川字松塚谷一六二二ノイ号(但し、全面積の内見込三反)、一六四三ノ三(但し、全面積の内見込五反)、字柏葉九三一ノ一〇(但し、全面積の内見込四反五畝)、一〇六二ノ一(但し、全面積の内見込五反五畝)、児湯郡新田村大字新田字新田原二一一五三(但し、全面積の内見込二反一畝二〇歩)、二一一五四、二一一六二(但し、全面積の内見込七畝一〇歩)、東諸県郡木脇村大字塚原字東原五五〇ノ一(但し、全面積の内見込四畝)、五六四(但し、全面積の内見込三畝二〇歩)、五六五ノ一(但し、全面積の内見込三畝)、五六五ノ二、六五九ノ一(但し、全面積の内見込三畝一〇歩)、五六八ノイ号(但し、全面積の内見込三畝一五歩)、五六六(但し、全面積の内見込二五歩)、五八二(但し、全面積の内見込一畝二〇歩)、五八三(但し、全面積の内見込二二歩)、綾町大字入野字平ノ山四八八(但し、全面積の内見込三反二畝)、五三四ノイ号(但し、全面積の内見込二反五畝)、高岡町大字高浜字吹上九〇一(但し、全面積の内見込九反)、九〇二(但し、全面積の内見込七畝)、西諸県郡野尻村大字三ヶ野山字大丸三九二四ノ一二(但し、全面積の内見込一反五畝)、三九二四ノ一五、三九二四ノ二一(但し、全面積の内見込六反五畝)、三九二四ノ二二(但し、全面積の内見込二反三畝)、大字東麓字小立中二四二八ノ三(但し、全面積の内見込一反)、二四三一(但し、全面積の内見込四反)、字小笹三九三〇ノ二四(但し、全面積の内見込一反)、三九三〇ノ三七、三九四二(但し、全面積の内見込一畝)、字羽月二七五四ノ二〇(但し、全面積の内見込五畝)、二七五四ノ二一から二三まで、二七八五ノ乙(但し、全面積の内見込三畝)、二七六六ノ一(但し、全面積の内見込一反二畝)、二七六六ノ二(但し、全面積の内見込八畝)、宮崎郡清武町大字今泉字松原　乙ノ一四〇二(但し、全面積の内見込三反八畝)、字梅藪　乙一四六七ノ五(但し、全面積の内見込七畝)、乙一四七四ノ七(但し、全面積の内見込三反二畝一〇歩)、乙一四七四ノ九(但し、全面積の内見込一反一畝)、田野町大字甲字上水流一一六六〇ノ一(但し、全面積の内見込三反)、大字乙字善八　一一四八〇ノ一(但し、全面積の内見込三反)、北諸県郡高城町大字有水字大寺一九三〇(但し、全面積の内見込七反五畝)、

字下野二二八二一（但し、全面積の内見込二反）、字田尾三七四一ノ七（但し、全面積の内見込二反六畝）、字莫田四六〇九（但し、全面積の内見込五反五畝）、字三反田五六三〇ノ二二（但し、全面積の内見込三畝）、五六三〇ノ二一（但し、全面積の内見込三畝）、中郷村大字豊満字煙硝谷二五九二ノ六三（但し、全面積の内見込二畝）、二五九三ノイノ九（但し、全面積の内見込一反）、庄内町字上之段七二二一ノイイ一ノ二（但し、全面積の内見込四反四畝一五歩）、七二二一ノイイノ三（但し、全面積の内見込四反四畝八歩）、七二二一ノイイ四（但し、全面積の内見込二反六畝）、七二二一ノ三七（但し、全面積の内見込九反一畝二二歩）、字萩之尾六六八九ノ二（但し、全面積の内見込一畝）、六六八九ノ三（但し、全面積の内見込一畝）、字丸山六三九六（但し、全面積の内見込一反二畝）、六三九七ノ二一（但し、全面積の内見込一反二畝）、六四〇六ノ二ノ一（但し、全面積の内見込一反四畝）、字中尾原一三一三〇ノ二（但し、全面積の内見込三反）、志和池村字神竹原二九九二ノ一（但し、全面積の内見込二反五畝）、二九九二ノ二、二九九二ノ三、二九九二ノ一（但し、全面積の内見込二反五畝）、大字野々美谷字野首七一七ノ一から七一七ノ一〇まで、七一七ノ一七、七一七ノ一八、七一七ノ二三から七一七ノ二五まで、七一八ノ一（但し、全面積の内見込一畝）、七一八ノ二（但し、全面積の内見込一畝）、高崎町大字江平字温水原一五九八ノ六、字山王面三八〇ノ八、字炭床三四八八ノ九、字普伝原二一八九ノ二（但し、全面積の内見込六反）、大字東霧島字鳩之園一五四六ノ二、字松迫間一九七二ノ四、大字縄瀬字賦平五四八九ノロ（但し、全面積の内見込五畝）、五五三三ノ三、字西原五二七四ノ二、字中尾四九八二ノ三、字松ヶ崎五五八一ノ一、字轟五六五五ノ一、字鵜戸五三五三ノ一一、字管谷四九〇五ノ七、四九〇五ノ八、字宮谷四七九一ノ一七、字川治三七九五ノ三、三七九五ノ五、山田村大字山田字大谷八五二五ノ三九（但し、全面積の内見込四反）、字坂ノ上九一七（但し、全面積の内見込七反）、字城ヶ尾五六八ノ二五、五六八ノ二六（但し、全面積の内見込一反八畝）、五六八ノ二七（但し、全面積の内見込一反）、字上椎屋六二九四（但し、全面積の内見込一町二反）、六二九七、字鹿仁田七六三〇ノ一七（但し、全面積の内見込三反八畝）、大字中霧島字池の谷四三九五ノイ（但し、全面積の内見込一町五畝）、四四〇三ノイ、四四〇四ノイ（但し、全面積の内見込一反九畝）、西岳村大字胡麻ヶ野字水上一一一三ノ七、一一一三ノ八、一一一三ノ一九、一一一三ノ二〇、一一一三ノ二二（但し、全面積の内見込五反）、一一一三ノ二三（但し、全面積の内見込一反）、字下大塚一五三七ノ三九（但し、全面積の内見込二反）、大字大塚字中大塚一二九八ノ一、一三四八ノ四〇（但し、全面積の内見込一畝）、一三五二、一三五二ノ一、一三五六ノ一（但し、全面積の内見込一〇歩）、一三五六ノ二（但し、全面積の内見込一五歩）、字下大塚一二七三ノ一、一二七八ノ四、字山之子一五〇九ノ三、一五二三ノ一二、大字下川内字上野七〇六ノ五七、七〇六ノ六四（但し、全面積の内見込八反）、大字中村字栗味一〇二二ノ二（但し、全面積の内見込二反五畝）、一〇四〇ノ一（但し、全面積の内見込一反二畝）、一〇四〇ノ七（但し、全面積の内見込一反）、西諸県郡飯野町大字末永字峰崎二一四八ノ一（但し、全面積の内見込七反）、二一四九ノ一、二一四九ノ四、二一四九ノ八、二一五二（但し、全面積の内見込三反）、二一五六（但し、全面積の内見込四反）、字滝崩二二〇八ノ二、二二二二ノ三（但し、全面積の内見込八畝）、二二二六、二二二八、二二二八ノ乙、二二六二ノ二、二二六三、二二六四、二二六五ノ一から二二六五ノ九まで、二二六五ノ一一、二二六五ノ一二、二二六五ノ一四、二二二七ノ一から二二二七ノ三まで、二二三四ノ二、大字大明寺字山神原一八〇三ノ一（但し、全面積の内見込四反）、大字坂元字芋畑一五〇七ノ乙、一六〇五ノ六、大字末永字樅木原二九〇三ノ一二（但し、全面積の内見込三反）、二九〇三ノ一三（但し、全面積の内見込七反）、二九〇三ノ二一、二九〇三ノ二二、二九一六ノイノ三、二九一六ノロノ一、二九一六ノ四、二九一六ノ五、真幸町大字内堅字田平一二九〇ノ一（但し、全面積の内見込一反五畝）、一二九〇ノ二（但し、全面積の内見込二畝）、一三三四ノ九（但し、全面積の内見込二畝）、大字西川北字阿弥陀ノ西八九〇、八九六ノ一、大字内堅字下鶯一一九二ノ二（但し、全面積の内見込三畝）、一一九二ノ四（但し、全面積の内見込八畝）、加久藤村大字東川北字古屋敷七二九ノ二（但し、全面積の内見込一反五畝）、大字栗下字島廻七三七ノ乙（但し、全面積の内見込一畝）、七五七ノ一、七五七ノ四（但し、全面積の内見込一反）、大字東川北字狩山一二二一、一二二二ノ二、一二二四ノ一、一二二五ノ一、高原町大字後川内字長木四三二六ノ八、四三四五ノ七、四三四五ノ八（但し、全面積の内見込四畝）、大字西麓字代五郎二〇〇八ノ四（但し、全面積の内見込一畝二〇歩）、二〇〇八ノ三〇（但し、全面積の内見込一反一畝）、字梅ヶ久保三九〇二ノ一（但し、全面積の内見込二反七畝）、大字広原字広原四九五二ノ三五（但し、全面積の内見込五畝）、四九五二ノ三六（但し、全面積の内見込一反四畝二二歩）、四九五二ノ三七（但し、全面積の内見込四畝）、小林市大字南西方字山仁田七二二三ノ一二（但し、全面積の内見込三反）、七二二三ノ一三、七二二三ノ一四（但し、全面積の内見込一反）、七二二九、大字細野字千谷四七六六ノ一、大字東方字梅木原一五二一ノ三（但し、全面積の内見込三畝五歩）、一五二一ノ四、一五一七ノ一三（但し、全面積の内見込五反）、一五二一ノ二〇（但し、全面積の内見込三畝）、一五二一ノ二二、南那珂郡榎原村大字大窪字池窪下三四〇五（但し、全面積の内見込二〇歩）、三四〇六（但し、全面積の内見込二畝）、大東村大字一氏字西谷一三七〇ノ一〇、一三七〇ノ一一、一三七〇ノ一三から一三七〇ノ一五まで

有効期間　一年

南那珂郡大東村大字大矢取字小一一ノ一（但し、全面積の内見込二反九畝）

有効期間　二年

東臼杵郡北浦村大字古江字西平山ノ内四一二ノ一（但し、全面積の内見込一町三反五畝）　有効期間　三年

以上宮崎県知事の申請に係るものであつて、土砂流出防備のため必要と認めるもの

延岡市大字祝子字尾久保二九五六（但し、全面積の内見込九反五畝）、二九五六ノ一（但し、全面積の内見込一反）、東臼杵郡北方村大字西字浜砂三四二、三四九（但し、全面積の内見込一反二畝）、三五二（但し、全面積の内見込一反五畝）、西臼杵郡日の影町大字岩井川字前谷四二七九（但し、全面積の内見込三反八畝）、鞍岡村字戸鼻六二二一ノイ（但し、全面積の内見込三反九畝一〇歩）、三ヶ所村大字三ヶ所字戸根川山五〇二四（但し、全面積の内見込一反九畝一五歩）、字長迫五六一四ノ一（但し、全面積の内見込九畝）、大字桒ノ内字久保六一〇八（但し、全面積の内見込七畝二〇歩）、児湯郡高鍋町大字持田字馬坂四〇〇六（但し、全面積の内見込三町一反）、四〇一八ノ一（但し、全面積の内見込三反五畝）、四〇一八ノ四（但し、全面積の内見込二反七畝）、川南村大字川南字坂下一七四二〇ノ一、一七四二〇ノ三、東米良村大字上揚字土屋七一イ号ノ二（但し、全面積の内見込二反一畝）、七二ノ一（但し、全面積の内見込五畝）、大字尾八重字古田之元七五六（但し、全面積の内見込二反三畝）、七五七イ号、七五七ロ号（但し、全面積の内見込七反）、七六〇ロ号、七六二（但し、全面積の内見込一畝一〇歩）、七七三（但し、全面積の内見込二〇歩）、七七五ノ二（但し、全面積の内見込五反）、七七五ノ三、西米良村大字村所字鶴一一〇ノ一一（但し、全面積の内見込一町二反）、一一〇ノ二二（但し、全面積の内見込三反）　有効期間　一年

以上宮崎県知事の申請に係るものであつて、土砂崩壊防備のため必要と認めるもの

◉農林省告示第七百八十号

森林法（昭和二十六年法律第二百四十九号）第二十五条の規定により、次の森林を保安林に指定する。

昭和二十八年十一月十三日

農林大臣　保利　茂

茨城県久慈郡黒沢村大字上野宮字沼ノ沢二一一四ノイ（但し、台帳二七町五反五畝一歩の内見込一四町八反）、二一一四ノ一、字麻生八八七ノ一（但し、二一見込五〇町の内見込一六町）、字柿ノ草日向八九七から八九九まで、九〇一から九〇四まで、九〇六、九〇六ノ一、九〇六ノ二、字真名板倉二一二五ノイ、二一二五ノロ、二一二六ノイ、二一二六ノロ、二一二六ノ八、字ブドウ沢二一三〇〇ノイ、二一三〇一ノ六、字井戸入二一二九九ノ八、二一三〇三、字堺茶二一三〇一ノ一、二一三〇一ノ二、二一三〇八ノ一、字鍵掛二一五三〇ノ一、二一五三〇ノ三、字長沢一七九一、字石平一七九〇ノイ、一七九〇ノロ、字草場平二一三六、字平次沢三六七九、字布門三六七八、字矢株三六七五、三六七六、字矢株地向三六七七　字松ヶ崎日向三六七四、字辰目沢　松ヶ崎日向　三六七三　字拾火野三六八〇、字小寺崎二一一五ノイ、二一一五ノロ、字鞍掛ヶ沢日向八九五、字鞍掛ヶ沢北向八九四、字柿ノ草北向八九六、佐原村大字槇野地字滝ノ沢二〇八二ノ一、二〇八二ノ二、字高野沢一七二五、字茨ヶ沢一五四〇ノ一、一五四〇ノ二、字白屋一二八九ノ一、上小川村大字栃原字後沢八一三、八二〇、八二〇ノ一、八二一ノ一、八二一ノ二、八二二ノ一から八二二ノ三まで、字小倉沢一一六七、一一六九から一一七五まで、字世谷沢四六四、下小川村大字久隆字テコヤ風　木作北向　一二七九、字テコヤ日向一二八〇、一二八一、字長崎沢八八、八八ノ一、八九、九〇、九〇ノ一、九一ノ一、九一から九三まで、九三ノ一、九四から九六まで、九七　九八　合併、九九、一〇〇ノイ、大字盛金字光明沢二一八三ノ四、佐原村大字槇野地字釜ノ口一二九〇、一二九〇ノ一、一二九一、一二九二、依上村大字相川字タカノ巣一七七〇ノ一、一七七〇ノ八ノ二、字追立二一〇〇八ノロノ一、字大身沢　中ノ沢　クラミ沢　一九七八ノイ、大字相川新田字梶ヶ沢二一七五ノ二二、那珂郡檜沢村大字氷之沢字釜久保二〇六三ノ一、二〇六四、二〇六四ノ一、二〇六八ノ一から二〇六八ノ四まで、大字氷ノ沢字愛宕沢一四二一ノ一から一四二一ノ三まで、一四二二、一四二四、一四二四ノ一、一四二四ノ二、一四二五ノ一から一四二五ノ一四まで、一四二六、字細草沢一四一一ノ一、一四一五、一四一八ノ一から一四一八の七まで、一四一九、一四二〇、大字下檜沢字寄藤五八八、五九〇、五九一、五九一ノ一、五九一ノ二、五九二ノ一、五九二ノ二、五九四、五九四ノ一、五九五、字谷川沢三〇八ノ一、三一一ノロ、三一一ノロノ一、三一六、字矢ノ沢一一六二ノ一、一一六二ノ二、一一六三から一一六六まで、一一六六ノ一、一一六六ノ二、一一六六ノイ、一一六六ノロノ一、一一六七、一一六七ノ一、一一六七ノ一ノ一、一一六七ノ二、一一六八、一一六九、一一七〇ノ一から一一七〇ノ三まで、隆郷村大字高部字木の出口三八三〇、字桐ノ免三八二九、字袖ノ久保　三八二〇ノイ　三八二〇ノロ　三八二一ノイ　三八二一ノロ　、字桐ノ目　三八二六ノイ　三八二六ノロ　（但し、台帳二町八反三畝一〇歩の内見込二町七反）、字向川原三八一九ノ一、三八一九ノ四、三八一五ノイ　三八一五ノロ　、字下ノ沢三八一四、字向沢　三八一三ノイ　三八一三ノロ　（但し、台帳二町一反五畝二五歩の内見込六反七畝）、字八ノ沢三八〇八、三八〇九、大字小田野字湯香　二四八一　二四八五　、二四八七、二四八八ノ一、二四八八ノ二、字富士山二四八九、西茨城郡北那珂村大字門毛字笹原一五二八ノイ、一五二八ノロ、一五二九、一六〇三ノ一、一六〇三ノ内二、一六〇三ノ三、一六〇四、字扇形一六〇五ノイ、一六〇五ノロ、一六〇五ノハ、一六〇五ノニ、一六〇五ノホ、一六〇五ノヘ、一六〇六、大字山口字弥太郎山四一二ノ一から四一

二ノ三まで、字釜沢四〇九、四〇九ノ一、四〇九ノ四、四一〇、四一〇ノ一、四一一、字大岩四一六、字東ヶ入四四四ノ九、四四四ノ一一、七会村大字塩子字ハチ{三三六七／三三九四}合併、字岩下三二一、字檜山沢九八〇ノ一、九八〇ノ二、九八〇ノロ、字倉見一一、一二ノ一から一二ノ一一まで、九三ノ二、九三ノ三、九四、九四ノ二、一〇四ノ一、一〇五ノ一、一〇五ノ二、大字真端字折戸三二九、大池田村大字池野辺字圷二二八五、二二八六、二二八八から二二九三まで、字老ノ作入二二九四ノ二、二二九五、字高峠前二二六三、二二六五、二二七〇、二二七六、二二八一、西山内村大字福原字山根五七二〇、五七二一、字ヤタメキ五七二二

以上茨城県知事の申請に係るものであつて、水源かん養のため必要と認めるもの

多賀郡南中郷村大字石岡字平太郎尻一ノ一（但し、台帳一八町一反三畝二歩の内見込一八町）、字石屋塚二ノ一（但し、見込一七町二反三畝の内見込一六町）、二ノ四、字アサミ沢三ノ一（但し、見込三〇町九反八畝の内見込三〇町）、三ノ二（但し、台帳三町八反五畝一七歩の内見込三町八反二畝）、三ノ三、三ノ七、七ノ二、字赤根取場四、字アツウ沢一一、一一ノ一、一一ノ二、字アサヒ沢七ノ一（但し、見込一〇町四反一畝の内見込一〇町）、字鴉山六ノ一、六ノ二、字高根沢五ノ一、五ノ二、字金子平八ノ一、八ノ二、九ノ一、一〇、久慈郡誉田村大字端龍字下の前二二五六七ノ一、{二二五六七／二二五六八}合併、二二五七四ノ一、二二五七六ノ一、二二五七六ノ三、二二五七六ノタ、二二五七六ノヨ、二二五七六ノカ、二二八四五ノ一、二二八四七、字新地二二八五〇、{二二八五三ノイ／二二八五三ノロ／二二八五四}合併、二二八五五ノイ、二二八五五ノロ、二二八五六ノイ、二二八五六ノロ、佐都村大字常福寺字坂ノ下四三ノイ、字上合三三、字上合入九三四、九三四ノ二、九三五、九三六、字富士山九三九、字岡之内九四三ノイ、九四四ノイ、九四四ノロ、九四五ノイ、九四五ノロ、九四八ノイ、九四八ノイノ一、字戸神内入八九二ノイノ二、八九三、八九三ノ一、八九四ノ一、九〇二、九〇四、九〇五、九〇六ノ一、九〇九ノロノ一、字戸神内六一一ノ一（但し、台帳七畝一九歩の内見込四畝）、金砂村大字上利員字岔ヶ沢一四七三（但し、台帳一町三反三畝二六歩の内見込五反）、一四七四ノ二（但し、台帳一反六畝二六歩の内見込三畝）、一四七四ノ三、一四七五から一四七七まで、一四七八（但し、台帳三反七畝五歩の内見込七畝）、一四七九（但し、台帳三反六畝の内見込六畝）、一四八〇（但し、台帳五反二畝六歩の内見込七畝）、一四八一（但し、台帳四反一畝二歩の内見込七畝）、一四八二ノ一（但し、台帳二反八畝一一歩の内見込一反八畝）、世喜村大字小倉字水扱一七五四ノ一（但し、台帳二町八反五畝六歩の内見込八反）、一七五五、黒沢村大字北吉沢字堂ヶ作六二二から六二四まで、字沢畑六三〇ノイ、六三〇ノロ、六三五、字狢沢一四二二から一四二四まで、一四三五から一四三九まで、大字上野宮字向沢一四七五から一四七九まで、一四八〇ノ一、一四八一、字前ノ沢三八三三、三八四三、三八四八から三八五二まで、三八五六から三八五八まで、大字中郷字栃木沢五六九から五七二まで、字古内平八〇五ノイ、八〇五ノロ、字橋場八〇四ノ一、八四九（但し、台帳四町八反六畝一五歩の内見込一町八反）、八五〇、天下野村字野中沢三〇三四から三〇三七まで、三〇四二から三〇四五まで、三〇四五ノ一、三〇四六、三〇四七、三〇四七ノ一、三〇四八、三〇四九、上小川村大字頃藤字後沢六八二六（但し、台帳五反九畝一五歩の内見込三反五畝）、六八二七、六八二八、字籔沢五五〇一から五五〇三まで、五五〇三ノ二から五五〇三ノ二〇まで、五五〇四、五五〇七、下小川村大字盛金字ニタクラ沢三一九四、三一九五、三一九五ノ一、三一九八、三一九九、三二〇二、大子町大字大子字石久保一七〇〇ノ一、（但し、台帳一町九反七畝八歩の内見込一町八反八畝一歩）、一七〇八（但し、台帳二町七反九畝一九歩の内見込一町四反）、一七一一、一七一三ノイ（但し、台帳一町八畝二四歩の内見込二反八畝二四歩）、那珂郡隆郷村大字鷲子字滝ノ沢九七三（但し、台帳一町六反六畝の内見込二反六畝）、字立ノ山九七二（但し、台帳一町五反五畝二五歩の内見込一町二反八畝二四歩）、大字高部字大繩向五三六七（但し、台帳一町の内見込四反六畝）、五三六八（但し、台帳一町三畝二八歩の内見込七反五畝）、五三六九、字下河原向五三七〇、五三七一（但し、台帳八反一二歩の内見込五反八畝）、字愛宕沢五三六〇（但し、台帳一四町八反七畝七歩の内見込一町二反）、字蔦沢三五四〇（但し、台帳一町一反七畝一〇歩の内見込一反五畝）、字大久保三五四一（但し、台帳二町七反九畝二四歩の内見込三反）、三五四二ノ一（但し、台帳一町六反五畝一七歩の内見込二反九畝一七歩）、三五四二ノ二、字三居沢三五四三（但し、台帳二反八畝二〇歩の内見込一反五畝）、三五四六（但し、台帳四町二反四畝二〇歩の内見込一反）、字行人沢三五四七ノ一（但し、台帳三町九反七畝七歩の内見込五畝）、三五四七ノ二（但し、台帳三町七反八畝一〇歩の内見込八畝）、字磯上沢三五四八ノ一（但し、台帳一町七反五畝二四歩の内見込一反八畝）、三五四八ノ二（但し、台帳一町五反八畝二四歩の内見込四畝）、八里村大字大岩字富士山二一八四、字向田二〇九〇、二一九一、西茨城郡南山内村大字来栖字三水川二六二一、字ザクザワ二六六九（但し、台帳一町二反一六歩の内見込九反五畝二九歩）、二六六九ノ一から二六六九ノ一六まで、二六六九ノ一七（但し、見込四反一畝の内見込三反一畝）、二六六九ノ一八から二六六九ノ四二まで、二六七〇（但し、台帳一町九反一畝五歩の内見込一町七反八畝二七歩）、二六七一（但し、台帳二町五反七畝六歩の内見込一町八反八畝二六歩）、二六七二、二六七三（但し、台帳三反七畝一歩の内見込一反八畝一一歩）、二六七四（但し、台帳一反六畝二六歩の内見込四畝二九歩）、二六七五

（但し、台帳四反五畝二五歩の内見込三反六畝二三歩）、二六七六、大字本戸字長沢入{三三七六九、三三九〇〇}合併、字ジヤクコケ三三九一三から三三九一六まで、字前山二八八〇から二八八四まで、二八八七から二八九〇まで、二八九九から二九〇六まで、{二九〇七、二九〇八}合併、二九一〇、二九一一、二九四三、字不動入二八八五、二八八六、二九二三、二九二四、字赤坂二八九一、二八九二、{二八九三、二八九七}合併、二八九四から二八九六まで、二八九八、字笠椎{二九一二、二九一三、二九一四}合併、二九一五ノイ、{二九一二、二九一三、二九一四ノ一}合併、二九一五ノロ、字滝ノ沢二九四二、字地獄窪二七九九、二八二六、二八二七、字松峰二八二八（但し、台帳五町三反七畝一八歩の内見込四町三反七畝一八歩）、字尻ナシ嶺二八五四（但し、台帳四町二反五畝一八歩の内見込二町）、大字上加賀田字沢口二〇八五ノイノ一、二〇八五ノ二、二〇八五ノロ、二〇八五ノハ、二〇八五ノニ、二〇八五ノホ、二〇八五ノヘ、二〇八六ノイ、二〇八六ノロ、二〇八七ノ一、二〇八七ノ二、二〇八八ノ一、二〇八八ノ二、二〇九一、岩間町大字上郷字長沢前三四一四、字向三四一五から三四一八まで、三四一八ノ一、字難台三六四七ノ二（但し、台帳一一四町四反八畝二三歩の内見込一町）、字　山三六四六ノ二、三六四六ノ一五から三六四六ノ一七まで、三六四六ノ一九、三六四六ノ二二、三六四六ノ二三、字須釜三五八四、三五八五、三五八六ノ一から三五八六ノ三まで、三五八七、三五八八、字坊ヶ峰三二四三、字籔ヶ入三二四〇から三二四二まで、{三二四七、三二四六}合三二四四、三二四四ノ一、三二四五、字三本松二三〇五、新治郡恋瀬村大字太田字譫棚一四三〇、一四三一ノ一、一四三四ノ四（但し、台帳一町六反一八歩の内見込五反）、一四三四イ・ロ合併ノ四、一四三四ノイ・ロ合併ノ五、一四三五、大字大増字畑ヶ沢四二一（但し、台帳六町の内見込一町七反）、四二二（但し、台帳四町七畝の内見込二町五反）、大字大塚字山田一六八八（但し、台帳二町一反の内見込一町二反）、一六八九ノ二、一六九九ノ一（但し、台帳三町四反一畝二四歩の内見込六反）

以上茨城県知事の申請に係るものであつて、土砂流出防備のため必要と認めるもの

久慈郡黒沢村大字中郷字上の平四五八ノ一、四五八の二、字栗の内四六一、字俗和{四六〇ノイ、四六〇ノロ}、字後沢四五五四、四五五六、大字北吉沢字立路一八四〇ノイ、一八六九ノ一、久米村大字玉造字上ノ山九〇一、九〇六、{九〇七、九〇八}合併、大字大平字富士山七五八ノイノ一、七五八ノロ、大子町大字浅川字松本平三七、四三（但し、台帳一町六反五畝の内見込二反）、字滝倉三二五ノイ、三二五ノロ、三二六ノイノロ、三二七、三二八、袋田村大字池田字一ツ長一〇二一ノイ（但し、台帳二町八反五畝六歩の内見込八反）、一〇二一ノロ（但し、台帳五反八畝二〇歩の内見込四反五畝）、一〇二二（但し、台帳二反一〇歩の内見込一反）、一〇二三、河内村大字町屋字峰田一七一四、一七一五、誉田村大字上大門字菅野一七八八、一七八八ノイ、金砂村大字上宮河内字田代三四八六、大字下宮河内字上中沢二七七四（但し、台帳一反一畝二〇歩の内見込四畝）、二七七六（但し、台帳八反の内見込三反）二七七七（但し、台帳二町五反の内見込一町二反）、字風呂前二七九ノ一、七三二、字大藤六一六、大字赤土字山口一五〇八ノ一、一五〇八ノロ、字向谷ツ一八二五、一八二六　字坊ヶ沢一一四（但し、台帳五反の内見込一反）、一一六ノロ（但し、台帳一反三畝一〇歩の内見込一反）、一三一ノ一、大字上利員字山口一七七〇から一七七三まで、字塙二八ノロ、金郷村大字中利員字新ヱ門谷津{五〇一、五〇二}合併（但し、台帳一町四反一畝の内見込四反）、字川原子八〇二（但し、台帳五町三反六畝八歩の内見込二反）、字狸谷津八〇九（但し、台帳四反五畝一四歩の内見込一反）、大字高柿字御所平九六七（但し、見込三畝の内見込二畝）、九六八、字浅川九一九（但し、台帳八畝一八歩の内見込三畝）、九二〇（但し、台帳三畝二八歩の内見込一畝）、大字竹合字丸山三九七（但し、台帳四反九畝一二歩の内見込三反）、四〇二（但し、台帳二反八畝一歩の内見込一反四畝）、四〇五ノイ、四〇五ノロ、字桐ヶ谷津五三四ノイ（但し、台帳一町四反八畝二〇歩の内見込三反）、五三四ノロ（但し、台帳二反の内見込五畝）、五三七ノイ（但し、台帳二町二反の内見込一町）、五三七ノロ（但し、台帳一反四畝の内見込七畝）、字船見一三一六ノイ（但し、台帳四反四畝一〇歩の内見込一反）、一三三七ノイ（但し、台帳二反二七歩の内見込二畝）、一三四一ノイ（但し、台帳三反六畝の内見込一反八畝）、一三五〇ノイ（但し、台帳八畝の内見込五畝）、一三五四（但し、台帳一反五畝六歩の内見込一反）、一三五五ノイ、一三五五ノロ（但し、台帳四畝一五歩の内見込四畝）、世喜村大字塩原字七郎内二三九一（但し、台帳四反四畝二四歩の内見込二畝）、二三九二（但し、台帳三反七畝一八歩の内見込二反）、大字富岡字仲坪二一八七ノ一、字下坪二一八九（但し、台帳四反七畝一六歩の内見込二反二畝）、二二二〇、字不動山二二三三ノ一（但し、台帳四反一四歩の内見込二反）、二二二四（但し、台帳一反一畝二四歩の内見込六畝）、二二二五（但し、台帳一反二畝一四歩の内見込七畝）、二二二七（但し、台帳五反四畝四歩の内見込一反）、二二二九（但し、台帳四反一畝一七歩の内見込一反）、郡戸村大字花房字割峰九七一ノ一（但し、台帳五反六畝の内見込一反）、字保田山{一〇五八、九九二}合併（但し、台帳四反四畝一〇歩の内見込五畝）、字陣城山一〇六八（但し、台帳一反六畝一三歩の内見込一反）、一〇七二（但し、台帳二反五畝の内見込七畝）、字天神山一〇七三、字間敷谷津一二二一ノ一、一二二二、字青木山一六四一、一六六七、字砂川一六六五ノロ、瓜連町大字瓜連字塙一七一四、一

七一五ノ三（但し、台帳四反八畝一六歩の内見込二反）、一七三六から一七三八まで、字東屋敷一七五〇、一七五〇ノ一、木崎村大字門部字南坪一七四九／一七五二合併（但し、台帳四反六畝一五歩の内見込一反五畝）、字北塙下三四二二（但し、台帳四反二畝二四歩の内見込五畝）、字白河内三六四二（但し、台帳一反六畝二〇歩の内見込一反）、三六四九ノ一、三七〇三ノ一（但し、台帳一反四畝一七歩の内見込八畝）、西茨城郡南山内村大字南吉原字大池四七七／五〇五合併（但し、台帳一町七反八畝一八歩の内見込三反）、字千仏塚六五一／六五二合併（但し、台帳一町三畝一九歩の内見込二反）、大字北吉原字尚塚原三二一ノ一（但し、台帳一〇町三反五歩の内見込三反）、大字本戸字勝落窪三六六四、字和坂三六五六、字ザマタ三九三一（但し、台帳四反三畝一六歩の内見込一反五畝）、字ガッカラ七七三（但し、台帳二反二畝一六歩の内見込七畝）、字屋敷裏九九八、一〇〇〇（但し、台帳八反五畝の内見込一反）、字裏山一〇一〇（但し、台帳一町一反一畝二六歩の内見込五畝）、一〇一六（但し、台帳五反二畝二五歩の内見込一反五畝）、一〇一九（但し、台帳三反五歩の内見込五畝）、字石田後一一二（但し、台帳二反七畝一四歩の内見込二畝）、一一一三（但し、台帳二町七反四畝一七歩の内見込一反）、西内山村大字稲田字川西二一九五ノ一（但し、台帳二反三畝一九歩の内見込一反三畝）、東那珂村大字猿田字石ヶ寺四一五、四二七（但し、台帳一町三反三畝二二歩の内見込二反）、多賀郡南中郷村大字石岡字里ふかい二一ノ五から二一ノ一二まで、那珂郡隆郷村大字鷲子字雨ヶ沢三四一八（但し、台帳二町六反の内見込四反）、字越路二六〇〇（但し、台帳九反三畝二五歩の内見込一反）、大字高部字市ヶ沢四六六四（但し、台帳一町七畝一五歩の内見込五反）、字小倉沢二六六ノ三（但し、台帳一反九畝一〇歩の内見込一反）、字塔ノ入二六二八ノ一（但し、台帳四反一八歩の内見込五畝）、字館山四〇〇七（但し、台帳一町七反五畝二一歩の内見込三反）、字伊豆原一二三五、八里村大字大岩字根岸一〇四一から一〇四四まで、一〇五二、大字小瀬沢字圷戸一三五七ノ二、大字松の草字田代三三五ノロ、大字入本郷字芋久保九五一、字圷ノ上一三八〇（但し、台帳一町七反二畝一三歩の内見込一町二反二畝一三歩）、大字吉丸字別当原二八九ノ二から二八九ノ四まで、二九〇、字ツナギ沢七ノイ、七ノ二、七ノ三、字ハッケ一〇ノイ、長倉村大字中居字入口六九八ノイ、六九九、大字野田字砂金二九七九から二九八一まで、二九八六ノ一、二九八六ノ二、小瀬村大字上小瀬字バッケ下三九〇二ノ八（但し、台帳二反三畝二七歩の内見込一反五畝）、字館一二五九（但し、台帳八反七歩の内見込五畝）、一二六二（但し、台帳二反九畝三歩の内見込一反五畝）、字上野五四三六ノ二（但し、台帳七反の内見込一反五畝）、五四三六ノ三、山方町大字山方字滝ノ上六六五ノ一（但し、台帳八畝七歩の内見込四畝）、六六七ノ一（但し、台帳四畝二〇歩の内見込三畝）、字赤木六三〇九ノ二（但し、台帳一反四畝の内見込四畝）

以上茨城県知事の申請に係るものであつて、土砂崩壊防備のため必要と認めるもの

◉農林省告示第七百八十一号

森林法（昭和二十六年法律第二百四十九号）第四十一条の規定により、次の土地を保安施設地区に指定する。

昭和二十八年十一月十三日

農林大臣　保利　茂

福岡県朝倉郡夜須村大字曾根田字中ノ谷四四の一（但し、全面積の内見込二六町四反）、大字三並字寺尾二、五、大字三ヶ山字寺尾四一三（但し、全面積の内見込九町）、字水ナシ五四一（但し、全面積の内見込四町九反六畝）、高木村大字佐田字山犬谷五五一（但し、全面積の内見込五町九反）、字椿尾五五二（但し、全面積の内見込二町二反）、嘉穂郡宮野村大字桑野字下矢隈一七四三の二（但し、全面積の内見込一〇町）、庄内村大字綱分字関ノ山四一三の一（但し、全面積の内見込二〇町）、千手村大字千手字別所二八九六の一四、字大谷二八三五の二二（但し、全面積の内見込五町）、宮野村大字桑野字クスノキ一九六の一（但し、全面積の内見込一一町）

有効期間　一年

八女郡横山村大字上横山字川原谷一六一六の一（但し、全面積の内見込九町八反）、一六一六の二（但し、全面積の内見込二反）、字五本松二九一九（但し、全面積の内見込一〇町）、北川内村大字久木原字浦谷二一八一の一（但し、全面積の内見込七町）、二一八二（但し、全面積の内見込二町）、二一八五の一、朝倉郡安川村大字長谷山字大野一一二、一三〇三（但し、全面積の内見込六町五反）、大字千手字安養寺一三一六の一（但し、全面積の内見込五町）

有効期間　二年

朝倉郡上秋月村大字上秋月字松丸六〇九の一（但し、全面積の内見込四五町五反）

有効期間　二年

以上福岡県知事の申請に係るものであつて、水源かん養のため必要と認めるもの

京都郡諫山村大字上矢山字ツエヌケ一〇三一（但し、全面積の内見込一反七畝）、一〇三三（但し、全面積の内見込四反四畝）、大字岩熊字宮谷六七三（但し、全面積の内見込一反七畝）、六七四（但し、全面積の内見込六畝）、六七七（但し、全面積の内見込九畝）、六七九（但し、全面積の内見込一反二畝）、六八〇（但し、全面積の内見込四畝）、字岡七一七ノ一（但し、全面積の内見込五畝）、字宮ヶ迫七七八（但し、全面積の内見込三反五畝）、七七九（但し、全面積の内見込二反）、七八〇（但し、全面積の内見込八畝）、大字長川字高尾九一九

有効期間　一年

朝倉郡安川村大字甘水字上久保五五一ノ五（但し、全面積の内見込一反八畝二〇歩）、五五一ノ一〇、五五一ノ一一（但し、全面積の内見込三畝）、五五一ノ一二（但し、全面積の内見込二畝）、五五一ノ一三、五五一ノ一四、字高塚三九八、三九九（但し、全面積の内見込一畝）、四〇二、四〇三、四〇四ノ一（但し、全面積の内見込二畝）、四〇五（但し、全面積の内見込二畝）、四〇六（但し、全面積の内見

込一反)、四〇八ノ一(但し、全面積の内見込一反九畝)、宮野村大字須川字戻ラス一四七ノ一(但し、全面積の内見込一畝)、一四八(但し、全面積の内見込二畝)、一五八(但し、全面積の内見込二〇歩)、一五九、一六一(但し、全面積の内見込一畝)、一六二(但し、全面積の内見込二畝)、字合ノ坂五六ノ一(但し、全面積の内見込二五歩)、五六ノ二(但し、全面積の内見込一畝一五歩)、五八ノ二(但し、全面積の内見込一五歩)、五九から六一まで、六二ノ一(但し、全面積の内見込一畝一四歩)、六七(但し、全面積の内見込三畝二二歩)、六八、七〇、七一、七五(但し、全面積の内見込一畝三歩)、一一三(但し、全面積の内見込一畝)、一一六(但し、全面積の内見込二三歩)、一一七(但し、全面積の内見込一〇歩)、一一八、朝倉村大字菱野字本陣二(但し、全面積の内見込一畝)、字一木谷二三(但し、全面積の内見込二〇歩)、二四、二六(但し、全面積の内見込二〇歩)、三七(但し、全面積の内見込二〇歩)、三八(但し、全面積の内見込一畝一四歩)、四〇(但し、全面積の内見込二畝)、京都郡久保村大字大久保字十鞍一一二ノ一(但し、全面積の内見込六反)、一一四ノ三(但し、全面積の内見込四畝)、一一六(但し、全面積の内見込一反五畝)、犀川町大字木山字岩ヶ岳一一三〇(但し、全面積の内見込一反)、字ヤクン谷一一三〇三(但し、全面積の内見込二反二畝)、字エタリ岩一二九一(但し、全面積の内見込一反二畝)、字馬ヶ岳一一三五一(但し、全面積の内見込一町二反二畝)、大字久富字見ノ山二二二五ノ一(但し、全面積の内見込二町七反四畝)、大字花熊字木山平一四五九(但し、全面積の内見込三町六反)、字鷹ノ巣一四三五ノ一(但し、全面積の内見込二反二畝)、一四三五ノ二(但し、全面積の内見込二反三畝)、一四三六、一四三七ノ二、字深谷一四二九から一四三二まで、一四〇〇(但し、全面積の内見込五反四畝)、字仏ノ辻一三九七(但し、全面積の内見込二反五畝)、一三九八、一三九九(但し、全面積の内見込五反四畝)、字若平一四二三ノ二、一四二四(但し、全面積の内見込三反三畝)、一四二五から一四二七まで、大字大坂字中野一一九四ノ一(但し、全面積の内見込一町一反五畝)、一一九四ノ四(但し、全面積の内見込一反七畝)、一一九四ノ五(但し、全面積の内見込八畝)、一一九四ノ九(但し、全面積の内見込五畝)、字菖蒲五〇三(但し、全面積の内見込三畝)、字殿山一二九八ノ一(但し、全面積の内見込二反五畝)、字浦ノ向一〇七二ノ二(但し、全面積の内見込五畝)、字上浦ノ上一八〇六ノ一(但し、全面積の内見込七畝)、字モトドリ一七八三(但し、全面積の内見込三反)、字ハカノ一九四二(但し、全面積の内見込六畝)、一九四三(但し、全面積の内見込八畝)、字向フ九六(但し、全面積の内見込二畝)、字谷山口二九六(但し、全面積の内見込三畝)、字宇土谷一三五ノ一(但し、全面積の内見込三畝)、字畳石二八〇ノ四(但し、全面積の内見込一反)、二八〇ノ五(但し、全面積の内見込七畝)、二八〇ノ八(但し、全面積の内見込四反五畝)、二八〇ノ九(但し、全面積の内見込五畝)、字谷山一九七九ノ一(但し、全面積の内見込三畝)、一九七九ノ四(但し、全面積の内見込三畝)、一九七九ノ五(但し、全面積の内見込三畝)、字中平山一九七六ノ三二(但し、全面積の内見込六畝)、大字梛瀬字節子谷九〇三(但し、全面積の内見込一町四反一畝)、字古池九一五ノ二(但し、全面積の内見込三畝)、大字大坂字打太郎四二〇ノ一(但し、全面積の内見込一反)、四二〇ノ二(但し、全面積の内見込一反)、築上郡唐原村大字上唐原字下深迫二五二七ノ一から二五二七ノ一一まで、大字下唐原字恵良一九六三ノ八(但し、全面積の内見込三反)、字金居塚一七二七ノ一(但し、全面積の内見込一反五畝)、一七二七ノ三(但し、全面積の内見込三反六畝)、一七二七ノ四(但し、全面積の内見込三反七畝)、一七二七ノ五(但し、全面積の内見込三反三畝)、一九四八ノ五(但し、全面積の内見込一反六畝)、一九四八ノ六(但し、全面積の内見込二反一畝)、字沢ビル一二三六九(但し、全面積の内見込五反二畝)、二三七〇(但し、全面積の内見込二反一畝)、岩屋村大字大河内字宇戸迫一〇七一(但し、全面積の内見込八畝)、一〇七二(但し、全面積の内見込五畝)、一〇七三(但し、全面積の内見込一反五畝)、一〇七四(但し、全面積の内見込三畝)、字ビワ迫一〇八六(但し、全面積の内見込三反五畝)、一〇八七から一〇八九まで、一〇九〇(但し、全面積の内見込四畝)、一〇九一(但し、全面積の内見込三畝)、一〇九二(但し、全面積の内見込二畝)、一〇九三(但し、全面積の内見込三畝)、一〇九四(但し、全面積の内見込四畝)、一〇九五(但し、全面積の内見込一反二畝)、一〇九六、一〇九七(但し、全面積の内見込一反二畝)、一〇九八、一〇九九(但し、全面積の内見込一反二畝)、字弥十郎二一一三(但し、全面積の内見込二畝)、椎田町大字山本字雲省石一(但し、全面積の内見込一畝)、一三、字内刈一四から一六まで、三七、三九から四二まで、四八(但し、全面積の内見込一畝)、五二(但し、全面積の内見込三畝)、字夫婦石八七(但し、全面積の内見込五畝)、九〇(但し、全面積の内見込四畝)、字池の下三五から三八まで、字大石谷一七から二〇まで、二一(但し、全面積の内見込二反六畝)、二二から三四まで、友枝村大字西友枝字深迫四二八二(但し、全面積の内見込五畝)、四二八四ノ一(但し、全面積の内見込一町七反)、四二八五、字向ひ山四二七〇ノ一(但し、全面積の内見込一畝)、四二七一(但し、全面積の内見込一反)、字野中田一七七九から一七八一まで、一七八二ノ一、四二八八、四二八九ノ二、四二九〇ノ一、四二九〇ノ二、字熊胸一七七一(但し、全面積の内見込一畝)、一七七二、一七七三(但し、全面積の内見込一畝)、一七七八、京都郡豊津村大字節丸字市ヶ迫二一〇一(但し、全面積の内見込一反三畝)、字猫岩二一〇三(但し、全面積の内見込一反)、字舛石二一〇三七(但し、全面積の内見込四畝)、二一〇三八(但し、全面積の内見込五畝)、二一〇六四(但し、全面積の内見込七畝)、二一〇六八(但し、全面積の内見込五畝)、字菰無田二

○二五(但し、全面積の内見込一反)、字大経岩二一六五（但し、全面積の内見込五畝)、二一六六(但し、全面積の内見込一反)、字弧ヶ迫一四八八(但し、全面積の内見込一反二畝)、一四九○ノ一五(但し、全面積の内見込四畝)、一四九○ノ一六（但し、全面積の内見込五畝)、字上峠一四三六(但し、全面積の内見込六畝)、一四三七(但し、全面積の内見込一反一畝)、一四四九(但し、全面積の内見込二反五畝)、字和成石一四五四ノ四（但し、全面積の内見込一反)、字上稗迫一四○九ノ四(但し、全面積の内見込二反)、字丸山一四三○(但し、全面積の内見込七畝)、字椎ノ木一三四五（但し、全面積の内見込三畝)、大字光富字上の山九七六(但し、全面積の内見込二畝)、九七八(但し、全面積の内見込八畝)、九七九(但し、全面積の内見込一反三畝)、九八一(但し、全面積の内見込二畝)、字イヤガ迫一○一三（但し、全面積の内見込二反三畝)、字後野一○○一(但し、全面積の内見込一反六畝)、一二一二(但し、全面積の内見込二反)、一二一四ノ一(但し、全面積の内見込六畝)、築上郡葛城村大字岩丸字上小弁殿一二七六ノ一六、大字日奈古字市郎ヶ迫五一（但し、全面積の内見込八反)、五二、五三ノ一(但し、全面積の内見込五反)、八七、字向田一二五ノ一（但し、全面積の内見込一町)、一二五ノ二、一二六、一二七ノ一、一二七ノ二、字上置石一二三九、一二四二、一二四六、一二四七、角田村大字松江字炭山六九○ノ一、七○八、大字馬場字大導寺六八四、二四八五、二五三三、字御手水二四五六、二四五七、字原井向一九九七、二○○四、大字畑字ホ、ゾキヶ迫四六七、字粒の山一○七五ノ一、山門郡山川村大字河原内字本谷一六九六、一七○○、一七○三の二、一七○四、一七○九、一七一○、一七四八の二、一七四九、一七五五の二、一七六○、一七六四から一七六七まで、一八○四から一八○六まで、一九六二から一九六四まで、一九六六、二一一一、二一一四から二一一六まで、二一一九から二一二七まで、字イモヂ一五四七から一六一七まで、一六二一から一六二三まで、一六二九から一六三二まで、一六三四、一六四○から一六四三まで、一六四九、一六五○、一七○七、一八○三

有効期間　二年

朝倉郡杷木町大字大山字獺口六六三ノ二（但し、全面積の内見込一○歩)、六六九（但し、全面積の内見込二○歩)、六七○ノ一（但し、全面積の内見込一○歩)、六七九ノ一（但し、全面積の内見込一八歩)、六八○（但し、全面積の内見込一○歩)、七四五（但し、全面積の内見込一五歩)、字馬ノ谷八七七（但し、全面積の内見込三畝)、九一一（但し、全面積の内見込一畝二○歩)、九一二ノ一（但し、全面積の内見込一畝二五歩)、字鎌井園三一一ノ一（但し、全面積の内見込一畝)、三三七（但し、全面積の内見込一畝二五歩)、三四四（但し、全面積の内見込一五歩)、三四六(但し、全面積の内見込一畝)、三五四(但し、全面積の内見込一○歩)、字赤迫一八七ノ一（但し、全面積の内見込一五歩)、三四八（但し、全面積の内見込一五歩)、三四七（但し、全面積の内見込一五歩)、三四九（但し、全面積の内見込二八歩)、三五三ノ二（但し、全面積の内見込一○歩)、三六○（但し、全面積の内見込二○歩)、三九一（但し、全面積の内見込二○歩)、三九二(但し、全面積の内見込一畝)、三九四(但し、全面積の内見込二○歩)、三九五（但し、全面積の内見込二○歩)、四○一ノ一（但し、全面積の内見込一○歩)、四○一ノ二（但し、全面積の内見込一○歩)、四○一ノ三（但し、全面積の内見込一五歩)、四○二（但し、全面積の内見込一五歩)、四二二（但し、全面積の内見込一畝)、四四三ノ一（但し、全面積の内見込一畝)、四四四（但し、全面積の内見込一○歩)、字板井平一六八（但し、全面積の内見込二五歩)、一七五ノ一（但し、全面積の内見込一三歩)、字吉野原七七(但し、全面積の内見込二○歩)、七八（但し、全面積の内見込一二歩)、七九ノ二（但し、全面積の内見込二○歩)、八二（但し、全面積の内見込一五歩)、八三ノ一（但し、全面積の内見込一○歩)、八四ノ一(但し、全面積の内見込二五歩)、九五(但し、全面積の内見込一畝一○歩)、九六ノ一（但し、全面積の内見込五歩)、九九ノ一（但し、全面積の内見込一○歩)、一○○ノ一（但し、全面積の内見込一畝)、字榎谷一○一（但し、全面積の内見込一五歩)、一○二（但し、全面積の内見込一五歩)、一○八（但し、全面積の内見込二○歩)、三輪村大字栗田字谷川一九三四（但し、全面積の内見込二○歩）、一九四二（但し、全面積の内見込一○歩)、一九四八（但し、全面積の内見込二五歩)、一九五五(但し、全面積の内見込三畝一○歩)、一九六四（但し、全面積の内見込三歩)、一九六五、一九六六（但し、全面積の内見込一畝一○歩)、一九六七（但し、全面積の内見込二畝)、一九八三(但し、全面積の内見込一畝)、一九八四（但し、全面積の内見込一畝)、一九八五（但し、全面積の内見込一○歩)、一九八八（但し、全面積の内見込二五歩)、一九九七（但し、全面積の内見込二畝)、二○○○（但し、全面積の内見込一畝二○歩)、二○二四（但し、全面積の内見込一畝一○歩)、二○二五（但し、全面積の内見込一畝一○歩)、二○二六（但し、全面積の内見込三畝)、二○二九（但し、全面積の内見込二畝二○歩)、二○三○（但し、全面積の内見込二畝)、二○三一、二○三二（但し、全面積の内見込五畝)、二○三三（但し、全面積の内見込一畝二○歩)、二○三六(但し、全面積の内見込一畝二○歩)、二○三七（但し、全面積の内見込一畝)、二○四七（但し、全面積の内見込二畝二○歩)、二○四八（但し、全面積の内見込二歩)、二○五○（但し、全面積の内見込二畝)、二○五一（但し、全面積の内見込二畝一○歩)、二○五二(但し、全面積の内見込五畝)、二○五三（但し、全面積の内見込四畝)、二○五四(但し、全面積の内見込四畝二○歩)、二○五五(但し、全面積の内見込二畝)、二○五六(但し、全面積の内見込二畝)、二○五七、二○五八(但し、全面積の内見込五畝)、二○五九（但し、全面積の内見込五畝)、二○六六（但し、全面積の内見込一畝)、二○六七、二○六八（但し、全面

積の内見込二五歩)、二〇六九(但し、全面積の内見込一畝)、二〇七〇(但し、全面積の内見込一畝)、二〇七一(但し、全面積の内見込三畝)、二〇七二(但し、全面積の内見込二畝一〇歩)、二〇七三(但し、全面積の内見込一五歩)、二〇七四(但し、全面積の内見込一畝)、二〇七六(但し、全面積の内見込二畝)、二一〇二(但し、全面積の内見込二畝二〇歩)、二一〇三、二一〇四(但し、全面積の内見込二畝)、二一〇五(但し、全面積の内見込三畝)、二一〇六(但し、全面積の内見込二畝二〇歩)、二一〇七ノ一(但し、全面積の内見込二畝)、二一〇八(但し、全面積の内見込二畝一〇歩)、二一〇九(但し、全面積の内見込一畝一〇歩)、二一五四(但し、全面積の内見込二畝一〇歩)、浮羽郡福富村大字屋部字鍛治ノ上三一二ノ二、三一二ノ三、三二二、三二三ノ二、字上陳内七九八、七九九ノ二、八〇〇ノ一、八〇〇ノ二、字陳内二九五ノ一、二九五ノ三、二九六ノ一、字上尾谷七七三ノ四、字東尾谷七七三ノ二、水縄村大字石垣字大塚清長橋一三六四ノ二、一三六四ノ三、一三六四ノ五、一三六四ノ六、一三六四ノ八、一三六四ノ九、一三六五、一三六九、一三九六ノ一八、一三九七 一三九六ノ一九、一三九六ノ二一、一三九六ノ二六、一三九六ノ二九、一三九六ノ三〇、一三九六ノ三四、字山王東筋一三三九、一三三九ノ二、一三三九ノ三、一三四〇、一三四一、一三四八ノ一、一三六〇ノ二、一三六一ノ二、一三六一ノ三、字山王西筋一二九六(但し、全面積の内見込二反)、一二九七ノ一、一二九七ノ一五から一二九七ノ一八まで、字矢篠浦五〇八ノ一ノ一、五一一、五一五ノ一、五一五ノ三、五一五ノ五から五一五ノ七まで、五一九ノ二、杷木町大字末松字相ヶ谷七四二ノ一(但し、全面積の内見込八歩)、七四九ノ二、八二七(但し、全面積の内見込二二歩)、八二八(但し、全面積の内見込一二歩)、八二九(但し、全面積の内見込二二歩)、八三〇ノ一(但し、全面積の内見込二二歩)、八三一(但し、全面積の内見込一二歩)、八三二(但し、全面積の内見込一一歩)、八三三(但し、全面積の内見込二五歩)、八七三(但し、全面積の内見込一反)、字小河内三〇一(但し、全面積の内見込一八歩)、三一〇(但し、全面積の内見込二一歩)、三一一(但し、全面積の内見込一畝三歩)、三一二(但し、全面積の内見込一畝一五歩)、三一八(但し、全面積の内見込一五歩)、三二九(但し、全面積の内見込五歩)、三三一(但し、全面積の内見込一五歩)、三四〇(但し、全面積の内見込四畝)、三四一(但し、全面積の内見込一反三畝)、三四三(但し、全面積の内見込一反六畝一〇歩)、三四四、三四五、三四六(但し、全面積の内見込九畝一〇歩)、三四九(但し、全面積の内見込二八歩)、三五〇(但し、全面積の内見込一六歩)、四二四ノ一(但し、全面積の内見込一畝)、四三三(但し、全面積の内見込一五歩)、四七七(但し、全面積の内見込一五歩)、四八四(但し、全面積の内見込一反五畝)、字汐井谷六四〇(但し、全面積の内見込五畝一〇歩)、六四五(但し、全面積の内見込一畝一五歩)、六四七(但し、全面積の内見込二五歩)、六四八(但し、全面積の内見込二五歩)、六七八(但し、全面積の内見込二畝九歩)、六七九(但し、全面積の内見込一畝一二歩)、六九七(但し、全面積の内見込一二歩)、六九八(但し、全面積の内見込二二歩)、六九九(但し、全面積の内見込一二歩)、七〇五(但し、全面積の内見込一五歩)、七〇九(但し、全面積の内見込三歩)、七一一、七一二ノ一(但し、全面積の内見込一五歩)、七一二ノ二(但し、全面積の内見込一〇歩)、七一四(但し、全面積の内見込一畝)、七一五(但し、全面積の内見込二〇歩)、七二四、七三六ノ一(但し、全面積の内見込二二歩)、七四一ノ二(但し、全面積の内見込一五歩)、字中ノ谷四八五ノ一(但し、全面積の内見込一二歩)、四八九(但し、全面積の内見込一畝)、四九四(但し、全面積の内見込一〇歩)、四九六(但し、全面積の内見込一畝一〇歩)、四九七(但し、全面積の内見込一畝一五歩)、五〇三(但し、全面積の内見込二五歩)、五一七(但し、全面積の内見込一五歩)、築上郡築城村大字小山田字小川谷一一六八ノ一八、一一六八ノ一九、一一六八ノ六八から一一六八ノ七二まで、一一六八ノ八八、一一六八ノ二五から一一六八ノ一一七まで、字木原一八七ノ一、一八七ノ二、字小口平一八五ノ一四(但し、全面積の内見込二町五反)、字市道一二四二、下城井村大字上深野字大石平七九八、字堤ヶ平八〇九、字弥四郎八三五、字長安寺八五七、大字下深野字前ノ平七六〇ノ一から七六〇ノ三まで、七六一から七六三まで、字輪成七五五、大字上香楽字前ヶ平四四六、四四七、四四八ノ一、四四八ノ二、四四九ノ一から四四九ノ五まで、字平石三四八、三四九、三五〇、三五一ノ一、字荒谷三四四ノ一から三四四ノ一九まで、葛城村大字岩丸字払川九ノ一(但し、全面積の内見込五畝)、一〇ノ三(但し、全面積の内見込一反)、一〇ノ七(但し、全面積の内見込七畝)、字行廻二ノ四(但し、全面積の内見込一反四畝)、二ノ二四(但し、全面積の内見込一反五畝)、字田代三(但し、全面積の内見込一畝)、字今川原一一三八ノ二(但し、全面積の内見込一反五畝)、一一三八ノ四(但し、全面積の内見込一反)、一一三九ノ三八(但し、全面積の内見込一反)、字今川原北ヶ道一一六三ノ一七(但し、全面積の内見込六畝)、字駄道三九二(但し、全面積の内見込五畝)、三九三(但し、全面積の内見込五畝)、三九五(但し、全面積の内見込五畝)、三九六(但し、全面積の内見込三畝)、三九七(但し、全面積の内見込一畝)、字下舟川原三八六(但し、全面積の内見込二〇歩)、三八七(但し、全面積の内見込二五歩)、三八八(但し、全面積の内見込二〇歩)、三八九(但し、全面積の内見込二〇歩)、三九〇(但し、全面積の内見込一畝)、三九一(但し、全面積の内見込一〇歩)、字黒岩四二六ノ一八(但し、全面積の内見込五畝)、四二六ノ二〇(但し、全面積の内見込六畝)、四二六ノ二一(但し、全面積の内見込二畝)、四二六ノ二二(但し、全面積の内見込四

畝)、字大野七ノ三八(但し、全面積の内見込二〇歩)、七ノ三九(但し、全面積の内見込二畝)、七ノ四〇(但し、全面積の内見込二〇歩)、七ノ四一(但し、全面積の内見込二〇歩)、七ノ四九(但し、全面積の内見込一五歩)、七ノ五〇(但し、全面積の内見込一畝)、西角田村大字真如寺字国見二ノ五(但し、全面積の内見込二畝一五歩)、字村下一〇〇から一〇四まで、字国見坂八、九(但し、全面積の内見込一反)、一一(但し、全面積の内見込八畝)、字谷入口一二一(但し、全面積の内見込四畝)、字礫岩二一三(但し、全面積の内見込七畝)、字郷代二〇六(但し、全面積の内見込一反二畝)、字向山ノ下一八四、一八五(但し、全面積の内見込一畝一五歩)、一八六から一八九まで、一九〇(但し、全面積の内見込二〇歩)、一九一(但し、全面積の内見込一畝)、一九五から一九八まで、字太刀洗一九九、二〇〇(但し、全面積の内見込四畝一五歩)、二〇一、二〇二(但し、全面積の内見込二五歩)、角田村大字畑字真河内二(但し、全面積の内見込三反)、三(但し、全面積の内見込二反)、六六(但し、全面積の内見込五畝)、字郷城一(但し、全面積の内見込二反)、字新谷六七ノ一(但し、全面積の内見込二反)、六七ノ三(但し、全面積の内見込一反)、七〇(但し、全面積の内見込四反)、字駄廻一七から二一まで、二七から二九まで、二九ノ一(但し、全面積の内見込一反)、二九ノ二(但し、全面積の内見込一反五畝)、二九ノ九(但し、全面積の内見込五畝)、三〇、三一、三五(但し、全面積の内見込三畝)、横武村大字山内字住城谷一四一三、一四一八(但し、全面積の内見込三反七畝二三歩)、一四二一、一四二六、一四二七、一四二八(但し、全面積の内見込三反一畝二一歩)、一四二九(但し、全面積の内見込四反三畝一八歩)、一四三一、字住城上一六〇四(但し、全面積の内見込一町五反三畝)、一六一〇(但し、全面積の内見込七畝)、一六一三ノ一(但し、全面積の内見込三反二畝)、一六一四(但し、全面積の内見込一反八畝)、一六一五ノ一(但し、全面積の内見込二反一畝)、上城井村大字寒田字堤六一七、六二四、六二七、六二八、六二九ノ一、六二九ノ二、字平原六七四から六七六まで、字上ノ宮六三〇、六三一ノ一(但し、全面積の内見込二反)、六三二、字平原六四〇ノ一(但し、全面積の内見込一町)、六四〇ノ八(但し、全面積の内見込四反)、六四七(但し、全面積の内見込六畝二九歩)、字古野一〇三五(但し、全面積の内見込二町)、一〇三六(但し、全面積の内見込二町)、字向原一一二二(但し、全面積の内見込五反)、一一一八、一一二〇(但し、全面積の内見込一反)、大字櫟原字モロシロ一三九〇(但し、全面積の内見込二反)、一四〇四ノ八(但し、全面積の内見込五畝)、一四〇四ノ一〇(但し、全面積の内見込一反)、一四四九(但し、全面積の内見込一反)、字コーカ谷一四〇一(但し、全面積の内見込一町)、京都郡小波瀬村大字二崎字二先山四六一ノ一(但し、全面積の内見込二町)、四六三ノ一(但し、全面積の内見込七反)、四六三ノ二(但し、全面積の内見込五反)、四六三ノ三(但し、全面積の内見込一反)、四六三ノ四ノ一(但し、全面積の内見込四反)、四六五(但し、全面積の内見込五反)、築上郡下城井村大字上香楽字鎌倉四一三、四一八、四二一、四二二ノ二、四二二ノ四から四二二ノ八まで、四二二ノ一二、四二二ノ一三、字花手四二八ノ二、四三〇、西角田村大字上リ松字浮免二〇五、二一六、字東柿田一九五(但し、全面積の内見込八畝二〇歩)、一九六ノ一(但し、全面積の内見込一反二畝)、一九六ノ二(但し、全面積の内見込二畝)、一九七(但し、全面積の内見込六畝)、一九八(但し、全面積の内見込一反一畝二〇歩)、一九九(但し、全面積の内見込一反二畝一〇歩)、字上大久保一五七(但し、全面積の内見込一反三畝)、一五八(但し、全面積の内見込一反二畝)、一五九(但し、全面積の内見込一反二畝)、一六〇(但し、全面積の内見込一反二畝)、一六一(但し、全面積の内見込一反二畝)、一六二(但し、全面積の内見込一反七畝)、一六三(但し、全面積の内見込一反二畝)、一六六(但し、全面積の内見込一反八畝)、一六七(但し、全面積の内見込一反八畝)、一六八(但し、全面積の内見込九畝)、一六九(但し、全面積の内見込一反)、一七〇ノ一(但し、全面積の内見込二反三畝)、一七〇ノ二(但し、全面積の内見込六反二畝)、一七〇ノ三(但し、全面積の内見込六畝)、大字小原字園田一一五八(但し、全面積の内見込二反五畝)、一一九二(但し、全面積の内見込二反六畝)、一一九五ノ一(但し、全面積の内見込七反四畝)、一一九六(但し、全面積の内見込一町八畝)、字面田一一九七(但し、全面積の内見込九反四畝一〇歩)、一二六七(但し、全面積の内見込二町二反五畝)、一二八一(但し、全面積の内見込二町三反二畝二五歩)、一二九四(但し、全面積の内見込一町八反二畝一五歩)、一二九五(但し、全面積の内見込六反九畝二〇歩)、一二九六(但し、全面積の内見込三反五畝)、築城村大字小山田字小口平一八五ノ一五(但し、全面積の内見込六町二反)、字小川谷一一六八ノ五六、一一六八ノ五七、一一六八ノ五八(但し、全面積の内見込三反)、一一五八ノ三二、一一六八ノ一〇六(但し、全面積の内見込一町四畝)、一一六八ノ一一八

有効期間　三年

以上福岡県知事の申請に係るものであつて、土砂流出防備のため必要と認めるもの

朝倉郡三奈木村大字荷原字鬼ヶ城一ノ一(但し、全面積の内見込八畝)、一一(但し、全面積の内見込一畝)、一二(但し、全面積の内見込二畝)、三八(但し、全面積の内見込二畝)、三九(但し、全面積の内見込一畝)、五六、五七(但し、全面積の内見込一畝)、五八ノ一(但し、全面積の内見込二畝)、五八ノ二、五九(但し、全面積の内見込一畝)、六〇ノ一(但し、全面積の内見込一畝)、六四ノ二(但し、全面積の内見込一畝)、六六ノ一(但し、全面積の内見込一畝)、七〇(但し、全面積の内見込二畝)、一〇九(但し、全面積の内見込二畝)、一一〇、一一一(但し、全面積の内見込二畝)、一一二、二一九(但

し、全面積の内見込一反)、京都郡今元村大字元永字元永山一二九八ノ二(但し、全面積の内見込六反五畝)、犀川町大字大熊字平治原一八一八(但し、全面積の内見込四畝)、大字喜多良字九日城三二五(但し、全面積の内見込三畝)、字荒谷七八五ノ三(但し、全面積の内見込四畝)、小倉市大字道原字木床七八五ノ一(但し、全面積の内見込五畝)、七八五ノ二(但し、全面積の内見込一反七畝)、七八五ノ三(但し、全面積の内見込一畝)、大字合馬字横ヶ谷二〇五一ノ六八(但し、全面積の内見込七畝)、二一二四(但し、全面積の内見込一反)、二一一六(但し、全面積の内見込五畝)、二一三一(但し、全面積の内見込一反一畝)、字サイボウシ二一四八(但し、全面積の内見込八畝)、二一四九(但し、全面積の内見込六畝)、字畑河原二一五〇(但し、全面積の内見込九畝)、二一五一(但し、全面積の内見込一反)、嘉穂郡千平村大字千平字小水一五〇〇ノ一(但し、全面積の内見込一反)、一五〇二ノ一(但し、全面積の内見込一反)

有効期間　二年

粕屋郡篠栗町大字篠栗字茅ケ谷二一九二ノ一(但し、全面積の内見込六反)

有効期間　三年

以上福岡県知事の申請に係るものであつて、土砂崩壊防備のため必要と認めるもの

築上郡椎田町大字高塚字浜一一二五、一一四八、一一四九

有効期間　二年

以上福岡県知事の申請に係るものであつて、風害防備のため必要と認めるもの

粕屋郡志賀町大字志賀島字西戸崎一三七の一(但し、全面積の内見込二反七畝)、一四三(但し、全面積の内見込四反六畝一八歩)、一四四の一(但し、全面積の内見込四反七畝一二歩)、一四六の一(但し、全面積の内見込一町)、字大岳三五一、三五九の二(但し、全面積の内見込二畝)、三五九の三(但し、全面積の内見込一反)、三五九の四(但し、全面積の内見込七畝)、三五九の一四(但し、全面積の内見込六畝)、三五九の一六、三五九の一七、三五九の二〇、三五九の二四(但し、全面積の内見込五畝)、三六六の一(但し、全面積の内見込一反三畝)、三六六の四(但し、全面積の内見込一反)、三六九の一(但し、全面積の内見込三反一畝)、三六九の二、三七二の一(但し、全面積の内見込四畝一〇歩)、三七二の二(但し、全面積の内見込九畝二二歩)、三七六の一(但し、全面積の内見込五反五畝)、三七六の二、三七六の三(但し、全面積の内見込六反)、三七六の八、三七六の二〇(但し、全面積の内見込一反)、三七六の一三(但し、全面積の内見込二反五畝)、三七六の二五(但し、全面積の内見込一反四畝八歩)

有効期間　三年

以上福岡県知事の申請に係るものであつて、潮害防備のため必要と認めるもの

◉**農林省告示第七百八十二号**

森林法(昭和二十六年法律第二百四十九号)第四十一条の規定により、次の土地を保安施設地区に指定する。

昭和二十八年十一月十三日

農林大臣　保利　茂

佐賀県西松浦郡黒川村大字畑川内字倉谷　丙一五五三ノ五(但し、全面積の内見込五町四反三畝)、丙一五六〇ノ一(但し、全面積の内見込一町六反二畝二〇歩)、丙一五七三ノ一、一五七三ノ三、丙一五七六ノ一、一五七六ノ四

有効期間　二年

以上佐賀県知事の申請に係るものであつて、水源かん養のため必要と認めるもの

杵島郡若木村大字川古字岳ノ元一四七八〇(但し、全面積の内見込一町)、大字本部字岳ノ元一四七七七から一四七七九まで、一四七八一、字岳ノ山一五一七六(但し、全面積の内見込一反)、大字川古字北畑一四七八二(但し、全面積の内見込一反)

有効期間　二年

以上佐賀県知事の申請に係るものであつて、水源かん養及び土砂流出防備のため必要と認めるもの

神埼郡脊振村大字広滝字井手平七七八ノ一三(但し、全面積の内見込二町四反一畝一五歩)、字池ノ平浦二、七九(但し、全面積の内見込八反三畝七歩)、藤津郡吉田村字大阪　乙四〇〇六イ、乙四〇一一ノ一、乙四〇一二ノ一、乙四〇一二ノ二、乙四〇二三、乙四〇二四ノイ、東松浦郡七山村大字荒川字休石　又九、一〇ノイ、一七ノ一、一七ノ二、字堂前七八三イ、七八三ロ、七八三ノ八、七八七、七八八、大字荒川字黒仁田一七五イ、一七五ロ、一七六、三五四杵島郡西川登村大字神六字西古場　又二八七〇二ノ四、二八七〇二ノ五、二八七〇二ノ八、二八七二九(但し、全面積の内見込一町)

有効期間　一年

西松浦郡大山村大字山谷字神林四二一四ノ三、四二一四ノ五(但し、全面積の内見込二町六反)、神埼郡三瀬村大字藤原字池田三七七〇ノ二、三七七〇ノ三、三七七〇ノ五、三七七〇ノ三〇、三七七〇ノ三二、三八一二、字平松二一八七、二一八七ノ第二、二二〇三、二二〇三ノロ、二二〇四、字長谷一七二四ノ一(但し、全面積の内見込一五町)、西松浦郡曲川村字下迎原甲一一八八九三ノ一(但し、全面積の内見込五反)、甲一二九三ノ二(但し、全面積の内見込五反)、甲一三九五、甲一四一四、甲一四三四(但し、全面積の内見込二反)、甲一四三六、甲一四三七

有効期間　二年

小城郡小城町大字晴気字中善寺四八九三ノロ、四八九四ノ二、四八九四イ第一、四八九四イ第二、四八九四ロ第一、四八九四ロ第二、四八九四ト第二、四八九五ノ一(但し、全面積の内見込二町)、四八九六、四九七八、四九八一、五〇六二ノロ、五〇六五、五〇六六、五〇六七ノ二、五〇六九、五〇七〇、南山村大字上熊川字山中一八二〇ノイ、一八二一、一八二三ノ二七、一八二四から一八二七まで、一八二七ノ二三から一八二七ノ二五まで、一八二七ノ二七、一八二七ノ二八、一八二九、一八五五、一八五六イ、字東三五五ノイ、三五五ロ、三五九、三六〇、四〇六、四二八、四三〇、四四三ノ一五、四四三ノ一六、四四三ノ一九から四四三ノ二一まで、字折立一一六六、北山

村大字栗並字大道三ノ一、三ノ六、四、九、五九〇、字大神七六五ノ一、七六五ノ二、一〇五六ロ、字山神七三六(但し、全面積の内見込五五町)、東松浦郡相知村大字伊岐佐字白木古場丙一五〇八ノ一、丙一五〇八ノ二、丙一五二六、丙一五三一、丙一五三九、丙一五五四から丙一五五六まで、丙一五五七ノイ、丙一五五七ノロ、丙一五五八、丙一五六〇、丙一五六一ノ一、丙一五六一ノ二、丙一五六二ノイ、丙一五六二ノロ、丙一五六三から丙一五六七まで、丙一五七〇ノ一、丙一五七〇ノ二、丙一五七〇ノ七、丙一五七〇ノ八、丙一五七三ノ一、丙一五七三ノ五、丙一五七三ノ一三から一五七三ノ一五まで、丙一五七八ノ六、丙一五七八ノ一八、丙一五七八ノ一九、字辻ノ山　乙五七一ノ一、杵島郡東川登村大字袴野字樫峰九四四三、九四五〇(但し、全面積の内見込四畝)、九四五一から九四五九まで、九四五九ノ二、九四六〇(但し、全面積の内見込八畝)、字東百木一二四二一(但し、全面積の内見込五畝)、一二四二二ノ一(但し、全面積の内見込五畝)、一二四二二ノ二(但し、全面積の内見込一反五畝)、一二四二二ノ三(但し、全面積の内見込一反五畝)、一二四九八ノ三、一二五〇一、一二五〇二、又一二五〇二、一二五〇三ノ三、又一二五〇三ノ八、又一二五三三、一二五三四、一二五五三ノ二、字大久保一二二九〇、又一二二九〇、一二二九六、一二二九七、一三三一六(但し、全面積の内見込二畝)、一三三六八、一三三七〇ノ一、一三三七〇ノ四、又一三三七二、一三四〇三ノ四、一三四〇三ノ六から一三四〇三ノ九まで、字五田反一三四六八から一三四七〇まで　有効期間　三年

小城郡南山村大字杉山字本村一〇八六、一一〇三、一一〇八、一一〇九、一三五〇ノ二、一三五九、一三六〇、一三六三、一三六四、一三六九、一三七〇、一三七二ノ一、一三八二から一三八四まで、一三九一、一四二〇、字黒豆一〇九から一一一まで、字川原三九七、字向七六八、七六九、字広沢六二ノ一、六二ノ二、字三反田一五〇八ノロ、一五〇八ノ二、字中岳五二七ノ一、五三九ノ一から五三九ノ四まで、大字下熊川字深江一五六ノイ、一五九ノ一〇、一五九ノ一二、一九六から一九八まで、二一〇から二一七まで、二一八ノロ、二二〇ノ四、二二〇ノ五、二二四ノロ、二二六ノ六、二二六ノ七、二二八、二三二、二四五、二七二ノ一、二七三、二七四イ、字阿弥陀六一五、六二二、六二八、六二八ノイ、六二九、六三〇、六三二、字一本松二七一、二七九、二八三、二八四、二八五ノイ、二九一、二九六、佐賀郡小関村大字小副川字椿五二三、五二四(但し、全面積の内見込一町)、字山中六〇六一、六〇六二ノ一、六一一九ノ一九、六一一九ノ四七、字蓬輪六〇二八、六〇二九、六〇三〇ノ四、六〇三〇ノ五　字笹峠五八三〇ロ、五八三一イ、五八三一第二から五八三一第五まで、五八三二、五八三三、五八四一ノ一(但し、全面積の内見込一町)、字中峠五九〇八ノ一、五九〇八ノ二、五九一〇ノ一(但し、全面積の内見込一町)、五九四〇第二、五九四四(但し、全面積の内見込九反)、字雨降五五六〇、五五六一、五五六五から五五六七まで、五八〇〇(但し、全面積の内見込一町)、字宇土八一、八三ノ一、八六ノ二(但し、全面積の内見込五反)、字桃浦四六五八(但し、全面積の内見込三町)、西松浦郡山代町大字西分字善明三八五九から三八六八まで、三八六九ノイ、三八六九ノロ、三八七〇から三八八〇まで、三八八一ノイ、三八八一ノロ、三八八二から三八八七まで、三八八八ノ一、三八八八ノ二、三八八九から三九三六まで、三九三七ノイ、三九三七イ第一、三九三七ノロ、三九三八から三九四〇まで、字西副三九四一から三九四四まで、三九四五ノイ、三九四五ノロ、三九四六から三九五〇まで、三九五六から三九五九まで、三九六〇ノイ、三九六〇ノロ、三九六一、三九六二イノ一、三九六二ノ二、三九六二ノロ、三九六三から三九七〇まで、三九七〇ノイ、三九七〇ノロ、三九七一ノイ、三九七一ノロ、三九七二、三九七三、三九七四イ、三九七四ロ、三九七五から三九七九まで、三九八〇ノイ、三九八〇ノロ、三九八一、三九八一ノ一、三九八二から三九九二まで、三九九三ノ一、三九九三ノ二、三九九四から四〇〇六まで、四〇〇七ノイ、四〇〇七ノロ、四〇〇八から四〇一三まで、四〇一四ノ一、四〇一四ノ二、四〇一五、四〇一八ノイ、四〇六〇、四〇六二、四〇六三ノイ、四〇六三ノロ、四〇六四、四〇六五、四〇六六ノ一、四〇六七、四〇六八、四〇六九イノ一、四〇六九イノ二、四〇六九ノロ、四〇七〇から四〇七二まで
有効期間　四年

小城郡南山村大字鎌原字茅原一〇二〇ノ一から一〇二〇ノ八まで、一〇三〇、一〇四六、字桜八九〇ノ一、九三一、字立石一一五二、大字畑瀬字巨木五五一ノイ、五五一ト、丙五五一ホ、五五一チ、五五一リ、五五一ノ二、五八四から五八八まで、字上ノ山三九八、四一一、四一五、四一七、四一九、四二〇、字宇土一ノ二、一ノ四、一ノ五、六八ノ一、七八、八〇、八一イ、八二、八三、八五、八六ノ一、八七、八九イ、九一から九三まで、九四ノイ、九五ノイ、九六から九八まで、一〇〇、一〇一、一〇一ノ一から一〇一ノ三まで、一〇二、一〇四、一〇六(但し、全面積の内見込一町)、一〇六イ(但し、全面積の内見込七町)、一〇六ロ、一〇六ハ、一〇六ノニ、一〇六ホ、一〇六ヘ、一〇六ト、一〇六チ、一〇六ヌ、一〇六ル、一〇六オ、一〇六ワ、一〇六カ、一〇六ノ、一〇六ヨ、一〇七、一〇八、佐賀郡小関村大字小副川字詰谷二三一七ノ四、二三一七ノ六、二三一七ノ八、二三九九ノ三、二三九九ノ四、二三九九ノ五(但し、全面積の内見込一町)、字岩詰三八〇六、三八〇六ノ二(但し、全面積の内見込一町)、三八一一ノ一、三八一二、字小川内三七六一ノ二、三七六三、字矢落二一一〇ノ二、二一一一、二一一二 二一一三}合併、二一一四、二一一四ノ二、二一一五から二一一九まで、二一二一ノ二、二一二二、二一二三、二一二三ノ二、二一二四、二一二四ノ二、二一二五、二一二六、二一二六ノ二、二一二七、二一二八、二一二八ノ二、二一

二九ノ二、二一三〇、二一三一、二一三一ノ二、二一三二、二一三二ノ二、二一三二ノ三、二一三三から二一三五まで、二一三五ノ二、二一三六から二一三八まで、二一三八ノ二、二一三九、二一四〇、二一四一ノ二、二一四一ノ三、二一四一ノ六から二一四一ノ八まで、二一四二から二一四四まで、二一四四ノ二、二一四五、二一四六、二一四六ノ二から二一四六ノ五まで、二一四七、二一四七ノ二、二一四八、二一四八ノ二、二一四九、二一四九ノ二、二一五〇、二一五一、二一五一ノ二、二一七〇、二一七〇ノ二、二一七一、二一七五、大字関屋字鶴四六三五、四六三七、四六四〇、四六四一、四六四一第二、四六四二、四六四三、四六四五、四六六〇ノ一、四六六四、大字小副川字丸掛三八二〇（但し、全面積の内見込二町）

有効期間 五年

小城郡南山村大字市川字菜莄二三八二、二四〇七、二四一〇、二四一六から二四一九まで、二五三三ノ一（但し、全面積の内見込六町）、二五三三ノ一一、二五三三ノ一三から二五三三ノ一六まで、二五三三ノ二一、字川原二八〇四ノ一（但し、全面積の内見込三町）、二八四六から二八五一まで、二八五二ノ一（但し、全面積の内見込三〇町）、二八五二ノ二、二八五二ノ九、二八五二ノ一〇、二八五二ノ九、二八五三から二八五六まで、字土穴一〇三ノ一、一〇三ノ三、一〇三ノ六、一〇三ロ第一、一三六ノ二、一三六ノロ第二、一五四ノ二、一五四ノ三、字吉原二九五九ノ一七（但し、全面積の内見込四町）、二九五九ノ一八、二九五九ノ二二、二九五九ノ二三、二九七四、二九七五、字植木一九一二ノ一（但し、全面積の内見込一〇町）、一九一二ノ二（但し、全面積の内見込二〇町）、一九一二ノ三、二三二八ノ一、二三二八ノ二、二三三四、二三三五、字綿打一六五二ノ六、一六五二ノ七、一六五三ノ二、一六六四、一六七二、一六七三、一六七四ノ二、一六七五、一六七六ノ一から一六七六ノ三まで、一六八三、一六八四ノ二から一六八四ノ五まで、一六八九ノ一、一六八九ノ五から一六八九ノ七まで、一六九二ノ八、一六九四、一七〇一ノ一、一七一七、字葛尾一〇九八ノ二、一〇九八ノ一一、一〇九八ノ一三、一〇九八ノ一五、一一二六、一一三一、佐賀郡松梅村大字松瀬字西名尾五一〇第一、五一一第一、五一一第二、五一二、五一六第一、五二二、五二三ロ、五二三ロ第二、五二四、五二五、五二八、一一八五、一一八五第二、一一八六、一一八六第二、一二二八ノ一、一二二八ノ二、一二二八ロ、一二二九、一三三二、一三三二第二、一三三三第二、一三三三イ、一三三三ロ、一三三四第一イ、一三三四第二、一三三五ノ一、一三三六、一三三七、一三四四ノ五、一三四四ノ八、一三四四ノ三九、一三四四ノ四二、一三四四ノ四四、一三四四ノ四五、一三四四ノ四七から一三四四ノ五六まで、一三四四ノ九二、一三四四ノ九三、一三四四ノ一〇六、一三四四ノ一一四、一三五八ロ、一三六三、一三六四、一三六四第二、一三七四、一三七四第二、一三七五、一四四九第二、一四五四、一四五六、一四五七、一四八五ノ一二三、一四八五ノ一三〇から一四八五ノ一三二まで、一四八五ノ一三四、一四八五ノ一三六から一四八五ノ一四〇まで、一四八五ノ一四二から一四八五ノ一四五まで、一四八五ノ三二七から一四八五ノ三三〇まで、一五〇七、字明神五〇四八ノ一〇、五〇四八ノ八六、五〇四八ノ九三から五〇四八ノ九六まで、五一三四ノ三、五一三四ノ四、五一三五、五一三六イ、五一三六ロ、五一三六ハ、字井手口四六九七ノ一から四六九七ノ四まで、四六九八ノ一、四六九八ノ二、四八一二イ、四八一二ノ七、四八一二ノ五四、四八一二ノ六四、四八一二ノ六五、四八一二ノ八四、四八一四、四八一五、四八一六イ、四八一六ロ、四九〇九イ、四九〇九ロ、四九一一、四九一二イ、四九一二ロ、四九一二ハ、四九一三、四九三七ノ一、四九三八ノ一、四九三八ノ二、四九八二、四九八三、四九八五、四九八七イ、四九八七ノロ、四九八七ロ二、四九八八ノ一、四九八八ノ二、四九八九ノ一、四九八九ノ二、五〇〇一、五〇〇四、五〇〇五イ、五〇〇六、五〇一一ロ、五〇二六、字久郎三一八から三二〇まで、三二九、三三〇、四六〇ノ一、四六〇ノ二、四七〇ノ七六、四七〇ノ八〇

有効期間 七年

以上佐賀県知事の申請に係るものであつて、土砂流出防備のため必要と認めるもの

東松浦郡湊村大字湊字松本八七八

有効期間 一年

以上佐賀県知事の申請に係るものであつて、風害防備及び飛砂防備のため必要と認めるもの

◉農林省告示第七百八十三号

森林法（昭和二十六年法律第二百四十九号）第四十一条の規定により、次の土地を保安施設地区に指定する。

昭和二十八年十一月十三日

農林大臣 保利 茂

熊本県阿蘇郡山田村大字小倉字牧の内一六八三（但し、全面積の内見込六〇町）

有効期間 二年

阿蘇郡黒川村大字西町字大谷一二〇四ノ二（但し、全面積の内見込一五町）、字長谷一二〇三（但し、全面積の内見込三五町）、字天狗谷一二〇二、大字竹原字鐘の手一〇五八、字立石一六〇七ノ二（但し、全面積の内見込四〇町）、産山村大字産山字山吹谷二六三五（但し、全面積の内見込三〇町八反）、字板木二六三六

有効期間 四年

球磨郡五木村大字上荒地字上荒地六一五七、六一五七ノ九、六一五七ノ一〇

有効期間 五年

以上熊本県知事の申請に係るものであつて、水源かん養のため必要と認めるもの

球磨郡深田村字五郎間一五五六（但し、全面積の内見込二町五反）、一五五七（但し、全面積の内見込八町五反）、一五五七ノ一（但し、全面積の内見込一町）、阿蘇郡草部村大字矢津田字高尾野二五〇九（但し、全面積の内見込一反）、二五一〇（但し、全面積の内見込二〇歩）、二五一四（但し、全面積の内見込一〇歩）、二五一五（但し、全面積の内見込一五歩）、二五一七（但し、全面積の内見込一〇歩）、又二五一七、二五一八（但し、全面積の内見

込一〇歩)、二二五一九(但し、全面積の内見込一三歩)、二二五三〇(但し、全面積の内見込八歩)、又二二五三一ノ一、二二五三二、又二二五三九、二二五四〇(但し、全面積の内見込二歩)、二二五四一ノ一、二二五四一ノ二(但し、全面積の内見込三歩)、二二五五七(但し、全面積の内見込三歩)、又二二五八六ノ一(但し、全面積の内見込一〇歩)、又二二五八六ノ二、二二五八四(但し、全面積の内見込五畝)、二二五八六(但し、全面積の内見込一〇歩)、二二五九〇(但し、全面積の内見込八歩)、二二五九九(但し、全面積の内見込八歩)、二二五九一(但し、全面積の内見込一畝)、二二六〇〇(但し、全面積の内見込五歩)、二二六〇一(但し、全面積の内見込六歩)、二六一九、二二六二一(但し、全面積の内見込六歩)、二二六二二ノ一(但し、全面積の内見込六歩)、字東高尾野二二八八四、又二二八八四、字西高尾野二二八一二(但し、全面積の内見込一反三畝)、二二八一三(但し、全面積の内見込二反)、二二八一四ノ一(但し、全面積の内見込一反)、二二八四一(但し、全面積の内見込一畝)、二二八四二(但し、全面積の内見込二畝)、二二八五九、字東水口二二八〇九(但し、全面積の内見込一畝)、二二八一〇(但し、全面積の内見込一〇歩)、二二八一一(但し、全面積の内見込二〇歩)、字小倉又二二二七五、二二二七五ノ一(但し、全面積の内見込一〇歩)、二二二七五ノ二、二二二七五ノ三(但し、全面積の内見込一畝)、二二二七六(但し、全面積の内見込一〇歩)、二二二七七(但し、全面積の内見込一畝)、二二二七八(但し、全面積の内見込一畝)、二二二七九(但し、全面積の内見込二畝)、又二二二七九、二二二八〇(但し、全面積の内見込一反)、二二二八三(但し、全面積の内見込二〇歩)、大字中字鶴二八三、二八四、二九五、二九六、二九七(但し、全面積の内見込三歩)、三三三一(但し、全面積の内見込五歩)、三三三一ノ一(但し、全面積の内見込二歩)、三三三四ノ一(但し、全面積の内見込二〇歩)、三三三五ノ二(但し、全面積の内見込七歩)、三三三八ノ二(但し、全面積の内見込六歩)、三三九ノ二(但し、全面積の内見込三畝)、三四一ノ一(但し、全面積の内見込五畝)、三四一ノ二(但し、全面積の内見込二歩)、三四二(但し、全面積の内見込一畝)、三四三(但し、全面積の内見込一畝)、三四四ノ一(但し、全面積の内見込一畝)、字池の鶴二〇一ノ一(但し、全面積の内見込一〇歩)、二〇一ノ三(但し、全面積の内見込五歩)、二〇二ノ二(但し、全面積の内見込一畝)、二〇四(但し、全面積の内見込一畝)、二〇六(但し、全面積の内見込一畝)、字川原作四九六(但し、全面積の内見込五歩)、四九八、四九九(但し、全面積の内見込一五歩)、五〇二(但し、全面積の内見込一〇歩)、字脇園二四〇ノ一(但し、全面積の内見込五歩)、二四五ノ一(但し、全面積の内見込一歩)、二五四ノ一(但し、全面積の内見込一歩)、二五五(但し、全面積の内見込三歩)、黒川村大字竹原字立石一六〇七ノ二(但し、全面積の内見込三町)、大字西町字長谷一二〇三(但し、全面積の内見込二町)、球磨郡湯前町字猪鹿倉山一四五七ノ三、一四五八、又一四五八ノ三(但し、全面積の内見込五歩)、一四六五ノ一(但し、全面積の内見込六反)、神瀬村大字神瀬字道習平一〇四二ノ一(但し、全面積の内見込一〇町五反)、字小平一一〇七ノ一、天草郡中村字井保田三七二八(但し、全面積の内見込五畝)、三七六五(但し、全面積の内見込四畝)、三七六六(但し、全面積の内見込二反)、三七六七(但し、全面積の内見込一反)、三七九〇(但し、全面積の内見込一反)、三七九六(但し、全面積の内見込二反)、三七九七(但し、全面積の内見込三畝)、三八〇一、三八一一、三八一六(但し、全面積の内見込三反五畝)、三八二〇(但し、全面積の内見込三畝)、字鯨道三五八五(但し、全面積の内見込三畝)

有効期間　一年

球磨郡久米村大字槻木字石ニタ二二八ノ二(但し、全面積の内見込五町二反二畝)、字塚山二三〇(但し、全面積の内見込一町)、字横尾二二二ノ二(但し、全面積の内見込三反)、二二二ノ三ノ一(但し、全面積の内見込七反)、二二二ノ三ノ二(但し、全面積の内見込一町)、天草郡登立町大字登立字淵ヶ浦一一五二三、字砂道越一一五五九(但し、全面積の内見込五畝)、一一五六〇、一一五六四(但し、全面積の内見込一反)、一一五六五(但し、全面積の内見込九畝)、一一五七四(但し、全面積の内見込一反二畝)、一一五七八(但し、全面積の内見込二反八畝)、字大潟一一八七〇、一一八八三、一一八八三ノ二、字後大潟一一九七二、一一九七四、一一九七五、一一九七八(但し、全面積の内見込四畝)、一二一〇三(但し、全面積の内見込四反)、一二一〇五(但し、全面積の内見込四畝)、一二一〇九(但し、全面積の内見込五畝)、一二一一〇(但し、全面積の内見込一反二畝)、一二一一一、字四郎丸一二二〇一(但し、全面積の内見込一反八畝)、一二二〇四、一二三八二(但し、全面積の内見込一反四畝)、字小四郎丸一二四六七、一二四七一、一二四七三、一二四九二、一二五〇七、一二五〇八、一二五一四、一二五一六、一二五二四、一二五二七ノ四

有効期間　三年

以上熊本県知事の申請に係るものであつて、土砂流出防備のため必要と認めるもの

◉農林省告示第七百八十四号

中央卸売市場法施行規則(大正十二年十月二十九日農商務省令臨第十号)第八条第二号及び第三号の規定に基き、次のように告示する。

昭和二十八年十一月十四日

農林大臣　保利　茂

開設者　兵庫県尼崎市

市場の名称　尼崎市中央卸売市場

位置　兵庫県尼崎市昭和通り二丁目五十一番地

取扱品目　生鮮水産物、加工水産物、蔬菜、果実、漬物、乾物、獣肉、食鳥、卵

開設認可の年月日　昭和二十八年十月十七日

業務開始期日　尼崎市中央卸売市場は、昭和二十八年十一月十八日から業務を開始する旨届出があつた。

◉農林省告示第七百八十五号

肥料取締法（昭和二十五年法律第百二十七号）第十三条第一項の規定による登録証の書替交付の申請に対し、次のように書替交付したので告示する。

昭和二十八年十一月十六日

農林大臣　保利　茂

生第一一九号、生第一二〇号、生第一二一号、生第一二二号、生第一二三号、生第一二四号、生第一二五号、生第一二六号、生第九七九号、生第九八〇号、生第九八一号、生第九八二号、生第一二八八号、生第一二八九号、生第一八三一号、生第一八三二号、生第一八三三号、生第一八三四号及び生第一八三五号の氏名又は名称の欄中「取締役社長　石川一郎」を「取締役社長佐竹次郎」に改め、生第三〇一二号の肥料の名称の欄中「北海道標準配合肥料ビート三号」を「北海道標準配合肥料ビート一号」に改める。

◉農林省告示第七百八十六号

肥料取締法（昭和二十五年法律第百二十七号）第十三条第一項の規定による登録証の書替交付の申請に対し、次のように書替交付したので告示する。

昭和二十八年十一月十六日

農林大臣　保利　茂

輪第一〇四号、輪第一〇五号、輪第一六六号、輪第三五七号、輪第三五八号、輪第二三〇号、輪第二三一号、輪第二三二号、輪第二三三号、輪第二三四号、輪第二三五号、輪第二三六号、輪第四二一号、輪第四二二号、輪第四二三号、輪第四二四号、輪第四二五号及び輪第四二六号の氏名又は名称中「取締役社長　岡本　忠」を「代表取締役副社長　岡本　忠」に改める。

◉農林省告示第七百八十七号

森林法（昭和二十六年法律第二百四十九号）第二十五条の規定により、次の森林を保安林に指定する。

昭和二十八年十一月十七日

農林大臣　保利　茂

長野県西筑摩郡木祖村大字薮原字薮沢三四二

以上土砂流出防備のため必要と認めるもの

◉農林省告示第七百八十八号

森林法（昭和二十六年法律第二百四十九号）第二十五条の規定により、次の森林を保安林に指定する。

昭和二十八年十一月十七日

農林大臣　保利　茂

岐阜県恵那郡岩村町字城山三ノ二（但し、台帳一九三町九反八畝二八歩の内実測一九二町五反八畝五歩）、本郷村大字富田字水晶山一（但し、台帳一六五町二歩の内見込一六三町一反四畝二五歩）

以上土砂流出防備のため必要と認めるもの

◉農林省告示第七百八十九号

森林法（昭和二十六年法律第二百四十九号）第二十六条の規定により、次の保安林を解除する。

昭和二十八年十一月十七日

農林大臣　保利　茂

北海道苫小牧市字苫小牧海岸（但し、台帳九一町九反六畝一四歩の内実測一反七畝二六歩）

以上風害防備のため指定されたものを道路敷地とする必要を認めるもの

◉農林省告示第七百九十号

森林法（昭和二十六年法律第二百四十九号）第二十六条の規定により、次の保安林を解除する。

昭和二十八年十一月十七日

農林大臣　保利　茂

北海道河西郡更別村字帯広防風林（但し、台帳三二二町三反四畝二〇歩の内実測一町四反二九歩）

以上風害防備のため指定されたものを排水溝敷地とする必要を認めるもの

河西郡更別村字帯広防風林（但し、台帳三二二町三反四畝二〇歩の内実測四町五反二畝二九歩）

以上風害防備の必要が消滅したと認めるもの

◉農林省告示第七百九十一号

森林法（昭和二十六年法律第二百四十九号）第二十六条の規定により、次の保安林を解除する。

昭和二十八年十一月十七日

農林大臣　保利　茂

秋田県仙北郡豊岡村大字大神成字扇形三林班い小班（但し、台帳二四三町七反一畝一三歩の内実測五反二六歩）

以上豊岡村長千葉秀男の申請に係るものであつて、水源かん養のため指定されたものであるが、堤防敷地として必要を認めるもの

◉農林省告示第七百九十二号

森林法（昭和二十六年法律第二百四十六号）第二十六条の規定により、次の保安林を解除する。

昭和二十八年十一月十七日

農林大臣　保利　茂

福島県石城郡永戸村大字下永井字銅屋場二六七（但し、台帳二六町一反三畝八歩の内実測三反七畝二五歩）、字中山一三四（但し、台帳六四町九反五畝一八歩の内実測一町四反七畝一四歩）

以上石城郡赤井村柿原金市の申請に係るものであつて、土砂流出防備のため指定されたものを鉱業用地（坑口敷、廃石捨場）とする必要を認めるもの

◉農林省告示第七百九十三号

森林法（昭和二十六年法律第二百四十九号）第二十六条の規定により、次の保安林を解除する。

昭和二十八年十一月十七日

農林大臣　保利　茂

宮崎県日向市大字細島字愛宕の上三一五の二から三一五の六まで、三一五の八、三一五の一五から三一五の一七まで、三一五の二三から三一五の二七まで、三一五の三四、三一五の三五、字八坂の上四五二

以上日向市長の申請に係るものであつて、水源かん養の必要が消滅したと認めるもの

日向市大字細島字愛宕の上三一三のイ

以上日向市長の申請に係るものであつて、土砂流出防備の必要が消滅したと認めるもの

◉農林省告示第七百九十四号

肥料取締法（昭和二十五年法律第百二十七号）第八条第二項の規定により昭和二十八年十一月六日付をもつて左の肥料を仮登録し、仮登録証を交付した。

昭和二十八年十一月十七日

農林大臣　保利　茂

仮登録番号

仮生第一二四号

肥料の名称等省略（官報参照）

◉農林省告示第七百九十五号

肥料取締法（昭和二十五年法律第百二十七号）第七条の規定により、昭和二十八年十月十日附をもつて左の肥料を登録し、登録証を交付した。

昭和二十八年十一月十七日

農林大臣　保利　茂

登録番号

自生第四二二二号至生第四三〇四号

肥料の名称等省略（官報参照）

◉農林省告示第七百九十六号

森林法（昭和二十六年法律第二百四十九号）第二十五条の規定により、次の森林を保安林に指定する。

昭和二十八年十一月十九日

農林大臣　保利　茂

三重県鈴鹿郡野登村大字安坂山字諸鹿二七七八ノ三、加太村字大沢七六五〇（但し、見込一三町の内実測一〇町）、安濃郡長野村大字北長野字瀬戸谷一〇八七、大字平木字犬塚一五三一、一志郡下之川村字大谷五八〇二ノ一（但し、台帳一五町二反の内実測一〇町）、字瓜倉二九三七ノ三（但し、台帳一一町七反の内実測九町一反）、飯南郡森村大字蓮字西切三四四ノ一五、大字森字大名倉二三五六ノ五（但し、台帳七七町八反八畝の内実測三〇町）、波瀬村大字舟戸字高見二八三(但し、見込一〇七町六反二〇歩の内実測四三町三反三畝二二歩)、大字太良木字奥の山一八二ノ一、一八二ノ二、一八二ノ四から一八二ノ一五まで、多気郡三瀬谷村大字佐原字東畑三ノ一 三ノ二合併、荻原村大字小切畑字庄吉小屋八七九、大字薗字イノ谷七四二、領内村大字滝谷字カカズリ三七六ノ三、大杉谷村大字大杉字父ケ谷四六一ノ二（但し、台帳一五三町二反の内実測一〇町）、大字岩井字田瀬谷三七(但し、台帳七二町の内実測一六町六反)、度会郡七保村大字永会字西河内二八五一ノ五、字東河内二九八二ノ一、大内山村字定本四三八五ノ三〇、北牟婁郡赤羽村大字島原字金掛屋谷二二七、二二二八、字丹原二〇一六、字中滝二〇一八、二〇一九、二〇二三、名賀郡矢持村大字奥鹿野字登リ尾六九一ノ九（但し、台帳二三町五反一畝二三歩の内実測一〇町）、阿山郡布引村大字中馬野字布引八五三（但し、台帳二〇町の内実測一〇町）

以上三重県知事の申請に係るものであつて、水源かん養のため必要と認めるもの

桑名郡古美村大字古野字西米野三四四九、字神田二六〇七ノ一(但し、台帳三町六反一畝一二歩の内見込二町)、大字美鹿字芋地谷九九六、一〇一八、字宮の上一五四、字杉名谷一〇二一ノ三、一〇二一ノ四、字寺田九一六、字平地谷九六四ノ一一、九六四ノ一二、字小ケ谷一五三八（但し、台帳一町二反五歩の内見込一町）、一五三九ノ一、一五三九ノ二、一五四〇、一五四七、字池の谷八八四、八八五ノ一、古浜村大字北猪飼字古野積一三一四、一三三三ノ二、一三三四ノ一、一三三四ノ二、字池代一四四一、一四五三、一四五四、一四七二ノ一、一四七二ノ二、一四七六、一四七七、一五四五、深谷村大字上深谷字北山下一六八六（但し、台帳二畝五歩の内見込一畝）、字南山下一六九六ノ一（但し、台帳三反九畝六歩の内見込二畝）、員弁郡中里村大字鼎字中猪谷九四三、一〇四四、員弁町大字市之原字花ノ木谷六三八、六四九、六五五、六五五ノ一、六五七、六五八、六五八ノ二、六六二、字登尾七〇四、七九四、七九五、七九七、七九八、八二一ノ一から八二一ノ三まで、大字平古字七之郭二七四、二七五ノ一から二七五ノ三まで、二七六から二八二まで、二八二ノ一から二八二ノ四まで、二七三、二八三、二八三ノ一から二八三ノ三まで、二八五ノ五、大字松名新田二一（但し、台帳二町四反一畝一三歩の内見込五反）、大字大泉字水谷二一九七ノ二（但し、台帳一町三反三畝六歩の内見込一町）、立田村大字篠立字大切二四三四、二四三五、二四四四、二四四五、二四四六（但し、台帳八反一畝一六歩の内見込三反）、大字古田字宮の谷一六〇二（但し、台帳四反三畝五歩の内見込一反）、一六〇五、一六〇五ノ一、一六〇六、一六〇六ノ一、一六〇七、一六一一、一六四三、一六四四、一六七五から一六七八まで、一六九一（但し、台帳二反の内見込五畝）、一六九二、十社村大字東貝野字大豆谷二五五一の二、二五五二ノ八から二五五二ノ一〇まで、大字川原字遠見三一七二、字太尾三一五三（但し、台帳一一町の内見込七反）、大字東貝野字井戸谷二五七〇ノ一から二五七〇ノ三まで、大字田辺字杉山九三三、九三四（但し、台帳五反七畝一歩の内見込二畝）、三重郡水沢村大字本郷六二二、六三三、六四ノ一、九七、九八、一〇二、桜村大字桜字ツブリ川五三八七、字西馬谷四七〇六、字姫鶴四六九五、四六九八、字奥別所六七二二、六七二三、大字智積字大欠五一〇〇 五一〇一合併、四日市市大字羽津字糖塚山三七八（但し、台帳一反三畝二七歩の内見込八畝五歩）、三七九（但し、台帳三反四畝一六歩の内見込二反二畝）、三〇一（但し、台帳一反五畝の内見込七畝）、三八〇（但し、台帳四反四畝二九歩の内見込七畝）、三八一ノ一（但し、台帳七反六畝九歩の内見込六畝九歩）、三八一ノ二（但し、台帳一畝三歩の内見込一畝）、三八四（但し、台帳三反三畝一五歩の内見込五畝）、三九三（但し、台帳六反二畝一六歩の内見込一反二畝）、鈴鹿郡坂下村大字市ノ瀬字西権現沖二九六ノ一 二九六ノ三合併、字西沖二九八ノ一、大字沓掛字東鞍骨七三八、大字坂下字中津河八二八ノ一（但し、台帳一〇町二反六畝の内見込五反）、八二八ノ八（但し、台帳一三町の内見込三反）、八二八ノ一三(但し、台帳九町の内見込二反）、八二八ノ一八(但し、台帳一八町八反一畝二八歩の内見込一反）、八二八ノ二〇(但し、台帳一一町九反八畝二四歩の内見込五反）、八二八ノ二九（但し、台帳八町の内見込五反五畝）、八二八ノ三二(但し、台帳二町四反五畝三歩の内見込二反五畝）、八二八ノ三五（但し、台帳一反九畝一四歩の内見込一反）、野登村大字安坂山字坂本二三七六、字池山二三七五、安濃郡長野村大字平木字鴨之尾一〇三八、一〇五一、一〇五二、一〇五四、一〇五六から一〇五八まで、字金銅洞一〇五九、一〇五九ノ一、一〇五九ノ二、北牟婁郡赤羽村大字十須字向井山

一二四三、一二四四、一二五五、一二五七ノ七、一二五七ノ八、一二五七ノ一一から一二五七ノ一三まで、一二五七ノ二五、一二五七ノ二七、一二五七ノ三三、一二六一から一二六四まで、一二六六、一二七二、一二七三、一二七五、一二八四、一二八六、一二八七、一二九三、一二九五、一二九七、字猿ヶ谷一一〇二ノ一〇、字下十須谷四七、四八、五一、五二、七四、八〇から八二まで、八五、船津村大字上里字西山五三七、五三九、五四四、五五一から五五三まで、五五五、五六〇から五六二まで、名賀郡名張町大字安部田字地蔵谷三四五六、三四五九ノ一、三四五九ノ二、三四五九ノ四、三四五九ノ五、三四六〇、大字結馬字樋子谷八九五から九一六まで、大字黒田字茶臼谷二一六九から二一七七まで、二一七七ノ一、二一七八から二一八一まで、二一八九から二一九五まで、字中之谷二〇九五、二〇九六、字堂ヶ谷九一四ノ二、九一五ノ一から九一五ノ三まで、大字安部田字平岩谷三四七四ノ四、三五〇〇、大字結馬字内垣内六九六、六九八、大字井手字立石七三四ノ二から七三四ノ五まで、七三五から七三八まで、七四一、七四三、七五〇から七五二まで、阿山郡丸柱村大字比曾河内字長谷八三九（但し、台帳一町の内見込二反）、八四五、字登尾一二六六ノ一、一二六七ノ三から一二六七ノ五まで、一二七一から一二七三まで、字上広出一九七四ノ一、字北山一五〇七

以上三重県知事の申請に係るものであつて、土砂流出防備のため必要と認めるもの

北牟婁郡九鬼村大字九木浦字谷名二五二ノ二（但し、台帳三反八畝九歩の内見込五畝）

以上三重県知事の申請に係るものであつて、土砂崩壊防備のため必要と認めるもの

◉農林省告示第七百九十七号

森林法（昭和二十六年法律第二百四十九号）第四十一条の規定により、次の土地を保安施設地区に指定する。

昭和二十八年十一月十九日　農林大臣　保利　茂

山口県美禰郡共和村大字嘉万上郷字焼の河内一〇五六（但し、全面積の内見込一七町六反四畝）

有効期間　一年

以上山口県知事の申請に係るものであつて、水源かん養のため必要と認めるもの

岩国市大字室ノ木字石風呂谷七四九（但し、全面積の内見込三畝）、七五〇（但し、全面積の内見込二反二畝）、七五一（但し、全面積の内見込一反八畝）、七五二（但し、全面積の内見込一反五畝）、字浜山七七六（但し、全面積の内見込一反六畝）、七七五（但し、全面積の内見込一反五畝）、七七四ノ一（但し、全面積の内見込一反一畝）、七七四ノ二（但し、全面積の内見込七畝）、七八六（但し、全面積の内見込五畝）、吉敷郡鋳銭司村字下福西原一二三一、字茶臼平一一〇三、字白滝口一一〇六、一一〇七、一一〇九から一一一一まで、字大平一二二八、一二二九、字深浴一二二三、美禰郡赤郷村大字赤字立目一六一九、一六二四、字早稲田一六三七、字大月出口一六四二、一六四三、一六四五（但し、全面積の内見込七反七畝一〇歩）、一六四六、字大月入口一六三二（但し、全面積の内見込五反六畝）、一六三三（但し、全面積の内見込七反一畝二〇歩）、一六三四（但し、全面積の内見込五反八畝二〇歩）、字豆腐屋河内一六四〇（但し、全面積の内見込四反三畝）、豊浦郡粟野村字葛根原二一一一から二一一三まで、二一一五、阿武郡福川村大字福井上字セガイ一八三四ノ一（但し、全面積の内見込三町四反）、字ミノノ山一八二〇ノ一（但し、全面積の内見込三町二反七畝）

有効期間　一年

佐波郡串村大字串字上柏毛一七四七（但し、全面積の内見込三町二反七畝）、字奥柏毛八六九、吉敷郡秋穂町大字東本郷字小浜山四九七ノ三八（但し、全面積の内見込二六町八畝）

有効期間　二年

以上山口県知事の申請に係るものであつて、土砂流出防備のため必要と認めるもの

大島郡蒲野村大字東三蒲字登尾五一〇（但し、全面積の内見込九畝）、字寺家東六三四（但し、全面積の内見込二畝）、豊浦郡粟野村字長谷二一九四の六（但し、全面積の内見込二畝）

有効期間　一年

以上山口県知事の申請に係るものであつて、土砂崩壊防備のため必要と認めるもの

◉農林省告示第七百九十八号

森林法（昭和二十六年法律第二百四十九号）第四十二条の規定に基き、昭和二十七年十一月十九日農林省告示第五百九十三号により指定した保安施設地区のうち次の地区について指定の有効期間を改める。

昭和二十八年十一月十九日　農林大臣　保利　茂

（西山地区）

栃木県上都賀郡西大芦村大字上大久保字西山七六六ノ二七（但し、見込一町二反六畝一〇歩）、七六六ノ二九（但し、見込四反二畝二八歩）、七六六ノ三〇（但し、見込四反二畝二八歩）、七六六ノ三一（但し、見込五反六畝二〇歩）、七六六ノ三二（但し、見込七反一畝七歩）、七六六ノ三三（但し、見込七反五畝）、七六六ノ三六（但し、見込七反五畝二五歩）、七六六ノ三七（但し、見込六反五畝一五歩）、七六六ノ三八（但し、見込九反一畝）

（滝ヶ花地区）

上都賀郡西大芦村大字草久字三本木三一八八（但し、見込一反四畝）、三一八九（但し、見込二反八畝）、三一九〇（但し、見込一畝一八歩）、三一九一（但し、見込一畝一二歩）字井戸三一九二（但し、見込二反九歩）

（小川沢地区）

上都賀郡加蘇村大字上久我字小川沢一八七〇（但し、見込一町）

以上期間満了日　昭和二十八年十一月十八日

変更による期間満了日　昭和二十九年十一月十八日

（那須湯川地区）
那須郡那須村大字湯本字古屋敷一八一ノ二一（但し、見込一町五反八畝一一歩）、一八一ノ二二（但し、見込二反一畝一四歩）、一八一ノ二三（但し、見込七反六畝二歩）、一八一ノ二五（但し、見込二町八反二畝）、一八一ノ二九（但し、見込九反四畝二一歩）

（新作地区）
上都賀郡今市町大字室瀬字新作七〇五（但し、見込一反二畝二〇歩）、七〇八（但し、見込一反四畝一五歩）、七〇九（但し、見込五畝六歩）、七一〇（但し、見込見込八畝二四歩）、七一二（但し、見込八畝九歩）、九〇一（但し、見込一反八畝二四歩）、九〇二（但し、見込四畝）、九〇三（但し、見込三反六畝一八歩）、九〇四（但し、見込八反二畝一五歩）、九一四（但し、見込二反八畝）、九一五（但し、見込一反一八歩）、九一八（但し、見込八反三畝二〇歩）、九一九（但し、見込一町二反三畝九歩）、九二三（但し、見込四反九畝）、九二四（但し、見込二反一畝九歩）、九二五（但し、見込六反二畝）、九二六（但し、見込三反一二歩）、九三一（但し、見込三反二四歩）、九四四（但し、見込五畝二〇歩）、字金沢九〇五（但し、見込七反一畝）、字広久保九〇六（但し、見込九畝一八歩）、九〇七（但し、見込二反九歩）、九〇八（但し、見込三反五畝）、九〇九（但し、見込四反六畝）、九一一（但し、見込五反一五歩）、九一二（但し、見込六反六畝一八歩）、九一三（但し、見込四反七畝）、字平宗鳥屋九一〇（但し、見込四反六畝一八歩）、字ナガソネ九二〇（但し、見込四反二畝五歩）、九二一（但し、見込四反一畝二六歩）、字室瀬沢九三六（但し、見込八反四歩）、九三七（但し、見込二町一反九畝一四歩）、九三八（但し、見込四町七反三畝）、九三九（但し、見込二町五反五畝二一歩）

以上期間満了日　昭和二十八年十一月十八日
変更による期間満了日　昭和三十年十一月十八日

（田の沢地区）
塩谷郡三依村大字芹沢字田ノ沢二七三（但し、見込三畝）、四五〇（但し、見込一町二反）

（小休戸地区）
河内郡豊岡村大字小百字小休戸二五九五ノ二（但し、見込二町二反三二四畝歩）、二六一一ノ三（但し、見込八町三反三畝）

以上期間満了日　昭和二十八年十一月十八日
変更による期間満了日　昭和三十一年十一月十八日

◉**農林省告示第七百九十九号**

農機具依頼検査規程（昭和二十四年農林省告示第二百十号）は、廃止する。

昭和二十八年十一月二十日
農林大臣　保利　茂

◉**農林省告示第八百号**

農地法（昭和二十七年法律第二百二十九号）第六十二条第二項の規定に基いて土地配分計画を作成したから、同条第三項の規定により次の通り告示する。

昭和二十八年十一月二十日
農林大臣　保利　茂

地区名	所在地	入植者 予定売渡口数	入植者 予定売渡面積	入植者送出県及びその口数	
豊徳豊田E1	北海道天塩郡豊富村	四	三三・二町	山形県	四
東山	広島県佐伯郡吉和村	二一	七六・〇	香川県	一二
山守外二（笹ケ平工区）	鳥取県東伯郡山守村	一〇	四〇・〇	香川県	一〇
浦野	大分県直入郡下竹田村	五	一〇・七	長野県	五

◉**農林省告示第八百一号**

森林法（昭和二十六年法律第二百四十九号）第四十一条の規定により、次の土地を保安施設地区に指定する。

昭和二十八年十一月二十日
農林大臣　保利　茂

長野県小県郡大門村字追分三五一八ノ三（但し、全面積の内見込二町）、三五一八ノ五（但し、全面積の内見込八町）、東筑摩郡本郷村大字三才山字本郷山一八三〇ノ一（但し、全面積の内見込一〇町）、下高井郡平穏村字松小根七一四八二号ノ一（但し、全面積の内見込一〇町）　有効期間　一年

南佐久郡南相木村字二ッ橋川向六一一四ハ号（但し、全面積の内見込四〇町）、北相木村字山木四九八六ロ号（但し、全面積の内見込三〇町）、下伊那郡大島村大字大島字大島山二七四九（但し、全面積の内見込二〇町）、生田村字柄山入七二七六ノ二（但し、全面積の内見込三〇町）、千代村大字千代字法全寺山二八四四（但し、全面積の内見込一五町）、上高井郡高井村大字牧字湯沢滝沢番外一ノ一（但し、全面積の内見込二町）、番外一ノ三（但し、全面積の内見込一〇町）、一ノ四（但し、全面積の内見込八町）、下高井郡瑞穂村字万仏一八一五、字片鉾一七三九ノ一（但し、全面積の内見込一〇町）、下水内郡秋津村大字静間字沓津四七二〇（但し、全面積の内見込一五町）　有効期間　二年

南佐久郡南牧村大字平沢字矢出八ノ一（但し、全面積の内見込七〇町）、北佐久郡脇和村字唐沢三四八九（但し、全面積の内見込四〇町）、小県郡西塩田村大字野倉字高尾一七二〇ノ一（但し、全面積の内見込一四町）、字槌花一七三六（但し、全面積の内見込五町）、字妻夫坂一七二四（但し、全面積の内見込四六町）、上伊那郡南箕輪村字北沢山八三〇八ノ一（但し、全面積の内見込四〇町）、字大泉所山二三五七ノ六（但し、全面積の内見込四〇町）、伊那町大字伊那字南沢、神名沢、原山、寺社平一〇〇一ノ一（但し、全面積の内見込二五町）、下伊那郡喬木村字氏乗山九一一九ノ六（但し、全面積の内見込六〇町）、山本村大字山本字大平六七三八（但し、全面積の内見込三〇町）、平岡村大字平岡字ミョウジ二三六（但し、全面積の内見込一五町）、字熊伏山二五三（但

し、全面積の内見込一〇町)、東筑摩郡朝日村大字古見字船ヶ沢三三二一(但し、全面積の内見込五五町)、片丘村字内田山六一一四ノ三二(但し、全面積の内見込三〇町)

有効期間　三年

北佐久郡伍賀村大字茂沢字茂沢入一(但し、全面積の内見込五〇町)、小県郡武石村大字上本入字巣栗二三八四ノへ、諏訪郡北山村字元木四〇二九イ号(但し、全面積の内見込六〇町)、上伊那郡七久保村字烏帽子ヶ岳裏山三〇一五ノ一(但し、全面積の内見込四〇町、西筑摩郡三岳村字倉越二八四五イ号(但し、全面積の内見込六〇町)、東筑摩郡中川村字大沢山六〇〇三ノ一(但し、全面積の内見込五〇町)、六〇五八ノ二(但し、全面積の内見込三〇町)、下高井郡穂高村字内山二一六三(但し、全面積の内見込四〇町)

有効期間　四年

南佐久郡川上村大字梓山字よもぎ四(但し、全面積の内見込一四〇町)、内山村字釜ノ沢一一七九(但し、全面積の内見込五〇町)、諏訪郡豊平村字東岳四七三四ノ五二二(但し、全面積の内見込一四〇町)、下諏訪町字砥沢山三一二二一号(但し、全面積の内見込八〇町)、岡谷市字横川山一〇〇一六ノ六(但し、全面積の内見込五〇町)、上伊那郡藤沢村字中山六八七七ノイ(但し、全面積の内見込九〇町)、字本沢、臼沢、守屋岳、立石、赤井沢、疫病平、沢水無、峯樽大平、横見山、大持坂七〇五一ノ三(但し、全面積の内見込四〇町)、飯田市大字上飯田字松川入ノ内、檜沢、和合路八一二五ノ一(但し、全面積の内見込一〇〇町)、西筑摩郡新開村字ヤケキ八三四一イ号(但し、全面積の内見込二〇町)、八三四二、字此ックリ八三四〇イ号(但し、全面積の内見込二五町)、字ミックリ八三三九イ号(但し、全面積の内見込二〇町)、字焼棚九一六四(但し、全面積の内見込一〇町)、九一六五(但し、全面積の内見込五〇町)、九一六六(但し、全面積の内見込一五町)、東筑摩郡入山辺村字山辺山北側八九六一ノ四七〇(但し、全面積の内見込五〇町)、南安曇郡小倉村字山越三〇一四ノ一(但し、全面積の内見込五町)、三〇一四ノ二(但し、全面積の内見込二〇町)、三〇一四ノ三)但し、全面積の内見込五〇町)、字滝ノ沢三〇一三ノ三(但し、全面積の内見込五町)、上高井郡仁礼村大字米子字米子山一四二二ノ一(但し、全面積の内見込一六町)、一四二二ノ二(但し、全面積の内見込一〇町)、一四二二ノ三(但し、全面積の内見込二四町)、下高井郡夜間瀬字西小場一二四一二、一二四一三合併(但し、全面積の内見込五〇町)

有効期間　五年

諏訪郡北山村字持桒沢三五七九ノ一八(但し、全面積の内見込二〇〇町)、北安曇郡南小谷村大字千国字立ノ沢乙一二八四八ノ一(但し、全面積の内見込五〇町)、乙一二八四八ノ二(但し、全面積の内見込七〇町)、字キワダ草蓮乙一二八四六ノ二(但し、全面積の内見込五〇町)

有効期間　七年

以上長野県知事の申請に係るものであつて、水源かん養のため必要と認めるもの

北佐久郡三岡村大字耳取字古城六七三(但し、全面積の内見込六畝)、六七四、六七九(但し、全面積の内見込二畝一〇歩)、六八〇(但し、全面積の内見込三畝二五歩)、字皿掛三三三(但し、全面積の内見込五畝二〇歩)、三三四(但し、全面積の内見込三畝一五歩)、芦田村字大平堰下四五〇一ノイ、四五〇一ノロ、字東大平下四五〇五ノイ、高瀬村大字鳴瀬字白山一三八八、一三八九、一三九〇(但し、全面積の内見込一畝二六歩)、一四九四ノイ(但し、全面積の内見込二〇歩)、下水内郡永田村大字梨久保字大林七二〇六ノ一から七二〇六ノ三まで、七二〇八イ、七二〇八ロ、七三一四ノ一から七三一四ノ三まで

有効期間　一年

更級郡更級村大字若宮字大日向方三一三一ノ八、大字上山田字城山三四六二(但し、全面積の内見込二畝)、三四六三ノ一

有効期間　二年

南佐久郡北牧村大字稲子字水の日向川原一二八三乙ノ一号(但し、全面積の内見込七町五反)、北安曇郡社村字たやしき三〇七イ号、三一二イ号一〇、三一二イ号一一、三一三ノ一、下高井郡平穏村字東館七一四九ノ一六、上高井郡山田村大字奥山田字山田入三三六八一ノ三(但し、全面積の内見込三町)、仁礼村大字米子字野田ノ沢一二五三ノイ(但し、全面積の内見込三反)、字大久保一四一五(但し、全面積の内見込一町)、一四一六(但し、全面積の内見込五反)、一四一九(但し、全面積の内見込五反)、大字仁礼字仙仁山三一五三ノ二(但し、全面積の内見込一一町)

有効期間　三年

更級郡共和村大字岡田字庚申塔三二三〇ノ三、三二三一ノ九から三二三一ノ一二まで、三二三五ノ一、三二三五ノ一一、三二三五ノ一九、三二三五ノ二〇、三二三五ノ二三、三二三六ノ五、三二三六ノ七、三二三六ノ八、三二三六ノ一一から三二三六ノ一三まで、三二三六ノ一七、三二三六ノ二一、三二三六ノ二六、三二三六ノ二七、字岡田前一四七七、一四七八、一四八三ロ号ノ一(但し、全面積の内見込七畝)、一四八三ノ二(但し、全面積の内見込三畝一歩)、埴科郡森村字大峯二六四九、二六五〇ノ五、字鎧坂二六七〇ノ一(但し、全面積の内見込六反)、字寺山二九八〇ノ一(但し、全面積の内見込五反)、上高井郡高井村大字牧字中日影二九四四(但し、全面積の内見込六町二反)、二九六三(但し、全面積の内見込一町六反)、二九六六(但し、全面積の内見込一町一反)、二九六七(但し、全面積の内見込一町三反)、二九六八(但し、全面積の内見込二町)、二九六九(但し、全面積の内見込二町四反)、二九七〇(但し、全面積の内見込一町六反)、字奥日影二九七四ノ四(但し、全面積の内見込二反)、二九七四ノ五(但し、全面積の内見込四反)、二九七四ノ六(但し、全面積の内見込八反)

有効期間　五年

以上長野県知事の申請に係るものであつて、土砂流出防備のため必要と認めるもの

北安曇郡北城村字城ノ腰二二八八三六から二二八八三一一まで、二二八八三三八から二二八八三四〇まで　有効期間　四年

北安曇郡北城村字木瓜流一九六八九イ、一九六九〇イ、一九六九〇ロ、一九六九四ロ、一九六九五ロ、字日影はび路一九五九三ノ内（但し、全面積の内見込一町一反一畝二七歩）、字横つり一九七三五ノ内、字フスノクボ一九六〇四、一九六〇五、字とや一九五九四ノ内（但し、全面積の内見込一町二反五畝二一歩）　有効期間　七年

以上長野県知事の申請に係るものであつて、土砂崩壊防備のため必要と認めるもの

下水内郡外様村大字寿字岩下一九八七から一九九九まで、字黒岩二一〇四から二一一〇まで　有効期間　一年

下高井郡瑞穂村大字大木久保字犬飼一二八一から一二八三まで、一二八七、一三三四ノ一、一三三四ノ二、一三四三ノ一、一三四三ノ六、一三四五ノイ、一三四五ノロ、一三四七ノロ、一三八七、字戸那子一三四三ノ五、堺村字白土一七三三五　有効期間　二年

北安曇郡中土村字清水平五四八一ノ二、字清水ひら五四八一ノ一、字落合五四八二ノ一　有効期間　四年

以上長野県知事の申請に係るものであつて、なだれ防止のため必要と認めるもの

◉農林省告示第八百二号

森林法（昭和二十六年法律第二百四十九号）第四十一条の規定により、次の土地を保安施設地区に指定する。

昭和二十八年十一月二十日

農林大臣　保利　茂

鹿児島県薩摩郡東郷町大字藤川字曲迫二四七九ノ三（但し、全面積の内見込四町八反五畝）　有効期間　一年

以上鹿児島県知事の申請に係るものであつて、水源かん養のため必要と認めるもの

川辺郡川辺町大字田部田字山下堀八二〇（但し、全面積の内見込八歩）、八二一から八二四まで、八二四ノ乙、八二五（但し、全面積の内見込八畝一六歩）、字小丸七〇〇二ノ四、七〇〇四ノ二、大字永田字ツヅラ山ノ上四〇七三から四〇七七まで、字池ノ頭四一三六、四一三七、万世町大字宮原字長迫二二二〇、二二二〇ノ乙、二二二一（但し、全面積の内見込二〇歩）、二二二二（但し、全面積の内見込二〇歩）、二二二三から二二五まで、勝目村大字中山田字和田堀二〇九九（但し、全面積の内見込二畝）、二一〇〇（但し、全面積の内見込二畝）、字北之迫二一〇一（但し、全面積の内見込二畝）、二一〇二（但し、全面積の内見込一畝一五歩）、二一〇三（但し、全面積の内見込一畝）、二一〇四、二一〇四ノロ（但し、全面積の内見込三畝一五歩）、二一〇五（但し、全面積の内見込四畝）、二一〇五ノ二（但し、全面積の内見込二八歩）、二一〇八（但し、全面積の内見込一畝一五歩）、二一〇九（但し、全面積の内見込一畝一五歩）、二一一五（但し、全面積の内見込一畝一五歩）、二一一六（但し、全面積の内見込一畝一五歩）、肝属郡串良町大字有里字西北原牧四七四一から四七四三まで、四七四四ノ一（但し、全面積の内見込一反）、四七四四ノ二（但し、全面積の内見込一反五畝）、四七四四ノ三（但し、全面積の内見込二畝）、四七七五ノ乙（但し、全面積の内見込三畝）、囎唹郡財部町大字南俣字小大久保一〇八一四ノ一、一〇八一四ノ二、一〇八一八、一〇八二〇（但し、全面積の内見込五畝）、一〇八二一（但し、全面積の内見込四畝）、一〇八二二（但し、全面積の内見込五畝）、一〇八二三（但し、全面積の内見込六畝）

有効期間　一年

始良郡栗野町大字木場字内堀一二九八（但し、全面積の内見込五畝）、一二九九（但し、全面積の内見込二畝）、字上長谷二二八四（但し、全面積の内見込三畝）、二二八六（但し、全面積の内見込二畝）、二二八七（但し、全面積の内見込三畝）、二二八八、二二八九、二二八九ノ一（但し、全面積の内見込一畝）、字木場原四〇一七ノ一、四〇一七ノ二（但し、全面積の内見込一畝）、四〇一八ノ一（但し、全面積の内見込二畝）、四〇一八ノ二、四〇一九ノ二、大字米永字木場原二二八八ノ四（但し、全面積の内見込三畝）、二二八九、二二九一（但し、全面積の内見込三畝）、二二九一ノ一、二二九三ノ一（但し、全面積の内見込四畝）、二二九三ノ二（但し、全面積の内見込一畝）、二二九五ノ一（但し、全面積の内見込一畝）、二二九五ノ二（但し、全面積の内見込一畝）、三九八八ノ二五、三九九二ノ乙、三九九三、四〇一六ノ一（但し、全面積の内見込三畝）、四〇一六ノ二、伊佐郡菱刈町大字前目字北山二三二二（但し、全面積の内見込二畝）、二三二三（但し、全面積の内見込三畝）、二三二三ノ乙、二三二四（但し、全面積の内見込三畝）、二三二五（但し、全面積の内見込五畝）、字池平四三五六ノ二（但し、全面積の内見込一反五畝）、西太良村大字針持字兎田一二八六ノ一（但し、全面積の内見込五畝）、一二八六ノ二（但し、全面積の内見込五畝）、字鍋ノ原一五七一（但し、全面積の内見込二畝）、一五七二、一五七三、一五七四（但し、全面積の内見込七畝一五歩）、一五六七（但し、全面積の内見込三畝四歩）、一五六八（但し、全面積の内見込三畝一二歩）、一五六九（但し、全面積の内見込六畝一五歩）、一五七〇（但し、全面積の内見込一畝）、字深牟田四四八九ノ一、四四八九ノ三（但し、全面積の内見込一反四畝）、四四八九ノ八（但し、全面積の内見込二畝一五歩）、字高野原一四二〇、一四二一（但し、全面積の内見込三畝）、一四二二（但し、全面積の内見込三畝）、一四二六（但し、全面積の内見込四畝）、薩摩郡山崎村大字白男川字久木野六八二三、六八二四、六八五〇、六八五一（但し、全面積の内見込八畝）、六八五二、六八五三（但し、全面積の内見込二畝）、藺牟田村大字藺牟田字辻三五九七（但し、全面積の内見込一町）、樋脇町大字塔之原字上原元一二八一七ノ一六、字上之迫一三一六四ノ八、一三一六四ノ九、大字倉野字柳原二七一ノ二、二七三、二七四、字兎田二八〇（但し、全面積の内見込二反五畝）、二八一ロ号（但し、全面積の内見込二反五畝）、字志自山二〇九八ノ四（但し、全面積の内

見込一反)、大字塔之原字柳原五九七一、五九七二、五九八三(但し、全面積の内見込三畝)、五九八五、大字市比野字三方塚九六四一ノ一(但し、全面積の内見込二町八反七畝)、東郷町大字宍野字宇都一三三、一四二、一四二ノ乙、字大道直一九、二〇(但し、全面積の内見込一反)、三三(但し、全面積の内見込一反)、三五、字土手一〇九四(但し、全面積の内見込四畝一五歩)、一〇九五(但し、全面積の内見込二畝一五歩)、一〇九八ノ二、大字鳥丸字現王原一六四三(但し、全面積の内見込二畝)、一六四四、一六四五ノイ(但し、全面積の内見込一反)、一六四五ノロ、一六四六、下東郷村大字田海字下鍋流馬原四〇三二ノ乙、四〇三八、四〇四一、四〇四二、四〇四八ノ乙、四〇八八(但し、全面積の内見込二反三畝)、四一〇三ノ乙一、四一〇三ノ乙二、四一一五、四一三四(但し、全面積の内見込四反)、薩摩郡永利村大字百次字塩井一四四二、一四四三ノイ、一四四三ノロ、一四四四、字和田一七二三ノ一、字永山一五三三ノ二、一五三九、一五四一、一五四二ノ乙、日置郡下伊集院村大字野田字下高野八三四ノ一(但し、全面積の内見込一畝一〇歩)、八三四ノ二(但し、全面積の内見込二〇歩)、八七〇(但し、全面積の内見込一畝一〇歩)、八七〇ノ四(但し、全面積の内見込一畝二四歩)、八七一、八七二(但し、全面積の内見込一畝)、八七三(但し、全面積の内見込五歩)、八八二、八八五(但し、全面積の内見込一畝一五歩)、八八六から八八九まで、字上高野九〇四(但し、全面積の内見込四畝)九〇五(但し、全面積の内見込一畝二九歩)、九一五から九一七まで、九一八ノ一、九一八ノ二、九一九、九二〇(但し、全面積の内見込二畝八歩)、九二一、九二三、九二四、九五三から九五五まで、九五六(但し、全面積の内見込一反三畝五歩)、字中高野九五八から九六二まで、九六八(但し、全面積の内見込八畝二二歩)、九六九(但し、全面積の内見込五畝)、九七〇(但し、全面積の内見込三畝一〇歩)、九七一(但し、全面積の内見込一畝六歩)、川辺郡川辺町大字小野字山下一五三六ノ二(但し、全面積の内見込一〇歩)、字北比良一五三七ノ甲(但し、全面積の内見込三畝)、一五三七ノ丙、大字今田字瀬戸口一七八六ノ一(但し、全面積の内見込一〇歩)、一七八八(但し、全面積の内見込二畝)、一七八九(但し、全面積の内見込一五歩)、一七九〇(但し、全面積の内見込一畝一五歩)、一七九五(但し、全面積の内見込一〇歩)、字中尾一八八三(但し、全面積の内見込一〇歩)、一八八四ノ一(但し、全面積の内見込七歩)、一八八四ノ二、一八八五、一八八六、一八八七(但し、全面積の内見込二一歩)、一八八八ノイ(但し、全面積の内見込一〇歩)、一八八九(但し、全面積の内見込一〇歩)、一八九〇(但し、全面積の内見込二歩)、一八九一(但し、全面積の内見込三歩)、一八九二(但し、全面積の内見込五歩)、字古道一八九三(但し、全面積の内見込一〇歩)、川辺郡知覧町大字東別府字牧二七二〇ノ一、字外戸口二三八七(但し、全面積の内見込一畝一五歩)、肝属郡根占町大字川北字鑰之前三二七七、三二七八(但し、全面積の内見込三畝)、字樋ノ口五三九三(但し、全面積の内見込六畝)、五三九四から五三九六まで、五三九七(但し、全面積の内見込二畝)、字前原五四〇二、百引村大字上百引字後ヶ谷九七二から九七四まで、字ホキ頭二四二(但し、全面積の内見込一畝一五歩)、二四三ノ一(但し、全面積の内見込四畝二〇歩)、二四三ノ二(但し、全面積の内見込五畝)、二四三ノ乙(但し、全面積の内見込一畝)、二四四(但し、全面積の内見込二畝二〇歩)、二四五(但し、全面積の内見込一反)、二五〇ノロ(但し、全面積の内見込二畝一五歩)、二五一(但し、全面積の内見込三畝二〇歩)、囎唹郡西志布志村大字伊崎田字東段六一四八ノ一、六一四八ノ二、六一四九ノ二、字力石六一六八ノ乙、六一六九ノ乙、六一七〇ノ四、大字野井倉字平尾一九一八から一九二二まで、一九二二ノ乙、一九二三から一九二五まで、一九二五ノ乙、一九二六、一九二七、一九二七ノ乙(但し、全面積の内見込八畝一〇歩)、一九二七ノ丙、一九二八、一九三四(但し、全面積の内見込二畝一〇歩)、一九三五、一九三七ノ二、一九三八ノ乙、一九三九ノ乙、一九四一ノ一、一九四一ノ二(但し、全面積の内見込四畝)、一九四一ノ四、一九四一ノ五、肝属郡高隈村大字下高隈字桑鶴四〇三二ノロ(但し、全面積の内見込三畝)、四〇二四(但し、全面積の内見込五畝)、四〇二六ノ乙(但し、全面積の内見込一反五畝)、四〇二八(但し、全面積の内見込二畝)、四〇三〇(但し、全面積の内見込一畝)、四〇三一ノ二(但し、全面積の内見込二畝)、四〇三一ノイ(但し、全面積の内見込二畝)、四〇三二(但し、全面積の内見込二畝)、囎唹郡野方村大字野方字竹之上一六から一八まで、大崎町大字持留字西ノ迫一六二四ノイ、一六二四ノ一から一六二四ノ三まで、一六二五、一六二六、二三四一ノ乙、二三四三、二三四四ノ二、二三四五、二三四五ノ乙、大字永吉字山玉谷一六二九、一六三一、一六三二、一六七〇、末吉町大字南之郷字後原畑五二六三ノ一、五二六三ノ二、五二六五ノ甲、五二六五ノ乙、五二六六、五二七五(但し、全面積の内見込一二歩)、五二一七六(但し、全面積の内見込四畝二〇歩)、五二八一(但し、全面積の内見込二畝二四歩)　有効期間　二年

姶良郡栗野町大字木場字内堀一三五六(但し、全面積の内見込一畝)、一三五七、一三五八、一三五九(但し、全面積の内見込三畝)、一三六一(但し、全面積の内見込五畝)、一三六三(但し、全面積の内見込三畝)、一三六四(但し、全面積の内見込三畝)、一三六五(但し、全面積の内見込二畝)、一三六六(但し、全面積の内見込二畝)、一三六七、一三六八(但し、全面積の内見込二畝)、一三六九から一三七二まで、一三七四ノ一、一三七五ノ一、一三七五ノ二(但し、全面積の内見込一反)、薩摩郡大村大字下手字中島八八七ノ二、八八八、八八九、八八九ノ乙、八八九ノ乙一、八九二ノ二(但し、全面積の内見込一畝一五歩)、九二七ノ二、九二七ノ六、九二七ノ九、九二七ノ一〇、川辺郡西南方村大字久志字帽

子ノ下三六六八、三六六九、三六七〇(但し、全面積の内見込五畝一〇歩)、三六七一（但し、全面積の内見込六畝）、字上瀬々別当四〇七一（但し、全面積の内見込二反）、四〇七一ノ乙(但し、全面積の内見込二畝)、四〇七一乙ノ一、四〇七二（但し、全面積の内見込二畝)、肝属郡根占町大字川北字氏之前六〇七〇、六〇七七、六〇九七、字小岩六〇三一から六〇三四まで、六〇四四から六〇四六まで、六〇四七（但し、全面積の内見込六畝)、六〇六二（但し、全面積の内見込七畝)、六〇六三、六〇六六、六〇六七、六〇六七ノ一、六〇六九、字北大瀬戸坂六〇三〇ノ一、六〇三〇ノ三、六〇三五、六〇三一ノ一、六〇三一ノ三、字南大瀬戸坂六六三四から六六三六まで、囎唹郡西志布志村大字伊崎田字小迫七二〇一(但し、全面積の内見込二反五畝)、七二〇三、七二〇四、七二〇四ノ乙、七二〇五ノ乙(但し、全面積の内見込一反五畝)、七二〇六ノ丙、七二一六(但し、全面積の内見込六畝)、七二一七、七二一八(但し、全面積の内見込一反一畝)、七二一八ノ乙(但し、全面積の内見込九反)、肝属郡高隈村大字上高隈字佐貫原四七五（但し、全面積の内見込五畝)、四七五ノ乙（但し、全面積の内見込一反)、四七七(但し、全面積の内見込三畝一六歩)、四七八（但し、全面積の内見込二畝二〇歩)、四七九（但し、全面積の内見込六畝一五歩)、大字下高隈字太良ヶ迫三九六四(但し、全面積の内見込六畝)

有効期間　三年

薩摩郡藺牟田村大字藺牟田字久見廻四六七から四六九まで、四七七、字須田木一一三八ノ三、一一三八ノ四、字奄ノ宇都四三三九ノ乙、四三三九ノ一、四三三九ノ二、四三四〇、囎唹郡西志布志村大字野井倉字前畑二二三七ノ一、二二三七ノ三、二二三七ノ四、二二六三から二二六六まで、二二六七（但し、全面積の内見込二畝二〇歩)、二三二〇ノ乙（但し、全面積の内見込一畝一五歩)、二三二一ノ乙、二三二二、二三二三ノイ、二三二三ノロ、二三二七ノ二

有効期間　四年

以上鹿児島県知事の申請に係るものであつて、土砂流出防備のため必要と認めるもの

日置郡伊作町大字子倉字松尾二七三六、字登尾二七三七、二七三八

有効期間　一年

以上鹿児島県知事の申請に係るものであつて、土砂崩壊防備のため必要と認めるもの

熊毛郡西之表町大字西之表字東浜伏一四四一四ノ四、一四四一四ノ五

有効期間　三年

囎唹郡志布志町大字安楽字水溜二〇一ノ一、字外門瀬二〇二、字汐掛二九二ノ一

有効期間　四年

薩摩郡高江村大字寄田字吹上一

有効期間　五年

囎唹郡大崎町大字益丸字松原二二六ノ一から二二六ノ三まで、大字神領字高尾二五五六ノ二から二五五六ノ四まで

有効期間　六年

以上鹿児島県知事の申請に係るものであつて、飛砂防備のため必要と認めるもの

川辺郡知覧町大字郡字新屋敷一七九七七（但し、全面積の内見込五反二畝)、肝属郡串良町大字有里字生木迫四九一八ノ一〇から四九一八ノ一二まで、四九一九ノ三、四九一九ノ四、四九三三ノ四から四九三三ノ六まで、四九三四ノ二、字星ヶ原塚五〇七八ノ六、五〇七八ノ七、五〇八〇ノ五、五〇八〇ノ六、五〇八七ノ五、五〇八七ノ六、字人別山迫五一二二ノ三、五一二二ノ四、五一四六ノ三、五一四六ノ四、五一五〇ノ二、五一五〇ノ三、五一五七ノ三、五一五七ノ四、五一五九ノ五、五一五九ノ六、字生木迫永畠五一八六ノ六から五一八六ノ八まで、五一八六ノ一〇、五一八六ノ一一、字木屋谷七五四五ノ三、七五四五ノ四、七五四七ノ七、七五五四ノ五、七五五七ノ三

有効期間　一年

川辺郡知覧町大字南別府字瀬崎二七〇一五、二七〇一六（但し、全面積の内見込五歩)、二七〇一七（但し、全面積の内見込一畝一三歩)、字塩釜二七〇九七ノ四（但し、全面積の内見込二畝二二歩)、二七一〇二（但し、全面積の内見込二畝)、二七一〇二ノ三(但し、全面積の内見込一畝)、二七一〇三(但し、全面積の内見込一畝一〇歩)、大字塩屋字若宮二八八八三（但し、全面積の内見込二五歩)、二八八八四、二八八八六ノイ、二八八八七(但し、全面積の内見込三畝二三歩)、二八八八七ノ一（但し、全面積の内見込一畝二五歩)、二八八八八（但し、全面積の内見込三畝四歩)、字中村二八九四七（但し、全面積の内見込四畝二二歩)、二八九四八(但し、全面積の内見込三畝三歩)、二八九四九（但し、全面積の内見込五畝三歩)、二八九五一(但し、全面積の内見込三畝九歩)、字竹元二八九五三、二八九五四（但し、全面積の内見込一畝一七歩)、二八九五六、二八九五六ノ一、二八九九六、字笠畑二九〇一九ノ二（但し、全面積の内見込一畝二七歩)、二九〇二〇（但し、全面積の内見込三畝一二歩)、二九〇二二（但し、全面積の内見込二八歩)、二九〇二二ノ二(但し、全面積の内見込二〇歩)、二九〇二四（但し、全面積の内見込二六歩)、二九〇二七（但し、全面積の内見込一畝二二歩)、二九〇三七（但し、全面積の内見込一七歩)、二九〇三八（但し、全面積の内見込二一歩)、二九〇三九（但し、全面積の内見込二六歩)、二九〇四六（但し、全面積の内見込一畝九歩)、二九〇四八（但し、全面積の内見込二一歩)、字永手二九〇六三(但し、全面積の内見込二畝四歩)、二九〇六四（但し、全面積の内見込一畝一一歩)、二九〇六八（但し、全面積の内見込一九歩)、二九〇六九（但し、全面積の内見込一畝一一歩)、二九〇七四（但し、全面積の内見込一畝二九歩)、二九〇七九（但し、全面積の内見込一畝二三歩)、二九〇八〇(但し、全面積の内見込一畝五歩)、二九〇八一(但し、全面積の内見込一畝八歩)、二九〇八二（但し、全面積の内見込一畝二三歩)、字瀬畑二九一〇二(但し、全面積の内見込四畝一九歩)、二九一〇五（但し、全面積の内見込二畝一八歩)、二九一二四（但し、全面積の内見込三畝六歩)、二九一三六（但し、

全面積の内見込四反八畝一歩)、枕崎市大字西鹿籠字灘脇三、字荒田一一六、字金牟田一四〇、一四二、肝属郡新城村大字新城字牛ヶ中六〇九八ノ一七〇(但し、全面積の内見込三畝)、六〇九八ノ一七一(但し、全面積の内見込一畝二〇歩)、六〇九八ノ一七二(但し、全面積の内見込二畝一五歩)、六〇九八ノ一七四(但し、全面積の内見込五畝二五歩)、字小薄六一〇四ノ四四(但し、全面積の内見込四畝五歩)、六一〇四ノ四五(但し、全面積の内見込三畝)、六一〇四ノ四六(但し、全面積の内見込三畝)、六一〇四ノ四七(但し、全面積の内見込二畝一〇歩)、字上小薄六〇九八ノ一六七(但し、全面積の内見込四畝)、六一〇六ノ四〇から六一〇六ノ四二まで、六一〇六ノ四五、六一〇六ノ四九、六一〇六ノ五五、六一〇六ノ五六(但し、全面積の内見込三畝二五歩)、六一〇六ノ五七(但し、全面積の内見込二畝二五歩)、六一〇六ノ五九(但し、全面積の内見込六畝二五歩)、六一〇六ノ六一(但し、全面積の内見込一畝)、六一〇六ノ一二九(但し、全面積の内見込二畝一五歩)、六一〇六ノ一三一(但し、全面積の内見込二畝一五歩)、六一〇六ノ一三二(但し、全面積の内見込五畝)、六一〇六ノ一三三(但し、全面積の内見込二畝二〇歩)、六一〇六ノ一三四(但し、全面積の内見込四畝五歩)、六一〇六ノ一三五(但し、全面積の内見込三畝一〇歩)、六一〇六ノ一三六、字牛ヶ中六〇一一ノ一七九(但し、全面積の内見込二畝)、六〇九八(但し、全面積の内見込五畝一五歩)、六〇九八ノ一(但し、全面積の内見込三畝)、六〇九八ノ二(但し、全面積の内見込一畝一五歩)、六〇九八ノ三(但し、全面積の内見込二畝)、六〇九八ノ四(但し、全面積の内見込四畝)、六〇九八ノ五(但し、全面積の内見込二畝二五歩)、六〇九八ノ八三(但し、全面積の内見込一畝五歩)、六〇九八ノ一六八(但し、全面積の内見込二畝一五歩)、字浅敷ヶ尾六一一三ノ一、六一一三ノ二(但し、全面積の内見込二畝二〇歩)、六一一三ノ三(但し、全面積の内見込二畝一五歩)、六一一三ノ六(但し、全面積の内見込二畝五歩)、六一一三ノ八(但し、全面積の内見込二畝五歩)、六一一三ノ九から六一一三ノ一一まで、六一一三ノ一二(但し、全面積の内見込四畝五歩)、六一一三ノ一五(但し、全面積の内見込四畝二〇歩)、六一一三ノ一八(但し、全面積の内見込三畝)、六一一三ノ一九(但し、全面積の内見込一畝)、六一一三ノ二二(但し、全面積の内見込二畝)、六一一三ノ二四(但し、全面積の内見込六畝一五歩)、六一一三ノ三八(但し、全面積の内見込四畝二〇歩)、六一一三ノ三九(但し、全面積の内見込四畝二〇歩)、六一一三ノ四一(但し、全面積の内見込二畝二〇歩)、六一一三ノ四二(但し、全面積の内見込二畝一〇歩)、六一一三ノ四四(但し、全面積の内見込二畝一〇歩)、六一一三ノ一〇一、六一一三ノ一〇六(但し、全面積の内見込五畝二五歩)、六一一三ノ一〇七(但し、全面積の内見込三畝五歩)、六一一三ノ一〇八(但し、全面積の内見込三畝一〇歩)、六一一三ノ一一一(但し、全面積の内見込三畝)、六一一三ノ一一二(但し、全面積の内見込三畝一五歩)、六一一三ノ一一四(但し、全面積の内見込二畝一〇歩)、六一一三ノ一一五(但し、全面積の内見込一畝二五歩)、六一一三ノ一一六(但し、全面積の内見込一三歩)、六一〇六ノ二五一、六一〇六ノ二五二(但し、全面積の内見込三畝一五歩)、六一〇六ノ二五三(但し、全面積の内見込一畝二〇歩)、六一〇六ノ二一一、六一〇六ノ二二二(但し、全面積の内見込一畝二五歩)、六一〇六ノ二二三(但し、全面積の内見込一畝一〇歩)、六一〇六ノ二二四(但し、全面積の内見込二六歩)、六一〇六ノ二二八(但し、全面積の内見込四畝)、六一〇六ノ二二九(但し、全面積の内見込四畝一〇歩)、六一〇六ノ二三〇(但し、全面積の内見込三畝五歩)、六一〇六ノ二三二、六一〇六ノ二三三、六一〇六ノ二三四、六一〇六ノ二三七(但し、全面積の内見込四畝二五歩)、六一〇六ノ二三八(但し、全面積の内見込三畝五歩)、六一〇六ノ二三九(但し、全面積の内見込五畝一五歩)、六一〇六ノ二四〇(但し、全面積の内見込五畝一五歩)、六一〇六ノ二四一(但し、全面積の内見込一畝二五歩)、六一〇六ノ二四二(但し、全面積の内見込三畝一二歩)、六一〇六ノ二四三(但し、全面積の内見込二畝五歩)、六一〇六ノ二四四(但し、全面積の内見込一畝二五歩)、六一一三ノ五二(但し、全面積の内見込四畝二五歩)、六一一三ノ二八ア(但し、全面積の内見込四反二畝一八歩)、六一一三ノ二三五(但し、全面積の内見込二畝一五歩)、六一一三ノ三三七(但し、全面積の内見込一畝二四歩)、六一一三ノ三三八(但し、全面積の内見込二畝三歩)、六一一三ノ三三九(但し、全面積の内見込一畝一八歩)、六一一三ノ三四〇(但し、全面積の内見込三畝一〇歩)、六一一三ノ三五六(但し、全面積の内見込三畝)、六一一三ノ三五七(但し、全面積の内見込四畝五歩)、六一一三ノ三五八(但し、全面積の内見込四畝二五歩)、六一一三ノ三五九(但し、全面積の内見込六畝二五歩)、六一一三ノ三六七(但し、全面積の内見込二畝二〇歩)、六一一三ノ三六八(但し、全面積の内見込二畝一〇歩)、六一一三ノ三九四(但し、全面積の内見込一畝一九歩)、六一一三ノ三九九(但し、全面積の内見込五畝二〇歩)、六一一三ノ四〇〇(但し、全面積の内見込三畝一〇歩)、六一一三ノ四〇六(但し、全面積の内見込二畝二〇歩)、六一一三ノ四一〇(但し、全面積の内見込四畝)、六一一三ノ四一一(但し、全面積の内見込七畝)、六一一三ノ四二二(但し、全面積の内見込二畝一〇歩)、六一一三ノ四六八(但し、全面積の内見込六畝二五歩)、六一一三ノ四六九(但し、全面積の内見込四畝二〇歩)、六一一三ノ四七七(但し、全面積の内見込五畝二五歩)、六一一三ノ四七八(但し、全面積の内見込六畝五歩)、字上小薄六一〇六ノ二三六(但し、全面積の内見込二畝四歩)、六一〇六ノ二五七(但し、全面積の内見込四畝一五歩)、六一〇六ノ二五八、六一〇六ノ二五九(但し、全面積の内見込四畝一〇歩)、

六一〇六ノ二七〇（但し、全面積の内見込三畝一〇歩）、六一〇六ノ二七一（但し、全面積の内見込三畝）、六一〇六ノ二七二（但し、全面積の内見込二畝二〇歩）、字膝ヶ尾六一二二、六一二二ノ一（但し、全面積の内見込四畝一〇歩）、六一二二ノ二（但し、全面積の内見込三畝一五歩）、六一二二ノ三（但し、全面積の内見込三畝五歩）、六一二二ノ四（但し、全面積の内見込二畝）、六一二二ノ八（但し、全面積の内見込二畝）、六一二二ノ一〇（但し、全面積の内見込五畝二五歩）、六一二二ノ二一（但し、全面積の内見込五畝一五歩）、六一二二ノ三三（但し、全面積の内見込五畝五歩）、六一二二ノ三四（但し、全面積の内見込四畝二〇歩）、六一二二ノ三六（但し、全面積の内見込二畝）、六一二二ノ三七、六一二二ノ五六（但し、全面積の内見込九畝五歩）、六一二二ノ七三（但し、全面積の内見込四畝二〇歩）、六一二二ノ七四（但し、全面積の内見込三畝一五歩）、六一二二ノ七五（但し、全面積の内見込一畝二五歩）、六一二二ノ七六（但し、全面積の内見込一畝一五歩）、六一二二ノ七七（但し、全面積の内見込一畝二五歩）　有効期間　二年

熊毛郡中種子町大字坂井字乗浜五九四六ノ一（但し、全面積の内見込一〇町）、五九四六ノ三（但し、全面積の内見込五町）、大字納官字上松原三七六四（但し、全面積の内見込五町）、鹿屋市大字東原町字下ノ段三三六〇ノ一〇、字上ノ段三四一五ノ三、三四一五ノ二七、三四一五ノ二八、字船迫三四三一ノ五、三四三一ノ三六、字上谷堀三五〇六ノ八、字上船迫五九六四ノ一三、五九六四ノ一七、字供養岡六〇一〇ノ一、六〇一〇ノ六、熊毛郡中種子町大字増田字西太利佐一〇八五、字門之尻一五六四、字南才戸一六〇七、字桟敷平一六九四、字ホキノ平一二四四、字小路平二三四四、字横野二二六五、二二八〇、字一里塚二〇八六ノ三、二〇八三　有効期間　三年

熊毛郡南種子村大字茎永字松原山三七八五（但し、全面積の内見込一五町）　有効期間　六年

以上鹿児島県知事の申請に係るものであつて、風害防備のため必要と認めるもの

川辺郡万世町大字小湊字大潟通八二〇〇　有効期間　二年

以上鹿児島県知事の申請に係るものであつて、潮害防備のため必要と認めるもの

◉農林省告示第八百三号

森林法（昭和二十六年法律第二百四十九号）第四十二条の規定に基き、昭和二十七年十一月十五日農林省告示第五百八十九号により指定した保安施設地区のうち次の地区について指定の有効期間を改める。

昭和二十八年十一月二十日

農林大臣　保利　茂

（碑古場地区）

佐賀県小城郡北多久町大字多久原字碑古場五七四四（但し、見込二畝）、五七四六（但し、見込五畝）、五七四七（但し、見込六畝二三歩）、五七四八（但し、見込二畝五歩）、五七四九（但し、見込二一歩）、五七五〇（但し、見込二畝五歩）、五七五一（但し、見込三畝一二歩）、五七五二（但し、見込一二歩）、五七五三（但し、見込一反一一歩）、五七五四（但し、見込一畝一五歩）、五七五五（但し、見込一畝七歩）、五七五六（但し、見込二五歩）、五七五七（但し、見込八畝一五歩）、五七五八（但し、見込六畝二歩）、五七五九（但し、見込三畝一歩）、五七六〇（但し、見込一畝一九歩）、五七六一（但し、見込二九歩）、五七六七ノ一（但し、見込一一町）、五七六七ロ（但し、見込一反）、五七六八（但し、見込二畝一二歩）、五七六九（但し、見込一五歩）、五七七〇（但し、見込二畝二一歩）、五七七一（但し、見込一三畝一〇歩）、五七七二（但し、見込一畝一七歩）、五七七三（但し、見込一畝二七歩）、五七七四（但し、見込一畝六歩）、五七七五（但し、見込二一歩）、五七七六（但し、見込一畝一二歩）、五七七七（但し、見込二〇歩）、五七七八（但し、見込二畝四歩）、五七七九（但し、見込一六歩）

（桑鶴地区）

小城郡小城町大字晴気字犬山六二一九（但し、見込七畝一五歩）、六二二〇（但し、見込二畝三歩）、六二二一（但し、見込二畝九歩）、六二二二イ（但し、見込一畝二七歩）、六二二二ロ（但し、見込二畝）、六二二三（但し、見込三畝二九歩）、六二二四（但し、見込二二六歩）、六二二五（但し、見込二一歩）、六二二六（但し、見込二四歩）、六二二七（但し、見込二七歩）、六二二八（但し、見込一畝二五歩）、六二二九イ（但し、見込四畝）、六二二九ロ（但し、見込二五歩）、六二三〇（但し、見込二四歩）、六二三一（但し、見込一畝一七歩）、六二三二（但し、見込九畝二五歩）、六二三三（但し、見込四畝七歩）、六二三四（但し、見込一畝二一歩）、六二三五（但し、見込二〇歩）、六二三六（但し、見込二畝二九歩）、六二三七（但し、見込二畝）、六二三八（但し、見込三畝七歩）、六二三九（但し、見込四畝一一歩）、六二四〇（但し、見込一八歩）、六二四一イ（但し、見込一反七歩）、六二四一ロ（但し、見込一七歩）、六二四二（但し、見込一反七畝）、六二四三イ（但し、見込二反一畝）、六二四三ロ（但し、見込一畝）、字浦田四三五一（但し、見込六畝三歩）、四三五二（但し、見込三畝一六歩）、四三五三（但し、見込二畝一〇歩）、四三五四（但し、見込二畝二〇歩）、四三五五（但し、見込二畝二六歩）、四三五六（但し、見込三畝一歩）、四三五七（但し、見込五畝九歩）、四三五八（但し、見込三畝二一歩）、字蛇谷四三二五イ（但し、見込五畝一一歩）、四三二五ロ（但し、見込一九歩）、四三二五ハ（但し、見込一畝一二歩）、四三二六（但し、見込三畝一一歩）、五九五一（但し、見込五歩）、五九五二（但し、見込一歩）、五九五三（但し、見込六畝一三歩）、五九七九（但し、見込二畝一九歩）、五九八〇イ（但し、見込二畝二一歩）、五九八〇ロ（但し、見込一畝二歩）、五九八〇ハ（但し、見込二七歩）、五九八一（但し、見込三畝一九歩）、五九八二（但し、見込一二歩）、五九八三イ（但し、見込一畝二歩）、五九八三ロ（但し、見込一八歩）、五九九六（但し、見込一三歩）、五九九八（但し、

見込六歩)、五九九九イ(但し、見込一畝七歩)、六〇〇〇(但し、見込二三歩)、六〇〇一(但し、見込一五歩)、六〇〇二二(但し、見込一反一畝一二歩)、六〇〇二三(但し、見込五反一畝二七歩)、六〇〇二四(但し、見込四町一反二畝一歩)、六〇〇二五(但し、見込一町一反六畝二五歩)、六〇〇二六(但し、見込二反一二歩)、六〇〇三イ(但し、見込二八歩)、六〇〇三ロ(但し、見込九畝一五歩)、六〇〇三ハ(但し、見込三畝二三歩)、六一〇二(但し、見込二畝二歩)、六一〇三(但し、見込二二歩)、六一五三一(但し、見込八町五反)、大字畑ヶ田字犬山六二四四(但し、見込五反)、六二四五イ(但し、見込四畝二一歩)、六二四五ロ(但し、見込四畝五歩)、六二四六(但し、見込三畝一四歩)、六二四七(但し、見込一七歩)、六二五一ノ一六(但し、見込一一町一反)、字蛇谷四三〇三(但し、見込一歩)、四三一七(但し、見込一二歩)、四三一八(但し、見込二二歩)、四三一九(但し、見込一畝一一歩)、四三二〇(但し、見込五畝二〇歩)、四三二一(但し、見込三畝)、四三二二(但し、見込二畝二一歩)、字小田四三三七(但し、見込四畝二一歩)、四三三八(但し、見込一〇歩)、四三三九(但し、見込六畝八歩)

(川内地区)

小城郡小城町大字畑ヶ田字宮ノ尾四二八八(但し、見込五歩)、五七六三ノ一(但し、見込五町二反五畝)、五七六三ノ二(但し、見込五町五反七畝一五歩)、五七六三ノ七(但し、見込二町二反一五歩)、五七六三ノ一六(但し、見込一反)、五七六三ノ一七(但し、見込一反七畝一五歩)、五七六三ノ一八(但し、見込五畝)、五七六三二一(但し、見込三反五畝)、五七六三二三(但し、見込五反)、五七六三二五(但し、見込三反)、五七六九イ(但し、見込二反五畝八歩)、五七六九ロ(但し、見込二六歩)、五七七七(但し、見込四歩)、五七七九(但し、見込七畝一〇歩)、五七八〇(但し、見込一反一〇歩)、五七八一(但し、見込一反二畝四歩)、五七八二イ(但し、見込七畝一三歩)、五七八二ロ(但し、見込一畝二三歩)、五七八三イ(但し、見込二三歩)、五七八三ロ(但し、見込一畝二四歩)、五七八四(但し、見込一畝一二歩)、五七八五(但し、見込五畝一七歩)、五七八六(但し、見込七畝一四歩)、五七八七(但し、見込一畝六歩)、五七八八(但し、見込四歩)、五七八九(但し、見込二五歩)、五七九〇(但し、見込一二歩)、五七九一(但し、見込三反四畝二九歩)、五七九二(但し、見込一反八畝三歩)、五八〇八(但し、見込八畝二四歩)、五八一二(但し、見込四畝一五歩)、五八一三(但し、見込六畝二三歩)、五八一四(但し、見込三反二三歩)、五八一五一(但し、見込一町四反九畝一七歩)、五八一五二(但し、見込一反一畝九歩)、五八一五三(但し、見込三畝一歩)、五八一五四(但し、見込五畝九歩)、五八一五五(但し、見込一畝一八歩)、五八一六(但し、見込六反六畝三歩)、五八一八(但し、見込一八歩)、五八一九(但し、見込二畝五歩)、五八三一(但し、見込二畝二六歩)、五八三二(但し、見込二畝一歩)、五八三三(但し、見込七歩)、五八三四(但し、見込八畝四歩)、字川内五七九三(但し、見込一反一八歩)、五七九四(但し、見込二反二四歩)、五七九五(但し、見込一畝一四歩)、大字晴気字宮ノ尾四二八六(但し、見込二畝二七歩)、五七九六(但し、見込二反一畝七歩)、五七九七(但し、見込二畝一〇歩)、五七九八(但し、見込一畝四歩)、五七九九(但し、見込三畝一七歩)、五八〇〇(但し、見込二反九畝九歩)、五八〇二(但し、見込一畝二四歩)、五八〇三(但し、見込七畝一五歩)、五八〇四(但し、見込三反九畝二七歩)、五八〇五(但し、見込六歩)、五八〇六(但し、見込七歩)、五八〇七(但し、見込四畝二四歩)、字北向四二八七(但し、見込八畝八歩)

(宮尾地区)

小城郡小城町大字畑ヶ田字宮尾五八二三ノ一(但し、見込六〇町)

(石体地区)

小城郡小城町大字岩蔵字高尾五五八九ノ四(但し、見込五反八畝二四歩)、五五八九七(但し、見込四反二畝一四歩)、五五八九八(但し、見込三反二五歩)、五七〇七(但し、見込二畝)、五七〇八(但し、見込六畝一〇歩)、五六三八ロ(但し、見込三畝二二歩)、字藤尾六一二二(但し、見込四反四畝一二歩)、六一二五ノロ(但し、見込二畝一七歩)、六一二六ノイ(但し、見込一反三畝一五歩)、六一二六ロ(但し、見込二五歩)、六一二八イ(但し、見込二畝三歩)、六一二九(但し、見込六畝三歩)、六一三〇(但し、見込三畝)、六一三一(但し、見込二二歩)、六一三七(但し、見込二六歩)、六一七〇(但し、見込一畝一六歩)、六一七二(但し、見込二畝一〇歩)、六一七三イ(但し、見込一八歩)、六一七三ロ(但し、見込一畝三歩)、六一七四(但し、見込七畝二七歩)、六一七五(但し、見込三畝一五歩)、六一七六(但し、見込五畝一九歩)、字中平六一二五ノイ(但し、見込二畝一七歩)、六一七七イ(但し、見込一反九畝一八歩)、六一七七ロ(但し、見込一〇歩)、六一七七ハ(但し、見込三畝一四歩)、六一九九イ(但し、見込六畝二三歩)、六二〇四(但し、見込一反三歩)、六二〇五(但し、見込五畝一三歩)、六二〇六(但し、見込九畝六歩)、六二〇八イ(但し、見込一反八畝一三歩)、六二〇八ロ(但し、見込六歩)、六二〇八ノニ(但し、見込二八歩)、六二〇九(但し、見込一反四畝二三歩)、六二一〇イ(但し、見込一反一畝一七歩)、六二一二イ(但し、見込四畝二九歩)、六二一三ノロ(但し、見込四畝二〇歩)、六二二一ロ(但し、見込六反六畝二〇歩)、六二二四ノイ(但し、見込一反一畝二〇歩)、六二二五ノイ(但し、見込二畝二八歩)、字猪口五六〇四イ(但し、見込一畝一五歩)、五六〇四ロ(但し、見込六畝二〇歩)、五六〇五(但し、見込一四歩)、五六〇七イ(但し、見込

七畝九歩)、五六〇七ロ(但し、見込一三歩)、五六〇九イ(但し、見込五畝一四歩)、五六一五(但し、見込九畝二二歩)、五六一六(但し、見込一反五畝)、五六一七(但し、見込三畝九歩)、五六一九(但し、見込三畝六歩)、五六二〇イ(但し、見込二四歩)、五六二〇ロ(但し、見込一畝一八歩)、五六二一(但し、見込一畝)、五六二二(但し、見込二畝一歩)、五六二三(但し、見込二反二〇歩)、五六二四(但し、見込一反九畝)、五六二五(但し、見込二反九歩)、五六二六(但し、見込二反七畝二七歩)、五六二七(但し、見込三反八畝一七歩)、五六三七ノ二(但し、見込二五歩)、字権現五六二八(但し、見込三畝五歩)、五六二九(但し、見込二反二二歩)、五六三〇(但し、見込二反九畝二六歩)、五六三一(但し、見込一反五畝二一歩)、五六三二イ(但し、見込一反九畝)、五六三二ロ(但し、見込一反九畝)、五六三四(但し、見込二反四畝二〇歩)、五六三五(但し、見込一反七畝一七歩)、五六三六イ(但し、見込三反一〇歩)、五六三六ロ(但し、見込一反)、五六三七イ(但し、見込一反一二歩)、五六三七ロ(但し、見込一反六畝二四歩)、五六三七ハ(但し、見込一畝)、五六三九イ(但し、見込一反一畝二四歩)、字北山六四一四(但し、見込五町九畝九歩)

以上期間満了日昭和二十八年十一月十四日

変更による期間満了日昭和三十一年十一月十四日

(横川地区)

藤津郡多良村大字糸岐字横川八二〇四ノ一五(但し、見込三反二畝二三歩)、八二〇四ノ一一六(但し、見込一町五反三畝一九歩)

(奥山地区)

藤津郡七浦村大字音成字奥山 丁二五七(但し、見込一町)、字瀬戸 丁五八(但し、見込五反)、字片木 丁三六七ノ五(但し、見込三反)、字高野平 丁一一一ノ八(但し、見込二反)

(広瀬地区)

西松浦郡大山村大字山谷字牧 甲一ノ一(但し、見込三町一反七畝)、甲八(但し、見込八反九畝)

以上期間満了日昭和二十八年十一月十四日

変更による期間満了日昭和二十九年十一月十四日

(鳥越地区)

東松浦郡厳木町大字鳥越字魚釣四五四ノ一四(但し、見込一五町三反八畝一七歩)、字ウッボ谷三七三ノ一〇(但し、見込一七町八反一二歩)

以上期間満了日昭和二十八年十一月十四日

変更による期間満了日昭和三十年十一月十四日

◉農林省告示第八百四号

森林法(昭和二十六年法律第二百四十九号)第二十六条の規定により、次の保安林を解除する。

昭和二十八年十一月二十一日

農林大臣 保利 茂

新潟県岩船郡岩船町大字岩船字上ノ山二一二〇、二一二三、二一二五ノ一、二一二九、字上ノ浜二一二八ノ二、二一三〇ノ二(以上六筆合計台帳一〇四町九反五畝二七歩の内実測二町八反八畝一七歩)

以上飛砂防備の必要が消滅したと認めるもの

◉農林省告示第八百五号

森林法(昭和二十六年法律第二百四十九号)第四十一条の規定により、次の土地を保安施設地区に指定する。

昭和二十八年十一月二十一日

農林大臣 保利 茂

長野県諏訪郡落合村字西比良八二六〇ノ三〇から八二六〇ノ七〇まで、八二六〇ノ七二、八二六〇ノ九二から八二六〇ノ一一〇まで 有効期間 四年

以上土砂流出防備のため必要と認めるもの

◉農林省告示第八百六号

森林法(昭和二十六年法律第二百四十九号)第四十一条の規定により、次の土地を保安施設地区に指定する。

昭和二十八年十一月二十一日

農林大臣 保利 茂

三重県鈴鹿郡椿村大字大野字入道岳二四八九(但し、全面積の内見込九町四反)、二四九〇、二四九一、二四九二(但し、全面積の内見込七町)

有効期間 三年

以上土砂流出防備のため必要と認めるもの

◉農林省告示第八百七号

森林法(昭和二十六年法律第二百四十九号)第四十一条の規定により、次の土地を保安施設地区に指定する。

昭和二十八年十一月二十一日

農林大臣 保利 茂

鳥取県八頭郡智頭町大字智頭字滝谷奥二四七二(但し、全面積の内見込一〇町)、山郷村大字中原字本谷上ミ平八七九ノ一(但し、全面積の内見込五町)、八七九ノ二(但し、全面積の内見込五町)

有効期間 一年

以上鳥取県知事の申請に係るものであつて、水源かん養のため必要と認めるもの

八頭郡若桜町大字茗荷谷字屋敷廻り上三三三ノ内第一(但し、全面積の内見込一町) 有効期間 二年

以上鳥取県知事の申請に係るものであつて、なだれ防止のため必要と認めるもの

◉農林省告示第八百八号

農林物資規格法(昭和二十五年法律第百七十五号)第八条の規定に基き、人造米の日本農林規格を次のように定め、昭和二十八年十二月二十四日から施行する。

昭和二十八年十一月二十四日

農林大臣 保利 茂

人造米の日本農林規格

一 定義

この規格において、人造米とは、でん粉及び穀類粉又は穀類粉を原料として米粒状に整形し、精米とほぼ同様に使用できる性状を備えたものをいう。

二 規格

次表に適合した人造米は、合格とする。

事項	標準
水分	一四・〇%以下
一升重量	三六〇匁以上

剛度	六・〇キログラム未満の粒が粒数で一五％以下
砕粒及び接着粒	砕粒及び接着粒の合計量が五・〇％以下
熱量	一〇〇グラムにつき三三五カロリー以上
纎維	〇・五％以下
灰分	〇・八％以下（カルシユウム強化を行つたものを除く。）
性状	形態、色沢等が精米に近く、異味、異臭のないもの
異物	混入しないもの

附　検査方法

水分	摂氏一〇五度乾燥法による。
一升重量	ブラウエル穀粒計による。
剛度	ラセン式剛度計による。
砕粒	直径二・五ミリメートルの丸目ふるいを通つたものを砕粒とする。
接着粒	直径三・五ミリメートルの丸目ふるいを通らないものを接着粒とする。
熱量	一〇〇グラム中のたんぱく質、脂肪及び炭水化物含量を測定し、その数値にそれぞれ四、九及び四を乗じて得た数値を合計したものを熱量とする。
纎維	粉砕試料を一・二五パーセント熱硫酸で処理し、ついで一・二五パーセントか性ソーダで処理した後の残留物の乾燥量と灰化量との差を纎維量とする。
灰分	摂氏五五〇度から六〇〇度までのマッフル中で八時間以上灰化したときの残量を灰分量とする。

三　包装条件

人造米の包装は、次表に適合したものでなければならない。

事項―種類	二五キログラム入り	五キログラム入り	二キログラム入り	一キログラム入り
荷姿	袋入り	同上	同上	同上
材料及び構造	クラフト紙（一連六二ポンド以上のもの）で四層以上の袋又はこれと同等以上の効力を有する袋を用い、口及び底は完全に封かんすること。	クラフト紙（一連六二ポンド以上のもの）で二層以上の袋又はこれと同等以上の効力を有する袋を用い、口及び底は完全に封かんすること。	同上	クラフト紙（一連六二ポンド以上のもの）の袋又はこれと同等以上の効力を有する袋を用い、口及び底は完全に封かんすること。

附　袋は、新袋を使用すること。

◉農林省告示第八百九号

農林物資規格法施行規則（昭和二十五年農林省令第六十二号）第三十四条の規定に基き、人造米の規格証票の様式及び表示の方法を次のように定め、昭和二十八年十二月二十四日から施行する。

昭和二十八年十一月二十四日

農林大臣　保利　茂

(一)様式

日本農林規格合格
人造米
JAS
格付機関名

(1)用紙及びＪＡＳの文字の色は、白とする。
(2)文字、縁及び中央帯状の部分（空欄を除く。）の色は、あいとする。
(3)証票内中央帯状の部分の空欄に格付年月日を押なつすること。
(4)証票の大きさは、次の二種類とする。

区分	事項 用紙の寸法	縁肉幅
第一号	直径七・〇センチ	〇・四センチ
第二号	直径三・五センチ	〇・二センチ

(二)表示の方法　一袋ごとに見易い箇所に附すること。

◉農林省告示第八百十号

森林法（昭和二十六年法律第二百四十九号）第二十五条の規定により、次の森林を保安林に指定する。

昭和二十八年十一月二十四日

農林大臣　保利　茂

島根県仁多郡八川村大字八川字奥鑪二五〇一ノ一、字滝ノ谷二四九六ノ一（但し、台帳八九町二反一畝二二歩の内見込二二町）、字滝ノ谷鳥越二四九七、二四九八、字滝ノ谷大畝二四九九、字湯舟二五三二ノ一、二五三三、字丸渕二五三四ノ一、字室滝中山二五三七、字牛ヶ谷二五三八、字室滝二五三九（但し、台帳一五三町五反の内見込一二三町五反）、二五四〇ノ一、馬木村大字大馬木字仏山二七三三ノ六、字大原山二五〇〇ノ一七、二五〇〇ノ一八、字渋谷奥ナル林二五四三ノ一、字日向山二七七〇ノ一（但し、台帳六八町二反八畝一〇歩の内見込二九町三畝一〇歩）、字長野二八二〇ノ一、字阿図馬二八二一ノ一、二八二一ノ五、大字小馬木字東矢入一七四六ノ一、字西矢入一七四八ノ一、字東折渡り一八〇五ノ二三、字西折渡り一八〇九ノ一、字東小屋ノ谷一八三一ノ一、字西小屋ノ谷一八三三ノ一

以上島根県知事の申請に係るものであつて、水源かん養のため必要と認めるもの

◉農林省告示第八百十一号

森林法（昭和二十六年法律第二百四十九号）第二十六条の規定により、次の保安林を解除する。

昭和二十八年十一月二十四日

農林大臣　保利　茂

長野県小県郡長村字菅平一二二二ノイ(但し、台帳四二町五反五畝二四歩の内見込八畝二七歩)

以上水源かん養のため指定したものを道路敷地とする必要を認めるもの

◉**農林省告示第八百十二号**

森林法(昭和二十六年法律第二百四十九号)第二十六条の規定により、次の保安林を解除する。

昭和二十八年十一月二十四日　農林大臣　保利　茂

島根県出雲市浜町字前原二一〇九(但し、台帳四反二畝三歩の内見込一反七畝二三歩)

以上出雲市長森山繁樹の申請に係るものであつて、土砂流出防備のため指定されたものであるが海外引揚者住宅建築用地とする必要を認めるもの

◉**農林省告示第八百十三号**

森林法(昭和二十六年法律第二百四十九号)第二十六条の規定により、次の保安林を解除する。

昭和二十八年十一月二十四日　農林大臣　保利　茂

島根県邇摩郡静間村字小鯛ヶ原一八二〇

以上静間村岩谷卯吉の申請に係るものであつて、土砂流出防備の必要が消滅したと認めるもの

邑智郡中野村字出ヶ廻三六〇四、字金町原三四五〇ノ四

以上中野村藤本鶴太の申請に係るものであつて、土砂流出防備の必要が消滅したと認めるもの

◉**農林省告示第八百十四号**

森林法(昭和二十六年法律第二百四十九号)第四十一条の規定により、次の土地を保安施設地区に指定する。

昭和二十八年十一月二十四日　農林大臣　保利　茂

群馬県甘楽郡磐戸村大字檜沢字大森一二四八ノ一(但し、全面積の内見込二反)、一二四八ノ二

有効期間　一年

甘楽郡西牧村大字西野牧字北川原畑四四九〇から四四九三まで、四四九七ノ一、四四九八ノ甲、勢多郡横野村大字樽字八ッ沢二一六(但し、全面積の内見込七畝)、二一七(但し、全面積の内見込一反一畝)、二一九、二二〇、甲二三二ノ一(但し、全面積の内見込二反三畝)、字戸浪沢二三八、二三九、二四一、字板立五八四ノ一、五八四ノ二、字船戸六〇二ノ一(但し、全面積の内見込一反七畝)、六〇二ノ四、大字三原田字後黒沢二九一(但し、全面積の内見込二畝)、二九二(但し、全面積の内見込一〇歩)、字中黒沢二九四、二九五(但し、全面積の内見込六畝)、二九六(但し、全面積の内見込二畝)、二九七(但し、全面積の内見込一畝)、三一六ノ一(但し、全面積の内見込三畝二〇歩)、三一七(但し、全面積の内見込六畝)、三一八(但し、全面積の内見込六畝二〇歩)、字前黒沢六五四から六五七まで、六五八(但し、全面積の内見込二反三畝)、六五九、六六〇(但し、全面積の内見込二畝一〇歩)、六六一(但し、全面積の内見込二反五畝)、六六二(但し、全面積の内見込一反五畝)、六六三、六六四(但し、全面積の内見込三畝)、六七二(但し、全面積の内見込三畝)、碓氷郡烏淵村大字川浦字高芝二七ノ九(但し、全面積の内見込五町)

有効期間　二年

多野郡万場村大字柏木字桑木四八二ノ一、四八二ノ二、四八五ノ二(但し、全面積の内見込一反一畝)、四九七(但し、全面積の内見込七畝)、甲四九八(但し、全面積の内見込九畝)大字生利字御鉾甲二一五七(但し、全面積の内見込一反四畝)、乙二一五七(但し、全面積の内見込八畝)、二一五八、美原村大字坂原字南甲一〇〇九(但し、全面積の内見込一反六畝)、一〇一〇、一〇一一ノ乙(但し、全面積の内見込三畝)、一〇一四(但し、全面積の内見込四反五畝)、一〇一八ノ一、一〇二〇(但し、全面積の内見込一反六畝)、一〇二一(但し、全面積の内見込五反二畝)

有効期間　三年

以上群馬県知事の申請に係るものであつて、土砂流出防備のため必要と認めるもの

甘楽郡額部村大字岩染字岳ノ下一〇四(但し、全面積の内見込一〇歩)、一〇五ノ一(但し、全面積の内見込七畝)、一〇五ノ五、甲一〇五ノ二(但し、全面積の内見込三畝)、甲一〇五ノ三(但し、全面積の内見込三歩)、乙一〇五(但し、全面積の内見込一畝)、丁一〇五(但し、全面積の内見込一畝)

有効期間　一年

利根郡川田村大字屋形原字沢二七九ノ一(但し、全面積の内見込一畝二五歩)、二八一、二八二(但し、全面積の内見込四畝一〇歩)、二九一(但し、全面積の内見込七畝二八歩)、二九二から二九四まで、二九八(但し、全面積の内見込六畝)、三〇六(但し、全面積の内見込九畝二八歩)、字広瀬三〇九から三一一まで、三一三、三一四(但し、全面積の内見込一反一畝二五歩)、三一五ノ一、三一五ノ二、三一六、三一七(但し、全面積の内見込三畝)、三二一、三二八ノ一、三二九、三三〇ノ一(但し、全面積の内見込二畝)、三三〇ノ二、三九二、三九五ノ四、三九五ノ五、三九六、三九七、四六五ノ一、四七五、四七六

有効期間　四年

以上群馬県知事の申請に係るものであつて、土砂崩壊防備のため必要と認めるもの

利根郡久呂保村大字赤城原字下原二七ノ一、一三四ノ一、一五〇ノ一、二三八ノ一、二五九ノ二、二六一ノ二、二六三ノ二、二六五ノ二、二六七ノ二、二八八、三〇四、三六三、四三二、四九九、五四六、六五〇ノ二、字中原六五〇ノ三、七二八ノ一、七二九ノ一、七三〇ノ一、八〇五ノ一、八四二ノ一、八四七ノ一、八六七ノ一、八七四ノ一、九〇四ノ二、九〇九ノ一、九一〇ノ一、九四八ノ一、九七三ノ一、九七四ノ一、九九四ノ一、九九五ノ一、字上原一〇〇五、一〇〇六ノ一、一〇〇七ノ一、一〇〇八、一〇〇九ノ一、一〇一〇ノ一、一〇三一ノ一、一〇七八ノ一、一〇八〇ノ一、一〇八一ノ一、一〇八二ノ一、一〇八三ノ一、一〇八四ノ一、一〇八五ノ一、一〇八六ノ一、一〇八七ノ一、一〇八八ノ一、一一一六、字松ノ木平一一五三、一一

九五、一二四七、一二九〇ノ一、一二九一ノ一、大字糸井字新南原二七五から二七九まで、乙二八一、二八二、乙二八三、乙三五九、乙三六三、乙三六四、乙三六七、甲三六八、三九六、乙五一一、甲五一六、甲五一七、六四二、字新中道甲六四四、甲六四五、甲六四六、七九六、甲八〇六、甲八一六、甲一〇三三、乙一〇三三、字大日向甲一〇三四、甲一〇五九、一〇六〇、一〇六一、一一〇七、一一三〇、一一五五、一一九六、甲一一九七、一一九八、一二二五、一二三〇、甲一二三一、甲一二三二、甲一二三四、甲一二三五、甲一三八〇から甲一三八二まで、字上井一四五二

有効期間　四年

以上群馬県知事の申請に係るものであつて、風害防備のため必要と認めるもの

利根郡利南村大字沼須字与助四九〇（但し、全面積の内見込一〇歩）、四九一（但し、全面積の内見込四歩）、四九二（但し、全面積の内見込五歩）、四九三（但し、全面積の内見込六歩）、四九四（但し、全面積の内見込二二三歩）、四九五（但し、全面積の内見込二一〇歩）、四九六（但し、全面積の内見込一畝）、四九七（但し、全面積の内見込一畝）、四九八（但し、全面積の内見込一畝五歩）、四九九（但し、全面積の内見込一畝九歩）、五〇〇（但し、全面積の内見込一畝一三歩）、五〇一（但し、全面積の内見込三畝）、五〇二（但し、全面積の内見込一畝二一歩）、五〇三（但し、全面積の内見込一畝一六歩）、五〇五（但し、全面積の内見込二畝二一歩）、五〇六（但し、全面積の内見込一畝三歩）、五五五から五七七まで、甲五七八、乙五七八、五八一（但し、全面積の内見込一畝二三歩）、五八二（但し、全面積の内見込一畝）、五八三（但し、全面積の内見込一畝）、五八四、五八五、五八六（但し、全面積の内見込二五歩）、五八七（但し、全面積の内見込二二五歩）、五八八（但し、全面積の内見込一五歩）、五八九（但し、全面積の内見込一〇歩）、五九三（但し、全面積の内見込三畝）、久呂保村大字森下字三ッ谷甲四二一、乙四二一、丙四二一（但し、全面積の内見込一畝一〇歩）、四二三、四二四、甲四二六、乙四二六、丙四二六、丁四二六、戊四二六、四二七から四二九まで、四三〇ノ一（但し、全面積の内見込五畝）、四三四（但し、全面積の内見込一畝）、四三五（但し全面積の内見込三畝）、四三六（但し、全面積の内見込三畝）、四三七から四三九まで、甲四四〇（但し、全面積の内見込一畝）、乙四四〇、四四六、四五〇、四五一（但し、全面積の内見込九畝）、四五八、大字橡久保字三ッ谷四八六、四八七、山田郡大間々村大字桐原字戸沢一〇九九（但し、全面積の内見込四畝）、一一〇二（但し、全面積の内見込三畝）、一一〇三、甲一一〇四、乙一一〇四、甲一一〇六、一一〇七から一一〇九まで、一一一〇（但し、全面積の内見込一畝二一歩）、一一一一、甲一一一二、甲一一一三、乙一一一三、一一一四、甲一一一五、乙一一一五、丙一一一五、甲一一一六、乙一一一六、丙一一一六、一一一七（但し、全面積の内見込一〇歩）、一一一八（但し、全面積の内見込五畝）、一一一九（但し、全面積の内見込三歩）、一二二一ノ一、一二二一ノ二（但し、全面積の内見込五歩）、一二二二、一二二三、一二二四（但し、全面積の内見込九畝一歩）、一二二六ノ一（但し、全面積の内見込二歩）、一二二六ノ二、一二二七、一二二八ノ一（但し、全面積の内見込一畝）、一二二八ノ二、一二三一ノ一（但し、全面積の内見込一畝）、一二三一ノ二、一二三二（但し、全面積の内見込四畝二〇歩）、一二三三、一二三四、甲一二三五、乙一二三五、一二三六、一二二三ノ一（但し、全面積の内見込三歩）、乙一二二三（但し、全面積の内見込三畝一〇歩）、一二二四（但し、全面積の内見込一畝）、一二二六ノ一、一二二七から一二三三まで、甲一二三四（但し、全面積の内見込七畝九歩）、乙一二三四、丙一二三四、乙一二三五ノ一、乙一二三五ノ二、乙一二三五ノ三、一二三七、乙一二三七、丙一二三七、甲一二三八ノ一、甲一二三八ノ二、甲一二三八ノ三、勢多郡富士見村大字赤城山字上横道一四六九（但し、全面積の内見込一町四反六畝一歩）、大字石井字上白川一七三八、一七三九ノ一、一七三九ノ二、一七四〇ノ一、一七四〇ノ二、一七四一ノ一（但し、全面積の内見込二反八畝）、一七四一ノ二

有効期間　一年

以上群馬県知事の申請に係るものであつて、水害防備の必要と認めるもの

◉農林省告示第八百十五号

畑地農業改良促進法（昭和二十八年法律第二百五号）第三条の規定に基き、左の都道府県の区域を畑地地域として指定する。

昭和二十八年十一月二十五日

農林大臣　保利　茂

県名	畑地地域
北海道	上川支庁管内、後志支庁管内、檜山支庁管内、渡島支庁管内、日高支庁管内及び網走支庁管内の区域
青森県	中津軽郡、南津軽郡、上北郡及び下北郡の区域
岩手県	和賀郡、胆沢郡、江刺郡、西磐井郡、東磐井郡、気仙郡、九戸郡及び二戸郡の区域
宮城県	刈田郡、柴田郡、伊具郡、名取郡、黒川郡、加美郡、玉造郡、栗原郡、登米郡及び本吉郡の区域
秋田県	鹿角郡、北秋田郡、山本郡、南秋田郡、河辺郡、由利郡、仙北郡、雄勝郡及び能代市の区域
山形県	南村山郡、東村山郡、西村山郡、北村山郡、最上郡、南置賜郡、東置賜郡、西置賜郡、東田川郡、西田川郡、飽海郡、山形市、米沢市及び酒田市の区域
福島県	信夫郡、安達郡、安積郡、岩瀬郡、南会津郡、北会津郡、耶麻郡、河沼郡、大沼郡、東白川郡、西白河郡、田村郡、石城郡、双葉郡、相馬郡、福島市及び郡山市の区域
茨城県	東茨城郡、西茨城郡、那珂郡、久慈郡、鹿島郡、行方郡、稲敷郡、新治郡、筑波郡、真壁郡、結城郡、猿島郡及び北相馬郡の区域

栃木県　河内郡、芳賀郡、下都賀郡、塩谷郡、那須郡、安蘇郡、宇都宮市及び佐野市の区域
群馬県　勢多郡、群馬郡、北群馬郡、多野郡、甘楽郡、碓氷郡、吾妻郡、利根郡、佐波郡、新田郡、山田郡及び邑楽郡の区域
埼玉県　北足立郡、入間郡、比企郡、秩父郡、児玉郡、大里郡、北埼玉郡、南埼玉郡、北葛飾郡、川口市、熊谷市、行田市及び所沢市の区域
千葉県　安房郡、夷隅郡、長生郡、山武郡、千葉郡、東葛飾郡、印旛郡、香取郡、海上郡、匝瑳郡、千葉市、銚子市、市川市、船橋市、館山市、松戸市及び野田市の区域
東京都　西多摩郡、北多摩郡、南多摩郡、大島支庁管内及び練馬区の区域
神奈川県　高座郡、中郡、足柄下郡、愛甲郡、津久井郡、川崎市、藤沢市、小田原市及び茅ケ崎市の区域
新潟県　北蒲原郡、中蒲原郡、北魚沼郡、南魚沼郡、中魚沼郡、刈羽郡、西頸城郡及び佐渡郡の区域
富山県　氷見郡及び東礪波郡の区域
石川県　江沼郡、石川郡、河北郡、鳳至郡、珠洲郡及び小松市の区域
福井県　坂井郡、敦賀郡及び三方郡の区域
山梨県　東山梨郡、東八代郡、中巨摩郡、北巨摩郡及び南都留郡の区域
長野県　南佐久郡、北佐久郡、小県郡、上伊那郡、下伊那郡、東筑摩郡、南安曇郡、北安曇郡、更級郡、埴科郡、上高井郡、下高井郡、下水内郡及び上田市の区域
岐阜県　羽島郡、安八郡、揖斐郡、本巣郡、山県郡、武儀郡、郡上郡、恵那郡、大野郡、吉城郡及び岐阜市の区域
静岡県　賀茂郡、駿東郡、富士郡、庵原郡、安倍郡、榛原郡、小笠郡、磐田郡、浜名郡、静岡市、浜松市、清水市、三島市及び富士宮市の区域
愛知県　愛知郡、東春日井郡、西春日井郡、丹羽郡、葉栗郡、中島郡、海部郡、知多郡、碧海郡、幡豆郡、額田郡、西加茂郡、東加茂郡、北設楽郡、南設楽郡、宝飯郡、渥美郡、八名郡、豊橋市、岡崎市、一宮市、半田市、春日井市、豊川市、碧南市及び刈谷市の区域
三重県　員弁郡、三重郡、鈴鹿郡、安濃郡、一志郡、飯南郡、多気郡、度会郡、阿山郡、名賀郡、志摩郡及び鈴鹿市の区域
滋賀県　甲賀郡、蒲生郡、坂田郡、東浅井郡及び伊香郡の区域
京都府　久世郡、与謝郡、京都市右京区及び綾部市の区域
大阪府　豊能郡、泉北郡、大阪市住吉区、堺市及び枚方市の区域
兵庫県　有馬郡、美嚢郡、加東郡、加西郡　印南郡、赤穂郡、宍粟郡、氷上郡及び姫路市の区域
奈良県　高市郡及び北葛城郡の区域
和歌山県　海草郡、西牟婁郡及び和歌山市の区域
鳥取県　気高郡、東伯郡、西伯郡、日野郡及び鳥取市の区域
島根県　能義郡、飯石郡、簸川郡、邇摩郡、那賀郡、美濃郡及び周吉郡の区域
岡山県　御津郡、赤磐郡、和気郡、上道郡、浅口郡、小田郡、吉備郡、阿哲郡、勝田郡、久米郡及び岡山市の区域
広島県　安芸郡、安佐郡、賀茂郡、豊田郡、御調郡、世羅郡及び広島市の区域
山口県　大島郡、豊浦郡及び光市の区域
徳島県　名西郡、板野郡、阿波郡、麻植郡、三好郡及び徳島市の区域
香川県　大川郡、小豆郡、香川郡、綾歌郡、三豊郡及び坂出市の区域
愛媛県　越智郡、周桑郡、宇摩郡、喜多郡及び松山市の区域
高知県　安芸郡、香美郡、長岡郡、吾川郡、高岡郡、幡多郡及び高知市の区域
福岡県　糟屋郡、宗像郡、朝倉郡、筑紫郡、糸島郡、三井郡、八女郡、京都郡、築上郡、若松市及び久留米市の区域
佐賀県　佐賀郡、神埼郡、三養基郡、東松浦郡、西松浦郡及び藤津郡の区域
長崎県　南高来郡及び島原市の区域
熊本県　宇土郡、玉名郡、鹿本郡、菊池郡、下益城郡、八代郡、芦北郡、球磨郡、天草郡、人吉市及び荒尾市の区域
大分県　速見郡及び大野郡の区域
宮崎県　南那珂郡、北諸県郡、西諸県郡、児湯郡、東臼杵郡、西臼杵郡、都城市及び小林市の区域
鹿児島県　鹿児島郡、揖宿郡、川辺郡、薩摩郡、伊佐郡、姶良郡、囎唹郡、肝属郡、鹿児島市及び鹿屋市の区域

◉農林省告示第八百十六号

畑地農業改良促進法（昭和二十八年法律第二百五号）第四条の規定に基き、畑地地区指定基準を次のように定める。

昭和二十八年十一月二十五日

農林大臣　保利　茂

畑地地区指定基準

一　昭和二十八年農林省告示第八百十五号（畑地地域の指定）の指定に係る郡又は支庁管内の区域内にある町村の区域内において、畑地農業改良促進法施行令（以下「令」という。）第一条の基準に適合する畑地が五町歩以上おおむね集団して存在すると認められる地域があるときは、都道府県知事は、立地条件、実施すべき事業内容その他諸般の事情を考慮して、

当該地域を含む町村の全部又は一部の区域を畑地地区として指定する。

二　昭和二十八年農林省告示第八百十五号の指定に係る市（特別区のある地にあつては、特別区、地方自治法第百五十五条第二項（区を設ける市）の市にあつては、区とする。）の区域内において、令第一条の基準に適合する畑地が五町歩以上おおむね集団して存在すると認められる地域があるときは、都道府県知事は、立地条件、実施すべき事業内容その他諸般の事情を考慮して、当該地域を含む市の一部の区域を畑地地区として指定する。

◉農林省告示第八百十七号

肥料取締法（昭和二十五年法律第百二十七号）第七条の規定により、昭和二十八年十月二十日付をもつて左の肥料を登録し、登録証を交付した。

昭和二十八年十一月二十五日

農林大臣　保利　茂

登録番号

自輪第五〇一号至輪第五〇四号

肥料の名称等省略（官報参照）

◉農林省告示第八百十八号

肥料取締法（昭和二十五年法律第百二十七号）第十二条の規定により、昭和二十八年十月十九日付をもつて左記の肥料の登録の有効期間を更新し、登録証を交付した。

昭和二十八年十一月二十五日

農林大臣　保利　茂

有効期限が昭和三十一年十月十九日となつたもの

登録番号

生第七二八号、自生第七三一号至生第七三三号、自生第七三九号至生第七五四号、自生第七五六号至生第七六四号

肥料の名称等省略（官報参照）

◉農林省告示第八百十九号

森林法（昭和二十六年法律第二百四十九号）第二十五条の規定により、次の森林を保安林に指定する。

昭和二十八年十一月二十五日

農林大臣　保利　茂

島根県簸川郡窪田村大字吉野字梅木原六一八（但し、台帳三六町の内見込一〇町）、大原郡大東町大字川井字東山一八七一ノ一、字西山一八六三ノ一（但し、見込一五町の内見込一四町）、海潮村大字刈畑字上大成一八二八（但し、台帳一〇町五反六畝一歩の内見込二町五反）、字大成一八二九（但し、台帳五町六畝一四歩の内見込一町二反）、大字小河内字大出日八六八ノ一（但し、台帳五〇町五反七畝の内見込六町三反）、大字塩田字栃谷九一一ノ一（但し、台帳九二町三反四畝六歩の内見込二〇町）、日登村大字東日登字紅几平一五七七（但し、台帳二五町五反七畝八歩の内見込一〇町）

以上島根県知事の申請に係るものであつて、水源かん養の必要を認めるもの

◉農林省告示第八百二十号

昭和二十八年六月及び七月の水害並びに同年八月及び九月の風水害による被害農林漁業者等に対する資金の融通に関する特別措置法（昭和二十八年法律第二百三十四号）第三条第二項第十三号の規定に基き、同号の農業共済組合連合会を次のように指定する。

昭和二十八年十一月二十六日

農林大臣　保利　茂

福井県農業共済組合連合会

大阪府農業共済組合連合会

◉農林省告示第八百二十一号

国の負担金及び補助金交付規則（昭和二十四年農林省令第四十一号）に基き、北海道簡易軌道補強事業補助金交付規程を次のように定める。

昭和二十八年十一月二十六日

農林大臣　保利　茂

第一条　農林大臣は、地方財政法（昭和二十三年法律第百九号）第十六条の規定に基き簡易軌道補強事業に要する経費に対し、この規程により補助金を北海道に交付する。

第二条　前条に規定する経費及びその補助率は、左の通りとする。

一　国の委任を受けて簡易軌道の管理を行う市町村が、当該簡易軌道の施設についての補修又は補強の工事を行うに要する費用に対する北海道の補助に要する経費

工事費の百分の七十五以内

二　前号の事業に関する北海道の調査設計又は指導督励に要する経費

百分の五十以内

第三条　国の負担金及び補助金交付規則（以下「規則」という。）第三条の規定に基き交付申請書を提出する場合には、左の各号に掲げる書類を添えなければならない。

一　事業計画書（別記第一号様式）

二　収支予算書（別記第二号様式）

三　北海道の補助金交付に関する規程

四　その他農林大臣が必要と認める書類

第四条　北海道が前条に掲げる書類の記載事項に重要な変更を加えようとする場合には、あらかじめ農林大臣に届け出なければならない。

2　農林大臣は、前項の規定による届け出があつた場合において、必要と認めるときは届出事項について必要な変更を指示することがある。

第五条　規則第七条の規定により提出すべき事業成績書及び収支決算書の様式は、それぞれ別記第一号様式及び第二号様式による。

2　農林大臣は、事業成績書及び収支決算書の外、必要と認める書類の提出を求めることがある。

別記

第一号様式

事業計画書（又は事業成績書）

(1) 路線別調書

着手年度	路線名	補強箇所又は延長	本年度事業費	同上負担区分			摘要
				国	道	市町村	

(2) 設計書

一　路線名

二　起点及び終点の所在地並びに路線の距離

起点　　郡　　村

終点　　郡　　村

距離　　キロメートル

三　現況

四　運行開始年度

五　簡易軌道管理契約年月日

六　事業開始及び終了時期

七　事業量及び事業費

区分	前年度		本年度		摘要
	事業量	事業費	事業量	事業費	
工事費					
路盤費					
―					
―					
工事雑費					
計					

八　添付図面

(1) 位置図

(2) 主要構造図

第二号様式

収支予算書（又は収支決算書）

収入の部

区分	予算額（又は決算額）	前年度予算額（又は予算額）	差引増△減	摘要
国庫補助金				
事業費補助金				
地方事務費補助金				
道費				
事業費				
地方事務費				
計				

支出の部

区分	予算額（又は決算額）	前年度予算額（又は予算額）	差引増△減	摘要
簡易軌道補強事業補助金				
地方事務費				
計				

地方事務費明細書

種別区分	金額	摘要
消耗品費		
文具費		
○○○		

◉農林省告示第八百二十二号

漁業法（昭和二十四年法律第二百六十七号）第六十六条の二第三項後段の規定に基き、昭和二十七年十二月農林省告示第六百二十一号（許可することができる船舶の馬力数等の最高限度）の一部を次のように改正し、昭和二十八年十二月一日から施行する。

昭和二十八年十一月二十六日

農林大臣　保利　茂

二の表の第四号の馬力数の欄中「十五馬力」を「十三馬力」に、同表の第五号の馬力数の欄中「三十馬力」を「二十五馬力」に改める。

◉農林省告示第八百二十三号

森林法（昭和二十六年法律第二百四十九号）第二十五条の規定により、次の森林を保安林に指定する。

昭和二十八年十一月二十六日

農林大臣　保利　茂

長野県西筑摩郡新開村字唐沢滝上六二七八ノ一、六二七八ノ六、六二七八ノ九、六二七八ノ一一、字下モ中峠尾通り六二八〇、字下モ中峠六二七九、字大久保六二九八から六三〇一まで、六三〇三、六三〇五、六三〇七、六三〇八、字渡ケ沢から唐沢渡まで六二七七ノ一、六二七七ノ三、字西沢六二七三ノ一、字赤尾上前平六二七五、字西沢口右平六二七六、字大沢樽上六二一七二、六二七一ノ二、六二七〇、字長右エ門作六二六九、字深沢上前平六二六八、字深沢六二六七、字細沢下前平六二六五、字細沢上前平六二六六、字細沢下前平六二六四、字小樽下前平六二六三、字ヤケキ八三四二、八三四一イ号、八三四一ロ号（但し、台帳八二町の内見込四〇町）、字折橋入黒ノ沢から左前平まで一〇二五二、字焼棚九一六二から九一六六まで、字此ツクリ八三四〇イ号（但し、台帳五一町六反の内見込二五町）、八三四〇ノ一、字ミツクリ八三三九イ号（但し、台帳四四町三反五畝二一歩の内見込三五町）、八三三九ノ一

以上長野県知事の申請に係るものであつて、水源かん養のため必要と認めるもの

◉農林省告示第八百二十四号

森林法（昭和二十六年法律第二百四十九号）第二十六条の規定により、次の保安林を解除する。

昭和二十八年十一月二十六日

農林大臣　保利　茂

静岡県熱海市大字熱海字野中山二〇〇二ノ二四

以上熱海市鈴木繁一の申請に係るものであつて、水源かん養の必要が消滅したと認めるもの

田方郡宇佐美村字大沢三二四五ノ一（但し、台帳三五町二反九畝二一歩の内見込三四町二反九畝二一歩）

以上田方郡宇佐美村内野菊次郎の申請に係るものであつて、土砂流出防備の必要が消滅したと認めるもの

駿東郡小山町大字小山字大沢入西一一九三ノ一（但し、台帳四町一反七畝二八歩の内見込三反七畝二一歩）

以上小山町長湯山正平の申請に係るものであつて、土砂流出防備のため指定されたものを林道敷地とする必要を認めるもの

駿東郡小山町大字湯船字谷戸二一〇ノ二、二二七ノ一一、二二七ノ一二、二六〇ノ四、二六一ノ五、二六八ノ七、二六八ノ九、二六八ノ一一、二六八ノ一二、二七二ノ八、二七二ノ九、二七二ノ一一、二七二ノ一三、二七二ノ一五から二七二ノ一七まで、二七二ノ一九

以上小山町長湯山正平の申請に係るものであつて、土砂流出防備のため指定されたものを開拓道路敷地とする必要を認めるもの

小笠郡小笠村大字丹野字白畑二四ノ一、二四ノ二、二五ノ一、二五ノ二

以上小笠郡小笠村漢人佐平、漢人佐次郎の申請に係るものであつて、土砂流失防備のため指定されたものを灌漑用貯水池敷とする必要を認めるもの

小笠郡小笠村大字丹野字白畑八〇一ノ二、八〇一ノ四、八〇二ノ一、八〇三ノ二、八〇三ノ五、八〇三ノ六、八〇七ノ二、字堤平八〇四ノ二、字東八平八〇六ノ一八

以上小笠郡小笠村長妻木惣太郎の申請に係るものであつて、土砂流出防備のため指定されたものを灌漑用貯水池敷とする必要を認めるもの

周智郡三倉村字青天森二五五六ノ一（但し、台帳八畝二四歩の内見込五畝）、字大谷二二一八ノ一（但し、台帳七畝二三歩の内見込七畝）

以上周智郡三倉村鈴木康稔の申請に係るものであつて、水源かん養のため指定されたものを小学校建設敷地とする必要を認めるもの

周智郡三倉村字青天森二五五四（但し、台帳五反二畝の内見込三畝二〇歩）

以上周智郡三倉村鈴木藤八の申請に係るものであつて、水源かん養のため指定されたものを小学校建設敷地とする必要を認めるもの

◉農林省告示第八百二十五号

国の負担金及び補助金交付規則（昭和二十四年農林省令第四十一号）に基き、農作物風水害応急対策費補助金交付規程（昭和二十八年農林省告示第五百九十号）の一部を次のように改正する。

昭和二十八年十一月二十八日

農林大臣　保利　茂

第二条第一項に次の一号を加える。

十五　紫雲英種子購入に要する経費

第三条を次のように改める。

第三条　前条第一項第三号、第五号（肥料購入費に限る。）、第七号（肥料購入費に限る。）、第八号及び第十二号の経費に対する補助金は、県及び当該県の区域内の市町村があわせて国の補助金に相当する額以上の額を負担する場合に、同項第十五号の経費に対する補助金は、県が国の補助金に相当する額以上の額を負担する場合に交付する。

別表中「肥料運送費　運送費　補助金　二分の一以内」を「肥料運送費補助金　運送費　二分の一以内　紫雲英採種ほ補助金　種子購入費　二分の一以内」に改める。

このページは空白とする。

◉農林省告示第八百二十六号

国の負担金及び補助金交付規則（昭和二十四年農林省令第四十一号）に基き、開墾事業補助金交付規程（昭和二十四年農林省告示第三百二十七号）の一部を次のように改正する。

昭和二十八年十二月一日　　農林大臣　保利　茂

第二条第三号中「都府県」を「都道府県」に改める。

◉農林省告示第八百二十七号（官報号外九〇）

食糧管理法施行令（昭和二十二年政令第三百三十号）第四条第二項の規定に基き、昭和二十二年農林省告示第百九十六号（食糧管理法の施行に関する件）の一部を次のように改正し、昭和二十八年十二月一日から施行する。

昭和二十八年十二月一日　　農林大臣　保利　茂

五中(一)から(四)まで、(七)及び(十一)から(十三)までをそれぞれ次のように改める。

(一)　消費世帯用主要食糧購入通帳

B列六号　八頁

表　紙

消費世帯用主要食糧購入通帳

昭和　年　月　日発行

農　林　省

農林省印

整理番号	都道府県	市区町村	No.
世帯主　住　所		市区町村長名	
		交付日	年　月　日
世帯主　氏　名		市区町村長印	
配給所名			

注　意　事　項

1　この通帳は、小売販売業者甲から、主要食糧の配給を受けるために発行されるもので、この通帳がない場合には、配給を受けられません。
2　この通帳による配給は、各自が登録した配給所でなければ受けられません。
3　この通帳は、昭和　年　月　日まで有効です。
4　この通帳に農林省印その他所定の印がないものは、無効です。
5　この通帳は、失つても原則として再交付しません。
6　この通帳を譲渡又は貸与したり、偽造又は変造した場合は、食糧管理法その他の法規によつて処罰されます。
7　転出入その他世帯人員に異動があつた場合には、直ちに必要な異動申告の手続をとつて下さい。
8　2月、5月、8月、11月、配給分の主要食糧を買い受けていないものは、それぞれ配給月の末日で、その他月の配給分で買い受けていないものは、それぞれ配給月の翌月末日をもつて、原則として、打ち切られますから配給期間中に買い受けて下さい。
9　他市町村に転出する場合（船員、保安隊、病院、矯正施設、海上保安関係学校及び警察学校の転出入を除く。）は、転出月配給分の全量を買い受けてから転出の手続をして下さい。

第二頁

家　族　名　簿

	氏　名	続　柄	性　別	年　令	生　年　月　日	基　準　量	異動 月　日	異動 事　由
1								
2								
3								
4								
5								
6								
7								
8								
9								
10								
11								
12								
特記事項								

第三頁

配給割当量（單位精米瓦）												
基準量		月	月	月	月	月	月	月	月	月	月	月
0～1	210g	人										
2～4	270g											
5～8	320g											
9～13	400g											
14～24	405g											
25～59	385g											
60以上	330g											
㊛妊	70g											
㊒病	140g											
計	家族人員											
	一日当割当量	g										
一ヶ月当配給日数		日										
同割当量		g										
市区町村長印												
備考												

第四頁

配給明細表							
月日	品名	配給量	金額	月別配給済数量		備考	配給所印
				月分	数量		
		瓩	円		瓩		

第五頁から第八頁

月日	品　　名	配給量	金　額	月別配給済数量		備　　考	配給所印
				月分	数量		
		瓩	円		瓩		

(三) 生産世帯用主要食糧購入通帳

B列六号　八頁

表　紙

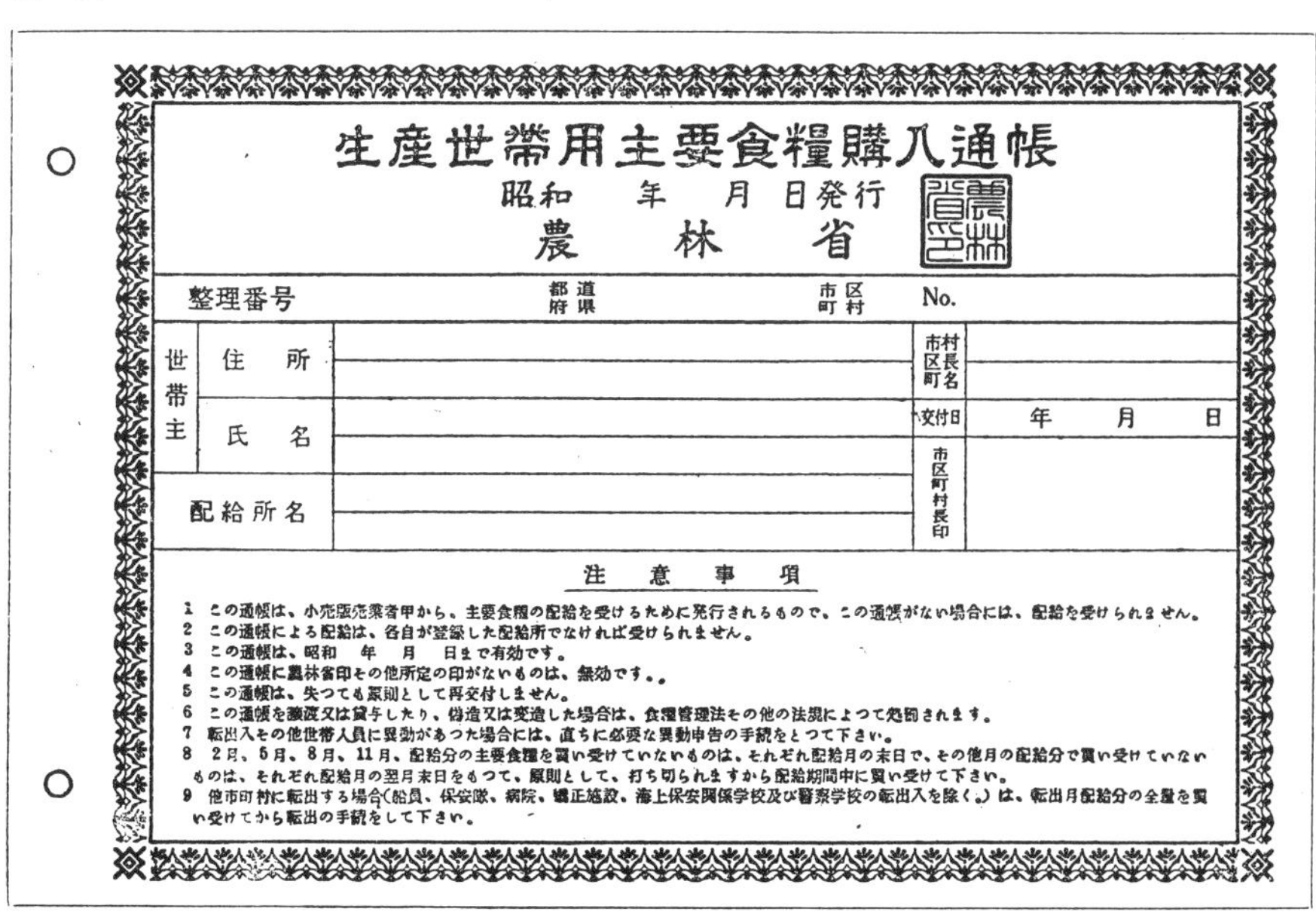

生産世帯用主要食糧購入通帳

昭和　年　月　日発行

農　林　省　[印：農林省]

整理番号	都道府県	市区町村	No.		
世帯主	住　所		市区町村長名		
	氏　名		交付日	年　月　日	
配給所名			市区町村長印		

注　意　事　項

1　この通帳は、小売販売業者甲から、主要食糧の配給を受けるために発行されるもので、この通帳がない場合には、配給を受けられません。
2　この通帳による配給は、各自が登録した配給所でなければ受けられません。
3　この通帳は、昭和　年　月　日まで有効です。
4　この通帳に農林省印その他所定の印がないものは、無効です。
5　この通帳は、失つても原則として再交付しません。
6　この通帳を譲渡又は貸与したり、偽造又は変造した場合は、食糧管理法その他の法規によつて処罰されます。
7　転出入その他世帯人員に異動があつた場合には、直ちに必要な異動申告の手続をとつて下さい。
8　2月、5月、8月、11月、配給分の主要食糧を買い受けていないものは、それぞれ配給月の末日で、その他月の配給分で買い受けていないものは、それぞれ配給月の翌月末日をもつて、原則として、打ち切られますから配給期間中に買い受けて下さい。
9　他市町村に転出する場合（船員、保安隊、病院、矯正施設、海上保安関係学校及び警察学校の転出入を除く。）は、転出月配給分の全量を買い受けてから転出の手続をして下さい。

第二頁

家族名簿								
氏	名	続柄	性別	年令	生年月日	基準量	異動	
							月日	事由
1								
2								
3								
4								
5								
6								
7								
8								
9								
10								
11								
12								
特記事項								

第三頁

配給割当量（單位精米瓦）													
基準量		月	月	月	月	月	月	月	月	月	月	月	月
0～1	210g	人											
2～4	270g												
5～8	320g												
9～13	400g												
14～24	405g												
25～59	385g												
60以上	330g												
㊊	70g												
㊒	140g												
計	家族人員												
	一日当割当量	g											
一ケ月当配給日数		日											
同割当量		g											
市区町村長印													
備考													

第四頁

配給明細表									
月日	品名	配給量		金額	月別配給済数量			備考	配給所印
					月分	数量			
		瓩		円		瓩			

第五頁から第八頁

月日	品名	配給量		金額	月別配給済数量			備考	配給所印
					月分	数量			
		瓩		円		瓩			

㈢　旅行者用主要食糧購入通帳

B列六号　十一頁

表　紙

旅　行　者　用

主要食糧購入通帳

昭和　　年　　月　　日発行

農　　林　　省　［印］

整理番号	都道府県　　市区町村　No.				
住　　所					
氏　　名	※	性別		生年月日	年　月　日
年　　令	昭和　年　月　日現在 満　才　月	一日当基準量			g
交付市区町村名				市区町村長印	
交付年月日					
備　　考					

註※氏名は本人が記入してからこの通帳を交付して下さい。代筆の場合は代筆者の住所氏名を備考欄に記入して下さい。外国人の場合は国籍を、外国人登録証明書をもっている者についてはその番号を備考欄に記入して下さい。

一人一日当配給基準量

年令別	0～1	2～4	5～8	9～13	14～24	25～59	60以上
基準量	210g	270g	320g	400g	405g	385g	330g

妊娠5ヶ月以上の妊婦の加配は70gです。

第二頁

配給割当量

月　　別		月					
当月割当量		瓦					
米	配給日数	日					
	割当量	瓦					
市区町村長印							
月　　別		月					
当月割当量		瓦					
米	配給日数	日					
	割当量	瓦					
市区町村長印							
備　　考							

第三頁から第七頁

旅行者用切取切符 ○			
配給年月日	年 月 日	消費者氏名印	㊞
月別配給済数量	月分 g		
精米配給量		配給所名印	印
内地米	g		
準内地米	g		
外国米	g		

旅行者用切取切符 ○			
配給年月日	年 月 日	消費者氏名印	㊞
月別配給済数量	月分 g		
精米配給量		配給所名印	印
内地米	g		
準内地米	g		
外国米	g		

旅行者用切取切符 ○			
配給年月日	年 月 日	消費者氏名印	㊞
月別配給済数量	月分 g		
精米配給量		配給所名印	印
内地米	g		
準内地米	g		
外国米	g		

旅行者用切取切符 ○			
配給年月日	年 月 日	消費者氏名印	㊞
月別配給済数量	月分 g		
精米配給量		配給所名印	印
内地米	g		
準内地米	g		
外国米	g		

旅行者用切取切符 ○			
配給年月日	年 月 日	消費者氏名印	㊞
月別配給済数量	月分 g		
精米配給量		配給所名印	印
内地米	g		
準内地米	g		
外国米	g		

旅行者用切取切符 ○			
配給年月日	年 月 日	消費者氏名印	㊞
月別配給済数量	月分 g		
精米配給量		配給所名印	印
内地米	g		
準内地米	g		
外国米	g		

旅行者用切取切符 ○			
配給年月日	年 月 日	消費者氏名印	㊞
月別配給済数量	月分 g		
精米配給量		配給所名印	印
内地米	g		
準内地米	g		
外国米	g		

旅行者用切取切符 ○			
配給年月日	年 月 日	消費者氏名印	㊞
月別配給済数量	月分 g		
精米配給量		配給所名印	印
内地米	g		
準内地米	g		
外国米	g		

旅行者用切取切符 ○			
配給年月日	年 月 日	消費者氏名印	㊞
月別配給済数量	月分 g		
精米配給量		配給所名印	印
内地米	g		
準内地米	g		
外国米	g		

この切取切符の記載事項を訂正した時は、受配者及び配給所の訂正印を押して下さい。訂正印のないものは無効です。

第八頁

配給明細表

月日	品名	数量	金額	月別配給済数量		配給所所在地及び名称印	備考
				月分	数量		
		瓩	円		瓩		

第九頁及び第十頁

月　日	品　名	数　　量		金　　額	月別配給済数量			配給所所在地及び名称印	備　　考
					月分	数　　量			
		瓩		円		瓩			

第十一頁

月　日	品　名	数　　量		金　　額	月別配給済数量			配給所所在地及び名称印	備　　考
					月分	数　　量			
		瓩		円		瓩			

注　意　事　項

1. この通帳は、巡業者、調査団、派出婦等長期に亘り且つ転々と旅行する者が配給所から主要食糧の配給を受ける場合に限り発行されるものです。
2. この通帳による配給は、各地の小売店丙でなければ受けられません。
3. この通帳に農林省印その他所定の印のないものは無効です。
4. この通帳は、昭和29年11月30日まで有効です。
5. この通帳は、失っても原則として再交付しません。
6. この通帳を毎月市区町村長に提出し、米の割当を受けて下さい。
7. 割当量以上の米の配給は受けられません。又外食券の交付についても同様です。
8. 同一市区町村に一箇月以上滞在する場合は、消費世帯用主要食糧購入通帳に切りかえますから、この通帳を返還して、転入の手続をとって下さい。
9. 外国人で帰国する場合は、この通帳を税関長に返して下さい。
10. この通帳を譲渡したり、譲受けたり、偽造又は変造した場合は、食糧管理法その他の法規によって処罰されます。
11. 配給月の配給割当分をその翌月末日までに買い受けないものは打ち切られます。

㈣　船員用主要食糧購入通帳

B列六号　十九頁

表　紙

船　員　用

主要食糧購入通帳

昭和　　年　　月　日発行

農　林　省

整理番号		交付機関印	
交付年月日			
交付機関名			

注　意　事　項

1、この通帳は、船員が乗船中に消費する主要食糧を小売販売業者丙から配給を受けるために、船舶単位で発行されるものです。
2、この通帳に農林省印その他所定の印のないものは無効です。
3、この通帳は、失っても原則として再交付しません。
4、この通帳による配給は、小売販売業者丙でなければ受けられません。
5、この通帳を譲渡したり、偽造又は変造した場合は、食糧管理法その他の法規によって処罰されます。

第二頁

登録年月日	昭和　年　月　日	船　種	
登録番号	号	船舶名	
船舶番号又は船鑑札番号	号	船主名	
総屯数	屯	住　所	
登録年月日	昭和　年　月　日	船　種	
登録番号	号	船舶名	
船舶番号又は船鑑札番号	号	船主名	
総屯数	屯	住　所	

前通帳による配給済年月日及び切換時精算過不足量	年　月　日	g	管海官庁名印	
備　考				

第三頁

船員数及び一日当配給量												
月日	船員数		船員家族数							配給量	管海官庁印	備考
	一般船舶	特殊漁船	0−1才	2−4才	5−8才	9−13才	14−24才	25−59才	60才以上			
	730 g	805 g	210 g	270 g	320 g	400 g	405 g	385 g	330 g			

第四頁

月日	船員数		船員家族数							配給量	管海官庁印	備考
	一般船舶	特殊漁船	0−1才	2−4才	5−8才	9−13才	14−24才	25−59才	60才以上			
	730 g	805 g	210 g	270 g	320 g	400 g	405 g	385 g	330 g			

第五頁から第九頁

船員用切取切符 ○			
配給年月日		船舶名	
最終消費年月日			
品名	数量	船長名	印
内地米	g	配給所名	印
準内地米	g		
外国米	g	備考	
計	g		

船員用切取切符 ○			
配給年月日		船舶名	
最終消費年月日			
品名	数量	船長名	印
内地米	g	配給所名	印
準内地米	g		
外国米	g	備考	
計	g		

船員用切取切符 ○			
配給年月日		船舶名	
最終消費年月日			
品名	数量	船長名	印
内地米	g	配給所名	印
準内地米	g		
外国米	g	備考	
計	g		

船員用切取切符 ○			
配給年月日		船舶名	
最終消費年月日			
品名	数量	船長名	印
内地米	g	配給所名	印
準内地米	g		
外国米	g	備考	
計	g		

船員用切取切符 ○			
配給年月日		船舶名	
最終消費年月日			
品名	数量	船長名	印
内地米	g	配給所名	印
準内地米	g		
外国米	g	備考	
計	g		

船員用切取切符 ○			
配給年月日		船舶名	
最終消費年月日			
品名	数量	船長名	印
内地米	g	配給所名	印
準内地米	g		
外国米	g	備考	
計	g		

この切取切符の記載事項を訂正した時は、受配者及び配給所の訂正印を押して下さい。訂正印のないものは無効です。

第十頁

乗組員受配者名簿

乗船時配給済年月日	職名	氏名	性別	年令	生年月日	転入年月日	乗船検印	転出年月日	転出時配給済年月日	下船検印

第十一頁から第十五頁

乗船時配給済年月日	職　名	氏　　　　名	性別	年令	生年月日	転入年月日	乗船検印	転出年月日	転出時配給済年月日	下船検印

第十六頁

配　給　明　細　表

切符番号	月　日	品　名	配　給　量	金　額	配給済月日	精算過不足	配給所所在地及び名称印	備　考
（　）			瓩	円				
（　）								
（　）								
（　）								
（　）								
（　）								
（　）								

第十七頁から第十九頁

切符番号	月 日	品 名	配 給 量	金 額	配給済月日	精算過不足	配給所所在地及び名称印	備 考
( )			瓩	円				
( )								
( )								
( )								
( )								
( )								
( )								

(七) 漁船乗組員用主要食糧購入通帳

B列六号 十九頁

表 紙

漁船乗組員用
主要食糧購入通帳
昭和 年 月 日発行
農 林 省 [農林省印]

整理番号		交付年月日	
漁業種類		交付機関名	同 印
漁業許可番号			

注 意 事 項

1、この通帳は、漁船乗組員が乗船中の主要食糧の配給を受ける場合漁船単位に発行されるものです。
2、この通帳に農林省印その他所定の印のないものは無効です。
3、この通帳は、失っても原則として再交付しません。
4、この通帳による配給は、小売販売業者丙でなければ配給を受けられません。
5、この通帳を譲渡したり、偽造又は変造した場合は、食糧管理法その他の法規によって処罰されます。

第二頁

登録年月日	船主名		登録年月日	船主名	
年　月　日	船　名		年　月　日	船　名	
登録番号	漁船登録番号		登録番号	漁船登録番号	
	総屯数			総屯数	
登録年月日	船主名		登録年月日	船主名	
年　月　日	船　名		年　月　日	船　名	
登録番号	漁船登録番号		登録番号	漁船登録番号	
	総屯数			総屯数	
前通帳による配給済年月日及切換時精算過不足量	年　月　日　g		業種所管庁印		

乗組員数及び一日当配給量

月　日	船員数 805瓦	船員数 730瓦	配給量	業種所管庁印	備考
			瓩		

第三頁及び第四頁

月　日	船員数 805瓦	船員数 730瓦	配給量	業種所管庁印	備考
			瓩		

第五頁から第九頁

漁船用切取切符　○			
配給年月日		漁船名	
最終消費年月日			
品名	数量	船主(長)名	㊞
内地米	g		
準内地米	g	配給所名	㊞
外国米	g	備考	
計	g		

漁船用切取切符　○			
配給年月日		漁船名	
最終消費年月日			
品名	数量	船主(長)名	㊞
内地米	g		
準内地米	g	配給所名	㊞
外国米	g	備考	
計	g		

漁船用切取切符　○			
配給年月日		漁船名	
最終消費年月日			
品名	数量	船主(長)名	㊞
内地米	g		
準内地米	g	配給所名	㊞
外国米	g	備考	
計	g		

漁船用切取切符　○			
配給年月日		漁船名	
最終消費年月日			
品名	数量	船主(長)名	㊞
内地米	g		
準内地米	g	配給所名	㊞
外国米	g	備考	
計	g		

漁船用切取切符　○			
配給年月日		漁船名	
最終消費年月日			
品名	数量	船主(長)名	㊞
内地米	g		
準内地米	g	配給所名	㊞
外国米	g	備考	
計	g		

漁船用切取切符　○			
配給年月日		漁船名	
最終消費年月日			
品名	数量	船主(長)名	㊞
内地米	g		
準内地米	g	配給所名	㊞
外国米	g	備考	
計	g		

この切取切符の記載事項を訂正した時は、受配者及び配給所の訂正印を押して下さい。訂正印のないものは無効です。

第十頁

乗組員受配者名簿

乗船時配給済月日	乗船検印	職名	氏名	性別	年令	転入年月日	転出年月日	転出時配給済月日	下船検印

第十一頁から第十五頁

乗船時配給済月日	乗船検印	職名	氏名	性別	年令	転入年月日	転出年月日	転出時配給済月日	下船検印

第十六頁

配給明細表									
切符番号	月日	品名	配給量	金額	配給済月日	精算過不足	配給所所在地及び名称印	備考
( )			瓩	円				
( )								
( )								
( )								
( )								
( )								
( )								

第十七頁から第十九頁

切符番号	月　日	品　名	配給量	金　額	配給済月日	精算過不足	配給所所在地及び名称印	備　考
(　)			瓩	円				
(　)								
(　)								
(　)								
(　)								
(　)								
(　)								
(　)								

(土)　漁業労務者用労務加配主要食糧購入通帳

B列六号　十四頁

表　紙

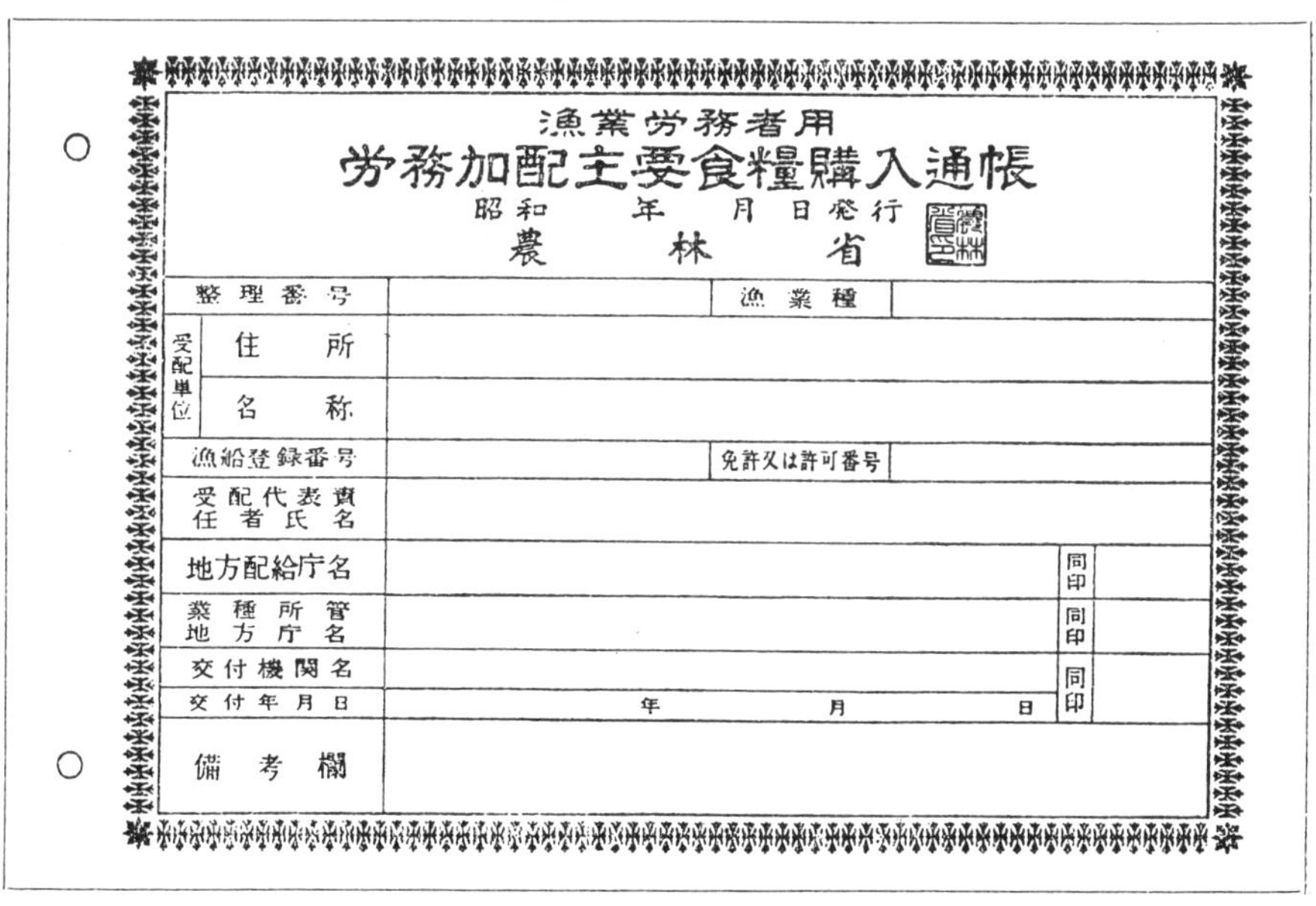

漁業労務者用
労務加配主要食糧購入通帳
昭和　年　月　日発行
農　林　省

整理番号		漁業種	
受配単位　住所			
受配単位　名称			
漁船登録番号		免許又は許可番号	
受配代表責任者氏名			
地方配給庁名		同印	
業種所管地方庁名		同印	
交付機関名		同印	
交付年月日	年　月　日		
備考欄			

第二頁

1ヶ月当割当量								
割当年月日	月別	割当対象労働者数	1人1日当加配量（加重平均）	月間稼働日数（加重平均）	割当量	配給庁印	交付機関印	備考
		某以下　名	瓦	日	瓩			

第三頁から第八頁

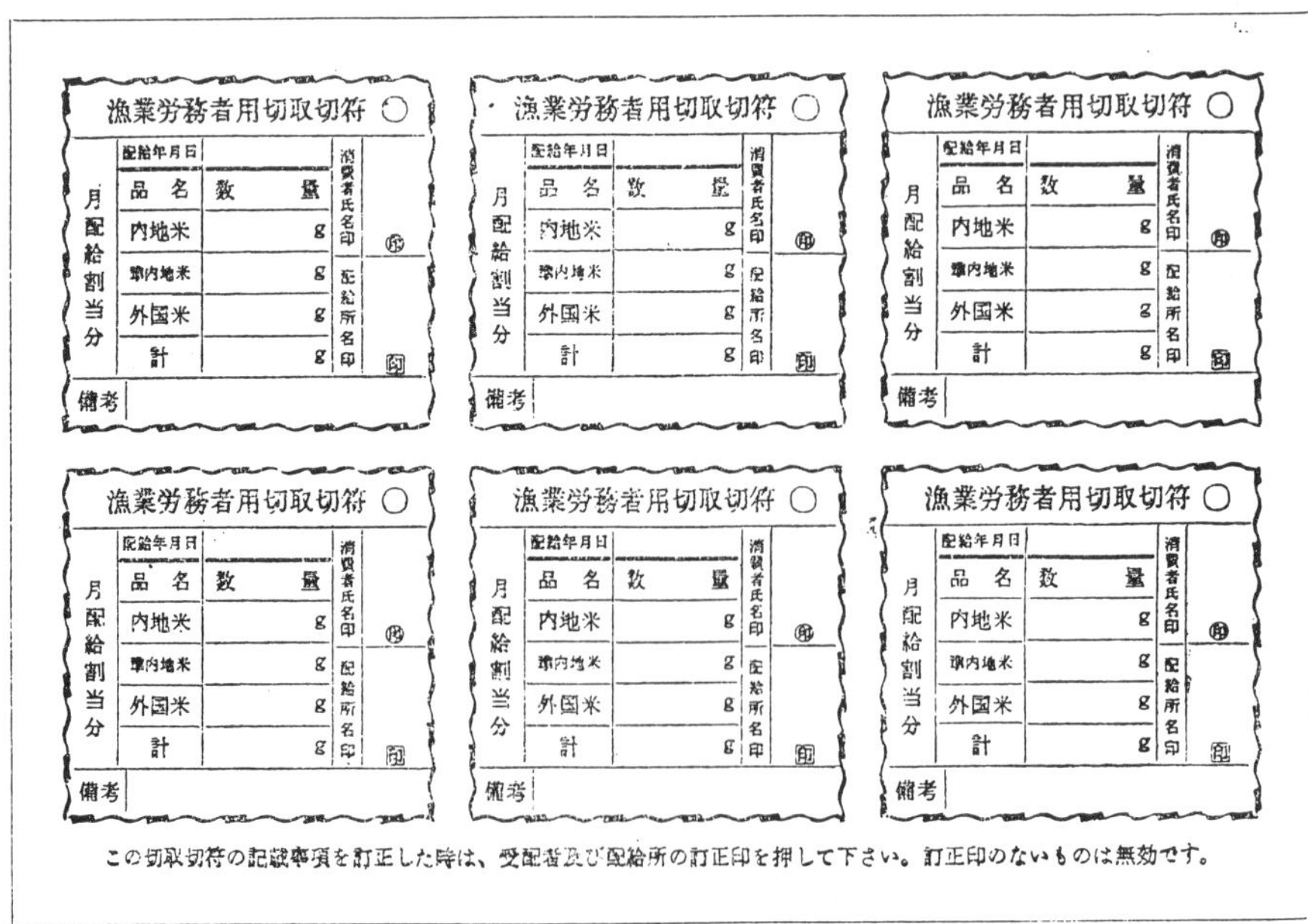

漁業労務者用切取切符 ○

月配給割当分

配給年月日		消費者氏名印 ㊞
品名	数量	
内地米	g	
準内地米	g	配給所名印 ㊞
外国米	g	
計	g	

備考

漁業労務者用切取切符 ○
月配給割当分
配給年月日
品名 数量
内地米 g
準内地米 g
外国米 g
計 g
消費者氏名印 ㊞
配給所名印 ㊞
備考

漁業労務者用切取切符 ○
月配給割当分
配給年月日
品名 数量
内地米 g
準内地米 g
外国米 g
計 g
消費者氏名印 ㊞
配給所名印 ㊞
備考

漁業労務者用切取切符 ○
月配給割当分
配給年月日
品名 数量
内地米 g
準内地米 g
外国米 g
計 g
消費者氏名印 ㊞
配給所名印 ㊞
備考

漁業労務者用切取切符 ○
月配給割当分
配給年月日
品名 数量
内地米 g
準内地米 g
外国米 g
計 g
消費者氏名印 ㊞
配給所名印 ㊞
備考

漁業労務者用切取切符 ○
月配給割当分
配給年月日
品名 数量
内地米 g
準内地米 g
外国米 g
計 g
消費者氏名印 ㊞
配給所名印 ㊞
備考

この切取切符の記載事項を訂正した時は、受配者及び配給所の訂正印を押して下さい。訂正印のないものは無効です。

第九頁

配給明細表							
切符番号	月別	配給月日	品名	配給量	金額	配給所所在地及び名称印	備考
(　)				瓩	円		
(　)							
(　)							
(　)							
(　)							
(　)							
(　)							

第十頁から第十三頁

切符番号	月別	配給月日	品名	配給量	金額	配給所所在地及び名称印	備考
(　)				瓩	円		
(　)							
(　)							
(　)							
(　)							
(　)							
(　)							
(　)							

第十四頁

注　意　事　項

1)　この通帳は漁業労務者が船又は網単位に一括して特配を受ける場合に交付されます。

2)　この通帳に所定の印のないもの、数量を改竄したもの又は訂正印のないものは無効です。

3)　この通帳を譲渡又は貸与したり偽造又は変造した場合は食糧管理法その他の法規により処罰されます。

4)　この通帳による配給は小売販売業者丙でなければ受けられません。

5)　配給割当の有効期間は配給月を含めて3ヶ月で、この期間中に買い受けていないものは原則として打ち切られます。

切符番号	月別	配給月日	品名	配給量	金額	配給所所在地及び名称印	備考
				瓩	円		

(十三)　小売販売業者用主要食糧購入通帳

B列六号　六十四頁

表紙

小売販売業者用主要食糧購入通帳

昭和　年　月　日発行

農　林　省　[印]

No.

名称		交付年月日	年　月　日		
氏名		交付者名		同印	
営業所の所在地					
登録番号	(甲)第　号　(丙)第　号	卸売販売業者名		同印	
登録年月日	(甲)　年　月　日　(丙)　年　月　日				

注　意　事　項

1.　この通帳は小売販売業者甲、丙が卸売販売業者から主要食糧を購入するために農林省が発行するもので、この通帳がない場合は購入切符で購入する場合を除き主要食糧の購入が出来ません。
2.　この通帳による主要食糧の購入は上記の卸売販売業者からでなければ購入出来ません。
3.　この通帳は昭和　年　月　日迄有効です。
4.　この通帳に所定の印のないものは無効です。
5.　この通帳は失つても原則として再交付しませんから取扱には充分注意して下さい。
6.　この通帳を譲渡したり、偽造又は変造した場合は処罰されます。

第二頁から第十頁

（内地米）購入割当明細表　（単位精米瓩）

月日	甲店用			丙店用	計	月別購入割当数量累計	備考	市区町村（海運局）印
	消費世帯用	生産世帯用	其の他用					

第十一頁から第三十七頁

（内地米）購入明細表　（単位精米瓩）

月日	品名	月別購入割当数量累計	購入量		月別購入数量累計	購入残	備考	卸売販売業者印
			実量	精米換算				

第三十八頁及び第三十九頁

（準内地米）　購入割当明細表　（単位精米瓩）

月日	甲店用			丙店用	計	月別購入割当数量累計	備考	市区町村（海運局）印
	消費世帯用	生産世帯用	其の他用					

第四十頁から第四十四頁

（準内地米）　購入明細表　（単位精米瓩）

月日	品名	月別購入割当数量累計	購入量		月別購入数量累計	購入残	備考	卸売販売業者印
			実量	精米換算				

第四十五頁から第四十九頁

(外国米)　購入割当明細表　（単位精米瓩）

月日	甲店用			丙店用	計	月別購入割当数量累計	備考	市区町村(海運局)印
	消費世帯用	生産世帯用	其の他用					

第五十頁から第六十四頁

(外国米)　購入明細表　（単位精米瓩）

月日	品名	月別購入割当数量累計	購入量		月別購入数量累計	購入残	備考	卸売販売業者印
			実量	精米換算				

(圭)　卸売販売業者用主要食糧購入通帳

B列六号　六十四頁

表　紙

卸売販売業者用主要食糧購入通帳

昭和　年　月　日発行

農　林　省　[印]

No.

名　称		交付年月日	年　月　日	
氏　名		交付者名		同印
営業所の所在地				
登録番号	第　号	食糧事務所名		同印
登録年月日	昭和　年　月　日			

注　意　事　項

1　この通帳は卸売販売業者が食糧事務所から主要食糧を購入するために農林省が発行するもので、この通帳がない場合は、購入切符で購入する場合を除き主要食糧の購入が出来ません。
2.　この通帳による主要食糧の購入は上記の食糧事務所からでなければ購入出来ません。
3.　この通帳は昭和　年　月　日迄有効です。
4.　この通帳に所定の印のないものは無効です。
5.　この通帳は失つても原則として再交付しませんから取扱には充分注意して下さい。
6.　この通帳を譲渡したり、偽造又は変造した場合は処罰されます。

第二頁から第十頁

(内地米)　購　入　割　当　明　細　表　(単位精米瓩)

月日	甲店用			丙店用	その他	計	月別購入割当数量累計	備考	都道府県印
	消費世帯用	生産世帯用	其の他用						

第十一頁から第三十七頁

(内地米) 購入明細表 (単位精米瓩)

月日	品名	月別購入割当数量累計	購入量		月別購入数量累計	購入残	備考	食糧事務所印
			実量	精米換算				

第三十八頁及び第三十九頁

(準内地米) 購入割当明細表 (単位精米瓩)

月日	甲店用			丙店用	その他	計	月別購入割当数量累計	備考	都道府県印
	消費世帯用	生産世帯用	其の他用						

第四十頁から第四十四頁

（準内地米）　購　入　明　細　表　（単位精米瓩）

月日	品　名	月別購入割当数量累計	購入量		月別購入数量累計	購入残	備　考	食糧事務所印
			実量	精米換算				

第四十五頁から第四十九頁

（外国米）　購　入　割　当　明　細　表　（単位精米瓩）

月日	甲店用			丙店用	その他	計	月別購入割当数量累計	備　考	都道府県印
	消費世帯用	生産世帯用	其の他用						

第五十頁から第六十四頁

（外国米）　購　入　明　細　表　（単位精米瓩）

月日	品名	月別購入割当数量	月別購入割当累計	購入量 実量	購入量 精米換算	月別購入数量	月別購入累計	購入残	備考	食糧事務所印

◉農林省告示第八百二十八号

国の負担金及び補助金交付規則（昭和二十四年農林省令第四十一号）に基き、食生活改善講習会開催費補助金交付規程を次のように定める。

昭和二十八年十二月三日

農林大臣　保利　茂

食生活改善講習会開催費補助金交付規程

第一条　農林大臣は、地方財政法（昭和二十三年法律第百九号）第十六条の規定に基いて、都市における食生活改善講習会の開催に要する経費に対し、この規程により補助金を都道府県に交付する。

第二条　前条に規定する経費は、左に掲げるものとする。

一　栄養士及び実習助手手当に要する経費

二　教材等の印刷費及び光熱水料に要する経費

2　前項に規定する経費に対する補助率は、二分の一以内とする。

第三条　国の負担金及び補助金交付規則（以下「規則」という。）第三条の規定に基き補助金の交付を申請しようとする場合には、交付申請書に左に掲げる書類を添え、正副三部を提出しなければならない。

一　事業計画書

二　収支予算書

第四条　都道府県が、前条に掲げる書類の記載事項に重要な変更を加えようとするときは、あらかじめ農林大臣に届け出なければならない。

2　農林大臣は、前項の規定による届出があつた場合において、必要と認めるときは、前項の届出事項について必要な指示をすることがある。

第五条　第三条の事業計画書及び収支予算書並びに規則第七条の規定により提出すべき事業成績書及び収支決算書の様式は、農林大臣が別に定める。

第六条　農林大臣は、前条の書類の外、必要と認める書類の提出を求めることがある。

◉農林省告示第八百二十九号

国の負担金及び補助金交付規則（昭和二十四年農林省令第四十一号）に基き、冷害等緊急救農対策事業補助金交付規程を次のように定め、昭和二十八年度分の補助金について適用する。

昭和二十八年十二月四日

農林大臣　保利　茂

冷害等緊急救農対策事業補助金交付規程

第一条　農林大臣は、地方財政法（昭和二十三年法律第百九号）第十六条の規程に基いて冷害地帯緊急救農対策要綱により行う事業に要する経費に対し、この規程により補助金を都道府県に交付する。

2　この規程により都道府県に交付すべき補助金であつて、次条第一項第一号から第四号まで及び第十号に掲げる経費に係るものについては、これらにつき別に定められている補助金交付規程は、適用しない。

第二条　前条に規定する経費は、左に掲げるものとする。

一　土地改良事業に要する経費

二　開拓事業に要する経費

三　治山事業に要する経費

四　林道開設事業に要する経費

五　臨時救農施設に要する経費

六　冷害対策試験事業に要する経費

七　低位生産他対策調査事業に要する経費

八　耕土培養対策事業に要する経費

九　種子確保対策事業に要する経費

十　緑肥作物種苗対策事業に要する経費
十一　食生活改善普及事業に要する経費
十二　麦作増産指導に要する経費
十三　炭がま築造事業に要する経費
十四　副業技術伝習会開催に要する経費

2　前項各号の経費に対する補助率は、別表の通りとする。

第三条　前条第一項第四号、第八号、第十一号及び第十三号の経費に対する補助金の交付は、都道府県が、同項第四号の経費にあつてはその十分の二以上、同項第八号の経費にあつてはその経費のうち秋落水田改良及び酸性土じよう改良に要するものについての国の補助金に相当する額の二分の一以上、同項第十一号の経費にあつてはその経費のうち粉食加工施設に要するものについての国の補助金に相当する額以上、同項第十三号の経費にあつてはその経費についての国の補助金に相当する額以上の額を負担することを条件として行うものとし、同項第九号の経費に対する補助金の交付は、その経費のうち、雑穀種子及び飼料作物種子の購入に要するものにあつては、都道府県及び市町村が、国の補助金に相当する額以上、種馬鈴しよの購入に要するものにあつては都道府県が国の補助金に相当する額の二分の一以上の額を負担することを条件として行う。

第四条　国の負担金及び補助金交付規則（以下「規則」という。）第三条の規定に基き、補助金の交付を受けようとする場合には、同条の交付申請書に左に掲げる書類を添え、これを正副三部提出しなければならない。
一　事業計画書
二　収支予算書
三　市町村その他の団体に対する都道府県の補助金交付規程

第五条　都道府県が前条各号に掲げる書類の記載事項に重要な変更を加えようとするときは、あらかじめ農林大臣に届け出なければならない。

2　農林大臣は、前項の規定による届出があつた場合において必要があると認めるときは、その届出事項について変更を命ずることがある。

第六条　第四条の規定により提出すべき事業計画書及び収支予算書並びに規則第七条の規定により提出すべき事業成績書及び収支決算書の様式は、別に定める。

2　農林大臣は、前項の書類の外、必要と認める書類の提出を求めることがある。

別表

種別	補助率 都府県	補助率 北海道	備考
一　土地改良事業			
都道県営かんがい排水	二分の一	十分の五・五	
団体営かんがい排水	二分の一	二分の一	
小規模土地改良			
暗渠排水	二分の一	二分の一	
客土	二分の一	二分の一	
区画整理	二分の一	二分の一	
農道	十分の四	二分の一	
温水施設	二分の一	二分の一	
都道県の行う調査、指導、監督	二分の一以内	二分の一以内	
二　開拓事業			
附帯工事	二分の一	二分の一	
開墾作業	十分の四・五	十分の四・五	助成入植に限る
都道県の行う調査、指導、監督	二分の一以内	二分の一以内	
三　治山事業			
海岸砂地造林	十分の六	十分の六	
都道県の行う設計、監督	工事費の十分の〇・二五	工事費の十分の〇・二五	
四　林道開設事業			
林道開設	二分の一	二分の一	一般林道施設及び北海道林道施設に限る
都道県の行う設計、監督	工事費の十分の〇・二五	工事費の十分の〇・二五	
五　臨時救農施設			
別に定めるところにより市町村の行う臨時救農施設	二分の一	二分の一	農道を除く
農道	十分の四	二分の一	
六　冷害対策試験事業			
指定試験	十分の十以内	十分の十以内	
特性検定試験	十分の十以内	十分の十以内	
冷害試験地施設	二分の一以内	二分の一以内	
都道県農業試験場施設	二分の一以内	二分の一以内	
七　低位生産地対策調査事業	二分の一以内	二分の一以内	
八　耕土培養対策事業			
秋落水田改良	三分の一以内		
酸性土じよう改良	三分の一以内	三分の一以内	
都道県の行う耕土培養対策指導	二分の一以内		

九　種子確保対策事業			
稲種子	十分の十以内	十分の十以内	
雑穀種子	既耕地三分の一以内 開拓地二分の一以内	既耕地三分の一以内 開拓地二分の一以内	
種馬鈴しよ	三分の二以内	三分の二以内	開拓地に限る
飼料作物種子	三分の一以内	三分の一以内	
都道県の行う調査、指導	二分の一以内	二分の一以内	
十　緑肥作物種苗対策事業	反当り一、三六一円以内		
十一　食生活改善普及事業			
粉食加工施設	三分の一以内	三分の一以内	
粉食加工技術者養成	三分の二以内	三分の二以内	
生活改良普及員配置転換旅費	三分の二以内	三分の二以内	
学校給食施設	二分の一以内	二分の一以内	
十二　麦作増産指導			
麦緊急増産指導	二分の一以内	二分の一以内	
麦作共進会	二分の一以内	二分の一以内	
病害虫の防除	二分の一以内	二分の一以内	
十三　炭がま築造事業	開拓農家三分の一 その他の農家四分の一	開拓農家三分の一 その他の農家四分の一	
十四　副業技術伝習会	二分の一以内		

◎農林省告示第八百三十号

狩猟法(大正七年法律第三十二号)第九条の規定に基き、次のように禁猟区を設置する。

昭和二十八年十二月七日

農林大臣　保利　茂

一　名称　後谷地禁猟区

二　禁猟区域　秋田県能代市能代町字後谷地国有林二六林班（タ小班を除く。）、同町字下浜国有林二六林班、同市榊町字大森山国有林二五林班

三　禁猟期間　昭和二十八年十二月十五日から昭和三十三年十二月十四日まで

◎農林省告示第八百三十一号

森林病害虫等防除法（昭和二十五年法律第五十三号）第三条第三項の規定に基き、同条第一項の規定による駆除予防の命令の内容となる事項を次のように告示する。

昭和二十八年十二月九日

農林大臣　保利　茂

一　区域及び期間

(イ)区域

1　京都府

舞鶴市一円

加佐郡　八雲村、岡田上村、岡田中村、岡田下村一円

2　兵庫県

姫路市一円

加東郡　来住村一円

加西郡　九会村、下里村、賀茂村一円

印南郡　上荘村、平荘村、東志方村、西志方村一円

神崎郡　豊富村、香呂村、山田村一円

飾磨郡　谷内村、谷外村、置塩村、菅野村、曾左村、余部村一円

揖保郡　太市村、龍田村、太子町一円

3　岡山県

赤磐郡　山陽町、熊山町、万富町、潟瀬村、瀬戸町一円

和気郡　三石町、吉永町、伊里町一円、和気町（大字日笠上、日笠下、保曾、木の倉を除く。）

4　山口県

岩国市、下関市一円

玖珂郡　小瀬村、和木村、藤河村、御庄村、北河内村、南河内村、師木野村、通津村、鳴門村、柳井町、玖珂町、高森町、米川村、坂上村、余田村一円

豊浦郡　豊東村、豊西村、菊川村、黒井村、内日村、川棚村一円

5　長崎県

諫早市、大村市、長崎市一円

北高来郡　森山村、江ノ浦村、田結村、戸石村、古賀村一円

西彼杵郡　喜々津村、大草村、伊木力村、矢上村、日見村、茂木町、深堀村、蚊焼村、高浜村、野母村、脇岬村、川原村、為石村、長与村、時津町、式見村、福田村一円

6　熊本県

鹿本郡　平小城村、川辺村、米野岳村、山内村、米田村一円

玉名郡　賢木村、大原村、坂下村、南関町、米富村、神尾村、春富村、東郷村、緑村、花簇村、川沿村、江田町一円

天草郡　楠甫村、教良木河内村、浦村、栖本村、下浦村、亀場村、楠浦村、大多尾村、宮地村、宮地岳村、新合村、宮野河内村、下田村、高浜村、大江村、富津村、一町田村、中田碇石村一円

7　宮崎県

児湯郡　都於郡村、三財村、三納村一円

東諸県郡　八代村、綾町、高岡町、本庄町一円
西諸県郡　紙屋村、野尻村一円
8　鹿児島県
噌唹郡　岩川町、財部町、志布志町、西志布志村、松山村、野方村、大崎町、恒吉村、末吉町、市成村、月野村一円
9　佐賀県
東松浦郡　北波多村、相知町、鬼塚村、久里村、鏡村一円

(ロ)期間　昭和二十九年一月六日から二十五日まで二十日間。但し、京都府にあつては同年一月六日から二月二十八日までの間において知事の指定する期間

二　森林病害虫等の種類
1　キクイムシ科に属する害虫
2　ゾウムシ科に属する害虫
3　カミキリムシ科に属する害虫

三　行うべき措置の内容
1　森林病害虫等の附着している松の樹木の所有者又は管理者は、当該樹木を伐倒し、枝条を切りとり、その幹及び伐根をはく皮して森林病害虫等及びそれらが附着している枝条又は樹皮をその所在地附近で焼却すること。但し、伐根のはく皮は、害虫の附着している地下の部分まで行うものとする。
2　昭和二十八年十月一日以後伐採された松の伐採跡地の所有者又は管理者は、その伐採跡地に放棄された幹及び根株をはく皮し、森林病害虫等及び枝条又は樹皮をその所在地附近で焼却すること。但し、根株のはく皮は、害虫が附着し、又は附着のおそれのある地下の部分まで行うものとする。
3　森林病害虫等が附着している松の伐採木等の所有者又は管理者は、はく皮して森林病害虫等及びそれらが附着している枝条又は樹皮をその場所で焼却する。

四　その他必要な事項
1　三に定める措置に伴う損失補償を受けようとする者は、別に定める様式による申請書を、三に定める措置を行つた後十日以内に、三に定める松林、松の樹木、松の伐採跡地又は松の伐採木等を管轄する府県知事を経由して提出すること。この場合、当該申請者が三に定める措置を行つたかどうかを確認して損失補償金を決定交付する。
2　三に定める松林、松の樹木、松の伐採跡地又は松の伐採木等の所有者又は管理者が一の(ロ)に定める期間内に三に定める措置を行わないときは、当該措置の全部又は一部を農林大臣が行う。但し、この場合、農林大臣が行政代執行法(昭和二十三年法律第四十三号)の規定に基いて当該措置を行つた場合は、農林大臣が行つた措置に要した費用を、同法第六条の規定によつて国税徴収法の例により徴収する。

◎農林省告示第八百三十二号

農林水産業施設災害復旧事業費国庫補助の暫定措置に関する法律施行令(昭和二十八年政令第三百五十七号)附則第五項及び昭和二十八年六月及び七月の水害並びに同年八月及び九月の風水害による被害農林漁業者等に対する資金の融通に関する特別措置法施行令(昭和二十八年政令第三百七十一号)第八条第三項の規定により、第一次分として、次の通り告示する。

昭和二十八年十二月十一日　農林大臣　保利　茂

農林水産業施設災害復旧事業費国庫補助の暫定措置に関する法律施行令附則第五項の区域及び昭和二十八年六月及び七月の水害並びに同年八月及び九月の風水害による被害農林漁業者等に対する資金の融通に関する特別措置法施行令第八条第三項の区域は、次に掲げる市町村の区域とする。

府県別	郡支庁別	市町村別
北海道		苫小牧市
	十勝支庁 中川	豊頃村
	河西	中札内村
	河東	鹿追村
	石狩支庁 石狩	当別村
	上川支庁 上川	美瑛町、中川村、上士別村、剣淵村
	留萌支庁 留萌	鬼鹿村、小平村
	渡島支庁 松前	福島町
岩手	岩手	御所村
	紫波	佐比内村、赤沢村
	稗貫	花巻町、大迫町、内川目村、外川目村、亀ケ森村、八重畑村、新堀村
	和賀	土沢町、沢内村
	西磐井	平泉町
宮城	宮城	根白石村
栃木	那須	高林村
	上都賀	日光町
神奈川	足柄上	寄村
新潟	岩船	中俣村、館腰村
石川	石川	吉野谷村、河内村
福井		小浜市
	遠敷	知三村、奥多田村
	大飯	佐分利村、青郷村
	吉田	中藤島村
	今立	片上村
	三方	山東村
山梨	中巨摩	芦安村
	南巨摩	西山村、三里村、都川村、曙村
	北巨摩	菅原村
長野	西筑摩	大桑村、読書村、上松町、吾妻村、山口村、田立村
	下伊那	千代村、上村、下条村、喬木村、大鹿村、和合村

上水内　鬼無里村
北安曇　中土村
小県　大門村、泉田村
南佐久　川上村
上伊那　上片桐村

岐阜
中津川市
恵那　坂下町、川上村、加子母村、三郷村、長島町、坂本村、阿木村、上村、下原田村
吉城　坂下村

静岡
田方　西浦村、上狩野村
周知　気多村

愛知
東加茂　阿摺村、賀茂村
北設楽　稲武町
八名　舟着村

三重
安濃　河内村
一志　八幡村
南牟婁　荒坂村、南輪内村、新鹿村、泊村
阿山　島ケ原村

滋賀
甲賀　朝宮村

京都
京都市、宇治市
相楽　大河原村、笠置町、中和束村、東和束村、高麗村、湯船村、棚倉村
綴喜　田原村、多賀村
久世　城陽町
北桑田　神吉村
何鹿　奥上林村

大阪
岸和田市、貝塚市、泉佐野市、高槻市
泉北　南横山村、横山村
泉南　大土村、多奈川町、新家村、東鳥取村、熊取町、日根野村
南河内　天見村、千早村、川上村、高向村、赤阪村、加賀田村

兵庫
豊能　東郷村
川辺　六瀬村

奈良
吉野　野迫川村、十津川村、大塔村、天川村、宗檜村、龍門村、高見村
南葛城　吐田郷村
山辺　都介野村

和歌山
那賀　川原村、上名手村、安楽川町、奥安楽川村、調月村、東貴志村、中貴志村、丸栖村、鞆淵村、長田村
海草　長谷毛原村、国吉町、志賀野村
伊都　四郷村、紀見村、富貴村、恋野村、学文路村、河根村、九度山町、見好村、天野村、高野町、花園村、妙寺町、高野口町、山田村
有田　箕島町、保田村、宮原村、糸我村、南広村、津木村、藤並村、田殿村、生石村、御霊村、石垣村、鳥屋城村、五西月村、岩倉村、城山村、五村、八幡村
日高　御坊町、松原村、和田村、志賀村、由良町、内原村、湯川村、藤田村、矢田村、野口村、丹生村、早蘇村、船着村、川中村、川上村、寒川村、龍神村、上山路村、中山路村、下山路村、清川村、高城村、上南部村、切目村、切目川村、真妻村、稲原村、印南町、名田村、塩屋村
西牟婁　新庄村、栗栖川村、三舞村、鮎川村
東牟婁　那智町、高池町、三津ノ村、小口村、請川村、敷屋村、本宮村、三里村、九重村

鳥取
西伯　大和村、大高村、庄内村

島根
能義　広瀬町、飯梨村、島田村、大塚村、伯太村、赤屋村、比田村、山佐村
飯石　掛合町、頓原町、来島町、赤名町
簸川　平田町
邑知　阿須那村、市山村
周吉　中条村

広島
安芸　熊野町
安佐　久地村、飯室村
賀茂　賀永村、造賀村
豊田　船木村、戸野村、小泉村
御調　上川辺村、宇津戸村
双三　吉舎町、君田村、作木村、布野村

山口
徳山市、岩国市、小野田市
玖珂　日積村、桑根村
大島　白木村、安下庄町、沖浦村
熊毛　八代村、上関村、佐賀村、大野村、平生町、麻郷村、三丘村、高水村
都濃　須金村
佐波　八坂村、小野村
吉敷　仁保村、大内村、鋳銭司村、小郡町
厚狭　厚東村、二俣瀬村、小野村、吉部村、万倉村、船木町、厚狭町、埴生町、吉田村
美禰　秋吉村、岩永村、伊佐町、東厚保村、西厚保村、大嶺町、共和村
豊浦　豊東村、神玉村、粟野村、田耕村
阿武　地福村、柴福村、小川村

高知
安芸　野根町

福岡
八幡市、門司市、小倉市
浮羽　浮羽町、吉井町、千年村、江南村、船越村、田主丸町、水分村、筑陽村、福富村
鞍手　吉川村、若宮町、木屋瀬町、植木町
嘉穂　山田町、内野村
朝倉　杷木町、高木村、朝

倉村、蜷城村、上秋月村、秋月町、大福村
三井　宮ノ陣村、弓削村、大城村、金島村、大堰村、小郡町、山本村、大橋村、善導寺町、立石村
八女　笠原村、北川内村、横山村、川崎村、辺春村、上広川村
粕屋　篠栗町、須恵村、勢門村、山田村、多々良町、香椎町、立花村、青柳村、小野村、志賀町
宗像　上西郷村、福間町
筑紫　御笠村
糸島　怡土村、桜野村、北崎村、可也村
遠賀　香月町
三瀦　三瀦村、荒木町、安武村、大善寺町、青木村、三又村、昭代村

佐賀
唐津市
神埼　神埼町、三田川村、東背振村、仁比山村、背振村、三瀬村
三養基　基山町、田代町、基里村、旭村、北茂安村、南茂安村
小城　小城町、三日月村、牛津町、東多久村、南多久村、多久村、西多久村、北多久町、南山村、北山村
東松浦　鏡村、浜崎町、玉島村、七山村、厳木町、相知町、久里村、鬼塚村、北波多村、切木村、入野村、有浦村、値賀村、名護屋村、湊村、打上村
佐賀　鍋島村、嘉瀬村
西松浦　伊万里町、黒川村、波多津村、南波多村、大川村、松浦村、東有田町、曲川村、大山村、二里村、東山代町、山代町
杵島　武内村、北方町、若木村、朝日村

長崎
島原市
東彼杵　川棚町、下波佐見村、江上村
南高来　山田村、南有馬町、北有馬村、西有家町、有家町、堂崎村、布津村、深江村
北松浦　平戸町、生月町、中野村、獅子村、紐差村、中津良村、志々伎村、南田平村、田平村、新御厨町、志佐町、上志佐村、調川町、今福町、福島町、鷹島村、鹿町町、佐々町、吉井町、柚木村

熊本
熊本市、八代市
飽託　西里村、松尾村、小島町、供合村、小山戸島村
宇土　三角町、郡浦村、大岳村
下益城　豊田村、小野部田村、小川町、海東村、杉合村、東砥用村
玉名　木葉村、梅林村、石貫村、神尾村、緑村、春富村、南関町
鹿本　米田村、平小城村、岩野村、三玉村、中富村、菱形村、吉松村
菊池　水源村、加茂川村、大津町、瀬田村、陣内村、津田村、原水村、泗水村
阿蘇　宮地町、坂梨村、黒川村、永水村、尾ヶ石村、内牧町、山田村、中通村、古城村、南小国村、小国町、産山村、波野村、野尻村、草部村、柏村、菅尾村、馬見原町、色見村、白水村、久木野村、長陽村、錦野村、山西村
上益城　七滝村、広安村、木山町、福田村、津森村、河原村、白水村、中島村、御岳村、朝日村
八代　下松求麻村、宮地村、龍峰村、有佐村、野津村、宮原町
芦北　日奈久町、田浦村、津奈木村、吉尾村
天草　栖本村

大分
別府市、日田市
東国東　竹田津町、上国崎村、豊崎村、旭日村、武蔵町、中武蔵村、西武蔵村、朝来村
大分　判田村、戸次町、竹中村、東植田村、植田村、野津原村、賀来村、狭間村、西庄内村、由布院町、今市村
大野　南野津村、上井田村、大野町、長谷村
直入　城原村、柏原村、宮城村、白丹村、久住町、都野村、長湯町、下竹田村、竹田町
玖珠　森町、東飯田村、野上町、飯田村、南山田村、玖珠町、北山田村、八幡村
日田　東有田村、小野村、大鶴村、夜明村、馬原村、五和村、前津江村、中津江村、上津江村、大山村、中川村、五馬村
宇佐　佐田村、両川村

鹿児島
囎唹　西志布志村、野方村、大崎町
薩摩　下東郷村
出水　大川内村
始良　敷根村、福山町、東襲山村、日当山町

昭和年間 法令全書（第27巻-31）
第XX期　第16回配本

二〇一八年十二月九日　発行

出　典　印　刷　庁
発行人　成　瀬　雅　人
印刷所　㈱平河工業社
製本所　誠　製　本　㈱
発行所　株式会社　原書房
東京都新宿区新宿一－二五－一三
振替口座〇〇一五〇－六－一五一五九四番
電話〇三（三三五四）〇六八五番（代表）

ISBN978-4-562-05531-9